Hayek
Gesammelte Schriften
in deutscher Sprache

A 5

Friedrich A. von Hayek

Gesammelte Schriften in deutscher Sprache

herausgegeben von

Alfred Bosch, Manfred E. Streit,
Viktor Vanberg, Reinhold Veit

mit Unterstützung durch die

Friedrich A. von Hayek-Gesellschaft

und das

Walter Eucken Institut

Abteilung A: Aufsätze

Band 5

Mohr Siebeck

Friedrich A. von Hayek

Grundsätze einer liberalen Gesellschaftsordnung

Aufsätze zur Politischen Philosophie
und Theorie

Herausgegeben von Viktor Vanberg

Mohr Siebeck

Redaktion: Wendula Gräfin v. Klinckowstroem im Walter Eucken Institut

Die Deutsche Bibliothek – CIP-Einheitsaufnahme

Hayek, Friedrich A. /von
Gesammelte Schriften in deutscher Sprache / Friedrich A. von Hayek. Hrsg. von
Alfred Bosch ... – Tübingen : Mohr Siebeck

Abt. A: Aufsätze

Bd. 5. Grundsätze einer liberalen Gesellschaftsordnung : Aufsätze zur Politischen
Philosophie und Theorie / hrsg. von Viktor Vanberg. – 2002
    ISBN 3-16-147623-9

Das Buch wurde von Gulde-Druck in Tübingen gesetzt, auf alterungsbeständigem Werk-
druckpapier gedruckt und von der Großbuchbinderei Heinr. Koch in Tübingen gebunden.
Umschlagentwurf von Uli Gleis in Tübingen.

Inhalt

Abgekürzt zitierte Sammlungen VII

Liberalismus und Rechtsstaatsideal

1. Wahrer und falscher Individualismus (1945)   3

2. Die Überlieferung der Ideale der Wirtschaftsfreiheit (1951)   33

3. Entstehung und Verfall des Rechtsstaatsideales (1953)   39

4. Die Ursachen der ständigen Gefährdung der Freiheit (1961)   63

5. Grundsätze einer liberalen Gesellschaftsordnung (1966)   69

6. Liberalismus (1973)   88

Freiheitliche Verfassung und Demokratie

7. Die Anschauungen der Mehrheit und die zeitgenössische
   Demokratie (1964) 123

8. Die Verfassung eines freien Staates (1967) 143

9. Die Sprachverwirrung im politischen Denken (1968) 150

10. Wirtschaftsfreiheit und repräsentative Demokratie (1973) 178

11. Die Erhaltung des liberalen Gedankengutes (1973/74) 192

12. Wohin zielt die Demokratie? (1976) 205

13. Die Entthronung der Politik (1978) 217

Freiheit, Gleichheit und Gerechtigkeit

14. Gleichheit und Gerechtigkeit (1951) 231

15. Wirtschaftsgeschichte und Politik (1954) 234

16. Was ist und was heißt »sozial«? (1957) 251

17. Freiheit und Unabhängigkeit (1959) 261

18. Verantwortlichkeit und Freiheit (1959) 277

19. Das moralische Element in der Unternehmerwirtschaft (1961) 294

Bibliographisches Nachwort 303

Namenregister 309

Sachregister 313

Abgekürzt zitierte Sammlungen

Hayek, *Schriften* A 1ff. bzw. B 1ff., 2001 ff.
Hayek, F. A. v., *Gesammelte Schriften in deutscher Sprache,* hrsg. von Alfred Bosch, Manfred E. Streit, Viktor Vanberg und Reinhold Veit, Tübingen: Mohr Siebeck 2001 ff.

Hayek, *Works* Iff., 1988 ff.
Hayek, F. A., *The Collected Works of F. A. Hayek*, hrsg. von W. W. Bartley III et al., Chicago und London: Routledge 1988 ff.

Hayek, *Profits*, 1939
Hayek, F. A., *Profits, Interest and Investment: and other Essays on the Theory of Industrial Fluctuations.* London 1939. – Wiederabdruck: New York 1969, 1970; Clifton, NJ: Kelley 1975.

Hayek, *Individualism*, 1948
Hayek, F. A., *Individualism and Economic Order*, Chicago: University of Chicago Press 1948. – Gateway edition. Chicago: Henry Regnery 1972. – Midway reprint. Chicago und London 1980.

Hayek, *Individualismus*, 1952
Hayek, F. A., *Individualismus und wirtschaftliche Ordnung* [Originaltitel: *Individualism and Economic Order*], übersetzt von [Helene] Hayek, Erlenbach-Zürich: E. Rentsch 1952. – 2., erw. Aufl., fotomechanischer Nachdruck der 1. Aufl. 1952, mit einem bibliographischen Anhang von Kurt R. Leube. Salzburg: Neugebauer 1976.

Hayek, *Studies*, 1967
Hayek, F. A., *Studies in Philosophy, Politics and Economics*, Chicago: University of Chicago Press 1967.

Hayek, *Freiburger Studien*, 1969
Hayek, F. A. v., *Freiburger Studien: Gesammelte Aufsätze*, Tübingen: Mohr Siebeck 1969. (Wirtschaftswissenschaftliche und wirtschaftsrechtliche Untersuchungen / Walter Eucken Institut, 5). – 2. Aufl., fotomechanischer Nachdruck der 1. Aufl. 1969. Tübingen: Mohr Siebeck 1994.

Hayek, *Drei Vorlesungen*, 1977
Hayek, F. A. v., *Drei Vorlesungen über Demokratie, Gerechtigkeit und Sozialismus*, Tübingen: Mohr Siebeck 1977 (Vorträge und Aufsätze / Walter Eucken Institut, 63).

Hayek, *New Studies*, 1978
Hayek, F. A., *New Studies in Philosophy, Politics, Economics and the History of Ideas*, Chicago: University of Chicago Press 1978.

Hayek, *Money*, 1984
Hayek, F. A., *Money, Capital and Fluctuations: Early Essays*, übersetzt und hrsg. von Roy McCloughry. London: Routledge & Kegan Paul 1984.

Hayek, *Anmaßung*, 1996
Hayek, F. A. v., *Die Anmaßung von Wissen: Neue Freiburger Studien*, hrsg. von Wolfgang Kerber. Tübingen: Mohr Siebeck 1996. (Wirtschaftswissenschaftliche und wirtschaftsrechtliche Untersuchungen / Walter Eucken Institut, 32).

Liberalismus und Rechtsstaatsideal

Wahrer und falscher Individualismus[*]

> Du dix-huitième siècle de la révolution, comme d'une source commune, étaient sortis deux fleuves: le premier conduisait les hommes aux institutions libres, tandis que le second les menait au pouvoir absolu.
>
> Alexis de Tocqueville

1

Wenn man heutzutage klar umrissene Grundsätze der sozialen Ordnung vertritt, so ist das ein fast sicherer Weg, als ein wirklichkeitsfremder Doktrinär verschrien zu werden. Es wird immer mehr als ein Zeichen der Weisheit angesehen, wenn man in sozialen Dingen nicht an festen Grundsätzen haftet, sondern jede Frage nach den für sie wesentlichen Gesichtspunkten entscheidet, sich allgemein von der Zweckmäßigkeit leiten läßt und zu einem Kompromiß zwischen gegensätzlichen Meinungen bereit ist. Grundsätze haben aber die Eigenart, sich zu behaupten, auch wenn sie nicht ausdrücklich anerkannt sind, sondern nur in Einzelentscheidungen liegen oder auch nur in vagen Vorstellungen bestehen, was zu tun und zu lassen ist. So ist es dazu gekommen, daß wir in Wirklichkeit unter der Fahne »weder Individualismus noch Sozialismus« aus einer Gesellschaft freier Individuen heraus in raschem Tempo einer Gesellschaft völlig kollektivistischer Prägung zusteuern.

Ich habe die Absicht, nicht nur ein allgemeines Prinzip der sozialen Organisation zu verteidigen, sondern auch zu versuchen, den Beweis zu erbringen, daß die Abneigung gegen allgemeine Grundsätze und die Vorliebe für die Behandlung von Einzelfall zu Einzelfall das Ergebnis einer Bewegung ist, die uns mit der »Unausbleiblichkeit des Schrittweisen« aus einer auf der allgemeinen

---

[*] The Twelfth Finlay Lecture, gehalten am University College Dublin, 17. Dezember 1945.

Anerkennung bestimmter Grundsätze ruhenden sozialen Ordnung zu einem System zurückführt, in dem die Ordnung durch unmittelbaren Befehl geschaffen wird.

Nach der Erfahrung der letzten 30 Jahre ist es wohl nicht notwendig zu betonen, daß wir ohne Grundsätze ein Spielball der Ereignisse sind. Die pragmatische Einstellung, die in dieser Zeit die vorherrschende war, hat, weit davon entfernt, unsere Macht über die Entwicklung zu mehren, in Wirklichkeit zu einem Zustand geführt, den niemand gewünscht hat; und die einzige Folge unserer Nichtbeachtung der Prinzipien scheint zu sein, daß uns eine Logik des Geschehens regiert, die wir vergebens zu ignorieren suchen. Jetzt lautet die Frage nicht mehr, ob wir Grundsätze brauchen, die uns leiten sollen, sondern vielmehr, ob es noch Grundsätze gibt, die allgemeiner Anwendung fähig sind und denen wir folgen könnten, wenn wir es wünschten. Wo können wir noch Leitsätze finden, die uns bei der Lösung der Probleme unserer Zeit eine entschiedene Führung bieten? Ist irgendwo eine konsequente Philosophie zu finden, die uns nicht nur die moralischen Ziele, sondern auch die entsprechende Methode bietet, sie zu erreichen?

Daß uns die Religion keine feste Führung in diesen Dingen gibt, zeigen die Bemühungen der Kirche um eine vollständige Sozialphilosophie und die völlig entgegengesetzten Ergebnisse, zu denen von denselben christlichen Grundlagen ausgehende Menschen gelangten. Obwohl das Abnehmen des Einflusses der Religion zweifellos eine gewichtige Ursache des gegenwärtigen Mangels intellektueller und moralischer Orientierung ist, würde sein Aufleben das Bedürfnis für allgemein anerkannte Grundsätze der sozialen Ordnung kaum mindern. Wir würden immer noch eine politische Philosophie brauchen, die über die grundlegenden aber sehr allgemein gehaltenen Gebote der Religion oder Moral hinausgehen.

Der Titel, den ich für dieses Kapitel gewählt habe, zeigt, daß ich glaube, daß es eine solche Philosophie noch gibt – Grundsätze, die zwar im Großteil der abendländischen oder christlichen politischen Tradition enthalten sind, aber durch keinen der bekannten Namen mehr unmißverständlich bezeichnet werden können. Es ist darum notwendig, diese Grundsätze erneut darzustellen, bevor wir entscheiden können, ob sie uns in der Praxis noch zur Führung dienen können.

Die Schwierigkeit, der wir gegenüberstehen, liegt nicht bloß darin, daß die geläufigen politischen Bezeichnungen notorisch mehrdeutig sind, oder darin, daß dieselbe Bezeichnung für verschiedene Gruppen oft sogar fast das gerade Gegenteil bedeutet. Die viel schlimmere Erscheinung ist, daß Menschen, die in Wirklichkeit widersprechende und unvereinbare Ideale haben, häufig unter ein und demselben Namen vereinigt werden. Namen wie »Liberalismus«, »Demokratie«, »Kapitalismus« und »Sozialismus« bezeichnen heute nicht mehr zusammenhängende Ideensysteme; sie bezeichnen ein Konglomerat von ganz heterogenen Grundsätzen und Tatsachen, die der geschichtliche Zufall mit diesen Worten in Zusammenhang gebracht hat, die aber fast nichts gemein haben, als daß sie zu verschiedenen Zeiten von denselben Leuten oder auch nur unter demselben Namen vertreten worden sind.

Kein politischer Ausdruck hat in dieser Hinsicht mehr durchgemacht als der Name »Individualismus«. Er wurde nicht nur von seinen Gegnern zu einem unkenntlichen Zerrbild entstellt – und wir sollten uns immer vor Augen halten, daß die aus der Mode gekommenen politischen Begriffe den meisten unserer Zeitgenossen nur aus dem Bild bekannt sind, daß ihre Feinde gezeichnet haben – sondern er wurde zur Beschreibung verschiedener Einstellungen hinsichtlich der Gesellschaft verwendet, die untereinander ebensowenig gemeinsam haben, wie sie ihrerseits mit jenen Einstellungen, die traditionell als ihr gerades Gegenteil betrachtet wurden. Tatsächlich habe ich, als ich bei der Vorbereitung dieses Aufsatzes einige Standardwerke nach Beschreibungen des Begriffs »Individualismus« durchgesehen habe, fast zu bereuen begonnen, daß ich die Ideale, an die ich glaube, je mit einem Namen verbunden habe, der so mißbraucht und so mißverstanden worden ist wie dieser. Doch – welche Bedeutung immer das Wort sonst noch angenommen haben mag – es gibt zwei Gründe für die Beibehaltung dieses Namens für die Ansicht, die ich verteidige: Erstens ist diese Ansicht seit jeher unter diesem Namen bekannt gewesen, was immer er zu verschiedenen Zeiten sonst noch bedeutet haben mag; und zweitens hat der Ausdruck die Auszeichnung für sich, daß das Wort »Sozialismus« ausdrücklich geprägt wurde, um den Gegensatz zum Individualismus auszudrücken.[1] Und eben mit dem System, das die Alternative zum Sozialismus bildet, will ich mich beschäftigen.

2

Bevor ich erkläre, was ich mit echtem Individualismus meine, ist es vielleicht nützlich, wenn ich einige Hinweise auf die geistige Tradition gebe, der er an-

---

[1] Sowohl die Bezeichnung »Individualismus« als auch der Ausdruck »Sozialismus« wurden ursprünglich von den Saint-Simonisten, den Urhebern des modernen Sozialismus, gebildet. Sie prägten zuerst den Ausdruck »Individualismus« zur Bezeichnung der Wettbewerbswirtschaft, deren Gegner sie waren, und erfanden dann das Wort »Sozialismus« zur Bezeichnung der zentral geplanten Gesellschaft, in der alle Tätigkeit nach demselben Prinzip gelenkt wird wie in einer Einzelfabrik. Über den Ursprung dieser Bezeichnungen siehe Hayek, F. A., »The Counter-Revolution of Science«, *Economica VIII* (Neue Serie 1941), 146, (Deutsche Übersetzung: »Die Gegenrevolution der Wissenschaft«, abgedruckt als Teil II in: Hayek, *Mißbrauch und Verfall der Vernunft*, Hayek, *Schriften*, B2, d. Hrsg.).

gehört. Der echte Individualismus, den ich verteidige, begann seine moderne
Entwicklung mit John Locke und besonders mit Bernard Mandeville und David Hume und erreichte seine volle Gestalt zum ersten Mal in den Arbeiten von
Josiah Tucker, Adam Ferguson und Adam Smith und in denen ihres großen
Zeitgenossen, Edmund Burke – des Mannes, den Smith den einzigen ihm bekannten Menschen nannte, der über wirtschaftliche Fragen genau so dächte wie
er, ohne daß vorher irgend ein Meinungsaustausch zwischen ihnen stattgefunden hätte.[2] Im 19. Jahrhundert finde ich ihn am vollkommensten in den Werken
zweier seiner größten Historiker und politischen Philosophen dargestellt: in
den Arbeiten von Alexis de Tocqueville und Lord Acton. Diese beiden Männer
haben meiner Meinung nach erfolgreicher das beste der Sozialphilosophie der
schottischen Philosophen, sowie Burke's und der englischen Whigs weiterentwickelt als irgend welche anderen Schriftsteller, die ich kenne; während die
klassischen Nationalökonomen des 19. Jahrhunderts oder zumindest die Benthamiten oder die philosophischen Radikalen unter ihnen immer mehr unter
den Einfluß eines Individualismus anderer Art und anderer Herkunft gerieten.

Diese zweite, ebenfalls als Individualismus bekannte Denkrichtung ist
hauptsächlich durch französische und andere kontinentale Schriftsteller vertreten – und zwar, wie ich glaube, infolge der beherrschenden Rolle, die der Cartesische Rationalismus in ihrer ganzen Zusammensetzung spielt. Die hervorragendsten Vertreter dieser Richtung sind die Enzyklopädisten, Rousseau und
die Physiokraten. Dieser rationalistische Individualismus hat aus Gründen, die
wir gleich betrachten werden, immer die Tendenz, sich zum Gegenteil des
Individualismus zu entwickeln, nämlich zum Sozialismus oder Kollektivismus.
Weil nur der Individualismus der ersten Art konsequent ist, nehme ich für ihn
den Namen echter Individualismus in Anspruch, während der Individualismus
der zweiten Art wahrscheinlich als eine ebenso wichtige Quelle des modernen
Sozialismus angesehen werden muß wie die eigentlichen kollektivistischen
Theorien.[3]

---

[2] Bisset, R., *Life of Edmund Burke* (2. Auflage 1800), II., 429. Vgl. auch Dunn, W.
C., »Adam Smith and Edmund Burke: Complementary Contemporaries«, *Southern
Economic Journal* (University of North Carolina), Bd. VII, Nr. 3 (Jänner 1941).

[3] Carl Menger, der mit unter den ersten war, die in neuerer Zeit den methodischen
Individualismus des Adam Smith und seiner Schule zu neuem Leben erweckt haben, war
wahrscheinlich auch der erste, der auf den Zusammenhang zwischen den Planungstheo-
rien der sozialen Institutionen und dem Sozialismus hingewiesen hat. Siehe seine *Untersuchungen über die Methode der Sozialwissenschaften*, 1883, insbesondere IV. Buch,
Kap. 2 gegen dessen Ende (208), wo es heißt: »... einen Pragmatismus, der gegen die Absicht seiner Vertreter unweigerlich zum Sozialismus führt.«
Es ist bezeichnend, daß die Physiokraten vom rationalistischen Individualismus, von
dem sie ausgingen, nicht nur ganz zum Sozialismus (voll entwickelt bei ihrem Zeitgenossen Mordly in *Le Code de la nature*, 1755), sondern auch zur Vertretung des

Ich kann die Konfusion, die über die Bedeutung von »Individualismus« herrscht, nicht besser illustrieren als mit der Tatsache, daß der Mann, der für mich einer der größten Repräsentanten des echten Individualismus ist, Edmund Burke, gewöhnlich (und mit Recht) als der Hauptgegner des sogenannten »Individualismus« von Rousseau dargestellt wird, dessen Theorien, wie er fürchtete, den Staat rasch »zu Staub und Pulver der Individualität«[4] auflösen würden; und daß ferner das Wort »Individualismus« selbst in die englische Sprache zum ersten Mal durch eine Übersetzung eines der Werke eines anderen großen Repräsentanten des wahren Individualismus, De Tocqueville, eingeführt wurde, der es in seiner *Democracy in America* zur Bezeichnung einer Einstellung verwendet, die er bedauert und verwirft.[5] Doch kann gar kein Zweifel bestehen, daß sowohl Burke als auch De Tocqueville in allem wesentlichen Adam Smith sehr nahe stehen, dem niemand den Titel eines Individualisten absprechen wird, und daß der »Individualismus«, dem sie entgegentreten, etwas ganz anderes ist als der von Smith.

3

Was sind nun die wesentlichen Züge des echten Individualismus? Was zu allererst gesagt werden muß: Der Individualismus ist in erster Linie eine *Theorie* der

---

schlimmsten Despotismus geführt wurden. »L'État fait des hommes tout ce qu'il veut«, schrieb Baudeau.

[4] Burke, E., »Reflections on the Revolution in France«, 1790, in *Works* (World's Classic Ausg.) IV, 105: »So würde der Staat selbst innerhalb weniger Generationen in Staub und Pulver der Individualität aufgelöst werden und über lang oder kurz in alle Windrichtungen verstreut werden.« Daß Burke (worauf A.M. Osborn in ihrem Buch über Rousseau und Burke [Oxford 1940] 23 hinweist) Rousseau zuerst wegen seines extremen »Individualismus« angegriffen hatte, und später wegen seines extremen Kollektivismus angriff, war gewiß nicht inkonsequent, sondern nur das Ergebnis der Tatsache, daß im Falle von Rousseau wie in dem aller anderen der rationalistische Individualismus, den sie predigten, unweigerlich zum Kollektivismus führte.

[5] Tocqueville, A. de, *Democracy in America*, Übersetzung von Henry Reeve (London 1864), II. Band, II. Buch, Kap. 2, in dem De Tocqueville Individualismus definiert als ein »reifes und ruhiges Gefühl, das jedes Mitglied der Gemeinschaft geneigt macht, sich von der Masse seiner Genossen zu trennen und sich mit seiner Familie und seinen Freunden abzusondern; so daß er, nachdem er auf diese Weise einen eigenen kleinen Kreis gebildet hat, die Gesellschaft in ihrer Gesamtheit gerne sich selbst überläßt«. Der Übersetzer bittet in einer Fußnote zu dieser Stelle um Entschuldigung, daß er das französische Wort »Individualism« in die englische Sprache eingeführt habe und erklärt, daß er »kein englisches Wort wisse, das diesem Ausdruck genau entsprechen würde«. Albert Schatz weist in dem weiter unten erwähnten Buch darauf hin, daß De Tocqueville's Verwendung des eingebürgerten französischen Ausdruckes in diesem besonderen Sinn völlig willkürlich ist und zu ernsten Konfusionen mit der üblichen Bedeutung führt.

Gesellschaft, das Bemühen, die Kräfte zu verstehen, die das soziale Leben der Menschen bestimmen und erst in zweiter Linie eine politische Maxime, die sich aus dieser Vorstellung von der Gesellschaft ableitet. Das sollte allein schon genügen, um den albernsten der verbreiteten Irrtümer zu widerlegen: den Glauben, daß der Individualismus die Voraussetzung macht (oder seine Argumente auf die Annahme stützt), daß isoliert oder für sich abgeschlossene Individuen existieren, anstatt von Menschen auszugehen, deren ganze Natur und ganzes Wesen durch ihr Leben in der Gesellschaft bestimmt ist.[6] Wenn das zuträfe, dann hätte er allerdings zu unserem Verständnis der Gesellschaft nichts beizutragen. Seine grundlegende Behauptung ist aber eine ganz andere; sie lautet, daß es keinen anderen Weg zum Verständnis der sozialen Erscheinungen gibt als über das Verständnis des Handelns des Einzelnen, das sich nach den Nebenmenschen richtet und von deren zu erwartendem Verhalten bestimmt wird.[7] Dieses Argument richtet sich vor allem gegen die eigentlichen kollektivistischen Gesellschaftstheorien, die vorgeben, soziale Ganzheiten wie die Gesellschaft oder dergleichen unmittelbar verstehen zu können als Wesenheiten sui generis, die unabhängig von den sie zusammensetzenden Individuen existieren. Der nächste Schritt in der individualistischen Betrachungsweise der Gesellschaft dagegen richtet sich gegen den rationalistischen Pseudo-Individualismus, der in der Praxis auch zum Kollektivismus führt. Er besteht in der Behauptung, daß wir in der Verfolgung des Zusammenwirkens der individuellen Handlungen entdecken, daß viele Institutionen, auf denen die menschlichen Errungenschaften beruhen, ohne einen planenden und lenkenden Geist entstanden sind und funktionieren; daß, wie Adam Ferguson es ausgedrückt hat, »Völker sich unerwartet im Besitze von Einrichtungen finden, die wohl das Ergebnis menschlichen Handelns sind, aber nicht das Ergebnis menschlicher Ab-

---

[6] Albert Schatz zieht in seinem ausgezeichneten Überblick über die Geschichte der individualistischen Theorien den richtigen Schluß, daß »nous voyons tout d'abord avec évidence ce que l'individualisme n'est pas. C'est précisément ce qu'on croit communément qu'il est: un système d'isolèment dans l'existence et une apologie de l'égoisme. (*L'Individualisme économique et social*, Paris 1907, 558). Dieses Buch, dem ich viel verdanke, verdiente viel bekannter zu sein, nicht nur als Beitrag zu dem in seinem Titel genannten Gegenstand, sondern auch als Beitrag zur Geschichte der Wirtschaftstheorie im Allgemeinen.

[7] In dieser Hinsicht ist der Individualismus, wie Karl Pribram aufgezeigt hat, ein notwendiges Ergebnis des philosophischen Nominalismus, während die kollektivistischen Theorien ihre Wurzeln in der »realistischen« oder (wie K.R. Popper nun besser sagt) »essentialistischen« Tradition haben. (Pribram, K., *Die Entstehung der individualistischen Sozialphilosophie*, Leipzig 1912.) Aber dieser »nominalistische« Weg ist nur für den echten Individualismus charakteristisch, während der falsche Individualismus von Rousseau und den Physiokraten entsprechend seinem Cartesischen Ursprung ausgesprochen »realistisch« oder »essentialistisch« ist.

sicht«;[8] und daß die spontane Zusammenarbeit freier Menschen Dinge hervorbringt, die größer sind, als der einzelne Verstand je ganz erfassen kann. Das ist die entscheidende Leitidee von Josiah Tucker und Adam Smith, Adam Ferguson und Edmund Burke, die große Entdeckung der klassischen Volkswirtschaftslehre, die die Grundlage unseres Verständnisses nicht nur des Wirtschaftslebens sondern fast aller echter sozialer Phänomene wurde.

---

[8] Ferguson, A., *An Essay on the History of Civil Society* (1. Aufl. 1767), 187. Vergl. auch ebenda: »Die Formen der Gesellschaft leiten sich von einem unklaren und entfernten Ursprung ab; sie entstehen lange vor der Zeit der Philosophie aus den Instinkten und nicht aus menschlichen Spekulationen ... Wir schreiben Dinge einer früheren Absicht zu, die erst durch Erfahrung zum Bewußtsein kamen und die keine menschliche Weisheit voraussehen konnte und ohne das Zusammentreffen von geistiger Verfassung und Bereitschaft ihrer Zeit könnte keine Behörde einen Einzelmenschen in den Stand setzen, sie durchzuführen« (187 und 188).

Es mag von Interesse sein, diese Stellen mit ähnlichen Äußerungen zu vergleichen, in denen Fergusons Zeitgenossen denselben Grundgedanken der britischen Nationalökonomen des 18. Jahrhunderts ausgedrückt haben:

Tucker, J., *Elements of Commerce* (1756), wiederabgedruckt in Tucker, J.: *A Selection from His Economic and Political Writings*, herausgegeben von R. L. Schuyler, New York 1931, 31 und 92: »Das wesentliche ist, die Eigenliebe weder auszulöschen noch sie zu schwächen, sondern ihr eine Richtung zu geben, daß sie das öffentliche Interesse fördert, indem sie das eigene fördert ... Die eigentliche Absicht dieses Kapitels ist, zu zeigen, daß die allesbewegende Kraft in der menschlichen Natur, die Eigenliebe, in diesem Fall (wie in allen anderen) eine Richtung erhalte, daß sie das öffentliche Interesse durch jene Anstrengungen fördert, die sie in der Verfolgung des eigenen Interesses machen wird.«

Smith, A., *Wealth of Nations* (1776), Ausgabe Cannan, I, 421: »Dadurch daß dieser Fleiß in solcher Weise gelenkt wird, daß sein Ergebnis den größten Wert habe, beabsichtigt er den eigenen Gewinn und er wird dabei, wie in vielen anderen Fällen, von einer unsichtbaren Hand geführt, um einen Zweck zu fördern, der nicht Teil seiner Absicht war. Und es ist nicht immer das schlimmste für die Gesellschaft, daß dieser Zweck nicht Teil seiner Absicht war. In der Verfolgung der eigenen Interessen fördert er die der Gesellschaft wirksamer, als wenn er die konkrete Absicht hat, sie zu fördern.« Vgl. auch *The Theory of Moral Sentiments* (1759), IV. Teil, 9, Aufl. 1801, Kap. I, 386.

Burke, E., »Thoughts and Details on Scarcity« (1795) in *Works* (World's Classics Ausg.) VI, 9: »Der gütige und weise Lenker aller Dinge, der die Menschen verhält, ob sie wollen oder nicht, bei der Verfolgung ihrer eigenen selbstsüchtigen Interessen das Allgemeinwohl mit ihrem eigenen individuellen Erfolg zu verknüpfen.«

Nachdem diese Aussprüche in den letzten hundert Jahren von der Mehrheit der Schriftsteller verspottet und ins Lächerliche gezogen worden sind (C.E. Raven nannte vor nicht langer Zeit die zuletzt genannte Stelle von Burke einen »recht bedenklichen Satz« – siehe sein Werk *Christian Socialism*, 1920, 34), ist es interessant, jetzt einen der führenden Theoretiker des modernen Sozialismus zu finden, der Adam Smith's Schlußfolgerungen übernimmt. Nach A.P. Lerner (*The Economics of Control*, New York 1944, 67) besteht der wesentliche Nutzen des Preismechanismus darin, daß er, »wenn er richtig angewendet wird, jedes Mitglied der Gesellschaft veranlaßt, in der Suche nach dem eigenen Nutzen das zu tun, was im allgemeinen Interesse der Gesellschaft liegt. Im Grunde ist das die große Entdeckung von Adam Smith und den Physiokraten.«

Der Unterschied zwischen dieser Anschauung, die die Ordnung, die wir im menschlichen Zusammenleben finden, als das unvorhergesehene Ergebnis der Handlungen der Individuen ansieht, und der Anschauung, die die ganze sichtbare Ordnung auf bewußtes Planen zurückführt, ist der erste große Gegensatz zwischen dem wahren Individualismus der englischen Denker des 18. Jahrhunderts und dem sogenannten »Individualismus« der Cartesischen Schule.[9] Aber das ist nur eine Seite eines viel weitertragenderen Unterschiedes zwischen den beiden Anschauungen: die eine schätzt die Rolle der Vernunft in den Angelegenheiten der Menschen nicht hoch ein und behauptet, daß der Mensch, was er erreicht hat, der Tatsache zum Trotz erreicht hat, daß er nur zum Teil von der Vernunft geführt und seine persönliche Vernunft sehr begrenzt und unvollkommen ist; die andere nimmt an, daß »Die Vernunft« allen Menschen jederzeit in vollem und gleichem Maß verfügbar ist und daß alles, was der Mensch erreicht, das unmittelbare Ergebnis der Herrschaft der Einzelvernunft ist und ihr daher untertan ist. Man könnte sogar sagen, daß die erstere Ansicht die Folge davon ist, daß sich der Mensch der Begrenztheit des individuellen Verstandes bewußt ist, eine Erkenntnis, die zu einer Haltung der Demut gegenüber den unpersönlichen und anonymen sozialen Vorgängen führt, durch die die Einzelnen mithelfen, Dinge zu schaffen, die größer sind, als sie wissen; während die letzteren das Ergebnis eines überspitzten Glaubens in die Macht des Einzelverstandes und einer daraus folgenden Mißachtung für alles ist, was nicht von ihm bewußt geplant oder ihm nicht völlig verständlich ist.

Die antirationalistische Einstellung, die den Menschen nicht als ein höchst rationales und intelligentes sondern als ein sehr irrationales und fehlbares Wesen betrachtet, dessen Irrtümer nur im Laufe eines sozialen Prozesses ausgeglichen werden, und die darauf hinzielt, so viel wie möglich aus einem sehr unvollkommenen Material herauszuholen, ist wohl der charakteristischste Zug des englischen Individualismus. Seine Vorherrschaft in England scheint hauptsächlich dem tiefen Einfluß zuzuschreiben zu sein, den Bernard Mandeville ausgeübt hat, von dem die tragende Idee zum ersten Mal klar formuliert worden ist.[10]

---

[9] Vgl. Schatz, loc. cit. 41–42, 81, 378, 568–69, insbesondere die bei ihm zitierte Stelle (41, Fußnote 1) aus einem Aufsatz von Albert Sorel (»Comment j'ai lu la Réforme sociale« in *Réforme sociale*, 1. November 1906, 614): »Quel que fut mon respect, assez commandé et indirect encore pour le *Discours de la méthode*, je savais déjà que de ce fameux discours il était sorti autant de déraison sociale et d'aberrations métaphysiques, d'abstractions et d'utopies, que de données positives, que s'il menait à Comte il avait aussi mené à Rousseau.« Über den Einfluß von Descartes auf Rousseau siehe weiters Janet, P., *Histoire de la science politique* (3. Aufl., 1887), 423; Bouillier, F., *Histoire de la philosophie cartésienne* (3. Aufl., 1868), 643; und Michel, H., *L'Idée de l'état* (3. Aufl., 1898), 68.

[10] Die entscheidende Bedeutung Mandevilles in der Geschichte der Nationalöko-

Ich kann den Gegensatz, in dem der Cartesische oder rationalistische »Individualismus« zu dieser Auffassung steht, nicht besser illustrieren, als durch
die Zitierung einer berühmten Stelle aus dem II. Teil des *Discours de la méthode*. Descartes sagt: »Es gibt in Arbeiten, die aus vielen getrennten Teilen bestehen, an denen verschiedene Hände beschäftigt waren, selten solche Voll-
kommenheit wie in jenen, die von einem einzigen Menschen vollendet wurden«. Er fährt dann fort (nachdem er sehr bezeichenender Weise den Fall des
Technikers anführt, der seine Pläne entwirft): »Die Völker, die in einem langsamen Übergang von einem halb barbarischen Zustand zur Zivilisation aufstie-
gen und ihre Gesetze nach und nach niederlegten und sie sich sozusagen durch
die Erfahrung, wie schmerzhaft einzelne Verbrechen oder Streitigkeiten sind,
aufzwingen ließen, werden mit diesem Vorgang in den Besitz viel weniger vollkommener Einrichtungen gelangen als jene, die vom Beginn ihres Zusammen-
schlusses zu Gemeinschaften den Anordnungen irgend eines weisen Gesetzgebers gefolgt sind.« Zur Unterstützung dieser Behauptung fügt Descartes hinzu,
daß nach seiner Meinung »die einstige Vorherrschaft Spartas nicht dem Vollzug
jedes einzelnen seiner Gesetze zu danken war, sondern dem Umstand, daß sie
von einem einzigen Individuum stammten und daher alle auf ein einziges Ziel
gerichtet waren«.[11]

---

nomie, die lange übersehen oder doch nur von wenigen Autoren gewürdigt worden war
(insbesondere von Edwin Cannan und Albert Schatz), wird nun allmählich erkannt,
hauptsächlich dank der prachtvollen Ausgabe der *Fabel der Bienen*, die wir dem verstorbenen F.B. Kaye zu danken haben. Obwohl die grundlegenden Ideen des Werks
Mandeville's schon im ursprünglichen Gedicht von 1705 enthalten sind, so erscheint die
entscheidende Ausarbeitung und besonders sein ausführlicher Bericht über den Ursprung der Arbeitsteilung, des Geldes und der Sprache erst im II. Teil der Fabel, die im
Jahre 1728 veröffentlicht wurde. (Siehe Mandeville, B., *The Fable of the Bees*, Ausg. F.B.
Kaye (Oxford 1924), II., 142, 287–88, 349–50.) Es ist hier nicht Raum, mehr als nur die
wesentliche Stelle aus seiner Beschreibung der Entwicklung der Arbeitsteilung zu zitieren, wo er sagt: »Wir schreiben oft der Besonderheit des menschlichen Genies und der
Tiefe seines Eindringens zu, was in Wirklichkeit nur der Länge der Zeit und der Erfahrung vieler Generationen zu danken ist, die sich alle in natürlichen Belangen und Scharfsinn kaum von einander unterscheiden.« (Ebenda, 142.)
      Es wurde üblich, Giambattista Vico und seine (gewöhnlich falsch zitierte) Formel:
»homo non intelligendo fit omnia« (*Opere*, Ausg. G. Ferrari, 2. Aufl. Mailand 1854), V.
183, als den Anfang der antirationalistischen Theorie der Sozialerscheinungen zu bezeichnen, aber es scheint, daß ihm Mandeville sowohl vorangegangen ist, als ihn auch
übertroffen hat.
      Es verdient vielleicht auch erwähnt zu werden, daß nicht nur Mandeville, sondern
auch Adam Smith einen beachtlichen Platz in der Entwicklung der Theorie der Sprache
einnehmen, die in so vielen Belangen verwandte Probleme mit den anderen Sozialwissenschaften aufwirft.
[11] Descartes, R., *Discours de la méthode*, herausgeg. von Gilbert Gadoffre, Manchester 1941, 12–13.

Es wäre interessant, die Entwicklung dieses Individualismus weiter zu verfolgen, der den Staat als Gesellschaftsvertrag und die Institutionen der Gesellschaft als das Ergebnis bewußter Konstruktion ansieht, eine Entwicklung, die von Descartes über Rousseau und die französische Revolution bis herunter zu einer Einstellung gegenüber den Problemen der Gesellschaft führt, die für den Techniker immer noch charakteristisch ist.[12] Eine solche Skizze würde zeigen, wie sich der Cartesische Rationalismus dauernd als ein schweres Hindernis für das Verstehen historischer Phänomene erwies, und daß er zum großen Teil schuld an dem Glauben an unausweichliche Gesetze der geschichtlichen Entwicklung und dem sich daraus ergebenden modernen Fatalismus ist.[13].

Worauf es hier aber ankommt, ist, daß diese Auffassung, obwohl sie auch unter dem Namen »Individualismus« bekannt ist, in zwei entscheidenden Punkten zum echten Individualismus in vollkommenem Gegensatz steht. Während es für diesen Pseudo-Individualismus ganz richtig ist, daß der Glaube an spontane soziale Bildungen »für alle Philosophen logisch unmöglich gewesen ist, die den Einzelmenschen betrachteten und annahmen, daß er in einem formellen Vertrag durch den Zusammenschluß seines Einzelwillens mit dem eines anderen Gesellschaften bildete«,[14] ist der echte Individualismus die einzige Theorie, die den Anspruch erheben kann, die Entstehung spontaner sozialer Bildungen verständlich zu machen. Und während die Theorien der bewußten Konstruktion notwendig zu der Schlußfolgerung führen, daß das soziale Geschehen den menschlichen Zwecken nur dienstbar gemacht werden kann, wenn es in der Gewalt der individuellen menschlichen Vernunft steht, und so geradewegs zum Sozialismus führen, glaubt der echte Individualismus ganz im Gegenteil, daß die Menschen, wenn ihnen ihr freies Handeln unbenommen bleibt, oft Höheres zustande bringen, als ein Einzelverstand planen oder voraussehen könnte.

Dieser Gegensatz zwischen dem echten, antirationalistischen, und dem falschen, rationalistischen, Individualismus durchzieht das ganze soziale Denken. Da aber beide Theorien unter demselben Namen bekannt geworden sind

---

[12] Über die charakteristische Einstellung des technisch denkenden Menschen zu wirtschaftlichen Erscheinungen vgl. Hayek, F. A., »Scientism and the Study of Society«, *Economica*, Bände IX bis XI (Neue Serie 1942–44), besonders XI, 34ff.(Deutsche Übersetzung: »Szientismus und das Studium der Gesellschaft«, abgedruckt als I. Teil in: Hayek, *Mißbrauch und Verfall der Vernunft*, Hayek, *Schriften*, B2, d. Hrsg.)

[13] Nach der ersten Veröffentlichung dieser Vorlesung ist mir der instruktive Aufsatz von Jerome Rosenthal über »Attitudes of Some Rationalists to History« (*Journal of the History of Ideas*, IV, No. 4, Oktober 1943, 429–56) bekannt geworden, der ziemlich ausführlich die antihistorische Einstellung von Descartes und insbesondere seines Schülers Malebranche zeigt, und interessante Beispiele für die Geringschätzung gibt, die Descartes in seiner *Recherche de la vérité par la lumière naturelle* für das Studium der Geschichte, der Sprachen, der Geographie und insbesondere der Klassik ausdrückt.

[14] Bonar, J., *Philosophy and Political Economy* (1893), 85.

und zum Teil auch, weil die klassischen Nationalökonomen des 19. Jahrhunderts, insbesondere John Stuart Mill und Herbert Spencer, fast ebensosehr unter dem Einfluß der französischen wie der englischen Tradition gestanden sind, wurden sämtliche dem echten Individualismus völlig fremde Begriffe und Annahmen als wesentliche Teile seiner Lehre übernommen.

Die beste Illustration für die übliche falsche Vorstellung vom Individualismus des Adam Smith und seiner Gruppe ist wohl der verbreitete Glaube, daß diese das Gespenst des »homo oeconomicus« erfunden haben und daß deren Schlußfolgerungen wegen der Annahme eines streng rationalen Verhaltens, oder ganz allgemein, durch eine falsche rationalistische Psychologie ihre Gültigkeit verlieren.

Natürlich waren sie von einer derartigen Annahme weit entfernt. Es würde der Wahrheit viel eher entsprechen zu sagen, daß die Menschen in ihren Augen von Natur aus faul und indolent, wenig voraussichtig und verschwenderisch sind, und daß nur die Macht der Umstände sie dazu bringen konnte, sich wirtschaftlich zu verhalten und wirksam ihre Mittel den Zielen anzupassen. Aber auch das würde den sehr komplizierten und wirklichkeitsnahen Ansichten, die diese Männer über die menschliche Natur vertraten, nicht gerecht werden. Da es modern geworden ist, Smith und seine Zeitgenossen wegen ihrer vermeintlich irrigen Psychologie zu verspotten, möchte ich vielleicht die Ansicht äußern, da wir alle praktischen Zwecke noch heute aus der *Wealth of Nations* mehr über das Verhalten der Menschen lernen können als aus den meisten pretentiöseren modernen Werken, die von »Sozialpsychologie« handeln.

Wie immer das sein mag, die Hauptsache, die wohl feststehen dürfte, ist, daß Smith es weniger beschäftigt, was die Menschen gelegentlich erreichen können, wenn sie ihr bestes geben, sondern daß die schlechten unter ihnen die geringste Möglichkeit haben sollen, Schaden zu stiften. Es ist kaum zu viel zu behaupten, daß das Hauptverdienst des Individualismus, den er und seine Zeitgenossen vertreten, darin liegt, daß er ein System ist, in dem schlechte Menschen am wenigsten anrichten können. Es ist ein Gesellschaftssystem, dessen Wirkungsweise nicht davon abhängt, daß wir gute Menschen finden, die es handhaben, oder davon, daß alle Menschen besser werden, als sie jetzt sind, sondern ein System, das aus allen Menschen in all ihrer Verschiedenheit und Kompliziertheit Nutzen zieht, die manchmal gut und manchmal schlecht, oft gescheit, aber noch öfter dumm sind. Ihr Ziel war ein System, in dem es möglich ist, die Gewähr der Freiheit allen zu geben und nicht, wie ihre französischen Zeitgenossen es wollten, die Freiheit auf »die Guten und Weisen« zu beschränken.[15]

---

[15] A.W. Benn sagt in seiner *History of English Rationalism in the Nineteenth Century* (1906): »Nach Quesnay heißt der Natur folgen, durch das Studium der Welt in Bezug auf uns und auf ihre Gesetze festzustellen, welches Verhalten am besten zu Ge-

Es war das Hauptbestreben der großen individualistischen Schriftsteller, In-stitutionen zu finden, durch die die Menschen dazu geführt werden konnten, durch eigene Wahl und aus den Beweggründen, die ihr gewöhnliches Verhalten bestimmen, so viel wie möglich zur Bedürfnisbefriedigung aller anderen beizu-tragen und sie entdeckten, daß das System des Privateigentums die Menschen in weit höherem Maß in diesem Sinn führte, als bisher erfaßt worden war. Sie behaupteten jedoch nicht, daß dieses System nicht der Verbesserung fähig war, und noch weniger, wie eine andere oft zu hörende Verzerrung ihrer Argumen-tation es haben will, daß es eine »natürliche Harmonie der Interessen« gäbe, losgelöst von den positiven Institutionen. Sie waren sich des Widerstreites der individuellen Interessen sehr wohl bewußt und betonten die Notwendigkeit »wohlgebauter Institutionen«, in denen »Regeln und Grundsätze der wider-

---

sundheit und Glück führt; und die natürlichen Rechte heißen die Freiheit, den so festge-stellten Weg auch zu verfolgen. Eine solche Freiheit gebührt den Weisen und Guten und kann nur jenem gewährt werden, den die schützende Behörde im Staat als solchen zu be-trachten beliebt. Nach Adam Smith und seinen Schülern dagegen heißt Natur die Ge-samtheit der Triebe und Instinkte, von denen die einzelnen Mitglieder der Gesellschaft bewegt sind; und sie behaupten, daß es die beste Ordnung der Dinge ergebe, wenn jenen Kräften freies Spiel gelassen wird, in dem Vertrauen, daß teilweises Fehlschlagen durch den Erfolg anderswo mehr als ausgeglichen werden wird, und daß die Verfolgung der ei-genen Interessen von seiten jedes einzelnen das meiste Wohl für alle bewirken wird« (I, 289).

Siehe über die ganze Frage Halévy, E., *The Growth of Philosophic Radicalism* (1928), besonders 266–70.

Der Gegensatz zwischen den schottischen Philosophen des 18. Jahrhunderts und ihren französischen Zeitgenossen ist auch in Gladys Bryson's kürzlich erschienener Stu-die *Man and Society: The Scottish Enquiry of the Eighteenth Century* (Princeton 1945), 145, herausgearbeitet. Die Autorin betont, daß sich die schottischen Philosophen »alle vom Cartesischen Rationalismus mit seiner Betonung des abstrakten Intellektualismus und der angeborenen Ideen losreißen wollten« und unterstreicht wiederholt die »anti-individualistischen« Tendenzen von David Hume (106 und 155), wobei sie das Wort »in-dividualistisch« in dem Sinn verwendet, den wir hier den falschen, rationalistischen, nen-nen. Aber gelegentlich fällt sie in den allgemeinen Fehler zurück und betrachtet sie als »repräsentativ und typisch für das Denken des Jahrhunderts« (176). Es besteht auch, zum großen Teil als Folge des Aufnehmens des deutschen Begriffs der »Aufklärung« zu-sehr die Neigung, die Ansichten aller Philosophen des 18. Jahrhunderts als ähnlich zu be-trachten, während doch in vieler Hinsicht die Verschiedenheiten zwischen den engli-schen und französischen Philosophen dieser Zeit viel wichtiger sind als die Ähnlichkei-ten. Die verbreitete Gewohnheit, Adam Smith und Quesnay in einen Topf zu werfen, offenbar eine Gewohnheit, die aus dem früheren Glauben stammt, daß Smith viel den Physiokraten zu verdanken hatte, sollte sicherlich jetzt endlich aufgegeben werden, da dieser Glaube durch W.L. Scott's jüngste Entdeckungen (siehe *Adam Smith as Student and Professor*, Glasgow 1937, 124) widerlegt worden ist. Es ist auch bezeichnend, daß sowohl von Hume als auch von Smith berichtet wird, daß sie in ihrem Werk durch die Gegnerschaft zu Montesquieu angeregt worden seien.

streitenden Interessen und der abgewogenen Vorteile«[16] die gegeneinander stehenden Interessen versöhnen würde, ohne irgend einer Gruppe die Macht zu geben, die eigenen Ansichten und Interessen stets über die der anderen vorherrschen zu lassen.

4

In diesen grundlegenden psychologischen Annahmen liegt etwas, das wir etwas genauer betrachten müssen. Der Glaube, daß der Individualismus den Egoismus des Menschen gutheißt und unterstützt, ist einer der Hauptgründe, warum ihn so viele Menschen ablehnen, und das in dieser Hinsicht bestehende Mißverständnis beruht auf einer wirklichen intellektuellen Schwierigkeit. Wir müssen daher den Sinn der Annahmen, die er macht, sorgfältig prüfen. Zweifellos haben die großen Schriftsteller des 18. Jahrhunderts in ihrer Sprache die »Eigenliebe« des Menschen oder auch seine »egoistischen Interessen« als die »allbewegende Kraft« dargestellt und meinten mit diesen Worten in erster Linie eine ethische Einstellung, die sie für sehr ausgebreitet hielten. Aber diese Ausdrücke bedeuteten nicht Egoismus im engeren Sinn als der alleinigen Befassung mit den unmittelbaren Bedürfnissen der eigenen Person. Das »Selbst«, das sie meinten, für das allein die Menschen sorgen, hat selbstverständlich ihre Familie und Freunde miteingeschlossen; und es würde an der Argumentation auch nichts ändern, wenn es alles mit eingeschlossen hätte, wofür Menschen überhaupt sorgen.

Viel wichtiger als diese moralische Einstellung, die nicht unabänderlich sein muß, ist aber eine unbestreitbare intellektuelle Tatsache, die niemand ändern kann und die an sich eine ausreichende Grundlage für die von den individualistischen Philosophen gezogenen Schlußfolgerungen bildet, und das ist die naturbedingte Begrenztheit des Wissens und der Interessen des Menschen, die Tatsache, daß er nicht mehr kennen *kann* als einen winzigen Teil des Ganzen, das wir Gesellschaft nennen, und daß daher alles, was in seinen Beweggründen enthalten sein kann, die unmittelbaren Wirkungen sind, die sein Handeln in dem ihm bekannten Bereich haben wird. All die möglichen Unterschiede in der moralischen Einstellung der Menschen wägen in ihrer Bedeutung für die Organisation der Gesellschaft wenig im Vergleich zu der Tatsache, daß der

---

Gedankenreiche Erörterung der Verschiedenheiten der britischen und französischen Sozialphilosophie des 18. Jahrhunderts, wenn auch durch die Feindschaft des Autors gegen den »Wirtschaftsliberalismus« der ersteren etwas verzerrt, ist in Goldscheid, R., *Grundlinien zu einer Kritik der Willenskraft* (Wien 1905), 32–37, zu finden.

[16] Burke, E., »Thoughts and Details on Scarcity«, 1795, in *Works* (World's Classics Ausg.), VI, 15.

Mensch nur die Dinge des engen Kreises wirklich erfassen kann, dessen Mittelpunkt er ist; und daß die Bedürfnisse, für die er wirklich sorgen *kann*, ob er nun durchaus egoistisch oder der vollkommenste Altruist ist, ein verschwindender Bruchteil der Befürfnisse sämtlicher Mitglieder der Gesellschaft sind. Die eigentliche Frage ist daher nicht die, ob der Mensch von egoistischen Motiven geleitet ist oder sein soll, sondern ob es zugelassen werden soll, daß er sich in seinen Handlungen von jenen unmittelbaren Wirkungen führen läßt, die er kennen und für die er sorgen kann, oder ob er zu Handlungen gebracht werden soll, die einem anderen angemessen scheinen, von dem angenommen wird, daß er im Besitz eines tieferen Verständnisses der Bedeutung dieser Handlungen für die Gesellschaft als Ganzes ist.

Zu der christlichen Tradition, daß es dem Menschen unbenommen sein muß, in moralischen Dingen *seinem* Gewissen zu folgen, wenn seine Handlungen von Wert sein sollen, fügten die Nationalökonomen das weitere Argument hinzu, daß es ihm unbenommen sein soll, von *seinem* Wissen und seinen Fähigkeiten vollen Gebrauch zu machen und daß es ihm überlassen sein soll, sich von seiner Einstellung zu den verschiedenen Dingen leiten zu lassen, von denen *er* Kenntnis hat und an denen ihm liegt, wenn er so viel zu den gemeinsamen Zielen der Gesellschaft beitragen soll, als in seiner Macht liegt. Ihr Hauptproblem war, wie diese begrenzten Belange, die tatsächlich das Handeln des Menschen bestimmten, zu wirksamen Antrieben gemacht werden können, die sie dazu führen, freiwillig so viel wie möglich für die Bedürfnisse beizutragen, die außerhalb ihres Gesichtskreises liegen. Die Nationalökonomen verstanden zum ersten Mal, daß der Markt, wie er sich entwickelt hatte, ein wirksamer Weg war, die Menschen an einem Prozeß teilhaben zu lassen, der komplizierter und ausgedehnter war, als er verstehen konnte, und daß er durch den Markt dazu geführt wurde, beizutragen »zu Ergebnissen, die nicht Teil seiner Absicht waren«.

Es war fast unvermeidlich, daß die klassischen Schriftsteller in der Erklärung ihrer Behauptung eine Ausdrucksweise verwendeten, die mißverstanden werden mußte, und daß sie daher den Ruf erwarben, den Egoismus gepriesen zu haben. Wir entdecken den Grund sofort, wenn wir versuchen, das ganz richtige Argument in einfacher Sprache wiederzugeben. Wenn wir kurz sagen, daß die Menschen in ihren Handlungen von *ihren* Interessen und Wünschen geleitet sind oder sein sollen, so wird das sofort für die falsche Behauptung gehalten oder verzerrt werden, daß sie ausschließlich von ihren persönlichen Bedürfnissen oder egoistischen Interessen geleitet sind oder sein sollen, während wir doch meinen, daß es ihnen frei stehen solle, nach dem zu streben, was *sie* für erstrebenswert halten.

Eine andere irreführende Redewendung zur Unterstreichung eines wichtigen Punktes ist der berühmte Satz, daß jedermann die eigenen Interessen am besten kennt. In dieser Form ist die Behauptung weder einleuchtend noch notwendig für die Argumentationen eines Individualisten. Die wahre Grundlage seines Gedankenganges ist, daß niemand wissen kann, *wer* etwas am besten weiß, und daß der einzige Weg, auf dem wir es finden können, der Weg durch einen sozialen Prozeß ist, in dem jedermann versuchen kann und sehen, was er zustande bringt. Die grundlegende Annahme ist hier wie überall die unbegrenzte Vielfalt der menschlichen Begabungen und Fähigkeiten und folglich die Unkenntnis des einzelnen Individuums um den größten Teil dessen, was sämtlichen weiteren Mitgliedern der Gesellschaft zusammengenommen bekannt ist. Oder, um diesen grundlegenden Satz anders auszudrücken, *Die Vernunft* existiert nicht im Singular, als etwas, das in einer einzelnen Person gegeben oder verfügbar ist, wie der rationalistische Vorgang anzunehmen scheint, sondern sie muß als ein interpersoneller Prozeß vorgestellt werden, in dem jedermanns Beitrag von anderen geprüft und korrigiert wird. Diese Argumentation nimmt nicht an, daß in ihren natürlichen Begabungen und Fähigkeiten alle Menschen gleich sind, sondern nur, daß kein Mensch berechtigt ist, über die Fähigkeiten, die ein anderer besitzt oder auszuüben Gelegenheit haben soll, ein endgültiges Urteil abzugeben.

Hier soll ich vielleicht auch erwähnen, daß wir die Menschen nur deswegen gleich behandeln können, weil sie tatsächlich ungleich sind. Wenn die Menschen in ihren Begabungen und Neigungen alle gleich wären, dann müßten wir sie ungleich behandeln, damit irgend eine soziale Organisation zustande kommt. Glücklicherweise sind sie nicht gleich; und nur dadurch braucht die Differenzierung der Funktionen nicht durch eine willkürliche Entscheidung eines organisierenden Willens bestimmt zu werden, sondern können wir es nach Schaffung der formalen Gleichheit der Gesetze, die auf alle in der gleichen Weise angewendet werden, jedem Individuum überlassen, seinen Platz in der Gesellschaft zu finden.

Eine ganze Welt liegt zwischen der gleichen Behandlung aller Menschen und dem Versuch, sie gleich zu machen. Die erste ist die Bedingung für eine freie Gesellschaft, der zweite bedeutet, wie De Tocqueville sagt, »eine neue Form der Knechtschaft«.[17]

---

[17] Diese Wendung wird von De Tocqueville zur Beschreibung der Wirkungen des Sozialismus immer und immer wieder gebraucht, aber siehe insbesondere *Oeuvres complètes*, IX (1886), 541, wo er sagt: »Si, en définitive, j'avais à trouver une formule générale pour exprimer ce que m'apparait le socialisme dans son ensemble, je dirais que c'est une nouvelle formule de la servitude.« Ich darf vielleicht hinzufügen, daß es diese Wendung von De Tocqueville war, die mich zum Titel eines jüngst erschienen Buches von mir angeregt hat. (Hayek, F. A., *The Road to Serfdom*, 1944; Deutsche Übersetzung: *Der Weg zur Knechtschaft*, Hayek, *Schriften*, B1, d. Hrsg.)

5

Aus dem Bewußtsein der Begrenztheit des individuellen Wissens und aus der Tatsache, daß keine Einzelperson oder keine kleine Gruppe von Personen alles wissen kann, was irgend jemand weiß, zieht der Individualismus auch seine wichtigste praktische Schlußfolgerung, nämlich die Forderung nach einer strengen Begrenzung jedweder Zwangs- oder Ausschließungsgewalt. Seine Gegnerschaft richtet sich aber nur gegen die Anwendung von *Zwang* bei der Bildung einer Organisation oder Gesellschaft, nicht gegen die Gesellschaftsbildung als solche. Weit davon entfernt, der freiwilligen Gesellschaftsbildung entgegenzustehen, stützt sich die individualistische Argumenation im Gegenteil auf die Behauptung, daß die Dinge, die nach vieler Leute Ansicht nur durch bewußte Lenkung zustande gebracht werden können, viel besser durch die freiwillige und spontane Zusammenarbeit der Individuen erreicht werden können. Der konsequente Individualist sollte daher ein enthusiastischer Anhänger der freiwilligen Zusammenarbeit sein – insofern und solange sie nicht ausartet und Zwang auf andere ausübt oder zur Anmaßung ausschließlicher Rechte führt.

Der echte Individualismus ist natürlich nicht Anarchismus, der ja auch wieder nur ein Ergebnis des rationalistischen Pseudo-Individualismus ist, zu dem der echte in Gegensatz steht. Er leugnet nicht die Notwendigkeit einer Zwangsgewalt, aber er wünscht ihr Grenzen zu setzen – sie auf jene Gebiete zu beschränken, wo sie unentbehrlich ist, um Zwangsausübung durch andere zu verhindern und um das Gesamtausmaß von Zwang auf ein Minimum zu reduzieren. Über diese allgemeine Formulierung befinden sich die individualistischen Philosophen zwar wahrscheinlich alle in Übereinstimmung, aber es muß zugegeben werden, daß sie uns über ihre Anwendung in speziellen Fällen nicht sehr viel sagen. Weder die viel mißbrauchte und viel mißverstandene Phrase vom »laissez-faire« noch die noch ältere Formel vom »Schutz des Lebens, der Freiheit und des Eigentums« helfen da viel weiter. Tatsächlich können sie schlechter sein als gar keine Antwort, insofern sie beide die Meinung aufkommen lassen, daß wir die Dinge einfach so lassen können, wie sie sind; sicherlich sagen sie nicht, was wünschenswerte oder notwendige staatliche Tätigkeitbereiche sind und was nicht. Und doch hängt die Entscheidung, ob die individualistische Philosophie sie als praktischer Führer dienen kann, letzten Endes davon ab, ob sie uns in den Stand setzt, die Trennungslinie zwischen den agenda und den nonagenda des Staates zu ziehen.

Einige Allgemeinregeln dieser Art, die von ausgedehnter Anwendbarkeit sind, scheinen mir direkt aus den fundamentalen Grundsätzen des Individualismus zu folgen: Wenn jedermann *sein* spezielles Wissen und Können verwenden soll, mit der Absicht, die Ziele zu fördern, die *er* anstrebt, und wenn er damit einen möglichst großen Beitrag zu den Bedürfnissen beitragen soll, die außerhalb seines Gesichtskreises liegen, dann ist es jedenfalls notwendig, erstens, daß er einen klar umgrenzten Verantwortlichkeitsbereich haben muß und zweitens, daß die relative Wichtigkeit, die die verschiedenen von ihm erreichbaren Resultate für ihn haben, der relativen Wichtigkeit entsprechen muß, die die entfernteren und ihm unbekannten Wirkungen seiner Handlungen für andere haben.

Betrachten wir zunächst einmal das Problem der Abgrenzung des Verantwortlichkeitsbereichs und lassen wir das zweite Problem auf später. Wenn es einem Menschen unbenommen bleiben soll, von seinem Wissen und Können voll Gebrauch zu machen, so darf die Abgrenzung seines Verantwortlichkeitsbereichs nicht die Form annehmen, daß ihm bestimmte Ziele zugewiesen werden, die er zu erreichen trachten soll. Das hieße eher, jemand eine bestimmte Aufgabe auferlegen, als das Feld seiner Verantwortlichkeit abgrenzen. Sie darf auch nicht in der Form geschehen, daß ihm bestimmte von einer Behörde ausgewählte Mittel zugewiesen werden, denn das würde ihm die Wahl fast ebensosehr aus der Hand nehmen wie die Zuweisung bestimmter Aufgaben. Wenn der Mensch die eigenen Fähigkeiten üben soll, so muß sein Verantwortlichkeitsbereich bestimmt werden als ein Resultat seiner Tätigkeit und seines Planens. Die Lösung dieses Problems, die die Menschen allmählich entwickelt haben und die älter ist als Regierung im modernen Sinn, ist die Aufnahme formeller Grundsätze, »stehender Regeln, nach denen gelebt wird, gemeinsam für alle in dieser Gesellschaft«[18] – Regeln, die den Menschen vor allem in den Stand setzen, zwischen Mein und Dein zu unterscheiden und aus denen er und seine Mitmenschen ermitteln können, was der eigene und was fremder Verantwortungsbereich ist.

Der prinzipielle Gegensatz zwischen Regierung mittels Gesetzen, deren Hauptaufgabe es ist, das Individuum darüber zu informieren, was sein Verantwortungsbereich ist, innerhalb dessen er sein eigenes Leben formen muß, und Regierung durch Anordnungen, die bestimmte Pflichten zuweisen, wurde in den letzten Jahren so verwischt, daß man ihn etwas näher betrachten muß. Er bedeutet nicht weniger als den Unterschied zwischen Freiheit unter dem Gesetz und der Verwendung der Gesetzesmaschine, ob demokratisch oder nicht, zur Ausmerzung der Freiheit. Das wesentliche ist nicht, daß hinter der Tätigkeit der Regierung eine Art führendes Prinzip stehen soll, sondern daß die Regierung darauf beschränkt sein soll, die Individuen zur Befolgung von Prinzi-

---

[18] Locke, J., *Two Treatises of Government* (1690), II. Buch, Kap. 4, § 22: »Freiheit der Menschen unter der Regierung heißt, stehende Regeln zu haben, um danach zu leben, die für alle aus dieser Gesellschaft gemeinsam sind und die von der gesetzgebenden Macht geschaffen sind, die in ihr errichtet wurde.«

pien zu bringen, die *sie* selbst kennen und in *ihren* Entscheidungen in Rechnung ziehen können. Es bedeutet ferner, daß das, was ein Einzelner tut oder läßt, oder was er erwarten kann, daß seine Mitmenschen tun oder lassen, nicht von möglichen entfernten und indirekten Folgen seiner Handlungen, sondern von den unmittelbaren und leicht zu erkennenden Umständen abhängen muß, von denen angenommen werden kann, daß er sie kennt. Er muß Regeln haben, die sich auf typische Situationen beziehen, die so charakterisiert sind, daß sie den handelnden Personen erkennbar sind, ohne Rücksicht auf die entfernten Wirkungen im speziellen Fall – Regeln, die, wenn sie regelmäßig befolgt werden, in der Mehrzahl der Fälle zum Wohle wirken werden – auch wenn sie das in den schwierigen Sonderfällen nicht tun, von denen das englische Sprichwort sagt: »Hard cases make bad law«.

Der allgemeinste Grundsatz, auf den sich ein individualistisches System gründet, ist, daß es als Mittel zur Schaffung einer Ordnung in sozialen Dingen die universelle Geltung allgemeiner Grundsätze verwendet. Es ist das Gegenteil solcher Regierung mittels Prinzipien, wenn zum Beispiel ein kürzlich erschienener Plan zu einer gelenkten Wirtschaft es als »das fundamentale Organisationsprinzip« vorschlägt, »daß in jedem Einzelfall das Mittel sich durchsetzen soll, das der Gesellschaft am besten dient«.[19] Es ist eine schlimme Konfusion, wenn auf diese Weise von Prinzip gesprochen wird, wenn doch gerade gemeint ist, daß kein Prinzip sondern allein die Zweckmäßigkeit regieren soll; und wenn alles davon abhängt, was die Obrigkeit als »die Interessen der Gesellschaft« dekretiert. Prinzipien sind ein Mittel, um Zusammenstöße zwischen widerstreitenden Zielen zu vermeiden und nicht ein Kreis festgesetzter Ziele. Unsere Unterwerfung unter allgemeine Grundsätze ist notwendig, weil es nicht möglich ist, daß wir in unseren Handlungen in der Praxis von vollständiger Kenntnis und Abschätzung aller Folgen geleitet werden. Solange die Menschen nicht allwissend sind, besteht der einzige Weg, dem Individuum Freiheit zu gewähren, darin, das Gebiet, in dem die Entscheidung ihm überlassen ist, durch solche allgemeine Regeln zu umgrenzen. Es kann keine Freiheit geben, wenn die Regierung nicht auf bestimmte Tätigkeiten eingeschränkt ist, sondern ihre Macht in jeder Weise anwenden kann, die bestimmten Ziel dient. Lord Acton wies vor langer Zeit darauf hin: »Solange ein einziges bestimmtes Ziel zum höchsten Zweck des Staates gemacht wird, sei es der Vorteil einer Klasse, die Sicherheit oder die Macht des Landes, das größte Glück der größten Zahl oder die Unterstützung irgend einer spekulativen Idee, wird der Staat für diese Zeit unweigerlich absolut.«[20]

---

[19] Lerner, op. cit. 5.

[20] Lord Acton, »Nationality« (1862), wiederabgedruckt in *The History of Freedom and Other Essays*, 1907, 288.

6

Aber wenn wir zu dem wesentlichen Schluß gekommen sind, daß eine individualistische Ordnung nicht auf der Erzwingung spezieller Anordnungen beruht, sondern auf der Erzwingung abstrakter Prinzipien, so läßt dies noch die Frage nach der Natur der allgemeinen Regeln offen, die wir brauchen. Die individualistische Ordnung beschränkt die Ausübung der Zwangsgewalt in der Hauptsache auf eine bestimmte Methode, aber sie läßt dem menschlichen Scharfsinn noch fast unbegrenzten Spielraum für den Entwurf der wirksamsten Regeln; und wenn auch die besten Lösungen der konkreten Probleme in den meisten Fällen durch die Erfahrung gefunden werden müssen, so gibt es doch eine ganze Menge, das wir im Hinblick auf Natur und Inhalt dieser Regeln aus den allgemeinen Prinzipien des Individualismus lernen können. Da gibt es in erster Linie einen wichtigen Folgesatz zum schon Gesagten, nämlich daß die Gesetze, die doch den Einzelnen als Wegweiser in ihren Plänen dienen sollen, Gültigkeit auf lange Zeit haben müssen. Liberale oder individualistische Politik muß im wesentlichen eine Politik auf lange Sicht sein; die heute übliche Art, das Augenmerk auf die kurzfristigen Wirkungen zu richten und diese damit zu rechtfertigen, daß wir »auf lange Sicht alle tot« sind, führt unvermeidlich dazu, daß man Anordnungen vertraut, die den jeweiligen besonderen Umständen angepaßt sind, anstatt Gesetzen, die für Situationstypen abgefaßt sind.

Aber wir brauchen viel mehr positive Hilfe zur Errichtung geeigneter Gesetze und erhalten diese aus den Grundprinzipien des Individualismus. Das Bestreben, den Beitrag der einzelnen Menschen, die ihre eigenen Interessen verfolgen, zur Bedürfnisbefriedigung der anderen möglichst groß werden zu lassen, führt nicht bloß zum allgemeinen Prinzip des »Privateigentums«, es hilft uns auch bei der Bestimmung des Inhalts des Eigentumsrechts in Hinblick auf verschiedene Arten von Dingen. Damit der Einzelne bei seinen Entscheidungen alle physischen Wirkungen, die diese Entscheidungen zur Folge haben, in Rechnung zieht, ist es notwendig, daß der »Verantwortlichkeitsbereich«, von dem ich gesprochen habe, alle unmittelbaren Wirkungen möglichst vollständig einschließt, die seine Handlungen auf die Befriedigung haben, die andere aus den Dingen seines Wirkungsbereiches ziehen. Wo es sich um bewegliches Hab und Gut handelt, wird das im Ganzen und Großen durch den einfachen Begriff des Eigentums als des ausschließlichen Verwendungsrechtes erreicht. Aber in Verbindung mit Grund und Boden wirft das viel schwierigere Probleme auf, wo uns die Anerkennung des Prinzips des Privateigentums wenig hilft, so lange wir nicht genau wissen, was das Besitztum für Rechte und Pflichten in sich schließt. Und wenn wir an Probleme jüngeren Ursprungs denken, wie die Verfügung über den Luftraum oder elektrische Kraft, über Erfindungen oder literarische oder künstlerische Schöpfungen, so kann uns nur ein Zurückgrei-

fen auf die grundsätzliche Rechtfertigung des Eigentums bei der Entscheidung
helfen, welches im einzelnen Fall der Verfügungs- und Verantwortlichkeitsbereich des Einzelnen sein soll.

Ich kann mich hier nicht weiter in das reizvolle Gebiet eines geeigneten gesetzlichen Rahmenwerks für ein wirksames individualistisches System, noch in
eine Diskussion der vielen zusätzlichen Funktionen einlassen, wie Unterstützung bei der Verbreitung von Information und Ausschaltung echter vermeid-
barer Unsicherheit,[21] durch die die Regierung die individuelle Tätigkeit sehr
viel wirksamer gestalten könnte. Ich erwähne sie bloß, um zu betonen, daß es
weitere (und keinen Zwang anwendende!) Funktionen der Regierung gibt, die
über die bloße Erzwingung des bürgerlichen und Strafrechts hinausgehen und
die auf Grund individualistischer Prinzipien völlig gerechtfertigt sein können.

Es ist aber noch etwas zu erwähnen, worauf ich schon hingewiesen habe,
das aber so wichtig ist, daß ich noch einmal darauf zurückkommen muß. Jede
wirksame individualistische Ordnung muß so gestaltet sein, daß nicht nur das
Verhältnis der Entgelte, die die Einzelnen aus den verschiedenen Nutzanwen-
dungen ihrer Fähigkeiten und Mittel erwarten können, dem Verhältnis der
Nützlichkeit der verschiedenen Resultate seiner Bemühungen für andere entspricht, sondern auch, daß diese Entgelte den objektiven Erfolgen seiner Arbeit
und nicht dem subjektiven Verdienst entspricht. Ein wirksamer Wettbewerbsmarkt erfüllt diese beiden Bedingungen. Aber hinsichtlich der zweiten lehnt
sich unser persönlicher Gerechtigkeitssinn so oft gegen die unpersönlichen
Entscheidungen des Marktes auf. Doch wenn der Einzelne in seiner Wahl frei
sein soll, ist es unvermeidlich, daß er das Risiko trägt, das mit dieser Wahl verbunden ist und daß sich sein Entgelt infolgedessen nicht nach seinen Absichten, ob sie gut oder schlecht waren, sondern einzig und allein nach dem Wert

---

[21] Die Schritte, die eine Regierung zweckmäßigerweise unternehmen kann, wirklich
vermeidbare Unsicherheit für den Einzelnen zu verringern, sind ein Thema, das zu so
viel Konfusionen Anlaß gegeben hat, daß ich diese kurze Bemerkung im Text nicht gerne ohne weitere Erklärung lassen möchte. Die Sache ist die: Es ist zwar leicht, eine einzelne Person oder Gruppe gegen den Verlust zu schützen, der durch eine unvorhergesehene Änderung eintritt, indem man verhindert, daß die Leute die Änderung zur Kenntnis nehmen, nachdem sie geschehen ist; aber das ladet den Verlust nur auf andere
Schultern und vermeidet ihn nicht. Wenn z.B. ein in eine teuere Anlage investiertes Kapital gegen Entwertung durch neue Erfindungen geschützt wird, indem die Einführung
solcher neuer Erfindungen verboten wird, so erhöht das zwar die Sicherheit des Besit-
zers der bestehenden Anlage, aber es beraubt die Öffentlichkeit des Vorteils der neuen
Erfindungen. Oder mit anderen Worten, es vermindert nicht die Unsicherheit für die
Gesellschaft als Ganzes, wenn wir das Verhalten der Menschen vorhersagbarer machen,
indem wir sie verhindern, sich an unvorhergesehenen Änderungen in ihrem Wissen um
die Umwelt anzupassen. Die einzige echte Verminderung der Unsicherheit besteht in der
Vermehrung ihrer Kenntnisse, aber nie in der Verhinderung der Verwertung ihrer neuen
Kenntnis.

des Ergebnisses für andere richtet. Wir müssen der Tatsache in die Augen schauen, daß die Erhaltung der individuellen Freiheit mit einer völligen Befriedigung unseres Sinnes für verteilende Gerechtigkeit nicht vereinbar ist.

7

Zwar hat damit die Theorie des Individualismus zur Art der Durchführung der Konstruktion eines geeigneten gesetzlichen Rahmenwerks und der Verbesserung der spontan gewachsenen Institutionen einen ganz bestimmten Beitrag zu geben, aber das Schwergewicht legt er natürlich auf die Tatsache, daß der Teil unserer Gesellschaftsordnung, der ein bewußtes Produkt der menschlichen Vernunft sein kann oder sein soll, nur ein kleiner Teil der gesamten Kräfte der Gesellschaft ist. Mit anderen Worten, daß der Staat, die Verkörperung der mit Willen organisierten und bewußt gelenkten Macht, nur ein kleiner Teil des viel reicheren Organismus sein soll, den wir »Gesellschaft« nennen, und daß jener nur einen Rahmen schaffen soll, innerhalb dessen freie (und daher nicht »bewußt gelenkte«) Zusammenarbeit der Menschen den allergrößten Spielraum hat.

Und das schließt gewisse Folgerungen in sich, in denen der echte Individualismus mit dem falschen Individualismus vom rationalistischen Typ wiederum in scharfem Gegensatz steht. Erstens: weit davon entfernt, den bewußt organisierten Staat auf der einen Seite und den Einzelnen auf der anderen Seite als die einzigen Realitäten zu betrachten und alle dazwischenliegenden Formationen und Verbindungen zu unterdrücken, wie es das Ziel der französischen Revolution war, betrachtet er vielmehr die nicht auf Zwang beruhenden Konventionen des gesellschaftlichen Zusammenlebens als wesentliche Faktoren in der Erhaltung des ordentlichen Funktionierens der menschlichen Gesellschaft. Zweitens: der Einzelne, der am sozialen Geschehen teilnimmt, muß bereit und willens sein, sich an gegebenen Änderungen anzupassen und sich Konventionen zu unterwerfen, die nicht das Ergebnis eines geistigen Planes sind, deren Rechtfertigung im einzelnen Fall nicht zu erkennen sein mag und die ihm oft unverständlich und irrational erscheinen werden.

Zum ersten brauche ich nicht viel zu sagen. Daß der echte Individualismus den Wert der Familie und alle Zusammenarbeit der kleinen Gemeinschaften und Gruppen bejaht, daß er den Wert der lokalen Selbstverwaltung und freiwillige Verbindungen anerkennt und daß seine Argumente zum großen Teil auf der Meinung beruhen, daß vieles, wofür gewöhnlich die Zwangsgewalt des Staates angerufen wird, besser durch freiwillige Zusammenarbeit gemacht werden kann, braucht nicht weiter betont zu werden. Es kann keinen größeren Gegensatz dazu geben als den falschen Individualismus, der alle diese kleineren

Gruppen in Atome auflösen möchte, die keinen anderen Zusammenhalt haben als die vom Staat auferlegten Zwangsgesetze und der trachtet, alle sozialen Bindungen zu einer Vorschrift zu machen, anstatt den Staat hauptsächlich zum Schutz des Einzelnen gegen Anmaßung von Zwangsgewalt durch kleinere Gruppen zu verwenden.

Ebenso wichtig für das Funktionieren einer individualistischen Gesellschaft wie diese kleineren Gesellschaftsverbände sind die Traditionen und Konventionen, die sich in einer freien Gesellschaft herausbilden und die, ohne einer Gewaltanwendung zugänglich zu sein, flexible, aber normalerweise befolgte Regeln schaffen, die das Verhalten anderer in hohem Maße voraussagbar machen. Die Bereitwilligkeit, sich solchen Regeln zu unterwerfen, nicht nur so lange man die Gründe für sie versteht, sondern so lange man keinen bestimmten Grund zum Gegenteil hat, ist eine wesentliche Voraussetzung für die allmähliche Weiterentwicklung und Vervollkommnung der Regeln des gesellschaftlichen Zusammenlebens; und die Bereitschaft, sich in der Regel den Ergebnissen eines sozialen Prozesses zu unterwerfen, den niemand entworfen hat und dessen Gründe niemand verstehen mag, ist ebenso eine unumgängliche Bedingung, wenn man den Zwang entbehren können soll.[22] Daß gemeinsame Konventionen und Traditionen eine Gruppe von Menschen in den Stand setzen, bei weitaus weniger formaler Organisation und weniger Zwang leicht und wirkungsvoll zusammenzuarbeiten als eine Gruppe ohne solchen gemeinsamen Hintergrund, versteht sich von selbst. Aber das umgekehrte gilt nicht weniger, wenn es auch nicht so allgemein bekannt ist: nämlich daß Zwangsmaßnahmen nur dort auf ein Minimum herabgesetzt werden können, wo Konventionen und Traditionen das Verhalten der Menschen in hohem Grad voraussehbar gemacht haben.[23]

---

[22] Der Unterschied zwischen der rationalistischen und der echten individualistischen Einstellung zeigt sich schon in den verschiedenen Ansichten, die von französischen Beobachtern über die anscheinende Irrationalität der englischen sozialen Institutionen geäußert werden. Henri de Saint-Simon klagt z.B., daß »cent volumes *in folio, du caractère plus fin, ne suffiraient pas pour rendre compte de toutes les inconséquences organiques qui existent en Angleterre*« (*Oeuvres de Saint-Simon et d'Enfantin* [Paris, 1865–78] XXXVIII, 179); während De Tocqueville entgegnet, »*que ces bizarreries des Anglais pussent avoir quelques rapports avec leurs libertés, c'est ce qui ne lui tombe point dans l'esprit*« (*L'Ancien régime et la révolution* [7. Aufl., Paris, 1866], 103).

[23] Ist es wohl notwendig, Edmund Burke nochmals zu zitieren, um den Leser daran zu erinnern, eine wie wesentliche Bedingung für eine freie Gesellschaft ihm die Stärke moralischer Regeln war? Er schrieb: »Die Menschen sind zu bürgerlicher Freiheit genau im Verhältnis zu ihrer Fähigkeit geeignet, ihren eigenen Gelüsten moralische Ketten anzulegen; im Verhältnis, in dem ihre Gerechtigkeitsliebe ihre Raublust überwiegt, im Verhältnis, in dem ihr Ernst und die Nüchternheit des Verständnisses ihre Eitelkeit und Anmaßung überwiegt; im Verhältnis, in dem sie lieber den Rat der Weisen und Guten

Das führt mich zum zweiten Punkt: In jeder komplexen Gesellschaft, in der die Auswirkungen der Handlung eines jeden viel weiter reichen als der mögliche Bereich seiner Einsicht, ist es notwendig, daß sich der Einzelne den anonymen und anscheinend irrationalen Kräften der Gesellschaft unterordnet – eine Unterordnung, die nicht nur die Anerkennung von Verhaltensregeln in sich schließt, ohne zu prüfen, was im Einzelfall von ihrer Befolgung abhängt, sondern auch die Bereitschaft, sich an Änderungen anzupassen, die sich möglicherweise sehr weitgehend auf seine Erfolge und Aussichten auswirken und deren Ursachen ihm vielleicht völlig unverständlich sind. Gerade dagegen ist der moderne Mensch geneigt, sich aufzulehnen, wenn nicht gezeigt werden kann, daß sie notwenig sind aus »Gründen, die jedem Einzelnen klar und beweisbar gemacht worden sind«. Doch gerade hier ruft das begreifliche Verlangen nach Verständlichkeit trügerische Hoffnungen hervor, die kein System erfüllen kann. In einer komplexen Gesellschaft hat der Mensch keine andere Wahl, als sich entweder an die für ihn blind erscheinenden Kräfte des sozialen Prozesses anzupassen, oder den Anordnungen eines Übergeordneten zu gehorchen. So lange er nur die harte Schule des Marktes kennt, wird er vielleicht denken, daß die Leitung durch einen anderen vernünftigen Kopf besser wäre; aber wenn es zum Versuch kommt, entdeckt er bald; daß ihm der erstere immer noch wenigstens einige Wahl läßt, während ihm der letztere gar keine läßt, und daß es besser ist, die Wahl zwischen verschiedenen unangenehmen Möglichkeiten zu haben, als zu einer von ihnen gezwungen zu werden.

Die mangelnde Bereitschaft, irgendwelche sozialen Kräfte hinzunehmen oder zu achten, die nicht als das Ergebnis planenden Denkens erkennbar sind, die eine so wichtige Ursache des bestehenden Wunsches nach umfassender Wirtschaftsplanung ist, ist aber nur eine Seite einer viel allgemeineren Bewegung. Wir begegnen derselben Tendenz im Gebiet der Moral und der Konventionen in dem Wunsche, die verschiedenen Sprachen durch eine künstliche Sprache zu ersetzen und in der ganzen modernen Einstellung zu den Vorgängen, die das Wachstum der Kenntnis beherrschen. Die Meinung, daß im Zeitalter der Wissenschaft nur ein künstliches Moralsystem, eine künstliche Sprache, oder sogar eine künstliche Gesellschaft gerechtfertig werden kann und ebenso der wachsende Widerwille, sich Moralgesetzen zu beugen, deren Nützlichkeit nicht verstandesmäßig bewiesen ist, oder mit Konventionen mitzugehen, deren Daseinsberechtigung nicht bekannt ist, sind alles Erscheinungsformen derselben Grundanschauung, die verlangt, daß alle soziale Tätigkeit in der Gesellschaft als Teil eines einzigen zusammenhängenden Planes zu erkennen sei. Sie sind das Ergebnis desselben rationalistischen »Individualismus«, der in allem

---

anhören als die Schmeicheleien der Schurken.« (»Ein Brief an ein Mitglied der Nationalversammlung«, 1791, *Works* in [World's Classic Ausg.], IV, 319.)

das Produkt bewußten individuellen Verstandes sehen möchte. Sie sind jedoch gewiß nicht das Ergebnis des echten Individualismus und sie können sogar das Funktionieren eines freien und echten individualistischen Systems schwierig oder unmöglich machen. Die große Lehre, die uns die individualistische Philosophie deswegen erteilt, ist, daß es zwar nicht schwer sein mag, die spontanen Bildungen, die die unentbehrliche Grundlage einer freiwilligen Zivilisation darstellen, zu zerstören, daß es aber über unsere Kräfte gehen dürfte, eine solche Zivilisation wieder aufzurichten, wenn diese Grundlagen einmal zerstört sind.

8

Was ich ausdrücken will, ist am besten durch den scheinbaren Widerspruch illustriert, daß die Deutschen, von denen allgemein gesagt wird, daß sie so leicht zu drillen sind, auch oft als besonders individualistisch bezeichnet werden. Dieser sogenannte deutsche Individualismus wird oft und mit gewissem Recht als eine der Ursachen dafür dargestellt, daß es den Deutschen nie gelungen ist, freie politische Institutionen zu entwickeln. Im rationalistischen Sinn des Wortes fördert die deutsche intellektuelle Tradition mit ihrem Bestehen auf der Entwicklung »origineller« Persönlichkeiten, die in jeder Hinsicht das Produkt der bewußten Entscheidung des Einzelnen sind, tatsächlich eine Art »Individualismus«, die man anderswo wenig kennt. Ich erinnere mich gut, wie überrascht und fast bestürzt ich war, als ich als junger Student bei meiner ersten Begegnung mit englischen und amerikanischen Altersgenossen bemerkte, wie sehr diese bereit waren, in allen äußeren Dingen mit den allgemeinen Gewohnheiten übereinzustimmen, anstatt, wie es mir natürlich geschienen hätte, stolz darauf zu sein, in möglichst vieler Hinsicht anders und originell zu sein. Wenn Sie an der Bedeutung einer solchen persönlichen Erfahrung zweifeln, so können Sie diese in den meisten deutschen Diskussionen, z.B. über das englische public-School System, wie man sie in Dibelius' bekannten Buch über England lesen kann, bestätigt finden.[24] Sie finden das gleiche Erstaunen über diesen Hang zur freiwilligen Konformität immer wieder und sehen ihn dem Ehrgeiz des jungen Deutschen gegenübergestellt, eine »originelle Persönlichkeit« zu entwickeln, die in jedem Belang ausdrückt, was er als recht und wahr erkannt hat. Dieser Kult einer besonderen und eigenartigen Individualität hat seine tiefen Wurzeln in der deutschen intellektuellen Tradition und hat sich durch den Einfluß einiger ihrer größten Vertreter, besonders Goethe und Wilhelm von Humboldt, weit über die Grenzen Deutschlands fühlbar gemacht und ist in J. St. Mill's *Liberty* klar gesehen.

---

[24] Dibelius, W., *England*, 1923, 464–68 der englischen Übersetzung 1934.

Diese Art Individualismus hat nicht nur nichts mit dem echten Individualismus zu tun, sondern kann sich sogar als ein schweres Hindernis für das reibungslose Funktionieren eines individualistischen Systems erweisen. Es muß eine offene Frage bleiben, ob eine freie oder individualistische Gesellschaft erfolgreich wirken kann, wenn die Leute zu »individualistisch« im falschen Sinn sind, wenn sie sich zu sehr sträuben, freiwillig mit Traditionen und Konventionen mitzugehen und wenn sie sich weigern, irgend etwas anzuerkennen, was nicht bewußt geplant ist oder was nicht jedem Einzelnen als rational bewiesen werden kann. Es ist zumindest verständlich, daß das Vorherrschen dieser Art von »Individualismus« Leute mit den besten Absichten an der Möglichkeit verzweifeln ließ, Ordnung in einer freien Gesellschaft zu erzielen und sie sogar nach einer diktatorischen Regierung verlangen ließ, die die Macht hat, der Gesellschaft die Ordnung aufzudrücken, die sie selbst nicht hervorbringen kann.

In Deutschland insbesondere war diese Bevorzugung der bewußten Organisation und die entsprechende Verachtung für das spontane und unkontrollierte noch stark unterstützt durch die Tendenz zur Zentralisation, die sich im Kampf um die nationale Einheit herausbildete. In einem Land, in dem alles, was an Traditionen vorhanden war, im wesentlichen lokal war, bedeutete das Streben nach Einheit eine systematische Opposition gegen fast jedes spontane Wachstum und die konsequente Einsetzung künstlicher Schöpfungen. Daß die Deutschen schließlich in ihrer »verzweifelten Suche nach einer Tradition, die sie nicht besaßen«, wie ein Historiker es kürzlich so treffend bezeichnete,[25] bei der Errichtung eines totalitären Staates endeten, der ihnen aufzwang, was ihnen mangelte, sollte uns vielleicht nicht so sehr überrascht haben.

9

Wenn es zutrifft, daß die fortschreitende Tendenz zu zentraler Beherrschung alles sozialen Geschehens die unausbleibliche Folge einer Einstellung ist, die darauf besteht, daß alles ordentlich geplant und so eingerichtet werden muß, daß es eine erkennbare Ordnung zeigt, dann ist es auch richtig, daß diese Tendenz zu Verhältnissen führt, in denen nur eine mit jeder Machtbefugnis ausgestattete Zentralregierung Ordnung und Gleichgewicht erhalten kann. Die Konzentrierung sämtlicher Entscheidungen in den Händen der Behörde selbst schafft einen Zustand, in dem der Gesellschaft alle Struktur, die sie überhaupt noch besitzt, von der Regierung aufgedrückt ist und in dem die Einzelnen untereinander vertauschbare Einheiten geworden sind, die keine anderen bestimmten oder dauernden Beziehungen zu einander haben als die von der alles-

---

25 Vermeil, E., *Germany's Three Reichs* (London 1944), 224.

umfassenden Organisation bestimmten Beziehungen. In der Sprache der modernen Soziologie ist dieser Gesellschaftstypus als »Massengesellschaft« bekannt geworden – eine etwas irreführende Bezeichnung, weil die wesentlichen Eigenschaften dieser Art Gesellschaft sich nicht so sehr aus der bloßen Anzahl ergeben als aus dem Mangel jeder spontanen, d. h. ihr nicht durch bewußte Organisation gegebenen, Struktur und aus einer Unfähigkeit, selbst differenzierte Formen herauszubilden, und einer sich daraus ergebenden Abhängigkeit von einer Macht, die sie bewußt formt und bildet. Diese Art der Gesellschaft hängt nur insoferne mit der Zahl zusammen, als der Zentralisierungsprozeß in großen Staaten viel früher den Grad erreichen wird, an dem die planmäßige Organisation von oben jene spontanen Formungen erstickt, die sich aus engeren und innigeren Kontakten ergeben, als sie in großen Einheiten möglich sind.

Es überrascht nicht, daß im 19. Jahrhundert, als diese Tendenzen zum ersten Mal klar gesehen wurden, die Bekämpfung der Zentralisation eine der Hauptaufgaben der individualistischen Philosophie wurde. Diese Gegnerschaft zeigt sich besonders in den Schriften der beiden großen Historiker, deren Namen ich früher als die führenden Vertreter des echten Liberalismus des 19. Jahrhunderts hervorgehoben habe, De Tocqueville und Lord Acton; und sie drückt sich in ihrer starken Vorliebe für die kleinen Länder und für die bundesstaatliche Organisation der großen Gebiete aus. Heute haben wir nur noch mehr Grund zu glauben, daß die kleinen Länder in nicht allzu langer Zeit die letzten Oasen sein werden, in denen eine freie Gesellschaft erhalten bleiben wird. Es ist vielleicht schon zu spät, den verhängnisvollen Lauf fortschreitender Zentralisation in den großen Ländern aufzuhalten, die schon ganz auf dem Weg sind, jene Massengesellschaften zu bilden, in der der Despotismus schließlich als die einzige Rettung erscheint. Ob selbst die kleinen Länder diesem Schicksal entrinnen werden, wird davon abhängen, ob sie sich vom Gift des Nationalismus freihalten, der zugleich Ursache und Folge diesen Strebens nach einer bewußt von oben organisierten Gesellschaft ist.

Die Stellung des Individualismus zum Nationalismus, der intellektuell ein Zwillingsbruder des Sozialismus ist, würde eine eigene Besprechung verdienen. Hier kann ich nur darauf hinweisen, daß der grundlegende Unterschied zwischen dem Liberalismus, der im 19. Jahrhundert in der englisch sprechenden Welt als solcher betrachtet worden ist, und der Richtung, die am Kontinent so genannt wurde, eng mit ihrer Abstammung von echten Individualismus, beziehungsweise vom falschen, rationalistischen, zusammenhängt. Nur der Liberalismus im englischen Sinn war überhaupt gegen die Zentralisation, den Nationalismus und den Sozialismus, während der kontinentale alle diese drei begünstigte. Ich soll vielleicht hinzufügen, daß in dieser wie in vieler anderer Hinsicht John Stuart Mill und der spätere von ihm abstammende englische Liberalismus mindestens ebenso zur kontinentalen wie zur englischen Tradition gehören; und ich weiß keine aufschlußreichere Besprechung dieses grundlegenden Unterschiedes als Lord Acton's Kritik der Zugeständnisse, die Mill den nationalen Tendenzen auf dem Kontinent gemacht hat.[26]

10

Es gibt noch zwei andere Verschiedenheiten zwischen den beiden Arten von Individualismus, die ebenfalls aufs beste beleuchtet werden durch den Standpunkt, den Lord Acton und De Tocqueville mit ihren Ansichten über Demokratie und Gleichheit gegenüber Tendenzen einnehmen, die in ihrer Zeit zu herrschen begannen. Der echte Individualismus glaubt nicht nur an die Vorzüge der Demokratie, sondern kann den Anspruch erheben, daß die demokratischen Ideale sich aus den Grundprinzipien des Individualismus ergeben. Doch wenn der Individualismus es vertritt, daß alle Regierungen demokratisch sein sollen, so hat er doch keinen falschen Glauben an die Allgültigkeit von Majoritätsentscheidungen und weigert sich anzuerkennen, daß »absolute Macht, durch die Annahme, daß sie dem Willen des Volkes entspringt, ebenso legitim werden kann wie konstitutionelle Freiheit.«[27] Er glaubt, daß in der Demokratie nicht weniger als in jeder anderen Regierungsform »der Bereich zu erzwingender Befehle innerhalb fester Grenzen eingeschränkt werden soll«[28] und er ist insbesondere gegen die verhängnisvollste und gefährlichste von allen Fehlvorstellungen von Demokratie – gegen den Glauben, daß wir die Ansichten der Majorität als die richtigen und für die zukünftige Entwicklung bindenden annehmen müssen. Die Demokratie gründet sich zwar auf die Übereinkunft, daß die Ansicht der Majorität die gemeinsamen Handlungen entscheidet, aber das heißt nicht, daß die Ansicht, die heute die der Majorität ist, die allgemein gültige Ansicht werden soll – auch dann nicht, wenn das notwendig wäre, um die Ziele der Majorität zu erreichen. Die ganze Berechtigung der Demokratie beruht im Gegenteil darauf, daß, was heute die Ansicht einer kleinen Minorität ist, die Ansicht der Majorität werden kann. Ich glaube, daß es eine der wichtigsten Fragen ist, auf die die Staatslehre bald eine Antwort wird finden müssen, wie eine Trennungslinie zwischen dem Bereich gefunden werden kann, in dem der Wille der Majorität für alle bindend sein muß, und dem Bereich, wo im Gegenteil der Minoritätswille herrschen können soll, wenn er Ergebnisse zeitigt, die die Bedürfnisse der Öffentlichkeit besser befriedigen. Ich bin vor al-

---

[26] Lord Acton, »Nationality«, 1862, wiederabgedruckt in *The History of Freedom*, 270–300.

[27] Lord Acton, »Sir Erskine May's Democracy in Europe«, 1878, wiederabgedruckt in *The History of Freedom*, 78.

[28] Lord Acton, *Lectures on Modern History*, 1906, 10.

lem überzeugt, daß im Interessengebiet eines bestimmten Handelszweiges die Mehrheit immer reaktionäre und stationäre Ansichten haben wird und daß es eben der Vorzug des Wettbewerbs ist, daß er der Minorität die Möglichkeit gibt, sich durchzusetzen. Wo sie das ohne jeden Zwang tun kann, sollte sie immer das Recht dazu haben.

Ich kann den Unterschied zwischen der Einstellung des echten und des falschen Individualismus zur Demokratie nicht besser zusammenfassen, als indem ich wieder Lord Acton zitiere: »Das wahre demokratische Prinzip, daß keiner über das Volk Gewalt haben soll, wird so ausgelegt, daß keiner imstande sein soll, dessen Kraft zurückzuhalten oder zu umgehen. Das wahre demokratische Prinzip, daß das Volk nicht verhalten werden soll, zu tun, was es nicht mag, wird so ausgelegt, daß nie von ihm verlangt werden soll, zuzulassen, was es nicht mag. Das wahre demokratische Prinzip, daß jedes Menschen freier Wille so ungehemmt sein soll wie möglich, wird so ausgelegt, daß der freie Wille des gesamten Volkes in nichts gehemmt sein soll.«[29]

Wenn wir zur Frage der Gleichheit übergehen, muß sofort gesagt werden, daß der echte Individualismus nicht egalitär im modernen Sinn ist. Er sieht keinen Grund zu versuchen, die Menschen gleich zu machen, in einem anderen Sinn, als sie gleich zu behandeln. Der Individualismus ist gegen verbriefte Vorrechte und lehnt jeden Schutz von Rechten, ob durch Gesetz oder Gewalt, entschieden ab, die nicht auf Gesetzen beruhen, die auf alle Personen gleichermaßen anwendbar sind, und ebenso spricht er der Regierung das Recht ab, den Möglichkeiten des Fähigen oder vom Glück Begünstigten Schranken zu setzen. Er ist ebenso gegen jede Begrenzung dessen, was Einzelne erreichen können, gleichgültig, ob diese Macht der Einschränkung dazu verwendet wird, die Ungleichheit fortbestehen zu lassen oder Gleichheit zu schaffen. Sein Hauptprinzip ist, daß kein Mensch und keine Gruppe die Macht haben soll, zu entscheiden, welches die Stellung eines anderen Menschen sein soll, und er betrachtet das als eine so wesentliche Bedingung für die Freiheit, daß sie auch nicht geopfert werden darf, um unserem Gerechtigkeitssinn oder unserem Neid Genüge zu tun.

Vom Standpunkt des Individualismus scheint nicht einmal dafür eine Rechtfertigung zu bestehen, daß alle Individuen vom gleichen Niveau beginnen müssen, indem verhindert wird, daß einige von Vorteilen Gewinn ziehen, die sie nicht selbst erworben haben, wie die Herkunft von Eltern, die gescheiter oder gewissenhafter sind als der Durchschnitt. Hier ist der Individualismus tatsächlich weniger »individualistisch« als der Sozialismus, wie er die Familie ebenso als eine legitime Einheit betrachtet wie den Einzelnen; und dasselbe gilt

---

[29] Lord Acton, »Sir Erskine May's Democracy in Europe«, wiederabgedruckt in *The History of Freedom*, 93–94.

für andere Gruppen wie sprachliche oder religiöse Gemeinschaften, denen es
durch gemeinsame Bemühungen für längere Zeit gelingen mag, ihren Mitgliedern eine vom Rest der Bevölkerung verschiedene materielle oder moralische
Position zu erhalten. De Tocqueville und Lord Acton sprechen darüber aus einem Mund. De Tocqueville schrieb: »Demokratie und Sozialismus haben
nichts miteinander gemein als das eine Wort: Gleichheit. Aber man beachte den
Unterschied: Während die Demokratie Gleichheit in Freiheit sucht, sucht der
Sozialismus Gleichheit in Beschränkung und Knechtung.«[30] Und Acton glaubt
mit ihm, daß »die tiefste Ursache, die die französische Revolution für die Freiheit so unheilvoll machte, ihre Theorie der Gleichheit war«[31] und daß »die beste Gelegenheit, die der Welt je gegeben war, versäumt wurde, weil die Leiden-
schaft für die Gleichheit die Hoffnung auf Freiheit vereitelte.«[32]

11

Die Besprechung weiterer Unterschiede, die diese beiden Gedankenrichtungen
trennen, die zwar denselben Namen tragen, aber durch grundlegend verschiedene Prinzipien geschieden sind, könnte noch lange fortgesetzt werden. Aber ich
darf mich nicht zu weit von der Aufgabe ablenken lassen, die daraus entstande-
ne Verwirrung bis zu ihrem Ursprung zurückzuverfolgen und zu zeigen, daß es
eine konsequente Tradition gibt, die, ob Sie mir zustimmen, daß es der »wahre«
Individualismus ist, oder nicht, jedenfalls die einzige Art von Individualismus
ist, die ich zu verteidigen bereit bin und, ich glaube, auch die einzige Art, die
konsequenterweise verteidigt werden kann. Lassen Sie mich daher zum Schluß
zu dem am Beginn Gesagten zurückkehren: daß die grundsätzliche Einstellung
des wahren Individualismus eine Demut gegenüber den Vorgängen ist, durch die
die Menschheit Dinge erreicht hat, die von keinem Einzelnen geplant oder verstanden worden sind und in der Tat größer sind als der Einzelverstand. Die große
Frage ist im Augenblick, ob man den menschlichen Verstand weiter als einen Teil
dieses Prozesses wird wachsen lassen oder ob der menschliche Geist sich in Ketten legen wird, die er selbst geschmiedet hat.

Was der Individualismus uns lehrt, ist, daß die Gesellschaft nur insolange
etwas größeres ist als der Einzelne, als sie frei ist. Sobald sie unter Gewalt oder
Lenkung steht, wird sie auf die Maße der Kraft des Einzelverstandes eingeschränkt, der sie beherrscht oder lenkt. Wenn die Anmaßung des modernen

---

[30] Tocqueville, A. de, *Oeuvres complètes*, IX. 546.
[31] Lord Acton, »Sir Erskine May's Democracy in Europe«, wiederabgedruckt in
The *History of Freedom*, 88.
[32] Lord Acton, »The History of Freedom in Christianity«, 1877, wiederabgedruckt
in *The History of Freedom*, 57.

Geistes, der nichts gelten lassen will, was nicht bewußt von individueller Vernunft geführt wird, nicht zu rechter Zeit lernt, wo sie halt machen muß, müssen wir, wie Edmund Burke warnend sagt, »fest überzeugt sein, daß alles um uns allmählich schrumpfen wird, bis schließlich unsere Belange auf das Ausmaß unseres Verstandes herabgesunken sind«.

Die Überlieferung der Ideale der Wirtschaftsfreiheit[*]

Nach dem Ende des ersten Weltkrieges war die geistige Tradition des alten Liberalismus nahezu tot. Sie beherrschte wohl noch viele Männer der Praxis: viele der führenden Persönlichkeiten der Politik und der Wirtschaft gehörten noch einer Generation an, der liberales Denken eine Selbstverständlichkeit war, und ihre Äußerungen erzeugten wohl auch im großen Publikum noch oft den Glauben, daß eine Rückkehr zu einer liberalen Wirtschaftsordnung das weithin angestrebte Ideal war. Aber die geistigen Kräfte, die damals am Werke waren, wiesen bereits in eine ganz andere Richtung. Wer zu jener Zeit, vor nun drei Jahrzehnten, mit dem Denken der aufstrebenden Jugend vertraut war und insbesondere mit den Anschauungen, die ihnen an den Hochschulen vorgetragen wurden, der konnte voraussehen, daß die Entwicklung einen ganz anderen Weg gehen würde, als die Staatsmänner und Zeitungen damals noch glaubten. Denn eine lebendige liberale Gedankenwelt, welche die junge Generation hätte begeistern können, gab es damals kaum mehr.

Daß trotzdem durch jenen Tiefpunkt in der intellektuellen Geschichte des Liberalismus, den die fünfzehn oder zwanzig Jahre nach dem ersten Weltkrieg darstellen, nicht nur das liberale Gedankengut herübergerettet, sondern sogar gerade während jener Zeit die Grundlage für eine neue Entwicklung gelegt wurde, ist fast ausschließlich der Tätigkeit ganz weniger Männer zu verdanken, über die ich hier berichten will. Sie waren gewiß nicht die einzigen, die bemüht waren, die liberale Tradition fortzuführen. Aber es scheint mir, daß es allein ihnen gelungen ist, in gesonderter Arbeit und unabhängig voneinander Schüler heranzuziehen und den Anfang von neuen Traditionen zu bilden, die sich erst in jüngster Zeit in einen gemeinsamen Strom vereinigt haben. Daß es so lange gedauert hat, bis die ähnlich gerichteten Bemühungen eines Engländers, eines Österreichers und eines Amerikaners als solche erkannt und zur gemeinsamen Grundlage der Arbeit einer jüngeren Generation gemacht werden konnten, ist in den Umständen der vergangenen Generation nicht verwunderlich. Die neue

[*] Erstveröffentlichung in: *Schweizer Monatshefte* 31, Nr. 6, September 1951, 333–338.

liberale Schule aber, die es heute wieder gibt und über die noch zu reden sein wird, baut bewußt auf den Arbeiten jener Männer auf.

Der älteste und außerhalb seines Landes vielleicht am wenigsten bekannte von ihnen war der vor fast zwanzig Jahren verstorbene Engländer Edwin Cannan. Da sein Hauptarbeitsgebiet anderswo lag und er sich mit wirtschaftspolitischen Fragen eigentlich nur in Gelegenheitsschriften befaßte, vielleicht auch weil er mehr am praktischen Detail als an den philosophischen Grundfragen interessiert war, ist die Rolle, die er gespielt hat, über enge Kreise hinaus wenig bekannt. Viele von jenen wirtschaftspolitischen Aufsätzen, die er in zwei Bänden, *The Economic Outlook* (1912) und *An Economist's Protest* (1927), zusammengafaßt hat, würden auch heute noch erneute Verbreitung und Übersetzung in andere Sprachen verdienen. Sie sind in einer Einfachheit, Klarheit und dem gesunden Menschenverstand, der aus ihnen spricht, mustergültig für die Behandlung wirtschaftspolitischer Probleme – und selbst manche der vor 1914 geschriebenen noch von unglaublicher Aktualität. Sein größtes Verdienst ist aber die Gruppe von Schülern, die er in langjähriger Tätigkeit an der »London School of Economics« herangezogen hat und die später dort das vielleicht wichtigste Zentrum neuliberalen Denkens aufbauten, freilich schon stark befruchtet durch die Werke des österreichischen Denkers, dem wir uns sogleich zuwenden werden. Aber zuerst wollen wir noch kurz von Cannans Schülern sprechen. Der älteste von ihnen, der bekannte Finanzexperte Sir Theodore Gregory, hat auch als Professor an der »London School of Economics« durch eine Reihe von Jahren großen Einfluß auf die Jugend ausgeübt, aber nun schon seit vielen Jahren die Lehrtätigkeit verlassen. Das eigentliche Zentrum der Gruppe, die sich in den Dreißigerjahren aus etwas jüngeren, untereinander ungefähr gleichaltrigen Nationalökonomen an der »London School of Economics« bildete, wurde Lionel Robbins, der nun seit 22 Jahren Cannans Lehrstuhl inne hat. Eine seltene Verbindung von systematischer und schriftstellerischer Begabung haben dazu beigetragen, daß seine Schriften weite Verbreitung erlangten. Fast ebenso lange wirkt dort als sein Kollege Sir Arnold Plant, der noch mehr als Cannan die Gewohnheit hat, seine wichtigsten Beiträge in wenig bekannten Gelegenheitsschriften zu verbergen, aber von dem alle seine Freunde schon lange begierig ein Buch über die Grundlagen und die Bedeutung des Privateigentums erwarten, das, wenn es einmal erscheint, einer der wichtigsten Beiträge zur Theorie des modernen Liberalismus werden sollte. Es kann nicht Aufgabe dieser Zeilen sein, alle Schüler Cannans aufzuzählen, die zu unseren Problemen Beiträge geleistet haben; nur um eine Vorstellung von der Reichweite seines Einflusses zu geben, seien noch die Namen von F. C. Benham, W. H. Hutt und des, wenn auch nicht Cannan-Schülers, so doch demselben Kreise angehörigen F. W. Paish genannt.

In mancher Hinsicht könnte man fast sagen, daß Cannan in England im wesentlichen den Boden für die Aufnahme der Ideen des um viele Jahre jüngeren Österreichers vorbereitet hat, der seit dem Anfang der Zwanzigerjahre viel konsequenter, systematischer und erfolgreicher als irgend jemand anderer an dem Neuaufbau eines geschlossenen liberalen Gedankengebäudes gearbeitet hat. Es ist Ludwig von Mises, der viele Jahre in Wien, dann in Genf und heute noch sehr aktiv in New York tätig ist. Schon vor dem ersten Weltkriege durch seine noch heute wichtige Geldtheorie bekannt geworden, hat von Mises unmittelbar nach dem Kriege in einem prophetischen Buch *Nation, Staat und Wirtschaft* (1919) eine Entwicklung begonnen, die schon 1922 in der großen, in seinem Buch *Die Gemeinschaft* enthaltenen Kritik des Sozialismus – und das hieß damals Kritik praktisch aller literarisch ernstlich vertretenen Wirtschaftsideologien – einen ersten großen Höhepunkt erreichte. Es ist hier leider nicht der Raum, eine lange Reihe von wichtigen Arbeiten zu erwähnen, die zwischen diesem und Mises' zweiten Hauptwerke liegt, das 1941 in Genf in deutscher Sprache unter dem Titel *Nationalökonomie* erschienen ist und heute in seiner umgearbeiteten amerikanischen Form unter dem Titel *Human Action* einen für ein theoretisches Werk seines Umfanges fast einzigartigen Erfolg aufzuweisen hat. Was Mises in seinem Gesamtwerk bietet, ist weit mehr als Nationalökonomie im engeren Sinne. Seine tiefdringenden Studien über die philosophischen Grundlagen des sozialwissenschaftlichen Denkens und seine ungewöhnlichen historischen Kenntnisse machen es viel ähnlicher dem der großen Sozialphilosophen des 18. Jahrhunderts als dem eines Fachgelehrten der Gegenwart. Wegen seiner rücksichtslosen Konsequenz vom Anfang an aufs heftigste bekämpft und angefeindet und insbesondere im akademischen Betrieb erst spät gewürdigt, hat sein Werk zwar zunächst nur langsam, aber um so nachhaltiger und weiter gewirkt. Selbst vielen seiner unmittelbaren Schüler schien die unbeirrbare Beharrlichkeit, mit der Mises seine Gedankengänge bis zu ihren letzten Schlußfolgerungen durchdachte, oft »übertrieben«; nur die Tatsache, daß er immer wieder mit seinem scheinbaren Pessimismus recht behielt, mit dem er die Folgen der laufenden Wirtschaftspolitik seiner Zeit beurteilte, überzeugte schließlich immer weitere Kreise von der grundlegenden Bedeutung seiner Schriften, die dem Strom der Zeit in fast allem entgegenstanden. Es hat Mises wohl auch in seinen Wiener Jahren nicht an unmittelbaren Schülern gefehlt, von denen die meisten so wie er selbst heute in den Vereinigten Staaten wirken, darunter Gottfried von Haberler (Harvard University), Fritz Machlup (Johns Hopkins University) und der Schreiber dieser Zeilen. Aber mehr als bei den beiden anderen hier besprochenen Hauptfiguren geht sein Einfluß jetzt weit über diesen persönlichen Bereich hinaus. Hat von ihnen allen doch er allein uns eine umfassende Behandlung des gesamten Bereiches wirtschaftlichen und sozialen Denkens gegeben; ob man ihm nun im Einzelnen zustimmt oder nicht, so gibt es doch kaum eine wichtige Frage auf diesen Gebieten, über die sich der Leser seiner Schriften nicht wirkliche Belehrung und entscheidende Anregungen holen kann.

Nicht nur auf die Londoner, sondern auch auf die dritte Gruppe hat Mises schließlich starken Einfluß ausgeübt. Ihren Ursprung verdankt diese Chicagoer Gruppe jedoch dem dortigen Professor Frank H. Knight. Er ist wenige Jahre jünger als Mises und verdankt wie dieser seinen Ruf ursprünglich einer theoretischen Monographie, *Risk, Uncertainty and Profits* (1921), die zuerst verhältnismäßig wenig beachtet, aber später durch viele Jahre als eines der besten Lehrbücher der Theorie geschätzt wurde, obwohl sie gar nicht als solches geplant gewesen war. Seine zahlreichen späteren wirtschaftspolitischen und sozialphilosophischen Arbeiten sind fast alle in Aufsatzform erschienen und nur zum Teil in Büchern gesammelt, von denen der Band *The Ethics of Competition and Other Essays* (1935) der bekannteste und wohl auch charakteristischste ist. Aber stärker noch als durch seine Schriften hat Knight persönlich durch seine Lehrtätigkeit gewirkt. Es ist kaum eine Übertreibung, zu sagen, daß fast alle jüngeren Nationalökonomen in den Vereinigten Staaten, die heute das System der Marktwirtschaft wirklich verstehen und befürworten, seine Schüler gewesen sind. Unter dem hier verfolgten Gesichtspunkt ist der wichtigste unter ihnen der leider früh verstorbene Henry C. Simons, dessen Broschüre *A Positive Program for Laissez Faire* schon in den Dreißigerjahren eine neue gemeinsame Grundlage für die Bestrebungen der jüngeren Liberalen in Amerika bot. Statt des erhofften systematischen Werkes hinterließ er wohl nur eine Sammlung von Aufsätzen, die 1948 unter dem Titel *Economic Policy for a Free Society* erschien, aber durch ihren Gedankenreichtum und den Mut, mit dem sich Simons mit solchen delikaten Problemen wie dem des Gewerkschaftswesens auseinandersetzte, große Wirkung ausübte. Sein engster Freund, Aaron Director, der Herausgeber seiner Schriften und Fortsetzer seines Werkes, sowie zwei der bekanntesten jüngeren amerikanischen Theoretiker, George Stigler und Milton Friedman, bilden heute den Kern der keineswegs mehr auf Chicago beschränkten Gruppe ähnlich denkender Nationalökonomen.

Wenn es gute Sitten nicht verböten, den Namen des Staatsoberhauptes einer großen Nation für eine bestimmte wirtschaftspolitische Richtung in Anspruch zu nehmen, so müßte ich hier noch einen vierten, in seinem eigenen Lande kaum weniger einflußreichen Gelehrten nennen. Statt dessen muß ich mich, um das Bild zu vervollständigen, sogleich der letzten hier zu besprechenden Gruppe zuwenden. Diese deutsche Gruppe unterscheidet sich von den anderen dadurch, daß sie sich nicht eindeutig von einer großen Figur der älteren Generation herleiten läßt, sondern durch den Zusammenschluß einer Anzahl jüngerer Männer entstand, die in den Jahren vor der Machtergreifung Hitlers durch das gemeinsame Interesse an einem liberalen Wirtschaftssystem zueinander geführt wurden. Es besteht wohl kein Zweifel, daß auch diese Gruppe aus den Schriften von Ludwig von Mises entscheidende Anregungen empfing. Literarisch war sie vor 1933 noch wenig hervorgetreten und in jenem Jahre wurde dann ein Teil von ihr in alle Welt verstreut. In Deutschland verblieb vor allem eines ihrer ältesten Mitglieder, der damals noch verhältnismäßig wenig bekannte Walter Eucken. Wir wissen heute, daß sein plötzlicher Tod vor wenig mehr als einem Jahre uns eines der ganz Großen aus unserem Kreise beraubt hat. Er war langsam gereift, hatte lange mit Veröffentlichungen zurückgehalten und sich vor allem seiner Lehrtätigkeit und praktischen Fragen gewidmet. Wie segensreich und fruchtbar sein stilles Wirken auch während der nationalsozialistischen Periode gewesen ist, wurde erst nach dem Zusammenbruch offenbar, als der Kreis seiner Freunde und Schüler in Deutschland als der wichtigste Rückhalt wirtschaftlicher Vernunft hervortrat. Das war auch die Zeit, in der sein erstes großes Werk eine größere Wirkung auszuüben bgann und er in mehreren anderen Arbeiten seine ganze Wirtschaftsauffassung niederzulegen unternahm. Erst die Zukunft wird zeigen, wieviel davon noch aus dem Nachlaß gewonnen werden kann. Das von ihm gegründete Jahrbuch *Ordo* bildet weiter das wichtigste Organ der ganzen Bewegung.

Von Anfang an auf engste verbunden mit Walter Eucken, war die zweite führende Figur dieses Kreises Wilhelm Roepke. Er war schon vor 1933 im öffentlichen Leben so sehr hervorgetreten, daß sein Verbleiben in Hitler-Deutschland sofort unmöglich wurde. Zuerst in Istanbul und nun seit vielen Jahren in der Schweiz tätig, ist dieser aktivste und fruchtbarste Autor der ganzen Gruppe heute so bekannt und seine ganz eigene persönliche Note gerade den Lesern dieser Zeitschrift so vertraut, daß es hier wohl nicht mehr als der Erwähnung seines Namens bedarf. Wenn zumindest in der deutschsprechenden Welt das Bestehen einer neuliberalen Bewegung auch über die Fachkreise hinaus allgemein bekannt ist, so ist dies wohl hauptsächlich ihm zu verdanken.

Wie schon erwähnt, hatten sich diese während des vergangenen Vierteljahrhunderts langsam entstandenen Gruppen erst nach dem zweiten Weltkrieg wirklich kennen gelernt und es begann ein reger Gedankenaustausch. Heute kann man fast schon sagen, daß von gesonderten nationalen Gruppen zu sprechen eine Sache der Geschichte ist. Gerade darum ist jetzt vielleicht der richtige Moment, diese Entwicklung kurz zu skizzieren. Die Zeit, in der die wenigen verbliebenen Liberalen vereinsamt und verlacht ihren Weg gingen und vor allem bei der Jugend keinen Widerhall fanden, ist vorbei. Heute lastet im Gegenteil eine große Verantwortung auf ihnen, da die junge Generation die Antworten kennen zu lernen verlangt, die der Liberalismus für die großen Probleme unserer Zeit zu bieten hat. Ein solches geschlossenes Gedankengebäude aufzuführen und seine Anwendungen auf die Probleme der verschiedenen Länder auszuarbeiten, ist nur im Gedankenaustausch einer größeren Gruppe möglich. Wohl bestehen noch in vielen Ländern ernste Schwierigkeiten für die Verbreitung der verfügbaren Literatur und auch das Fehlen von Übersetzungen mancher der wichtigsten Werke steht noch einer rascheren Verbreitung dieser Ideen entgegen. Aber der persönliche Kontakt ist zwischen den meisten ihrer Vertreter hergestellt. Schon zweimal hat die Schweiz der zwanglosen geschlossenen Gruppe Gastfreundschaft gewährt, die sich dort zum gemeinsamen Studium ihrer Probleme zusammengefunden hat und die von einer Schweizer Stätte ihren Namen herleitet. Eine weitere Zusammenkunft hat 1950 in Holland stattgefunden und ungefähr wenn diese Zeilen erscheinen, findet die vierte Konferenz in Frankreich statt.

Die Periode, von der in diesem Aufsatz die Rede war, darf so wohl als abgeschlossen angesehen werden. Vor dreißig Jahren war der Liberalismus zwar vielleicht in der Praxis noch einflußreich, aber als geistige Bewegung war er nahezu verschwunden. Heute mag er in der Praxis noch wenig Einfluß haben, aber daß seine Probleme wieder lebendiges Geistesgut geworden sind, berechtigt uns, mit neuer Zuversicht von einer Zukunft des Liberalismus zu sprechen.

Entstehung und Verfall des Rechtsstaatsideales[*]

1. Isonomie

Politische Einsichten, die durch die bittere Erfahrung vieler Generationen erkauft wurden, gehen oft dadurch verloren, daß die Worte in denen sie niedergelegt wurden, langsam ihre Bedeutung ändern. Auch wenn die Worte selbst
noch lange weiter mit Respekt behandelt werden, so werden sie doch nach und
nach ihres Sinnes entleert bis sie schließlich als bedeutungslos aus dem Gebrauch verschwinden. So kann es geschehen, daß Ideale, für die ein Volk in der
Vergangenheit heftig gekämpft hat, in Vergessenheit fallen, weil es dafür keine
allgemein verständliche Bezeichnung mehr gibt. Wenn sonst die Geschichte politischer Begriffe nur für den Fachmann von Interesse ist, so gibt es in einer solchen Lage kaum einen anderen Weg festzustellen, was in der Gegenwart vor
sich geht, als zu den Quellen zurückzugehen, um den ursprünglichen Sinn der
entwerteten politischen Münzen zu entdecken. Das gilt heute zweifellos für
den Begriff der »Herrschaft des Gesetzes«, jener »rule of law«, die durch dreihundert Jahre das Ideal der Freiheit des Engländers gewesen ist und das Vor-
bild für den kontinentalen Begriff des Rechtsstaates gebildet hat, jetzt aber für
die meisten Menschen sowohl seinen Sinn wie auch seine Anziehungskraft verloren hat.

Es ist nicht schwer zu sehen, woher die Engländer des Beginns des 17. Jahrhunderts ihre neuen Freiheitsideale kennen lernten, für die dann ihre Söhne einen Bürgerkrieg kämpften und die dann schließlich in der »glorreichen Revolution« von 1688 zur Grundlage des englischen Regierungssystems gemacht
wurden: es war die Neuentdeckung der politischen Theorien des klassischen
Altertums, der großen griechischen und römischen Philosophen, die, wie Thomas Hobbes beklagte, die neue Begeisterung für die Freiheit auslöste. Wenn wir
aber fragen, was denn eigentlich jene Elemente der klassischen Lehre waren, die
diese große Anziehungskraft ausübten, so ist es nicht ganz leicht, in der mo-

* Erstveröffentlichung in: Hunold, A. (Hrsg.), *Wirtschaft ohne Wunder*, Zürich: Eugen Rentsch Verlag, 1953, 33–65.

dernen Literatur eine klare Antwort zu finden. Gewiß ist die vor einiger Zeit
populär gewesene Ansicht nicht richtig, daß es im alten Griechenland und besonders in Athen keine persönliche Freiheit gegeben habe: was immer für die
spätere entartete Demokratie zutreffen mag, gegen die sich Platon wandte, galt
gewiß nicht für jene Athener, die ihr General im Moment der höchsten Gefahr
während der sizilischen Expedition vor allem daran erinnerte, daß sie für einen
Staat fochten in dem sie alle »unbeschränkte« Freiheit hatten, so zu leben, wie
es jedem behagte«[1]. Worin bestand aber diese Freiheit in dem »freiesten aller
freien Länder«, wie Nikias Athen bei derselben Gelegenheit nannte, oder worin schien sie einerseits den Griechen selbst und anderseits den Engländern des
Zeitalters der Königin Elisabeth zu bestehen, deren Phantasie jenes Beispiel an-
feuerte?

Die Antwort auf diese Frage scheint mir wenigstens zum Teil in einem Wort
zu liegen, daß jene Engländer aus dem Griechischen entlehnten und das seither
wieder außer Gebrauch gekommen ist, dessen Geschichte aber, sowohl in seinem Ursprungsland wie später, sehr lehrreich ist. »Isonomia« erscheint in England zuerst 1598 in John Florio's *World of Words* als ein italienisches Wort mit
der Bedeutung der »Gleichheit der Gesetze für alle Arten von Personen«.
Schon zwei Jahre später gebraucht es aber Philemon Holland in seiner Livius-
Übersetzung in der anglisierten Form »isonomy« an zahlreichen Stellen um
den von Livius umschriebenen Begriff eines Zustandes wiederzugeben, in dem
Bürger und Behörden denselben gleichen Gesetzen unterworfen sind. Der
Ausdruck taucht dann in den politischen Diskussionen des 17. Jahrhunderts
häufig auf, bis er nach und nach durch die englischen termini »equality before
the law«, »government of law« und »rule of law« verdrängt wird.

Eigenartiger noch ist die Geschichte des Wortes im alten Griechenland[2].
Der Ausdruck ist offenbar sehr alt und geht als Name für ein politisches Ideal

---

[1] Thukydides, *Peleponnesischer Krieg*, VII, 69. Sehr aufschlußreich für den Gehalt
des klassisch-griechischen Freiheitsbegriffs ist eine neuere Studie (Westermann, W. L.,
»Between Slavery and Freedom«, in *American Historical Review*, Bd. 50, 1945, 213–227)
über die zahlreichen in Delphi gefundenen Freilassungsdekrete von Sklaven. Als die wesentlichen Elemente der persönlichen Freiheit nach griechischer Auffassung ergeben sich
danach 1. der rechtliche Status als geschütztes Mitglied der Gemeinschaft, 2. Sicherheit
vor willkürlicher Einschränkung der Freiheit durch Arrest u. dgl., 3. das Recht zu freier
Berufswahl, und 4. das Recht, sich nach Belieben zu bewegen.

[2] Vgl. Hirzl, R., *Themis, Dike und Verwandtes*, Leipzig 1907, besonders 240f.; Ehrenberg, V., Artikel »Isonomia« in Pauli Wissowa, *Real-Enzyklopaedie des klassischen
Altertums*, Supplement VII, 1940, und Larsen, J. A. O., »Cleisthenes and the Development of the Theory of Democracy in Athens«, in *Essays in Political Theory Presented to
George Sabine*, hg. von Konwitz, M. R. und Murphy, A. E., Cornell University Press
1948, 5–13.

dem Wort Demokratie lange voraus. Für Herodot war es »der schönste aller Namen« für eine staatliche Ordnung. Die Forderung nach gleichen Gesetzen für alle, die er ausdrückte, war ursprünglich gegen die Tyrannen gerichtet, aber später wurde aus dem allgemeinen Prinzip, das er ausprach, die Forderung nach Demokratie abgeleitet. Nachdem die Demokratie verwirklicht worden war, wurde er noch eine Weile zu ihrer Rechtfertigung und später scheinbar als »schöner Deckname«[3] für sie gebraucht: denn es kann nicht bestritten werden, daß diese Demokratie sehr bald daran ging, jene Gleichheit vor dem Gesetz zu zerstören, der sie selbst ihre Rechtfertigung verdankte. Es war den Griechen dabei völlig klar, daß die beiden Begriffe zwar verwandt waren, aber doch nicht dasselbe bedeuteten. Thukydides spricht ohne Bedenken von υ ὀλιγαρχία ἰσονομοθς, und bei Plato finden wir Isonomia ganz bewußt im Gegensatz zur und nicht in Rechtfertigung der Demokratie gebraucht.

Im Lichte dieser Entwicklung erhalten die berühmten Stellen in der *Politik* des Aristoteles ganz neue Bedeutung, in denen er die verschiedenen Arten von Demokratie erörtert. Obwohl er selbst den Ausdruck Isonomia nicht mehr verwendet, lesen sich doch seine Ausführungen fast wie eine Verteidigung des Ideals, das jener Ausdruck bezeichnet hatte. Es ist bekannt wie Aristoteles dort betont, daß es »richtiger ist, daß das Gesetz herrscht als irgend einer der Bürger«, daß die Personen, die die oberste Gewalt ausüben, »nur zu Hütern und Dienern des Gesetzes bestellt werden sollen«[4], und besonders, wie er jene Regierungsform verurteilt, unter der »das Volk und nicht die Gesetze herrschen« und unter der »alles durch Stimmen der Mehrheit und nicht durch das Gesetz bestimmt wird«. Eine solche Regierung kann nach Aristoteles nicht als die eines freien Landes angesehen werden: »denn wo nicht die Gesetze regieren, dort ist der Staat nicht frei, denn das Gesetz soll über allem stehen«; er ist sogar der Ansicht, daß »solche Einrichtungen, die alle Macht in den Stimmen des Volkes vereinigen, eigentlich nicht als Demokratie bezeichnet werden dürften, denn die Gesetze, die ergehen, werden nicht allgemein im Charakter sein«[5]. Zusammen mit der gleich berühmten Stelle in der *Rhetorik*, in der Aristoteles hervorhebt, wie »wichtig es ist, daß gut verfaßte Gesetze so viele Punkte wie möglich entscheiden und so wenig wie möglich der Entscheidung des Richters überlassen«[6], bieten uns diese Ausführungen eine ziemlich vollständige Definition des Ideals, das der Ausdruck »Isonomia« bezeichnet.

Die große Rolle, die diese Gedankengänge auch in der praktischen Politik Athens hatten, wird gut beleuchtet durch einen Bericht des Demosthenes[7] über

---

3 Ehrenberg, V., a.a.O., 299.
4 *Politik*, III, 1287a.
5 *Politik*, IV, 1292a.
6 *Rhetorik*, I, i, 1354a.
7 *Oratio* XXIII, 86.

den Gesetzesantrag eines athenischen Bürgers, nach dem es »verboten sein sollte, ein Gesetz vorzuschlagen, das auf eine bestimmte Person Anwendung hatte, ohne daß es ebenso für alle Athener gälte«, weil nach seiner Ansicht, ebenso wie jeder Bürger dieselben politischen Rechte hatte, er auch in gleicher Weise den Gesetzen unterliegen sollte. Obwohl auch Demosthenes hier nicht mehr
den zu seiner Zeit offentsichtlich schon veralteten Ausdruck Isonomia verwendet, so haben wir hier doch nochmals den Sinn des Begriffes klar ausgesprochen.

Wie lebendig diese Anschauungen der klassischen Autoren für die englischen politischen Denker des 17. Jahrhunderts waren, zeigt sich klar aus einer
berühmten Diskussion zwischen Thomas Hobbes und James Harrington, mit
der, wie es scheint, der moderne Gebrauch der Phrase vom »government by
laws and not by men« beginnt. Hobbes hatte es als »einfach einen weiteren Irrtum der *Politik* des Aristoteles« bezeichnet, »daß in einem gut organisierten
Gemeinwesen nicht Menschen sondern die Gesetze herrschen sollen«. Harrington erwiderte darauf, daß die Regierungskunst im Sinne der Alten gerade
die sei, die bürgerliche Gesellschaft auf Grundlage gemeiner Rechte und Interessen zu errichten und zu erhalten, oder, »to follow Aristotle and Livy, it is the
empire of laws, and not of men«[8].

Es scheint, daß im Laufe des 17. Jahrhunderts es in England immer mehr die
lateinischen Autoren wurden, die an Stelle der griechischen die wichtigste
Quelle für die politische Theorie wurden. Aber selbst insofern diese Generation nicht Holland's klassische Livius-Übersetzung verwendete, in der sie den
Ausdruck Isonomia fand, so war es doch überall dasselbe Ideal, dem sie begeg-
nete. Cicero's »Omnes legum servi sumus ut liberi esse possumus«[9] (später fast
wörtlich von Voltaire, Montesquieu und Kant wiederholt) ist wahrscheinlich
die gedrängteste Zusammenfassung des Ideals der Freiheit unter dem Gesetz.
Während der klassischen Periode des römischen Rechts war es noch einmal in-
tellektuelles Gemeingut, daß zwischen der Freiheit und dem Gesetz im echten
Sinne allgemeiner Regeln kein Gegensatz besteht, sondern daß es vom Charakter der Gesetze, insbesondere von der Gewißheit des Rechtes, der Gleichheit
aller Bürger vor dem Gesetz, und den Schranken, die das Gesetz dem Ermessen der Behörden auferlegt, abhängt, wie viel Freiheit besteht[10]. Dieser Zustand
bestand fort, bis im späteren römischen Reich das ius strictum zunehmend im
Interesse einer neuen Sozialpolitik verdrängt wurde. »Konstantin, der so oft als
erster griechisch-christlichen Lehren zugänglich ist, erscheint auch hier als

---

[8] Harrington, J., *Oceana* (1659), Anfang.
[9] Cicero, *Pro Cluentio*, C, LIII.
[10] Für die Gesamtauffassung der Zeit besonders charakteristisch ist Tacitus'
berühmter Ausspruch »In corruptissima respublica plurimae leges«.

Führer. Das absolute Kaisertum verkündete mit der aequitas zugleich die von der Schranke des ius befreite Autorität des kaiserlichen Willens. Justinian mit seinen gelehrten Professoren bringt die Entwicklung zum Abschluß[11].«

2. Government of Law

Um kurz zu zeigen, was die Engländer des 17. und 18. Jahrhunderts aus dem wiederentdeckten klassischen Gedankengut machten, ist es unvermeidlich, einige der markantesten Stellen der Streitschriften der Periode im Original zu zitieren. Sie sind für den Sinn der Lehre, die sich von England aus langsam über Europa verbreitete, so bezeichnend, daß sie weit besser bekannt sein sollten, als es heute der Fall ist. Nicht weniger wichtig aber ist es, sich des Anlasses der großen Diskussion zu erinnern, der sie entsprangen. Es ist heute fast vergessen, daß der entscheidende Kampf zwischen König und Parlament, der zur Anerkennung und zum Ausbau des Rechtsstaatsprinzips wurde, über Fragen der Wirtschaftspolitik geführt wurde, die heute wieder von höchster Aktualität sind. Den Historikern des 19. Jahrhunderts erschienen die Maßnahmen von Jakob I. und Karl I., die den Konflikt hervorriefen, als längst überholte Mißbräuche, die für ihre aufgeklärte Zeit nicht mehr von praktischer Bedeutung waren. Für uns hat die ganze Auseinandersetzung wieder einen ganz modernen Klang: Karl I. ließ sich z. B. im Jahre 1628 erst dann von einer Sozialisierung des gesamten Kohlenbergbaues abhalten, als ihm vorgehalten wurde, daß dies einen Aufstand hervorrufen würde[12]!

Während dieser ganzen Periode war es ständig die Forderung nach gleichen Gesetzen für alle Bürger, die das Parlament den Versuchen des Königs, das wirtschaftliche Leben zu regeln, entgegensetzte. Die Engländer jener Periode verstanden offensichtlich besser als es heute der Fall ist, daß jede solche Regelung der Produktion die Schaffung von Privilegien bedeutete, daß sie immer in sich schließt, daß gewissen Personen das ausschließliche Recht erteilt wird, bestimmte Dinge zu tun, die andern verboten werden. Es ist bezeichnend, daß der unmittelbare Anlaß für die erste formelle Erklärung des Parlaments über den Grundsatz der »rule of law«, über die Forderung gleicher und sicherer Gesetze für alle und die Beschränkung des administrativen Ermessens, die »Petition of Grievances« des Unterhauses aus dem Jahre 1610, ein Versuch des Königs war, die Bauvorschriften für London und ein Verbot, Stärke aus Weizen zu erzeugen, im Verordnungswege zu dekretieren. Natürlich waren viele ähnliche

---

[11] Pringsheim, F., »ius aequum und ius strictum« in *Savigny Zeitschrift*, Bd. 42, 668.
[12] Siehe Nef, J. U., *Industry and Government in France and England, 1540–1640*, Philadelphia 1940, 114.

Konflikte vorangegangen, bevor das Unterhaus in seiner Adresse an den König
die grundlegenden Prinzipien folgendermaßen niederlegte:

>»Among many other points of happiness and freedom which Your
Majesty's subjects of this kingdom have enjoyed under your royal progen-
itors, kings and queens of this realm, there is none which they have ac-
counted more dear and precious than this, *to be guided and governed by the
certain rule of law*, which giveth to the head and the members that which of
right belongeth of them, and *not by any uncertain and arbitrary form of
government*, which, as it has proceeded from the original good constitution
and temperature of this state, so hath it been the principal means of up-
holding the same, in such sort as that their kings have been just, beloved,
happy and glorious, and the kingdom itself peaceable, flourishing and
durable for many ages ... Out of this root hath grown *the indubitable right
of the people of this kingdom, not to be made subject to any punishment that
shall extend to their lives, lands, bodies, or goods, other than such as are or-
dained by the common laws of this land*, or the statutes made by their common consent in parliament[13].«

Die weitere Entwicklung der Lehre, die deshalb von den heutigen sozialistischen Juristen Englands verächtlich als die »Whig doctrine of the rule of law«
abgetan wird, ist aufs engste verbunden mit dem Kampf des Parlamentes gegen
die vom König verliehenen Monopole und insbesondere mit der Diskussion
um das Statute of Monopolies von 1624. Es war vor allem in diesem Zusammenhang, daß der führende Rechtsgelehrte auf seiten des Parlaments, der mit
Recht als die Hauptquelle der politischen Prinzipien der Whigs angesehene Sir
Edward Coke, jene Interpretation der Magna Charta entwickelte, die ihn
schließlich in seinen berühmten »Second Institutes« (geschrieben um 1628) erklären ließ, daß

>»if a grant be made to any man, to have the sole making of cards or the so-
le dealing with any other trade, that grant is against the liberty and freedom
of the subject ... and consequently this great charter.«

Wir müssen es hier bei diesen Beispielen aus dem Anfang einer Entwicklung
bewenden lassen, die auf engste mit den politischen und geistigen Kämpfen des
ganzen Jahrhunderts verbunden ist und erst mit dem endgültigen Sieg der
Whigs im Jahre 1688 ihren vorläufigen Abschluß fand[14]. In der ersten Skizze
haben wir bereits auf eine charakteristische Phase der Diskussion, die Ausein-

---

[13] *State Papers*, Domestic, July 7, 1610 (Hervorhebungen vom Verfasser).
[14] Für eine kurze Darstellung der Entstehung der Whig-theories siehe Butterfield,
H., *The Englishman and his History*, Cambridge 1944, und für die Monopoldiskussio-

andersetzung zwischen Hobbes und Harrington hingewiesen. Wir können hier selbst auf die klassische Darstellung der siegreichen Lehre in John Locke's zweiten »Treatise on Civil Government« (1690) nur ganz kurz eingehen. Die wichtigste Stelle ist wohl die, in der Locke in bewußtem Gegensatz zu dem Glauben, daß Freiheit das Fehlen aller gesetzlichen Bande bedeutet, sie folgendermaßen definiert:

> »Freedom of men under government is to have a standing rule to live by, common to every one of that society, and made by the legislative power erected in it: and not to be subject to the inconstant, uncertain, unknown, arbitrary will of another man: as freedom of nature is to be under no other restraint but the law of nature.«

Wie diese Beschränkung der Willkür der Behörden die Festsetzung einer geschützten Privatsphäre der einzelnen Individuen, ihrer »lives, liberties, and estates, which I call by the general name, property« voraussetzt, und wie selbst die Macht des Gesetzgebers auf die Aufstellung allgemeiner Regeln beschränkt wird, ist bekannt. Besonders interessant und meist übersehen ist jedoch die äußerst modern klingende Begründung, die Locke für sein Programm gibt: die Zähmung der Macht. In Locke's Worten:

> »The end why [men] choose and authorise a legislative is that there may be laws made, and rules set, as guards and fences to the properties of all the members of society, *to limit the power and moderate the dominion of every part and member of society*[15].«

Es dauert immer geraume Zeit, bis die Ansichten der Staatstheoretiker Gemeineigentum eines Volkes werden. Was die politischen Errungenschaften der Vergangenheit schließlich für die Mehrzahl der Menschen bedeuten, wird wohl mehr durch ihre Darstellung durch die meistgelesenen Historiker als durch die ursprünglichen theoretischen Behandlungen der Probleme bestimmt. Dies trifft gewiß in besonders hohem Maße für die Engländer des späten 18. und 19. Jahrhunderts zu. Wenn wir verstehen wollen, was für sie jene politische Tradition bedeutete, so gibt es kaum einen besseren Weg als zum Beispiel in David Hume's *Geschichte Englands* zu blicken. Wie Friedrich Meinecke einmal hervorgehoben hat, sah Hume den eigentlichen Sinn der englischen Geschichte darin, »von einem government of will zu einem government of men zu werden«[16]. Worin Hume die wesentliche Bedeutung der verfassungsrechtlichen

---

nen Price, W. H., »The English Patents of Monopoly«, *Harvard Economic Studies* No. 1, 1906.

[15] Locke, J., *An Essay concerning the true original Extent and End of Civil Government*, 1690, Absatz 222 (Hervorhebung vom Verfasser). Die weiter oben zitierten Stellen sind aus den Absätzen 22 und 123.

Entwicklung des 17. Jahrhunderts sah, kommt besonders deutlich in den Bemerkungen zum Ausdruck, die er an den Bericht über die Aufhebung der Star
Chamber im Jahre 1641 knüpft:

> «No government, at the time, appeared in the world, nor is perhaps found
> in the records of any history, which subsisted without a mixture of some ar-
> bitrary authority, committed to some magistrate; and it might reasonably,
> beforehand, appear doubtful, whether human society could ever arrive at
> that state of perfection, as to support itself with no other control, than the
> general and rigid maxims of law and equity. But the parliament justly
> thought, that the King was too eminent a magistrate to be trusted with dis-
> cretionary power, which he might so easily turn to the destruction of liber-
> ty. And in the event it has been found, that, tho' some inconveniencies arise
> from the maxim of adhering strictly to law, yet the advantages so much
> overbalance them, as should render the English forever grateful to the mem-
> ory of their ancestors who, after repeated contests, at last established that
> noble principle[17].«

In der zweiten Hälfte des 18. Jahrhunderts wurden diese Ideen zu den unbestrittenen Idealen der englischen Politik. Ihren klassischen Ausdruck fanden sie
in zahllosen oft zitierten Stellen der Reden Edmund Burke's. Aber wenn wir
nach einer genaueren Bestimmung ihres Gehalts suchen, müssen wir uns seinen
weniger bekannten Zeitgenossen zuwenden. Eine charakteristische Zusammenfassung enthält die folgende, Sir Philip Francis zugeschriebene[18] Äußerung:

> «The government of England is a government of law. We betray ourselves,
> we contradict the spirit of our laws, and we shake the whole system of
> English jurisprudence, whenever we entrust a discretionary power over the
> life, liberty or fortune of the subject to any man, or set of men, whatsoever,
> on the presumtion that it will not be abused.«

Die ausführlichste mir bekannte Darstellung des Sinnes der ganzen Lehre findet sich jedoch in dem Kapitel über die Justizverwaltung in dem weitverbreiteten Lehrbuch der Moralphilosophie des Theologen William Paley:

> «The first maxim of a free state is, that the laws be made by one set of men,
> and administered by another; in other words, that the legislative and the ju-

---

[16] Meinecke, F., *Die Entstehung des Historismus*, 1936, 1. Bd., 234.

[17] Hume, D., *History of England*, 1762, V. Bd., 280 f.

[18] Ich finde diese Stelle ohne Quellenangabe mit dem Namen von Sir Philip Francis
zitiert, vermute aber, daß sie den, ihm nur mit einer gewissen Wahrscheinlichkeit zuge-
schriebenen *Juniusbriefen* entnommen ist.

dicial character be kept separate. When these offices are united in the same person or assembly, particular laws are made for particular cases, springing often times from partial motives, and directed to private ends: whilst they are kept separate, general laws are made by one body of men, without foreseeing whom they will affect; and, when made, must be applied by the other, let them affect whom they will.

… When the parties and interests to be affected by the laws were known, the inclinations of the law makers would inevitably attach on one side or the other; and where there were neither any fixed rules to regulate their determinations, nor any superior power to control their proceedings, these inclinations would interfere with the integrity of public justice. The consequence of which must be, that the subjects of such a constitution would live either without constant laws, that is, without any known preestablished rules of adjudication whatever; or under laws made for particular persons, and partaking of the contradictions and inequity of the motives to which they owed their origin.

Which danger, by the division of the legislative and judicial functions, are in this country effectually provided against. Parliament knows not the individuals upon whom its acts will operate; it has no cases or parties before it; no private designs to serve: consequently, its resolutions will be suggested by the consideration of universal effects and tendencies, which always produce impartial, and commonly advantageous regulations[19].«

Hier finden wir zum ersten Mal alle wesentlichen Elemente jenes Komplexes von Doktrinen zusammengefaßt, die im 19. Jahrhundert unter dem Namen der Rule of Law als die selbstverständliche Grundlage des staatlichen Lebens angesehen wurden. Der zentrale Punkt ist dabei, daß das Ermessen der Behörden in der Anwendung ihrer Zwangsgewalt durch im voraus niedergelegte Gesetze so strikte gebunden ist, daß der Privatmann mit hinlänglicher Gewissheit voraussehen kann, wie sie handeln werden; weiters, daß die Gesetze selbst wirklich allgemeine Regeln sind und keinerlei Privilegien für bestimmte Klassen oder Personen schaffen, gerade weil sie nur in Hinblick auf ihre langfristigen Wirkungen und deshalb in Unkenntnis der besonderen Personen erlassen wurden, die aus ihnen Gewinn oder Nachteil ziehen werden. Das Gesetz soll in dieser Hinsicht ein Werkzeug sein, das die Individuen für ihre Zwecke verwenden, und nicht ein Werkzeug mit dem die Regierung die Einzelpersonen ihren Zwecken dienlich macht; das ist letztlich der eigentliche Sinn der Rule of Law[20].

Da diese Rule of Law eine Regel für den Gesetzgeber ist, eine Regel über

---

[19] Paley, W., *The Principles of Moral and Political Philosophy* (1785), Ausgabe von 1824, 348 f.

das, wie die Gesetze beschaffen sein sollen, kann sie natürlich nie ein Bestandteil der positiven Gesetze eines Landes werden. Der oberste Gesetzgeber kann
seine Macht nie wirksam beschränken, er kann nur tatsächlich gewisse Grenzen einhalten. Die Regel ist gewissermaßen eine meta-juristische Regel, die ihre Wirkung nur durch ihren Einfluß auf die Ansichten der Gesetzgeber ausüben kann. Sobald sie einmal nicht mehr anerkannt oder verstanden wird, werden bald die Gesetze selbst nicht mehr den Anforderungen der Rule of Law
entsprechen.

Mit dem Ende des 18. Jahrhunderts ist diese theoretische Entwicklung in
England im wesentlichen abgeschlossen. Wohl finden wir noch vereinzelte Versuche, gewisse wichtige Begriffe zu klären, wie wenn John Austin sich bemüht,
eine scharfe logische Unterscheidung zwischen echten allgemeinen Gesetzen
und spezifischen Verordnungen oder Befehlen zu ziehen[21]. Aber im ganzen ist
die Rule of Law dem Engländer des 19. Jahrhunderts nicht mehr problematisch.
Sie ist ein selbstverständlicher Bestandteil seiner politischen Überzeugungen
geworden, der bis in den Beginn des 20. Jahrhunderts nicht mehr ernstlich in
Zweifel gezogen wird.

3. Der Rechtsstaat

Da die Verwirklichung der Rule of Law in England das Ergebnis einer langsamen Entwicklung der öffentlichen Meinung war, war auch das Ergebnis weder
systematisch noch konsequent in allen Richtungen durchgeführt. Das theoretische Durchdenken des Prinzips blieb hauptsächlich Ausländern überlassen, die
bei dem Versuch, ihren Mitbürgern verständlich zu machen, wieso eine Menge
scheinbar irrationaler Traditionen den Engländern ein Maß von Freiheit si-
cherten, das auf dem Kontinent kaum bekannt war, den Sinn jener Traditionen
herausarbeiten mußten. Manche dieser Versuche einer »rationalen Nachkon-
struktion«, insbesondere die der großen französischen Sozialphilosophen der
zweiten Hälfte des 18. Jahrhunderts, blieben auch nicht ohne Rückwirkung auf
die Entwicklung in England selbst; die Ausführungen von Paley z. B., die wir
im letzten Abschnitt zitiert haben, zeigen deutlich den Einfluß von Montesquieus Interpretation der englischen Verfassung. Diese Versuche einer Syste-
matisierung der englischen Einrichtungen mit dem Ziel, damit ein Reformpro-
gramm für andere Länder aufzustellen, mußten dabei unvermeidlich zeigen,

---

[20] Vgl. dazu meine Ausführungen in Hayek, F. A., *Der Weg zur Knechtschaft*,
Zürich 1945 (Hayek, *Schriften*, B1, d. Hrsg.) und später, 124 ff., bei deren Abfassung mir
die oben zitierten Ausführungen Paleys noch unbekannt waren.
[21] Austin, J., *Lectures on Jurisprudence* (1861), 5. Aufl., 1911, 1. Bd., 93 ff.

daß in mancher Hinsicht die englische Entwicklung merkwürdig unvollständig geblieben war. Den kontinentalen Staatstheoretikern mußte es als erstaunliche Anomalie erscheinen, daß das englische Recht z. B. das Prinzip »nulla poena sine lege« nie formell anerkannt hatte, daß es dem Bürger keine andere Abhilfe gegen ihm vom Staat zugefügtes Unrecht bot als die Klage gegen die Person des verantwortlichen Beamten, oder daß die englische Verfassung keinerlei Bestimmungen kannte, die Verletzungen der Rule of Law durch Routinegesetzgebung erschwerten.

Da die englische Institutionen auf dem Kontinent in weitem Maße durch die Darstellungen jener französischen Schriftsteller bekannt wurden, ist es notwendig, diese kurz zu betrachten. Bei Montesquieu war es natürlich in erster Linie seine Lehre von der Gewaltenteilung, die hier großen Einfluß ausübte. Es ist heute üblich, diese als eine Fehlinterpretation der in England tatsächlich bestandenen Verhältnisse darzustellen. Was für uns wichtig ist, ist aber nicht, wie weit dieses Ideal in England tatsächlich verwirklicht war, sondern wie weit es als Ideal die englische Entwicklung beeinflußt hat. Daß Montesquieu es bei älteren englischen Schriftstellern gefunden hat[22] und daß es einen notwendigen Bestandteil der Überlieferung der Rule of Law bildete, ist nicht zu bezweifeln. Inkonsequent war er nur, wie spätere französische Autoren, insbesondere Condorcet, hervorhoben, insofern er überhaupt die Exekutive als dritte selbständige Gewalt neben Gesetzgebung und Rechtsprechung anerkannte. Kaum weniger einflußreich waren aber auch Montesquieus Ausführungen über den Zusammenhang zwischen Freiheit und Gesetz (»nous sommes donc libre, parce que nous vivons sous les lois civiles«[23]) und vor allem seine klassisch gewordenen Aussprüche über die Gebundenheit des Richters an das Gesetz:

> »Les juges de la nation ne sont, comme nous avons dit, que la bouche qui prononce les paroles de la loi ; des êtres inanimés qui n'en peuvent modérer ni la force ni la rigueur[24]. «

Merkwürdigerweise hat auch Rousseau hier einen wichtigen Beitrag geleistet, da ihn die zweideutige Natur seines Begriffes des »allgemeinen Willens« zwang, genauer zu analysieren, was denn jene »Allgemeinheit« der Gesetze, die der »allgemeine« Wille allein wollen könne, eigentlich bedeutete:

> »Quand je dis que l'objet des lois est toujours général, j'entends que la loi considère les sujets en corps et les actions comme abstraites, jamais un homme comme individu ni une action particulière. Ainsi la loi peut bien sta-

---

[22] Vgl. Klimowsky, E., *Die englische Gewaltenteilungslehre bis zu Montesquieu,* Berlin 1927.

[23] *De l'Esprit des Lois,* XXVI, 20 ; vgl. auch XI, 3.

[24] Ibid. XI, 6.

tuer qu'il y aura des privilèges, mais elle n'en peut donner nommément à personne: la loi peut faire plusieurs Classes des Citoyens, assigner mêmes les qualités qui donneront droit à ces Classes, mais elle ne peut nommer tels et tels pour y être admis; elle peut établir un Gouvernement royal et une succession héréditaire, mais elle ne peut élire un roi, ni nommer une famille royale: en un mot, toute fonction qui se rapporte à un objet individuel n' appartient point à la puissance législative[25]. «

Wichtige Bemühungen zu einer begrifflichen Klärung des ganzen Problemkomplexes finden sich dann bei Condorcet, besonders in seinen der Vorbereitung des girondistischen Verfassungsentwurfes von 1793 gewidmeten Schriften. Nur eine besonders charakteristische Stelle sei hier in extenso angeführt:

»L'exécutif a pour fonction de faire un syllogisme dont la loi est la majeure; un fait plus ou moins général, la mineure; et la conclusion, l'application de la loi. Par exemple, chaque citoyen sera tenu de contribuer à la dépense nécessaire pour les besoins publics, proportionnellement au produit net de sa terre; voilà une loi. Telle dépense doit faire partie de besoins publics; voilà un fait. Donc, chaque citoyen doit contribuer à cette dépense, voilà l'application de la loi[26]. «

Der wichtigste Niederschlag, den diese Ideen im girondistischen Verfassungsentwurf selbst gefunden haben, ist die darin gegebene Definition der Gesetze im engeren Sinne: »Les caractères qui distinguent les lois sont leur généralité et leur durée infinie[27].«

Die französische Revolution und die Reaktion, die auf sie folgte, bedeutete im ganzen eine Unterbrechung der mit jenen Diskussionen angebahnten Entwicklung. Sie wurde erst im zweiten Viertel des 19. Jahrhunderts wieder wirklich aufgenommen, als der europäische Liberalismus die Schaffung des Rechtsstaates zu seinem zentralen Programmpunkt machte. Frankreich spielte dabei eine verhältnismäßig geringere Rolle. Die Schriften Benjamin Constants sind hier wegen ihres Einflusses auf den süddeutschen Liberalismus noch von einer gewissen Wichtigkeit und während des Bürgerkönigtums Louis Philippes spielten die wesentlichen Prinzipien noch einmal eine Zeitlang eine praktische

---

[25] *Du Contrat Social*, II. vi, in der von Bertrand de Jouvenel, Genf 1947 herausgegebenen Ausgabe, 224. Ich verdanke dieses Zitat B. de Jouvenel, der in seinem Buch *Du Pouvoir* besonders auf diese wichtige Stelle hingewiesen hat.

[26] Zitiert ohne Quellenangabe von Barthélemy, J., *Le rôle du pouvoir exécutif dans les républiques modernes*, Paris 1906, 489. Vgl. aber *Œuvres de Condorcet*, Paris 1847, Bd. XII, 350–370.

[27] *Archives Parlementaires*, 1er série, vol. 58, 617 (titre vii, section ii, art. 4 des Verfassungsentwurfes).

Rolle. Louis Philippe selbst hat ihnen in einer Rede kurz nach seinem Regierungsantritt noch einmal prägnanten Ausdruck verliehen:

»La liberté ne consiste que dans le règne des lois. Que chacun ne puisse être tenu de faire autre chose que ce que la loi exige de lui, et qu'il puisse faire tout ce que la loi n'interdit pas, telle est la liberté. C'est vouloir la détruire que de vouloir autre chose[28]. «

Weder die Regierung Napoleons III. noch die dritte Republik boten jedoch eine günstige Atmosphäre für die Weiterentwicklung dieser Tradition. Und obwohl in vieler Hinsicht, insbesondere in dem entscheidenden Punkt der Kontrolle der Verwaltung[29], die Entwicklung in Frankreich der in Deutschland in einem gewissen Grade parallel lief, so war es in der Hauptsache doch in Deutschland, daß die theoretische Entwicklung weitergeführt wurde. Letzten Endes war es der deutsche Begriff des Rechtsstaates, der nicht nur die wichtigsten Ideale für die gesamte liberale Bewegung auf dem Kontinent beistellte, sondern auch den Charakter der am Kontinent vorherrschenden Regierungsformen bis zum Ende des ersten Weltkrieges bestimmte.

In Deutschland wird die Tradition des Rechtsstaates meist auf Kant zurückgeführt[30]. Zweifellos besteht auch ein Zusammenhang zwischen dem Begriff der Allgemeinheit einer moralischen Regel, wie sie im kategorischen Imperativ formuliert ist, und einem der wesentlichen Elemente der Rule of Law. Aber Kant's Rechtslehre gibt in den für uns wesentlichen Punkten kaum mehr als er von Montesquieu und Rousseau übernommen hat. Der eigenartige Beitrag der deutschen Jurisprudenz zu der Entwicklung kam wesentlich später. Das Wort »Rechtsstaat« scheint zum ersten Mal und noch ohne klare Bedeutung im Jahre 1813 aufzutauchen[31]. Seinen spezifischen Sinn nahm es aber erst an als es in den dreißiger Jahren zum Kampfruf der liberalen Bewegung wurde.

Die Bedeutung der deutschen und allgemein der kontinentalen Entwicklung auf diesem Gebiet liegt darin, daß der Kampf um die Herrschaft des Gesetzes hier von Anfang an Bedingungen antraf, die in England erst viel später verwirklicht wurden: das Bestehen eines bereits hoch entwickelten zentralen Verwaltungsapparates, der ungehemmt von jenen Einschränkungen entstanden

---

[28] Rede an die Nationalgarde, zitiert von Lamennais in *Avenir*, 25. Mai 1831, wiederabgedruckt in Lamennais *Troisième Mélanges*, 1835, 255.

[29] Eine gute Darstellung der relevanten Entwicklungen im französischen Verwaltungsrecht findet sich in Sieghart, M. A., *Government by Decree*, London 1950.

[30] Vgl. dazu und zum folgenden die vorzügliche Darstellung von Schnabel, F., *Deutsche Geschichte im Neunzehnten Jahrhundert*, insbesondere Bd. 2, 1933, 90–214.

[31] Welcker, C. T., *Die letzten Gründe von Recht, Staat und Strafe*, Gießen 1813, der die drei Staatsformen Despotie, Theokratie und Rechtsstaat unterscheidet (vgl. 25, 71–108, 166–188).

war, die die Rule of Law dem Ermessen in der Ausübung der Zwangsgewalt des
Staates auferlegt. Da die Länder, in denen dies der Fall war, nicht bereit waren,
die gewohnten Vorteile ihrer ausgebildeten Verwaltungsmaschine zu opfern, so
wurde das Hauptproblem vom Anfang an wie die Macht der Behörden der
Kontrolle der Gesetze und damit in letzter Linie der Gerichte unterworfen
werden konnte. Daß dies schließlich in der Form der Errichtung besonderer
Verwaltungsgerichte geschah, denen die Aufgabe übertragen wurde, die Einhaltung der Gesetze zu kontrollieren, ist von geringerer Bedeutung; die Hauptsache war, daß die Beziehungen zwischen den Behörden und den Staatsbürgern
durchgehend durch gesetzliche Bestimmungen geregelt wurden, deren Anwendung in letzter Linie von Gerichten geprüft werden konnte. Mit Recht ist darum die Einrichtung der Verwaltungsgerichtshöfe immer wieder von deutschen
Juristen als die Krönung der Bemühungen um die Schaffung des Rechtsstaates
angesehen worden[32]. Es war anderseits ein groteskes und für die Entwicklung
in England folgenschweres Mißverständnis, wenn dort ein Rechtslehrer vom
Range A.V. Dicey's gerade das Bestehen eines besonderen Verwaltungsrechtes
und von Verwaltungsgerichten auf dem Kontinent als Beweis anführte, daß
dort die Rule of Law nicht in Geltung sei, eine Ansicht, die dank seiner Autorität bis in die jüngste Zeit in England herrschend blieb[33]. Dicey hätte seine Anschauung, daß England kein Verwaltungsrecht im kontinentalen Sinne besäße,
wohl selbst revidiert, wenn er gewußt hätte, daß Rudolf von Gneist, einer der
Vorkämpfer der Rechtsstaatsidee in Deutschland, ein großes Werk über das
englische Verwaltungsrecht veröffentlicht hatte, dreißig Jahre bevor Dicey
leugnete, daß es in England so etwas überhaupt gäbe!

Der wirkliche Mangel des kontinentalen Systems, den die englischen Beobachter zwar fühlten, aber nicht richtig verstanden, lag tatsächlich anderswo.
Das Mißgeschick der Entwicklung war, daß die vollkommene Verwirklichung
des Rechtsstaates schließlich von der Lösung eines Problems abhing, das dem
Laien als eine unwichtige juristische Feinheit erscheinen mußte. Die Aufgabe,
alle von den Verwaltungsbehörden durchzuführenden Zwangsmaßnahmen
durch strenge Rechtsregeln zu lenken, war offenbar von solcher Schwierigkeit,
daß sie nur langsam auf Grund der Erfahrung vieler Jahre hätte befriedigend
gelöst werden können. Sollten die bestehenden Ämter ihre gewohnten Funktionen weiter ausüben, so war es offensichtlich notwendig, ihnen zunächst innerhalb gewisser Grenzen zu gestatten, die ihnen erteilten Gewalten nach
ihrem Ermessen auszuüben. Für jene Gebiete, auf denen es nicht unmittelbar

---

[32] Siehe z.B. Radbruch, G., *Einführung in die Rechtswissenschaft*, 2. Aufl., 1913,
108, oder Fleiner, F., *Institutionen des deutschen Verwaltungsrechtes*, 8. Aufl. 1928, 39.
[33] Dicey, A. V., *The Law of the Constitution*, London 1885, 180–208, und über
Diceys Mißverständnis Allen, C. K., *Law and Orders*, London 1945, 27.

möglich war, ihre Aufgabe eindeutig in gesetzlichen Bestimmungen niederzulegen, konnten die Verwaltungsgerichte nur entscheiden, ob eine bestimmte
Verfügung einer Behörde innerhalb des Bereichs ihres »freien Ermessens« lag
oder nicht; während eine gerichtliche Entscheidung darüber, ob gerade die von
der Behörde getroffene Verfügung notwendig aus dem Gesetze folgte, nur dort
möglich war, wo das Gesetz die Natur der von dieser Behörde in verschiedenen Umständen vorzunehmenden Zwangsmaßnahmen schon hinreichend definierte. Diese Anerkennung einer Sphäre des »freien Ermessens«, der »pouvoir
discrétionnaire«, innerhalb deren die Entscheidungen der Verwaltungsbehörden von den Gerichten nicht angefochten werden konnten, bot die Lücke,
durch die in Deutschland wie in Frankreich langsam der moderne Verwaltungsstaat emporwachsen und die Grundlagen des Rechtsstaats untergraben
werden konnten[34].

Die vielfach aufgestellte Behauptung, daß dies eine unvermeidliche Entwicklung war, scheint mir nicht haltbar. Man ist sich heute auch kaum mehr bewußt, wie verhältnismäßig kurz es her ist, daß auch in Mitteleuropa solche Ermessensvollmachten an Behörden als bedauerliche Anomalien betrachtet wurden. Zweifellos würde eine strikte Durchsetzung des Rechtsstaatsprinzips auch
hier, wie David Hume es seinerzeit für England ausgesprochen hatte, »some in-
conveniencies« verursachen; wahrscheinlich wären dadurch auch gewisse,
durchaus wünschenswerte Entwicklungen verzögert worden. Wenn es auch
außer Frage steht, daß den Behörden ein gewisses Ermessen für solche Entscheidungen eingeräumt werden muß, wie die, die Vernichtung des Viehs eines
bestimmten Eigentümers anzuordnen, um die Verbreitung einer Seuche zu verhindern, oder Häuser niederzureißen, um der Ausdehnung eines Feuers vorzubeugen, oder die Benutzung einer infizierten Quelle zu verbieten, oder im
besonderen Fall angemessene Vorsichtsmaßnahmen bei Hochspannungsleitun-
gen zu verlangen, oder Sicherheitsvorschriften bei Bauten zu erlassen, etc. etc.,
so sind das doch nicht Ermessensvollmachten, die in irgend einer Hinsicht der
gerichtlichen Überprüfung entzogen sein müssen. Der Richter mag im besonderen Fall das Urteil eines Sachverständigen benötigen um zu entscheiden, ob
die getroffenen Maßnahmen notwendig und angemessen waren. Die Rechtsstaatsidee verlangt weiter, daß der Einzelne Anspruch auf volle Entschädigung
für das Opfer hat, das er im Interesse der Allgemeinheit bringen mußte. In dem
an sich schwierigsten Falle, in dem sich aber die Öffentlichkeit der Wichtigkeit
des Prinzips völlig bewußt war, dem des Arrests, ist es denn auch meist konse-

---

[34] Noch 1927 schrieb Walter Jellinek in seinem *Verwaltungsrecht*: »Die Herrschaft
des Gesetzes verlangt endlich *tunlichste Einschränkung des freien Ermessens*. Erst dann
ist die Verwaltung im höchsten Sinn ‚gesetzmäßig‘, wenn die Behörde bei gegebenem
Tatbestand eindeutig gebunden ist. In diesem Sinne erreicht die Steuerverwaltung nahezu das Ideal.«

quent durchgeführt worden: der englische Polizist insbesondere ist für die strenge Gesetzmäßigkeit jeden Arrests, den er vornimmt, in vollem Maße persönlich verantwortlich.

Der wesentliche Punkt in allen diesen Fällen ist, daß das Ermessen der Behörde sich auf die angemessene Durchführung einer im Gesetz festgelegten Regel bezieht und nicht von den Zielen der Politik der augenblicklichen Regierung bestimmt wird. Der Zwangsapparat des Staates dient dann immer nur allgemeinen und zeitlosen Zwecken und nicht besonderen Aufgaben oder Interessen. Er unterscheidet in keiner Weise zwischen verschiedenen Personen. Das erteilte Ermessen ist beschränkt in dem Sinne, daß der Ermessensträger die Aufgabe hat, den Sinn einer allgemeinen Regel durchzuführen. Daß diese Regeln nicht alle möglichen Umstände im Einzelnen voraussehen und daher nicht völlig präzise sein können, ist eine Folge der menschlichen Unvollkommenheit. Daß es sich aber im Grunde nur um die Anwendung allgemeiner Regeln handelt, zeigt sich gerade darin, daß ein unabhängiger und unparteiischer Richter, der in keiner Weise die Politik der Regierung des Augenblicks vertritt, entscheiden kann, nicht nur ob die Behörde innerhalb ihrer Vollmachten gehandelt hat, sondern auch, ob die von ihr getroffene Entscheidung vom Gesetz gefordert war.

Eine gewisse Verwirrung ist dadurch entstanden, daß in jedem bureaukratischen Apparat es aus ganz anderen Gründen notwendig ist, das Handeln der einzelnen Organe an gewisse Regeln zu binden, und daß das Ausmaß ihrer Freiheit innerhalb dieser Regeln auch ein Problem des Ermessens aufwirft – eines Ermessens, das für ihre Verantwortlichkeit gegenüber ihren Vorgesetzten von Wichtigkeit ist. Das Problem des Ermessens in diesem Sinn, das natürlich ein wichtiges Problem der Verwaltungsorganisation ist, ist jedoch etwas völlig anderes als das Ermessen im Gebrauch der Zwangsgewalt des Staates gegenüber seinen Bürgern. Wieviel Ermessen einem Beamten in den inneren Angelegenheiten der Verwaltung erteilt werden soll, ist ein Problem der Zweckmäßigkeit und Wirtschaftlichkeit. Ob eine Behörde in ihren Befehlen oder Zwangsakten gegenüber den Bürgern ein freies Ermessen ausüben kann, entscheidet aber darüber, ob der Bürger frei ist oder ob er Objekt der Verwaltung des Staates ist. Niemand wird daran zweifeln, daß für die innere Organisation des Verwaltungsapparates, in Entscheidungen über Anschaffungen, Anstellungen oder Verteilung der Funktionen, den verantwortlichen Stellen ein weites Ausmaß von Ermessen zugestanden werden muß. Daß auch dieses Ermessen im Regierungsdienst viel enger beschränkt werden muß als im Geschäftsleben, wo der Gewinn ein Maß der Angemessenheit der Entscheidung bietet, ist eine Sache für sich – und nebenbei die Ursache weshalb eine Verwaltungsorganisation immer bureaukratisch sein muß.

Warum die Bindung der Verwaltung an das Gesetz nicht konsequent zu Ende geführt wurde, werden wir im nächsten Abschnitt sehen. Hier müssen wir

uns noch kurz mit einem andern und in mancher Hinsicht dem schwierigsten
Problem des Rechtsstaatsprinzips befassen. Die bisher besprochenen Punkte
sind zwar notwendige aber noch nicht hinreichende Bedingungen der persönlichen Freiheit. Es ist zumindest denkbar, daß auch bei völliger Beseitigung jeder administrativen Willkür die Gesetze die Freiheit des Einzelnen unnötig einschränken. Die Forderung nach Gleichheit und Allgemeinheit der Gesetze
macht dies einigermaßen unwahrscheinlich, aber wie weit sie tatsächlich diese
Wirkung haben wird, hängt in hohem Grade von der Interpretation dieser Begriffe ab. Hier treffen wir auf wirkliche intellektuelle Schwierigkeiten, die noch
keineswegs völlig gelöst sind. Gewisse Unterscheidungen zwischen Personen,
z.B. nach Alter und Geschlecht, scheinen unvermeidlich. Die Forderung nach
Gleichheit und Allgemeinheit der Gesetze läuft also darauf hinaus, daß sie keine nicht »in der Natur der Sache gelegenen« oder für den Zweck irrelevanten
Unterscheidungen macht. Das ist aber reichlich vage. Artikel 4 der Schweizer
Verfassung spricht den Grundgedanken klarer aus als irgend eine andere mir
bekannte Gesetzesstelle – wie überhaupt, soweit ich es beurteilen kann, die
Schweiz in dem Versuch einer Verankerung des Rechtsstaatsgedankens in der
Gesetzgebung weiter gegangen ist als irgend ein anderes Land[35]. Der Artikel
sagt:

> »Die Verschiedenheiten, die der Gesetzgeber aufstellt, müssen sachlich be-
> gründet sein, das heißt auf vernünftigen und ausschlaggebenden Erwägun-
> gen in der Natur der Sache beruhen derart, daß der Gesetzgeber nur durch
> solche Unterscheidungen dem inneren Zweck der inneren Ordnung der be-
> treffenden Lebensverhältnisse gerecht wird.«

Diese Verfassungsbestimmung zeigt auch besonders klar, wie der Rechtsstaat
vor allem eine Beschränkung des Gesetzgebers bedeutet.

Für die kontinentalen Großmächte, Frankreich und Deutschland, trifft es
im ganzen jedoch zu, daß, obwohl sie wichtige Beiträge zur Verwirklichung des
Rechtsstaatsgedankens gemacht hatten, selbst zu der Zeit, als die Entwicklung
ihren Höhepunkt erreicht hatte, sie praktisch dem Staatsbürger noch nicht jenen Grad von Sicherheit vor behördlicher Willkür boten, der in England bestand. Das Mißtrauen, mit dem Dicey und andere englische und amerikanische
Juristen die kontinentale Rechtslage betrachteten, war daher nicht völlig unberechtigt; es war freilich nicht das Bestehen eines besonderen Verwaltungsrechtes und besonderer Verwaltungsgerichte, sondern im Gegenteil die Tatsache,

---

[35] Vergleiche diesbezüglich besonders auch die Bestimmungen des Schweizerischen
bürgerlichen Gesetzbuches über die Ausfüllung von Gesetzeslücken durch den Richter.
– Erst während des Lesens der Korrekturen sehe ich die Anzeige eines Werkes von Garzoni, F., *Die Rechtsstaatsidee im schweizerischen Staatsdenken des 19. Jahrhunderts*,
Zürich 1953, das wohl diese Fragen eingehend behandeln dürfte.

das die ihnen zu Grunde liegende Idee nicht konsequent durchgeführt worden war, warum trotz der bewußteren Bemühungen am Kontinent immer noch starke Reste des alten Polizeistaates zurückgeblieben waren. Umgekehrt war sowohl in England wie in den Vereinigten Staaten selbst zu Ende des Jahrhunderts der zentrale Verwaltungsapparat noch so wenig ausgebildet, daß die besonderen Probleme der kontinentalen Länder nur in wenigen als Ausnahmefälle betrachteten Umständen aufgetaucht waren. Wie sehr das damals wenigstens im Westen noch als grundsätzliche Unterschiede der Regierungsformen empfunden wurde, zeigt sich deutlich in einer einst vielgelesenen amerikanischen Darstellung der kontinentalen Verhältnisse:

> »In some cases, it is true, an officer of the board is given by statute power to make regulations. The Local Government Board (in Great Britain) and our boards of health furnish examples of this; but such cases are exceptional, and most Anglo Saxons feel that this power is in its nature arbitray, and ought not to be extended any further than is absolutely necessary[36].«

4. Die Zerstörung des Rechtsstaates durch die sozialistische Jurisprudenz

Zu Anfang unseres Jahrhunderts erschien der Rechtsstaat wohl den meisten Menschen als eine der unverlierbaren Errungenschaften der westlichen Kultur. Nicht nur englische Juristen wie Sir Frederick Pollock behandelten damals »Allgemeinheit, Gleichheit und Gewißheit« als »the normal and necessary marks, in a civilized commonwealth, of justice administered according to the law«[37], sondern auch den kontinentalen Theoretikern schien es zumindest im Rückblick, daß bis zum Ende des ersten Weltkrieges »der Rechtsstaat in Europa eine Selbstverständlichkeit gewesen war«[38]. Tatsächlich war jedoch sogar damals der Prozeß, der jene Überlieferung nach und nach unterhöhlte und schließlich zerstörte, schon seit ungefähr einer Generation im Gange. Und heute ist es wohl zweifelhaft, ob es noch irgendwo in Europa einen Menschen gibt, der sich brüsten kann, daß er bloß die bekannten Gesetze zu beobachten brauche, um in seinem Erwerb völlig unabhängig von dem Ermessen irgend einer Behörde zu sein.

Die Angriffe auf die Grundsätze des Rechtsstaates waren ein Teil jener Abkehr von der liberalen Tradition, die um das Jahr 1870 herum begann. Nach-

---

[36] Lowell, A. B., *Government and Parties in Continental Europe*, 1896, 1. Bd., 44.

[37] Pollock, Sir Frederick, *A First Book of Jurisprudence*, 2. Aufl., London 1904, 37.

[38] Heller, H., »Rechtsstaat oder Diktatur?« in *Die neue Rundschau*, 40. Bd., Berlin 1929, 721.

dem der Widerstand der konservativen Kreise gegen den Rechtsstaat siegreich
überwunden worden war, trat nun an ihre Stelle eine neue Opposition, die sich
fortschrittlich wähnte und deren geistige Führer die sozialistischen Intellektuellen waren. Schon 1910 konnte ein angesehener deutscher Rechtslehrer sagen,
daß die individualistische Rechtsstaatsidee »in der Tat ihre Rolle ausgespielt«[39]
hatte und zwei Jahre später schrieb ein anderer:

> »Wir heutigen kehren zu den Prinzipien des Polizeistaates insofern zurück,
> als wir seine Kulturstaatsidee wieder anerkennen. Der einzige Unterschied
> liegt in den Mitteln. *Auf Grund von Gesetzen* gestattet sich der heutige Staat
> alles, noch viel mehr als der Polizeistaat. Und so gelangte man im Laufe des
> 19. Jahrhunderts zu einer neuen Bedeutung des Ausdruckes ›Rechtsstaat‹.
> Man versteht jetzt darunter einen Staat, dessen ganze Tätigkeit sich auf
> Grund von Gesetzen in rechtlicher Form abspielt. Über den Staatszweck
> und die Grenzen der staatlichen Kompetenz sagt das Wort ›Rechtsstaat‹ in
> seiner heutigen Bedeutung gar nichts mehr aus[40].«

Im einzelnen hatte sich die sozialistische Kritik zunächst besonders gegen das
Ideal der Gleichheit vor dem Gesetze gerichtet. Die Sozialisten hatten sehr bald
eingesehen, daß, wenn der Staat die ungleichen Ergebnisse korrigieren sollte,
die in einer freien Gesellschaft die Verschiedenheit der Anlagen und zufälligen
Gelegenheiten für verschiedene Personen hervorbringen müssen, er diese Personen auch ungleich behandeln muß. Anton Menger hat das schon früh klar
ausgesprochen:

> »Indem man nun allen Staatsbürgern ohne Rücksicht auf ihre persönlichen
> Eigenschaften und auf ihre wirtschaftliche Lage völlig gleich behandelte
> und zwischen ihnen einen zügellosen Wettbewerb zuließ, bewirkte man
> zwar, daß die Gütererzeugung ins Unendliche stieg, zugleich aber auch, daß
> die Armen und Schwachen an den gesteigerten Gütermengen nur einen sehr
> geringen Anteil hatten. Daher die neue wirtschaftliche und Sozialgesetzge-
> bung, welche bestrebt ist, den Schwachen gegen den Starken zu schützen
> und ihm an den Gütern des Lebens wenigstens einen bescheidenen Anteil
> zu sichern. *Man weiß eben heute, daß es keine größere Ungleichheit gibt als
> das Ungleiche gleich zu behandeln*[41].«

Ähnliche Überlegungen lagen den Bemühungen der »Freirechtsschule« zu

---

[39] Thoma, R., »Rechtsstaatsidee und Verwaltungswissenschaft« in *Jahrbuch des öffentlichen Rechts*, IV. Bd., 1910, 199.
[40] Bernatzik, E., *Rechtsstaat und Kulturstaat*, 1912, 56.
[41] Menger, A., *Das bürgerliche Recht und die besitzlosen Klassen* (1890), 3. Aufl.,
1904, 30 (Hervorhebung nicht im Original).

Grunde. Weitaus den größten Einfluß übten aber wahrscheinlich die tausend Mal zitierten spöttischen Worte aus, in denen Anatole France den ähnlichen, unter seinen sozialistischen Freunden Guesde, Jaurès und Léon Blum umlaufenden Ideen Ausdruck gab. Er sprach von

«la majestueuse égalité des lois, qui interdit aux riches comme aux pauvres de coucher sous les ponts, de mendier dans les rues et de voler du pain«[41a].

Wie wenig haben doch die vielen wohlmeinenden Personen, die seither jene Phrase nachsprachen, verstanden, daß sie damit die Grundlagen jeder Gerechtigkeit angriffen, die ohne Ansehen der Person ausgeübt wird!

Die Kritik an dem Prinzip der Gleichheit vor dem Gesetz, wie an all den andern Forderungen, die zusammen das Rechtsstaatsideal bilden, nahm meist die Form der Behauptung an, daß die fragliche Regel erstens niemals wirklich in Kraft gewesen sei, zweitens, daß es unmöglich oder impraktikabel wäre, sie zu verwirklichen, drittens, daß sie keinen klaren Sinn hätte, und schließlich viertens, daß ihre Durchsetzung nicht einmal wirklich wünschenswert wäre. Es würde viel zu viel Raum erfordern, im einzelnen zu zeigen, wie diese Argumentation Punkt für Punkt gegen das Ideal der Gewaltentrennung, das der Allgemeinheit der Gesetze, ihrer Gewißheit, der Gebundenheit der Richter an das Gesetz und das der tunlichsten Einschränkung des Ermessens der Verwaltungsbehörden gerichtet wurde. Es ist dabei durchaus möglich, daß wirklich keiner dieser Grundsätze in alle seine letzten Konsequenzen durchgeführt werden kann und es sich nur um Ideale handelt, denen wir uns in größerem oder geringerem Maße annähern können. Wie weit wir uns diesen Idealen aber annähern werden, hängt eben davon ab, wie weit sie allgemein als wünschenswerte Ideale angesehen werden. Wenn sie einmal als Illusionen hingestellt werden und die Menschen aufhören, nach ihrer Verwirklichung zu streben, so wird auch ihr praktischer Einfluß schnell verschwinden. Das ist denn auch tatsächlich geschehen.

Die Angriffe gegen die Grundprinzipien des Rechtsstaates mehrten sich so wie es immer klarer wurde, daß eine Bindung an sie es für den Staat unmöglich machen würde, das wirtschaftliche Leben im einzelnen zu beherrschen. Jenes Planen, das das Wesen der sozialistischen Methode zur Verwirklichung größerer wirtschaftlicher Gerechtigkeit war, wäre unmöglich, wenn der Staat nicht die Macht hätte, die Menschen jenen Aufgaben zuzuweisen, die die Erfordernisse des Augenblicks ihm jeweils als die wichtigsten erscheinen lassen. Wie unmöglich es da wird, die Entscheidungen der Behörde durch allgemeine Regeln eindeutig zu bestimmen und willkürliche Diskriminierungen zwischen Personen zu vermeiden, zeigt sich bereits bei den einfachsten und ältesten Problemen

---

[41a] France, A., *Le Lys rouge*, Paris 1894, 117–8.

dieser Art, der Erteilung von Gewerbekonzessionen nach Maßgabe des »Lokalbedarfes«. Und dasselbe muß natürlich in noch viel höherem Grade gelten, wo immer der Umfang der Erzeugung irgend eines Gutes vom Staate bestimmt wird. Eine Planwirtschaft ist ihrer Natur nach Befehlswirtschaft und daher in unversöhnlichem Gegensatz zum Grundgedanken des Rechtsstaates.

Parallel mit diesen Kräften wirkte jedoch noch eine zweite mindest ebenso wichtige Gedankenströmung die, obwohl letzten Endes aus den gleichen geistigen Wurzeln abzuleiten, doch gesondert erwähnt werden muß. Der juristische Positivismus verwies alle jene meta-juristischen Kriterien, die allein über die Gerechtigkeit oder Ungerechtigkeit eines Gesetzes entscheiden können, aus dem Bereich zulässiger juristischer Überlegungen: nur für die Frage, ob ein Gesetz verfassungsmäßig zustande gekommen war, nicht aber für die Frage, ob es allgemeinen Prinzipien der Gerechtigkeit entsprach, war der Jurist zuständig. In einer Demokratie war daher für ihn die konkrete Entscheidung der Majorität das einzige Merkmal ihrer Gerechtigkeit. Auf dieser Grundlage wurde es natürlich unmöglich, die Frage der Gerechtigkeit oder Ungerechtigkeit eines verfassungsgemäß erlassenen Gesetzes auch nur zu diskutieren oder den Versuch zu machen, jemanden von der Ungerechtigkeit eines Gesetzes zu überzeugen. Der Jurist wurde zum bloßen Techniker, dessen Aufgabe es war, den Willen der Majorität zu formulieren und der im übrigen sich nur dafür interessierte, was tatsächlich Gesetz war. Für den Rechtspositivisten ist die Frage, ob ein bestehendes Gesetz allgemeinen Prinzipien der Gerechtigkeit entspricht, einfach sinnlos. Es war unvermeidlich, daß der Begriff des Rechtsstaates, der ursprünglich bestimmte Forderungen bezüglich des Charakters der in ihm zulässigen Gesetze in sich schloß, diesen Sinn verlieren mußte und er nur mehr besagte, daß die Regierung die Vollmachten für alle ihre Handlungen aus dem Gesetze ableitete – selbst wenn dies nur bedeutete, daß das Gesetz der Regierung das Recht gab, zu tun, was ihr behagte. Schon Jahre vor dem Sieg des Nationalsozialismus konnte daher ein deutscher Jurist sagen, daß »dem Untergang des Rechtsstaatsgedankens und damit dem Siege und der Alleingeltung des fascistischen und bolschewistischen Staatswollens derart von der Staatslehre her ein grundsätzliches Hindernis nicht mehr entgegen steht«[42]. Heute wissen wir, wie sehr sich diese Befürchtung bestätigt hat. Selbst dem Sozialismus nahestehende deutsche Juristen erkennen heute den Konflikt und verstehen, daß das Rechtsstaatsprinzip selbst dem der Demokratie vorangehen muß: »Demokratie ist gewiß ein preisenswertes Gut«, schrieb Gustav Radbruch im Jahre 1945, »der Rechtsstaat aber ist wie das tägliche Brot, wie Wasser zum Trinken und wie Luft zum Atmen, und das Beste an der Demokratie gerade dieses, daß nur

---

[42] Darmstaedter, F., *Die Grenzen der Wirksamkeit des Rechtsstaates*, Heidelberg 1930, 85.

sie geeignet ist, den Rechtsstaat zu sichern[43].« Daß die Demokratie dies keineswegs mit Notwendigkeit tut, ergibt sich nur zu deutlich aus Radbruchs eigener Darstellung.

Aber wenn in diesem Punkte heute in Deutschland eine heilsame Reaktion im Gange ist, so ist die Situation in den westlichen Ländern nicht unähnlich der in Deutschland vor Hitler. Es ist geradezu erschütternd wie im Ursprungsland der Rechtsstaatsidee, England, ein führender Jurist heute in ähnlichen Worten wie die gerade aus dem Jahre 1930 zitierten betont, daß

> »in Great Britian today, we live on the edge of dictatorship. Transition would be easy, swift, and it could be accomplished with complete legality. Already, so many steps have been taken in this direction, due to the completeness of power possessed by the Government of the day, and the absence of any real check such as the terms of a written constitution or the existence of an effective second chamber, that those still to be taken are small in comparison«[44].

Wieder war es eine sozialistisch eingestellte Jurisprudenz, die in langsamer systematischer Arbeit diesen Zustand vorbereitet hat. Seit vor zwanzig Jahren die Untersuchung einer Regierungskommission[45] zum letzten Mal einigen Verteidigern der alten Tradition Gelegenheit bot, die einst anerkannten Prinzipien nochmals zu formulieren, hat der Prozeß systematischer Unterwühlung und Entleerung des Begriffes der Rule of Law nicht ausgesetzt. Die Führung hatte dabei eine Gruppe von Kollegen und Schülern des verstorbenen Professors Harold Laski. Ihrer Ansicht nach, wie Professor (jetzt Sir Ivor) Jennings es zu Beginn der Diskussion ausdrückte, »this rule of law is either common to all nations or does not exist«[46]. Er wußte wohl, daß »the fixity and certainty of the law have been part of the English legal tradition for centuries«, bedauerte aber, daß diese Tradition nur langsam verschwände[47]. Die Doktrin der »equality before the law« war für ihn »just nonsense«[48]. Später beschreibt er die Rule of law richtiger als »a principe of political action, not a purely juridical principle governing the actual distribution of powers«, meinte aber, daß »the 'rule of law' in this 'sense' is a rule of action for Whigs and may be ignored by others«[49].

---

[43] Radbruch, G., *Rechtsphilosophie*, 4. Aufl. 1950, 357.
[44] Keeton, G. W., »Administrative Despotism and Parliamentary Sovereignty«, in *Westminster Bank Review*, Februar 1951, 8. Das jüngst erschienene Buch Professor Keetons über diesen Gegenstand (*The Passing of Parliament*, London 1952) liegt mir noch nicht vor.
[45] *Committee on Minister's Powers*, April 1932, Cmd 4060.
[46] Jennings, I., in *Public Administration*, X. Bd., 1932, 343.
[47] Ibid., 345.
[48] Ibid., 342.

Nach Professor W. A. Robson »one can distinguish 'policy' from 'law' only in theory, and even then the distinction is doubtful«[50] und

> »it is a misuse of language to say that an issue is 'non-justiciable' merely because the adjudicating authority is free to determine the matter by the light of an unfettered discretion: and equally incorrect to say that an issue is 'justiciable' when there happen to be clear rules of law available to be applied to it«[51].

Nach Professor W. Friedmann »the rule of law is whatever parliament as the supreme law-giver makes it«[52] und die Behauptung der »incompatibility of planning with the rule of law is a myth sustainable only by prejudice or ignorance«[53]. Ein anderes Mitglied desselben Kreises brachte es sogar fertig, meine rhetorische Frage im *Weg zur Knechtschaft*, ob, angenommen, daß Hitler verfassungsgemäß zur Macht gekommen wäre, deshalb im nationalsozialistischen Deutschland die Rule of Law noch in Kraft gewesen wäre, ausdrücklich zu bejahen:

> «The answer is Yes: the majority would be right: the Rule of Law would be in operation, *if* the majority *voted* him into power. The majority might be unwise, and it might be wicked, but the Rule of Law would prevail. For in a democracy right is what the majority makes it to be[54].«

Es würde zu viel Raum einnehmen, hier auf die ähnliche Entwicklung in den Vereinigten Staaten einzugehen. An erster Stelle müßte da ein charakteristisches und vielgelesenes Buch erwähnt werden, das schon 1930 Mr. Jerome Frank, heute ein hoher Bundesrichter, einem Angriff auf das Ideal der Rechtssicherheit gewidmet hat[55]. Eine psychoanalytische Interpretation des Verlangens nach Gewißheit als Ersatz für die väterliche Autorität mußte da als das Instrument dienen, um die traditionellen Ideale lächerlich zu machen. Das Buch hat nichtsdestoweniger auf die ganze geistige Atmosphäre der Roosevelt-Ära beträchtlichen Einfluß gehabt. Später wurde dann die Diskussion über den ganzen Problemkomplex durch den Bericht einer offiziellen Untersuchungskommission[56] in Fluß gebracht, der zeigte, daß in den Vereinigten Staaten ganz die gleichen

---

[49] Jennings, I., *The Law and the Constitution*, 3. Aufl., 1943, 287.

[50] Robson, W. A., *Justice and Administrative Law*, 2. Aufl., 1947, 333.

[51] Ibid., 325.

[52] Friedmann, W., *The Planned State and the Rule of Law*, Melbourne 1948, 9.

[53] Ibid., 32

[54] Finer, H., *Road to Reaction*, Boston 1945, 60. (Bezug genommen wird auf Hayek, F. A., *Der Weg zur Knechtschaft*, Hayek, *Schriften*, B1, d. Hrsg.)

[55] Frank, J., *Law and the Modern Mind*, New York 1930.

[56] *U.S. Attorney General's Committee on Administrative Procedure Report*, Washington, Government Printing Office, 1941.

Probleme auftauchten, die zehn Jahre vorher in England zu der oben erwähnten Enquete Anlaß gegeben hatten.

In einem neulich erschienenen amerikanischen Lehrbuch der Rechtsphilosophie heißt es von der Auffassung der Rule of Law, die ich im *Weg zur Knechtschaft* vertrat, daß diese »would strictly require the reversal of legislative measures which all democratic legislatures seem to have found essential in the last half century«. Dem mag wohl so sein. Die große Frage ist, ob jene gesetzgebenden Körperschaften es wirklich als wesentlich angesehen hätten, die fraglichen Maßnahmen gerade in dieser Form durchzuführen, wenn sie verstanden hätten, daß sie damit zerstörten, was das Wesen der bürgerlichen Freiheit ausmacht. War es wirklich notwendig, daß Gesetz auf Gesetz, wie es zum Beispiel in England üblich geworden ist, den Ministern weitgehende Vollmachten gab, »for prescribing what under this act has to be prescribed«, oder gar, wie es dort zumindest in einem Fall geschehen ist, den zuständigen Minister ermächtigte, »the general principles« festzusetzen, nach denen schwerste Eingriffe in das Eigentum an Grund und Boden vorgenommen werden sollten? Nur daß dies unter einem sozialistischen Regime unvermeidlich ist, scheint allerdings festzustehen.

Die Ursachen der ständigen Gefährdung der Freiheit*

In diesen Zeilen möchte ich eine Überlegung etwas weiter ausführen, die ich in einem jüngst erschienenen Buch[1] zwar angedeutet, aber, wie mir jetzt scheint, nicht ihrer Wichtigkeit entsprechend entwickelt habe. Es handelt sich vielleicht um die Hauptursache der überall fortschreitenden langsamen Untergrabung der persönlichen Freiheit, also um einen Umstand, über dessen Natur sich die Verteidiger der Freiheit viel bewußter werden müssen, wenn sie jenem schleichenden Prozeß Einhalt gebieten wollen.

In *The Constitution of Liberty* (die hoffentlich in nicht allzu ferner Zeit auch auf deutsch vorliegen wird) habe ich versucht zu zeigen, daß die Forderung nach individueller Freiheit in letzter Linie auf der Einsicht in die unvermeidliche Begrenztheit unseres Wissens beruht[2]. Wir sind bestrebt, den Einzelnen soweit wie möglich gegen allen Zwang zu schützen, um ihm die beste Möglichkeit zu bieten, seine besonderen, in mancher Hinsicht immer einzigartigen Kenntnisse und Fähigkeiten am wirksamsten zu nützen. Der Zweck der Freiheit ist daher, Gelegenheit für etwas seiner Natur nach Unvoraussehbares zu bieten: weil wir nicht wissen, welchen Gebrauch der Einzelne von seiner Freiheit machen wird, ist es so wichtig, daß sie allen gewährt wird, und sie ist um so wichtiger, je unvoraussehbarer der Gebrauch ist, den der Einzelne von ihr machen wird. Bewußt oder unbewußt sind denn auch all die charakteristischen Einrichtungen einer freien Gesellschaft durch die Grundtatsache bestimmt, daß die Behörden, denen die Ausübung der Zwangsgewalt des Staates anheimsteht, niemals all die Umstände und Tatsachen kennen können, die das Handeln des Einzelnen bestimmen, und daß ein Großteil des unter die Menschen verteilten Wissens nur dann voll genutzt werden kann, wenn jeder Einzelne einen gesi-

---

* Erstveröffentlichung in: *Ordo* 12, 1961, 103–109.
[1] *The Constitution of Liberty*, The University of Chicago Press, Chicago, Ill., und Routledge & Kegan Paul, Ltd., London, 1960, 68. (Deutsche Übersetzung: *Die Verfassung der Freiheit*, Tübingen 1971/1991, 85 f., Hayek, *Schriften*, B3, d. Hrsg.)
[2] Wie dies zu meiner Freude Edith Eucken schon aus meinen älteren Veröffentlichungen herausgelesen hat. Siehe Eucken-Erdsiek, E., »Mißbrauch und Verfall der Vernunft. Zu F. A. Hayeks Buch mit dem selben Titel«, in: *Ordo* 11, 1959, d. Hrsg., insbesondere 337.

cherten Bereich hat, innerhalb dessen er gegen Eingriffe der Zwangsgewalt geschützt ist.

In engem Zusammenhang mit dieser allgemeinen Begründung der Freiheitsforderung stehen gewisse Grundbedingungen, die die Einrichtung einer freien Gesellschaft erfüllen müssen: die Unerläßlichkeit des Privateigentums, die Bindung aller Zwangsausübung an vorher kundgemachte allgemeine Regeln, die Entlohnung aller Leistungen nach dem objektiven feststellbaren Marktwert des Ergebnisses und nicht nach dem stets unsicheren subjektiven Verdienst, und schließlich die Verwendung des Marktes als Mittel der Koordination der von den individuellen Kenntnissen und Wünschen der verschiedenen Menschen geleiteten Bemühungen.

Wenn aber der Zweck der Freiheit ist, dem Einzelnen Gelegenheit zur Verwendung von Kenntnissen zu bieten, die die anderen nicht besitzen, so bedeutet das, daß der Gewinn, den wir aus seiner Freiheit ziehen, notwendig unvoraussehbar ist. Das der Zweck der Freiheit ist, die Möglichkeit von Entwicklungen zu schaffen, die wir nicht voraussagen können, bedeutet, daß wir nie wissen werden, was wir durch eine Beschränkung der Freiheit verlieren. Dieser Umstand führt aber dazu, daß in jeder nach Zweckmäßigkeitsüberlegungen getroffenen Wahl zwischen Freiheit und staatlicher Kontrolle der Vorteil letzterer unvermeidlich überschätzt werden wird.

Die Wahl zwischen staatlichem Zwang und Freiheit ist so stets eine Wahl zwischen der Erreichung eines bestimmten, konkret voraussehbaren Zieles auf einem bekannten Weg und der bloßen Wahrscheinlichkeit oder Möglichkeit von ihrer Natur nach unvoraussehbaren Entwicklungen, die durch die Zwangsmaßnahmen verhindert werden können und zu deren Gunsten scheinbar nur zu sagen ist, daß durch solche unvorhergesehenen Vorgänge in der Vergangenheit oft neue und vorteilhaftere Lösungen als die zunächst offensichtlich vom Staat angestrebten gefunden wurden. Wenn die Entscheidung zwischen Freiheit und Zwang als eine Zweckmäßigkeitsfrage behandelt wird, die in jedem Einzelfall besonders zu entscheiden ist, wird die Freiheit daher fast immer den kürzeren ziehen. Sobald also die Freiheit als Zweckmäßigkeitsfrage behandelt wird, ist ihre fortschreitende Untergrabung und schließlich Zerstörung unvermeidlich. Es ist unmöglich, im Einzelfall vorauszusagen, was von der Freiheit abhängt – wenn es möglich wäre, so brauchen wir die Freiheit nicht, denn dann könnten wir ja dieselben Ergebnisse auch durch bewußte Lenkung erzielen.

Es wäre nicht schwer, an Beispielen aus den letzten achtzig Jahren zu zeigen, in wie hohem Maße es tatsächlich eine Einstellung war, die die Freiheit nicht als Prinzip, sondern als im Einzelfall zu entscheidende Zweckmäßigkeitsfrage betrachten wollte, die zu ihrer schrittweisen Untergrabung geführt hat. Auf die Frage, welchen nachweisbaren Schaden eine Einschränkung der

Freiheit im besonderen Falle denn haben würde, mußten die Verteidiger der Freiheit notwendigerweise meist die Antwort schuldig bleiben.

Die Lehre, die wir aus diesem Umstand ziehen müssen, ist, daß die Freiheit nur erhalten werden kann, wenn sie nicht bloß aus Gründen der erkennbaren Nützlichkeit im Einzelfalle, sondern als Grundprinzip verteidigt wird, das der Erreichung bestimmter Zwecke halber nicht durchbrochen werden darf. Die Betonung muß dabei auf dem Gegensatz zwischen der Freiheit als allgemeinem Prinzip und der Bemühung um konkrete Einzelerfolge liegen. Es mag wohl sein, daß gelegentlich das Freiheitsprinzip mit anderen allgemeinen Prinzipien in Konflikt gerät und wir, so wie im Falle des Konflikts von anderen Moralregeln, zwischen den beiden Grundsätzen zu wählen gezwungen sind. Es ist auch unbestreitbar, daß es unter gewissen Umständen, wie im Kriege, notwendig sein mag, die Freiheit vorübergehend im Interesse ihrer Erhaltung auf lange Frist zu beschränken. Aber die Rechtfertigung solcher Einschränkungen der Freiheit muß immer ein allgemeines Prinzip und darf nie die Erreichung eines noch so wichtigen Einzelerfolges sein.

Eine wirksame Verteidigung der Freiheit muß daher notwendig unbeugsam, dogmatisch und doktrinär sein und darf keine Zugeständnisse an Zweckmäßigkeitserwägungen machen. Die Forderung nach Freiheit kann nur erfolgreich sein, wenn sie als allgemeines Prinzip der politischen Moral betrachtet wird, dessen Anwendung im Einzelfall keiner Rechtfertigung bedarf. Daß bestimmte wünschenswerte Ziele vielleicht sogar nur durch eine Beschränkung der Freiheit zu erreichen sind, darf an sich noch nicht als zureichende Rechtfertigung einer solchen Beschränkung angesehen werden. Wir mögen in der Lage sein, den Grundsatz der Freiheit intellektuell oder rational zu begründen, aber wir können das nie für jeden einzelnen Fall tun, in dem der Grundsatz der Freiheit Anwendung finden muß, wenn die Freiheit erhalten werden soll. Ebenso wie für alle anderen Moralregeln gilt für die Forderung nach Freiheit, daß sie nur dann ihre Wohltätigkeit erweisen wird, wenn sie im einzelnen Fall nicht als Mittel, sondern als absoluter Wert behandelt wird.

Es ist daher ungerecht, wenn dem klassischen Liberalismus oft Prinzipienreiterei zum Vorwurf gemacht wird. Seine Schwäche lag nicht darin, daß er unbeugsam ein Prinzip verteidigt, sondern darin, daß er kein klares Prinzip hatte, das eine unzweideutige Anwort auf die praktischen Probleme gegeben hätte, und daß er sich daher sehr oft in Widersprüche verwickelte – ja machmal sogar einfach alle überkommenen Aufgaben des Staates gutzuheißen und allen neuen zu widerstreben schien. Konsequent kann man nur sein, wenn man ein klares Prinzip hat, dessen Anwendung auf den Einzelfall eindeutig ist. Der Freiheitsbegriff, mit dem die Liberalen des neunzehnten Jahrhunderts arbeiteten, war jedoch vielfach so unklar, als daß sich aus ihm keine klaren Richtlinien für die Politik ableiten ließen.

Gerade weil die Freiheit sich nur als allgemeines Prinzip und nicht im Einzelfall rechtfertigen läßt, ist die Bemühung um eine klare Vorstellung vom Inhalt dieses Prinzips nicht eine müßige philosophische Spekulation, sondern eine Lebensfrage für die Erhaltung der Freiheit. Die vage Vorstellung, die heute die Mehrzahl der Menschen vom Inhalt der Freiheit haben, wirft so viele disparate und oft unvereinbare Dinge durcheinander, daß sie gewiß nicht als Grundlage der Beurteilung der Zulässigkeit bestimmter Maßnahmen dienen kann. Politische Freiheit im Sinne von Demokratie, »innere« Freiheit, Freiheit im Sinne des Fehlens von Hindernissen für die Verwirklichung unserer Wünsche oder gar »Freiheit von« Furcht und Mangel haben wenig mit individueller Freiheit zu tun und stehen oft in Konflikt mit ihr. Das Verständnis für und der Glaube an die Freiheit sind in hohem Maße dadurch zerstört worden, daß die Bedeutung des Wortes so ausgedehnt wurde, daß es jeden klaren Sinn verloren hat. Die Freiheit, um die es sich hier handelt, die allein als allgemeines Prinzip der Politik dienen kann und die auch das urprüngliche Ziel aller freiheitlichen Bewegungen war, besteht ausschließlich in der Abwesenheit von willkürlichem Zwang. Sie ist daher stets Freiheit unter dem Gesetz und bedeutet nicht Abwesenheit aller Staatsgewalt, sondern Bindung aller Zwangsmaßnahmen durch allgemeine auf alle Staatsbürger gleichermaßen anzuwendende Regeln. Wie ich in dem eingangs erwähnten Buch zu zeigen versuchte, wird diese Bindung aller Zwangsgewalt an allgemeine Regeln und der Ausschluß jedes Ermessens in der Anwendung von Zwangsmaßnahmen die Hauptaufgabe jeder freiheitlichen Politik.

Hier beschäftigt uns jedoch nicht so sehr die genaue Natur dieser Grundsätze, die sich in wenigen Seiten gar nicht darstellen ließen, sondern die Frage der praktischen Möglichkeit, diesen Grundsätzen wieder zur Herrschaft zu verhelfen, nachdem sie ihren Einfluß so weit verloren haben, wie das heute der Fall ist. Der Zweck dieser Zeilen ist, die außerordentliche Schwierigkeit der Aufgabe zu unterstreichen, die der grundsätzliche Anwalt einer freiheitlichen Regierungsform heute vor sich hat. Wie notwendig eine rationale Rechtfertigung des Freiheitsideales auch war und wie wichtig es auch sein mag, seine Grundsätze präzise zu formulieren, so ist doch damit nur ein erster Schritt getan. Eine erfolgreiche Lösung dieser Aufgabe mag uns in die Lage versetzen, die Argumente zu widerlegen, die in der Vergangenheit den Glauben an die Freiheit zerstört haben. Aber damit ist dieser Glaube noch nicht wiederhergestellt. Der Sieg der Freiheit verlangt mehr als rationale Einsicht in ihre Vorteile, gerade weil ihre Verwirklichung verlangt, daß wir ständig Versuchungen widerstehen, die selbst als moralische Forderungen erscheinen und von starken emotionellen Kräften gestützt werden. Es ist zu bestreiten, daß eine strikte Befolgung der Grundsätze der Freiheit der Verwendung der Staatsmacht Grenzen auferlegt, die uns oft verhindern werden, diese Gewalt zu verwenden, um unbestreitbare und konkrete Übelstände oder Ungerechtigkeiten zu beseitigen, und die uns vielleicht manchmal sogar zwingen werden, den einzigen Maßnahmen zu opponieren, die einen bestimmten solchen Übelstand mit Sicherheit schnell beseitigen würden – und dies, obwohl wir nicht einmal auf einen konkreten Schaden hinweisen können, den jene Maßnahmen anrichten würden. Das verlangt mehr als eine auf Nützlichkeitsüberlegungen gegründete Überzeugung.

Es scheint mir, daß diese Schwierigkeiten in letzter Linie nur durch die Einsicht überwunden werden können, daß Freiheit nicht nur ein Wert unter anderen, eine Maxime der Moral auf gleichem Fuß mit allen anderen ist, sondern daß sie die Quelle und Bedingung aller anderen individuellen Werte ist. Das ist vielleicht eine Einsicht, zu der uns verstandesmäßige Überlegungen zwar helfen können, aber die uns nie in dem erforderlichen Maße beherrschen wird, solange wir den Unterschied zwischen der moralischen Atmosphäre einer freien und der einer unfreien Gesellschaft nicht selbst erlebt haben. Da moralische Werte in letzter Linie nicht Geschöpfe der bewußten Vernunft sind, so können vernünftige Überlegungen sie zwar stützen aber nicht schaffen. Die Aufgabe des Theoretikers kann in dieser Hinsicht vielleicht nie mehr sein, als die Grundsätze der Moral präziser zu formulieren und auf gewisse Folgen hinzuweisen, die ihre Vernachlässigung nach sich zieht.

Ich habe in der Einleitung meines erwähnten Buches auf die Probleme hingewiesen[3], die daraus entstehen, daß das Ideal der Freiheit zwar intellektueller Rechtfertigung bedarf und fähig ist, daß es aber gewiß nie ohne die Unterstützung emotioneller Faktoren zum Sieg gekommen ist oder kommen wird. Es kann wohl wenig Zweifel darüber bestehen, daß insbesondere im deutschen Sprachgebiet Dichter wie Friedrich Schiller mehr zu seiner vorübergehenden Herrschaft beigetragen haben als irgendwelche theoretische Überlegungen. Der Ursprung des moralischen Pathos, der die Freiheitsbewegung des achtzehnten und frühen neunzehnten Jahrhunderts getragen hat, entzieht sich wohl unserer Einsicht. Es ist gewiß etwas, was sich durch keinerlei intellektuelle Überlegungen bewußt schaffen läßt.

Es ist ein merkwürdiges Paradox, daß für die Freiheit vielleicht noch mehr als für alle anderen moralischen Werte gilt, daß sie zwar gegenüber solchen, die das Ideal nicht teilen, nur durch rationale Überlegungen gerechtfertigt werden kann, daß sie aber wahrscheinlich nur dann zum Siege gelangen wird, wenn sie von nicht rationalen Impulsen getragen wird. Ich war mir dieser Schwierigkeit schon während der Arbeit an dem Buche bewußt und habe in der (noch unveröffentlichten deutschen Fassung der) Einleitung bemerkt: »Manche Leser

---

3 Hayek, F. A., *The Constitution of Liberty*, a.a.O., 6. (Deutsche Übersetzung: *Die Verfassung der Freiheit*, Hayek, Schriften, B3, d. Hrsg.)

werden vielleicht daran Anstoß nehmen, daß ich die persönliche Freiheit nicht einfach als unbestreitbare ethische Forderung hinstelle, und finden, daß ich das Argument zugunsten der Freiheit als Zweckmäßigkeitsfrage behandle. Letzteres wäre ein Mißverständnis. Es ist jeoch richtig, daß wir die moralische Rechtfertigung der Freiheit nicht einfach als gegeben annehmen dürfen, wenn wir jene, die sie nicht schon voll mit uns teilen, überzeugen wollen. Wir müssen vor allem zeigen, daß die Freiheit nicht nur ein Wert unter vielen Werten, sondern die Quelle und Bedingung der meisten andern Werte ist. Auch bietet eine Gesellschaft freier Menschen dem Einzelnen viel mehr Möglichkeiten als eine unfreie Gesellschaft, in der nur er allein frei wäre. Wir können den Wert der Freiheit nicht richtig einschätzen, solange wir nicht wissen, worin sich eine Gesellschaft freier Menschen von einer unfreien Gesellschaft unterscheidet. Es wird oft gesagt, daß nur diejenigen die Freiheit voll zu schätzen wissen, die sie verloren haben. Das mag eine Übertreibung sein, aber gewiß muß man den Gegensatz zwischen der ganzen Atmosphäre einer freien und der einer unfreien Gesellschaft selbst erlebt haben, um zu wissen, was es bedeutet, in Freiheit und unter freien Menschen zu leben.«*

Die ersten Reaktionen auf mein Buch haben diese Befürchtung zum Teil bestätigt. Gerade Menschen, die dem Freiheitsideal noch rückhaltlos anhängen, scheinen eine utilitaristische Begründung dieses Ideals beinahe als Entweihung und Schwächung ihrer Positionen zu empfinden. Trotzdem glaube ich, daß der moderne Mensch einer solchen Rechtfertigung bedarf, wenn er bereit sein soll, so wie es zur Erhaltung jenes Ideales notwendig ist, es auch in Fällen zu verteidigen, in denen sich nicht im einzelnen demonstrieren läßt, warum seine Durchbrechung Schaden anrichten würde. Wir brauchen heute für die notwendige konsequente, im Einzelfall nicht besonders begründbare und in diesem Sinn irrationale Verteidigung des Ideales eine rationale Begründung – eine Rechtfertigung für unsere Gefühle uns selbst gegenüber und gegenüber solchen, die sie nicht teilen.

---

* Die zitierte Passage findet sich in etwas modifizierter deutscher Fassung in Hayek, F. A., *Die Verfassung der Freiheit*, Tübingen 1971/1991, 7, Hayek, *Schriften*, B3, d. Hrsg.

Grundsätze einer liberalen Gesellschaftsordnung*

1. Unter »Liberalismus« verstehe ich hier das Konzept einer wünschenswerten politischen Ordnung, wie es zuerst in England seit der Zeit der »Old Whigs« am Ende des 17. Jahrhunderts, bis zu Gladstone am Ende des 19. Jahrhunderts entwickelt wurde. Als typische Vertreter in England können David Hume, Adam Smith, Edmund Burke, T.B. Macaulay und Lord Acton gelten. Die Idee der persönlichen Freiheit unter dem Gesetz entfachte zuerst die liberalen Bewegungen auf dem Kontinent und wurde die Grundlage der politischen Tradition in Amerika. Einige der führenden politischen Denker dieser Länder vertraten diese Idee, so B. Constant und A. de Tocqueville in Frankreich, Immanuel Kant, Friedrich von Schiller und Wilhelm von Humboldt in Deutschland, und James Madison, John Marshall und Daniel Webster in den Vereinigten Staaten.

2. Dieser Liberalismus ist scharf zu unterscheiden von einer anderen, speziell kontinentaleuropäischen Tradition, die ebenfalls »Liberalismus« genannt wird, und die in der Richtung, die heute in Amerika diesen Namen beansprucht, einen direkten Abkömmling hat. Zwar versuchten die Vertreter der letztgenannten Tradition anfangs, die erstere nachzuahmen, interpretierten sie jedoch im Geiste eines konstruktivistischen Rationalismus, der in Frankreich weit verbreitet war, und machten dadurch etwas völlig anderes daraus, was schließlich dazu führte, daß sie, anstatt Beschränkungen der Regierungsgewalt zu fordern, die unbeschränkte Gewalt der Mehrheit zum Ideal erhoben. Das ist die Tradition Voltaires, Rousseaus, Condorcets und der Französischen Revolution, die zu Vorläufern des modernen Sozialismus wurden. Der englische Utilitarismus hat vieles von dieser kontinentalen Tradition übernommen; auch die englische liberale Partei am Ende des 19. Jahrhunderts, die aus einem Zusam-

---

* Referat für die Tagung der Mont Pèlerin Society, Tokyo, 5.–10. September 1966.

menschluß der liberalen Whigs mit den utilitaristischen Radikalen hervorging, war ein Produkt dieser Mischung.

3. Liberalismus und Demokratie sind zwar miteinander vereinbar, jedoch nicht identisch. Beim Liberalismus geht es um das Ausmaß der Regierungsgewalt, bei der Demokratie darum, wer diese Gewalt ausübt. Am deutlichsten wird der Unterschied, wenn man das jeweilige Gegenteil betrachtet: das Gegenteil von Liberalismus ist Totalitarismus, das Gegenteil von Demokratie aber Autoritarismus. Demnach ist es zumindest grundsätzlich möglich, daß eine demokratische Regierung totalitär ist und daß eine autoritäre Regierung nach liberalen Grundsätzen handelt. Die zweite der oben dargestellten Arten von »Liberalismus« ist in der Tat eher Demokratismus als Liberalismus.

4. Es muß besonders betont werden, daß diese beiden politischen Philosophien, die sich »Liberalismus« nennen und die in einigen Punkten zu ähnlichen Ergebnissen kommen, auf völlig verschiedenen philosophischen Grundlagen ruhen. Die erste basiert auf einer evolutionären Interpretation aller Kultur- und Geistesphänomene und auf der Einsicht in die Begrenztheit menschlicher Verstandeskräfte. Die zweite beruht auf dem, was ich »konstruktivistischen« Rationalismus genannt habe, also auf einer Überzeugung, die in allen kulturellen Erscheinungen das Ergebnis wohlüberlegter Entwürfe sieht – und auf dem Glauben, daß es sowohl möglich als auch wünschenswert sei, alle gewachsenen Institutionen nach einem vorbedachten Plan zu rekonstruieren. Die erste Art ist also traditionsverbunden und kommt zu der Erkenntnis, daß alles Wissen und alle Zivilisation auf Tradition beruhen, wohingegen der zweite Typ die Tradition geringschätzt, da er die unabhängige Vernunft für fähig hält, Zivilisation zu schaffen. (Vgl. den Ausspruch Voltaires: »Wenn ihr gute Gesetze wollt, so verbrennt die, die ihr habt, und macht neue.«) Die erste ist auch ihrem Wesen nach eine bescheidene Überzeugung, die sich auf die Abstraktion als einzig verfügbares Mittel verläßt, die beschränkten Verstandeskräfte zu erweitern, während die zweite es ablehnt, solche Grenzen anzuerkennen, und glaubt, die bloße Vernunft sei allein in der Lage zu entscheiden, ob bestimmte konkrete Zustände wünschenswert sind. (Infolge dieser Unterschiede ist die erste Art von Liberalismus zumindest nicht unvereinbar mit religiösen Überzeugungen und wurde oft von tief religiösen Männern vertreten und auch weiterentwickelt; der »kontinentale« Typ des Liberalismus dagegen stand aller Religion immer feindlich gegenüber und lag in ständigem politischem Kampf mit ihren Organisationen.)

5. Die erste Art des Liberalismus, die allein im folgenden betrachtet werden soll, ist nicht das Ergebnis einer theoretischen Konstruktion, sondern entsprang dem Wunsch, die wohltätigen Wirkungen auszudehnen und zu verallgemeinern, die sich ganz unbeabsichtigt aus den Beschränkungen der Staatsgewalt ergeben hatten, welche man aus purem Mißtrauen gegen die Herrscher

eingeführt hatte. Erst als man beobachtete, daß die fraglos größere persönliche Freiheit, die der Engländer im 18. Jahrhundert genoß, eine vorher nicht dagewesene materielle Blüte hervorbrachte, versuchte man, eine systematische Theorie des Liberalismus zu entwickeln. Diese Versuche wurden in England allerdings nie sehr weit geführt, und die kontinentalen Interpretationen haben den Sinn der englischen Tradition weitgehend abgeändert.

6. Der Liberalismus ergab sich also aus der Entdeckung einer sich selbst bildenden oder spontanen Ordnung gesellschaftlicher Erscheinungen, in der die Kenntnisse und die Geschicklichkeit aller Mitglieder der Gesellschaft weit besser genutzt werden als in irgendeiner durch zentrale Leitung gebildeten Ordnung (dieselbe Entdeckung führte auch zu der Erkenntnis, daß es einen Gegenstand für die theoretischen Sozialwissenschaften gibt); und daraus folgt der Wunsch, sich dieser mächtigen spontanen Ordnungskräfte so weit wie möglich zu bedienen.

7. Bei ihren Versuchen, die Grundsätze einer – wenngleich nur in unvollkommener Form – bereits bestehenden Ordnung explizit zu formulieren, entwickelten Adam Smith und seine Nachfolger die grundlegenden Prinzipien des Liberalismus, um zu demonstrieren, wie wünschenswert ihre allgemeine Anwendung sei. Dabei konnten sie stillschweigend Vertrautheit mit dem »common law«-Begriff der Gerechtigkeit und mit den Idealen der »rule of law« und des »government under the law« voraussetzen – Begriffe, die außerhalb der angelsächsischen Welt kaum verstanden wurden. Das hatte zur Folge, daß ihre Ideen nicht nur außerhalb der englischsprechenden Welt nicht richtig verstanden wurden, sondern daß sogar in England das Verständnis dafür schwand, als Bentham und seine Nachfolger die englische Rechtstradition durch einen konstruktivistischen Utilitarismus ersetzten, der stärker vom kontinentalen Rationalismus beeinflußt war als von der evolutionären Auffassung der englischen Tradition.

8. Es ist die zentrale Überzeugung des Liberalismus, daß sich eine spontane Ordnung menschlicher Handlungen von weit größerer Komplexität, als sie je durch wohlbedachte Anordnung geschaffen werden könnte, ganz von selbst bildet, sobald allgemeingültige Verhaltensregeln durchgesetzt werden, die eine klar umrissene Privatsphäre für jeden einzelnen sichern – und daß deshalb die Zwangsmaßnahmen der Regierung auf die Durchsetzung solcher Regeln beschränkt werden sollten. Desungeachtet kann die Regierung gleichzeitig unter Verwendung gesonderter Mittel, die ihr für die entsprechenden Aufgaben übertragen werden, alle möglichen anderen Dienste leisten.

9. Die Unterscheidung zwischen einer auf abstrakten Regeln beruhenden *spontanen Ordnung*, die jedem einzelnen erlaubt, seine speziellen Kenntnisse für seine eigenen Zwecke zu nutzen, und einer auf Befehlen basierenden *Organisation oder Anordnung* ist von zentraler Bedeutung für das Verständnis der

freien Gesellschaft und soll darum in den folgenden Paragraphen eingehender erläutert werden. Das empfiehlt sich besonders, weil zwar innerhalb der spontanen Ordnung einer freien Gesellschaft viele Organisationen bestehen (darunter die größte, die Regierung), die beiden Ordnungsprinzipien jedoch nicht in jeder beliebigen Weise gemischt werden können.

10. Dies ist die erste Eigentümlichkeit der spontanen Ordnung: Wir können uns zwar ihrer ordnenden Kräfte (d.h. der Regelmäßigkeiten im Verhalten ihrer Glieder) bedienen, um eine Ordnung weit komplexerer Erscheinungen zu erreichen, als es uns je durch gezielte Anordnungen möglich wäre; wenn wir dies jedoch tun, verzichten wir gleichzeitig auf einen Teil unserer Macht über die Einzelheiten dieser Ordnung. Anders ausgedrückt: Wenn wir das obengenannte Prinzip benutzen, erstreckt sich unser Einfluß nur auf den abstrakten Charakter, nicht aber auf die konkreten Einzelheiten der Ordnung.

11. Genauso wichtig ist die Tatsache, daß die spontane Ordnung im Gegensatz zur Organisation keinem bestimmten Zweck dient. Um sich für sie zu entscheiden, ist keine Einigung über konkrete Ziele, die durch sie erreicht werden sollen, nötig; denn da sie nicht zweckgebunden ist, kann sie zur Erreichung sehr vieler verschiedener, voneinander abweichender, ja widerstreitender Ziele genutzt werden. Speziell die marktwirtschaftliche Ordnung beruht nicht auf irgendwelchen gemeinsamen Zielsetzungen, sondern auf Reziprozität, d.h. auf dem Ausgleich verschiedener Interessen zum wechselseitigen Vorteil der Teilnehmer.

12. Deshalb können Begriffe wie Gemeinwohl oder öffentliches Interesse in einer freien Gesellschaft nie als Summe bestimmter anzustrebender Ziele definiert werden, sondern nur als abstrakte Ordnung, die als Ganzes nicht an irgendwelchen konkreten Zielen orientiert ist, sondern lediglich jedem zufällig herausgegriffenen Individuum die beste Chance bietet, seine Kenntnisse erfolgreich für seine persönlichen Zwecke zu nutzen. Mit Professor Michael Oakeshott (London) kann eine solche freie Gesellschaft *nomokratisch* (durch Gesetz beherrscht) genannt werden, im Gegensatz zur unfreien *teleokratischen* (zweckbeherrschten) Gesellschaftsordnung.

13. Die große Bedeutung der spontanen Ordnung oder Nomokratie liegt darin, daß sie eine friedliche Zusammenarbeit zum wechselseitigen Nutzen der Menschen über den kleinen Kreis derjenigen hinaus ermöglicht, die dieselben konkreten Ziele verfolgen oder einem gemeinsamen Herrn dienen, mit anderen Worten, daß sie die Bildung einer *Großen* oder *Offenen Gesellschaft* ermöglicht. Diese Ordnung, die nach und nach über die Organisation der Familie, der Horde, der Sippe und des Stammes, des Fürstentums und sogar des Reiches und Nationalstaates hinauswuchs und die zumindest die Anfänge eines Weltbürgertums hervorgebracht hat, beruht auf der Einhaltung von Regeln, die sich – ohne und oft sogar gegen den Wunsch der politischen Autorität – deswegen

durchsetzten, weil die Gruppen, die sich an sie hielten, erfolgreicher waren als andere. Sie bestand und breitete sich aus, lange bevor ihre Existenz den Menschen zu Bewußtsein kam oder ihre Funktionsweise begriffen wurde.

14. Die spontane Ordnung des Marktes, die auf Reziprozität oder wechselseitigem Nutzen beruht, wird gewöhnlich als eine wirtschaftliche Ordnung beschrieben; und nach der gängigen Bedeutung des Ausdrucks »Wirtschaft« wird die *Große Gesellschaft* tatsächlich nur durch wirtschaftliche Kräfte zusammengehalten. Diese Ordnung jedoch *eine* Wirtschaft zu nennen, wie es geschieht, wenn wir von National-, Volks- oder Weltwirtschaft sprechen, ist außerordentlich irreführend und eine Hauptursache für Konfusionen und Mißverständnisse. Zumindest liegt hier eine wichtige Quelle für die meisten sozialistischen Bestrebungen, die die spontane Ordnung des Marktes umwandeln wollen in eine nach vorbedachten Plänen geführte Organisation zur Erreichung eines ausgehandelten gemeinsamen Zielkatalogs.

15. Eine Wirtschaft im strengen Wortsinn, in dem wir einen Haushalt, einen Bauernhof, eine Unternehmung oder auch den Haushalt einer Regierung »eine Wirtschaft« nennen, ist in der Tat eine Organisation oder eine vorbedachte Anordnung der verfügbaren Ressourcen im Dienste einer einheitlichen Zwecksetzung. Sie beruht auf einem System ineinandergreifender Entscheidungen, bei dem nach einem einheitlichen Gesichtspunkt über die relative Wichtigkeit miteinander konkurrierender Ziele und mithin über die Verwendung der verschiedenen Ressourcen entschieden wird.

16. Die spontane Ordnung des Marktes, die aus dem Zusammenspiel vieler solcher Wirtschaften hervorgeht, unterscheidet sich so fundamental von einer »Wirtschaft« im strengen Sinn des Wortes, daß es als großes Mißgeschick angesehen werden muß, daß sie je mit demselben Namen belegt wurde. Und weil durch diese Praxis immer wieder Leute irregeführt werden, bin ich zu der Überzeugung gelangt, daß ein neuer technischer Ausdruck dafür gefunden werden sollte. Ich schlage vor, diese spontane Ordnung eines Marktes *Katallaxie* zu nennen, analog dem Ausdruck *«Katallaktik«*, der öfter als Ersatz für »Ökonomik« (oder Wirtschaftstheorie) vorgeschlagen wurde (beide Ausdrücke, »Katallaxie« und »Katallaktik«, stammen von dem altgriechischen Verb *katallatein* ab, das sehr bezeichnend nicht nur »tauschen« und »handeln«, sondern auch »in die Gemeinschaft aufnehmen« und »vom Feind zum Freunde machen« bedeutet).

17. An der Katallaxie als einer spontanen Ordnung ist hervorzuheben, daß ihre »Ordentlichkeit« *nicht* in ihrer Ausrichtung auf eine bestimmte Zielhierarchie besteht, weswegen sie als Ganzes *nicht* sicherstellen kann, daß das Wichtige vor dem weniger Wichtigen erreicht wird. Hauptsächlich deswegen wird sie von ihren Gegnern verurteilt, so daß man sagen könnte, die meisten sozialistischen Forderungen laufen auf nichts anderes hinaus, als die Katallaxie in ei-

ne echte Wirtschaft umzuformen (d.h. die zweckunabhängige, spontane Ordnung in eine zweckgerichtete Organisation zu verwandeln, um sicherzustellen, daß das Wichtige nie dem weniger Wichtigen geopfert werde). Zur Verteidigung der freien Gesellschaft muß deshalb gezeigt werden, daß gerade, weil wir keinen einheitlichen Zielkatalog durchsetzen und weil wir gar nicht erst versuchen, irgendeine spezielle Ansicht über das, was wichtig oder weniger wichtig ist, zum Leitbild für die ganze Gesellschaft zu erheben, die Mitglieder dieser freien Gesellschaft so gute Chancen haben, ihre individuellen Fähigkeiten erfolgreich für ihre jeweiligen persönlichen Ziele zu nutzen.

18. Die Ausbreitung einer friedlichen Ordnung über den Bereich der kleinen, zweckorientierten Organisation hinaus wurde möglich, als man die zweckunabhängigen (»formalen«) Verhaltensregeln auch auf die Beziehungen zwischen Menschen ausdehnte, die nicht die gleichen konkreten Ziele verfolgten und die, abgesehen von den abstrakten Verhaltensregeln, auch nicht die gleichen Werte anerkannten. Diese abstrakten Verhaltensregeln *erzwingen keine bestimmten Handlungen* (was immer ein konkretes *Ziel* voraussetzt), sondern verbieten lediglich, die geschützte Sphäre eines Individuums zu verletzen, die durch eben diese Regeln abgesteckt wird. Liberalismus ist aus diesem Grunde nicht von der Institution des Privateigentums zu trennen, denn mit diesem Namen bezeichnen wir üblicherweise den materiellen Teil der geschützten Individualsphäre.

19. Voraussetzung des Liberalismus ist die Durchsetzung von Verhaltensregeln, und nur dann, wenn diese Regeln auch tatsächlich befolgt werden, ist zu erwarten, daß sich eine spontane Ordnung bilden wird; aus diesem Grunde will der Liberalismus aber auch die Zwangsgewalt der Regierung auf die Durchsetzung solcher Verhaltensregeln beschränken, von denen freilich mindestens eine auch eine positive Pflicht vorschreibt, nämlich von den Bürgern verlangt, gemäß einheitlicher Prinzipien sowohl zu den Kosten für die Erzwingung der Regeln beizutragen als auch zu den Kosten für die Leistungen des Staates, die nicht Zwangscharakter haben; auf diese wird noch einzugehen sein. Liberalismus ist also gleichbedeutend mit der Forderung der »rule of law« im klassischen Sinne, nach der die Zwangsgewalt des Staates strikt auf die Durchsetzung einheitlicher Regeln der Gerechtigkeit, das heißt einheitlicher Regeln für das Verhalten des einzelnen seinen Mitmenschen gegenüber beschränkt wird. (Die »rule of law« entspricht hier dem deutschen »materiellen Rechtsstaat« im Gegensatz zum nur »formalen Rechtsstaat«, welcher lediglich verlangt, daß die Regierung zu jeder Handlung durch Gesetz autorisiert sein muß, wobei es aber gleichgültig ist, ob dieses Gesetz eine allgemeine Verhaltensregel darstellt oder nicht.)

20. Der Liberalismus erkennt auch an, daß es gewisse andere Leistungen gibt, die aus verschiedenen Gründen von den spontanen Ordnungskräften des

Marktes entweder gar nicht oder nur unvollkommen geboten werden, und hält es deshalb für wünschenswert, der Regierung fest abgegrenzte Mittel zu übertragen, mit deren Hilfe sie derartige Leistungen für die Gesamtheit der Bürger erstellen kann. Hier ist scharf zu trennen zwischen der Zwangsgewalt der Regierung, die strikt auf die Erzwingung von Verhaltensregeln beschränkt ist und keinen Raum für Ermessensentscheidungen läßt, und der Bereitstellung von Leistungen durch die Regierung, für die sie nur die ihr für diesen Zweck übertragenen Mittel einsetzen kann, weder Durchsetzungsgewalt noch Monopol hat, jedoch über einen breiten Ermessensspielraum bei der Verwendung der materiellen Mittel verfügt.

21. Es ist bezeichnend, daß diese Vorstellung von einer liberalen Ordnung sich nur in solchen Ländern entfaltete – im alten Griechenland und Rom ebenso wie im modernen England –, wo Gerechtigkeit als etwas aufgefaßt wurde, was durch die Bemühungen von Richtern und Gelehrten entdeckt werden kann, und nicht als etwas, das durch den unbeschränkten Willen einer Autorität bestimmt wird. In Ländern, in denen das Recht in erster Linie als Produkt bewußter Gesetzgebung verstanden wurde, konnte diese Auffassung nur schwer Fuß fassen, und sie verkümmerte überall unter dem vereinigten Einfluß von Rechtspositivismus und demokratischer Doktrin, die beide kein anderes Kriterium der Gerechtigkeit kennen als den Willen des Gesetzgebers.

22. Der Liberalismus hat von den Theorien des common law und den älteren (vor-rationalistischen) Theorien des Naturrechts eine Idee der Gerechtigkeit übernommen und setzt sie voraus, die uns erlaubt zu unterscheiden zwischen Gesetzen im Sinne der rule of law, die das individuelle Verhalten regeln und für die Bildung einer spontanen Ordnung erforderlich sind auf der einen Seite und all den speziellen, kraft Autorität erlassenen Befehlen zu Zwecken der Organisation auf der anderen Seite. Diese fundamentale Unterscheidung wurde in den Rechtstheorien zweier der größten modernen Philosophen explizit formuliert: von David Hume und Immanuel Kant. Seither aber ist sie nicht wieder in adäquater Weise dargestellt worden, und den herrschenden Rechtstheorien ist sie völlig fremd.

23. Die wesentlichen Punkte dieser Auffassung von Gerechtigkeit sind folgende: (a) Gerechtigkeit kann nur sinnvoll auf menschliche Handlungen bezogen werden und nicht auf einen Zustand als solchen, es sei denn, es würde klargemacht, ob er durch jemanden bewußt herbeigeführt wurde oder hätte herbeigeführt werden können; (b) Gerechtigkeitsregeln sind ihrem Wesen nach Verbote, oder, mit anderen Worten, Ausgangspunkt ist die Ungerechtigkeit, und die Verhaltensregeln zielen darauf ab, ungerechte Handlungen zu verhindern; (c) die Ungerechtigkeit, die verhindert werden soll, besteht darin, daß jemand in die geschützte Sphäre eines Mitmenschen einbricht, eine Sphäre, die durch diese Gerechtigkeitsregeln festgestellt wird; und (d) diese negativ formu-

lierten Regeln der Gerechtigkeit können weiterentwickelt werden, indem die verschiedensten Regeln, die in der Gesellschaft aufkommen, konsequent dem ebenfalls negativen Test allgemeiner Anwendbarkeit unterworfen werden – ein Test, der letztlich nichts anderes prüft als die Vereinbarkeit der durch diese Regeln erlaubten Handlungen mit den Umständen der realen Welt. Diese vier entscheidenden Punkte sollen in den folgenden Paragraphen näher ausgeführt werden.

24. *Ad (a)* Verhaltensregeln können vom Individuum nur verlangen, daß es diejenigen Konsequenzen seiner Handlungen berücksichtigt, die es selbst vorhersehen kann. Die konkreten Resultate einer Katallaxie für bestimmte Personen jedoch sind ihrem Wesen nach unvorhersehbar; und da diese Resultate von niemandem geplant oder beabsichtigt werden, ist es sinnlos, die Art und Weise, in der der Markt die Güter dieser Welt auf bestimmte Personen verteilt, gerecht oder ungerecht zu nennen. Gerade das aber strebt das Ideal der sogenannten *»sozialen«* oder *»distributiven«* Gerechtigkeit an, in deren Namen die liberale Rechtsordnung nach und nach zerstört wird. Es wird sich noch zeigen, daß bisher weder ein Test noch ein Kriterium gefunden worden ist und auch nicht gefunden werden kann, dem solche Regeln »sozialer Gerechtigkeit« unterworfen werden könnten, weshalb sie im Gegensatz zu den Verhaltensregeln durch willkürliche Entscheidungen der Machthaber festgelegt werden müssen.

25. *Ad (b)* Keine menschliche Handlung ist ohne das konkrete Ziel, dem sie dienen soll, voll determiniert. Freie Menschen, denen erlaubt sein soll, ihre Mittel und Kenntnisse für ihre persönlichen Ziele einzusetzen, dürfen keinen Regeln unterworfen werden, die ihnen sagen, was sie tun sollen, sondern nur Regeln, die ihnen sagen, was sie *nicht* tun dürfen; abgesehen von der Erfüllung von Verpflichtungen, die jemand aus freien Stücken eingegangen ist, begrenzen Verhaltensregeln also lediglich den Bereich der erlaubten Handlungen, legen aber nicht fest, welche bestimmten Handlungen zu gegebenen Zeiten auszuführen sind. (Es gibt hierzu gewisse seltene Ausnahmen, wie die Verpflichtung, Leben zu retten oder zu schützen, Katastrophen zu verhindern und dergleichen, in denen Regeln der Gerechtigkeit entweder tatsächlich positive Handlungen fordern, oder solche Regeln doch allgemein als gerecht anerkannt würden, wenn sie dies täten. Es würde zu weit führen, hier die Rolle derartiger Regeln innerhalb des Systems zu diskutieren.) Der im allgemeinen negative Charakter der Verhaltensregeln und dementsprechend das Primat der verbotenen Ungerechtigkeit ist oft bemerkt, jedoch nie in allen seinen logischen Konsequenzen zu Ende gedacht worden.

26. *Ad (c)* Die durch die Verhaltensregeln verbotene Ungerechtigkeit besteht in Eingriffen in die geschützte Sphäre anderer Menschen. Die Verhaltensregeln müssen uns daher in die Lage versetzen, die geschützte Sphäre der anderen zu erkennen. Seit der Zeit John Lockes ist es üblich, diese Sphäre als Ei-

gentum zu beschreiben (Locke selbst definierte »property« als Leben, Freiheit und Besitz eines Menschen«). Dieser Ausdruck vermittelt jedoch einen viel zu engen und materiellen Eindruck von der geschützten Sphäre, die nicht nur materielle Güter umfaßt, sondern auch verschiedene Ansprüche und gewisse Erwartungen. Wird der Eigentumsbegriff jedoch (mit Locke) in diesem weiteren Sinne verstanden, dann gilt auch, daß Gerechtigkeit im Sinne der rule of law und die Institutionen des Eigentums nicht voneinander zu trennen sind.

27. *Ad (d)* Die Gerechtigkeit einer einzelnen Verhaltensregel kann nicht beurteilt werden, es sei denn innerhalb eines ganzen Systems solcher Regeln, von denen die meisten für diesen Zweck jeweils als unproblematisch angesehen werden müssen: Werte können immer nur mit Hilfe anderer Werte geprüft werden. Der Test für die Gerechtigkeit einer Regel wird gewöhnlich (seit Kant) als Test ihrer »Universalierbarkeit« beschrieben, d.h., es wird geprüft, ob man wollen kann, daß diese Regel in jedem Fall gelte, in dem die entsprechenden, in ihr aufgeführten Bedingungen vorliegen (»kategorischer Imperativ«). Das heißt, durch ihre praktische Anwendung dürfen keine anderen allgemein anerkannten Regeln verletzt werden. Letztlich wird also die Verträglichkeit oder Widerspruchsfreiheit des ganzen Systems von Regeln geprüft, nicht nur im logischen, sondern auch in dem Sinne, daß in dem durch Regeln erlaubten System von Handlungen keine Konflikte entstehen.

28. Nur zweckunabhängige (»formale«) Regeln werden diesen Test bestehen, denn Regeln, die ursprünglich in kleinen, zweckgebundenen Gruppen (»Organisationen«) entwickelt wurden, dann weiter auf immer größere Gruppen ausgedehnt und schließlich verallgemeinert werden, müssen in diesem Prozeß alle Hinweise auf spezielle Zwecke abstreifen, damit sie auf die Beziehungen zwischen Gliedern einer offenen Gesellschaft anwendbar werden, die keine gemeinsamen konkreten Ziele haben und sich nur denselben abstrakten Regeln unterwerfen.

29. Man könnte sagen, die Entwicklung von Stammesorganisationen, deren sämtliche Mitglieder gemeinsamen Zwecken dienen, zur spontanen Ordnung der Offenen Gesellschaft, in der die Menschen ihre persönlichen Zwecke in Frieden verfolgen können, begann, als ein Wilder zum ersten Mal einen nützlichen Gegenstand an der Grenze seines Stammesterritoriums niederlegte in der Hoffnung, jemand von einem anderen Stamm werde ihn finden und dafür andere Güter dort lassen, um dadurch die Wiederholung eines solchen Angebotes sicherzustellen. Von der ersten Einführung einer solchen Praxis, die wechselseitigen, aber nicht gemeinsamen Zwecken diente, hat sich der Prozeß durch die Jahrtausende fortgesetzt. In seinem Verlauf entwickelten sich von den speziellen Zielen der Beteiligten unabhängige Verhaltensregeln, die auf immer weitere Kreise unbestimmter Personen ausgedehnt werden und die letzten Endes eine universelle friedliche Ordnung der Welt ermöglichen können.

30. Der Charakter solch allgemeingültiger Verhaltensregeln für den einzelnen, die der Liberalismus voraussetzt und die er soweit wie möglich vervollkommnen möchte, wurde durch die Vermengung mit jenen Gesetzen verdunkelt, die die Organisation der Regierung betreffen und die Verwaltung der ihr zur Verfügung stehenden Mittel regeln. Es ist charakteristisch für die liberale Gesellschaft, daß Privatpersonen nur gezwungen werden können, die Regeln des Privat- und Strafrechts zu befolgen. Und in der fortschreitenden Durchdringung des privaten mit dem öffentlichen Recht, die während der letzten 80 bis 100 Jahre stattgefunden hat und in deren Verlauf in zunehmendem Maße Verhaltensregeln durch Organisationsregeln verdrängt wurden, liegt eine der Hauptquellen für die Zerstörung der liberalen Ordnung. Professor Franz Böhm hat die liberale Ordnung aus diesem Grunde kürzlich sehr treffend *Privatrechtsgesellschaft* genannt.

31. Der Unterschied zwischen der Ordnung, die mit den Verhaltensregeln des Privat- und Strafrechts angestrebt wird, und der Ordnung, die durch die Organisationsregeln des öffentlichen Rechts bezweckt werden soll, tritt deutlich zutage, wenn man sich folgendes vergegenwärtigt: Verhaltensregeln determinieren nur dann eine Ordnung der Handlungen, wenn sie mit dem speziellen Wissen und den Zielen der handelnden Individuen kombiniert werden; die Organisationsregeln des öffentlichen Rechts dagegen legen diese konkreten Handlungen im Hinblick auf ganz bestimmte Ziele direkt fest oder, richtiger: sie übertragen irgendeiner Behörde die Macht, das zu tun. Das Durcheinander von Verhaltens- und Organisationsregeln wurde noch verschlimmert durch die irrige Gleichsetzung von dem, was häufig als Rechtsordnung bezeichnet wird, mit der Ordnung der Handlungen. In einer freien Gesellschaft ist die Ordnung der Handlungen durch das System von Gesetzen nicht vollständig determiniert, diese ist vielmehr nur eine von den für das Zustandekommen dieser Ordnung notwendigen Bedingungen. Nicht jedes System von Verhaltensregeln, das Gleichförmigkeit der Handlungen sicherstellt (d.i. die Bedeutung, die dem Begriff Rechtsordnung häufig gegeben wird), wird jedoch eine Ordnung der Handlungen in dem Sinne herbeiführen, daß die Handlungen, die durch die Regeln erlaubt sind, nicht in Konflikt zueinander stehen.

32. Die fortschreitende Verdrängung der Verhaltensregeln des Privat- und Strafrechts durch Vorstellungen, die sich aus dem öffentlichen Recht herleiten, kennzeichnet den Prozeß, in dessen Verlauf die bestehenden liberalen Gesellschaften nach und nach in totalitäre Gesellschaften umgewandelt werden. Diese Tendenz wurde am klarsten erkannt und unterstützt vom Kronjuristen Adolf Hitlers, Carl Schmitt, der ganz folgerichtig dafür plädierte, das »normative« Denken des liberalen Rechts durch »konkretes Ordnungsdenken« zu ersetzen.

33. Historisch wurde diese Entwicklung dadurch ermöglicht, daß ein und

dieselben repräsentativen Versammlungen mit den beiden so verschiedenen Aufgaben betraut wurden, sowohl Regeln für individuelles Verhalten festzulegen als auch Anordnungen für die Organisation und das Verhalten der Regierung zu erlassen. So kam es, daß auch der Begriff »Gesetz« selbst, der nach der älteren Idee der rule of law den allgemein anwendbaren Verhaltensregeln vorbehalten war, auch für Organisationsregeln, ja sogar für isolierte Befehle verwendet wurde, wenn sie nur durch die in der Verfassung vorgesehene Instanz verabschiedet waren. Diese Vorstellung von »Herrschaft des Gesetzes«, die nur verlangt, daß ein Befehl auf legalem Wege zustande kommt (also der bloß formale Rechtsstaat) und nicht eine Regel der Gerechtigkeit verlangt, die in gleicher Weise auf alle anwendbar ist, gewährt natürlich keinen Schutz der persönlichen Freiheit.

34. Wenn auch die in allen westlichen Demokratien eingeführten verfassungsmäßigen Einrichtungen diese Entwicklung erst ermöglichten, so ist doch die treibende Kraft, die der Entwicklung diese spezielle Richtung gab, in der wachsenden Erkenntnis zu sehen, daß die Anwendung einheitlicher oder gleicher Regeln auf das Verhalten von einzelnen, tatsächlich in vieler Beziehung verschiedenen Menschen, unausweichlich zu sehr unterschiedlichen Ergebnissen für die einzelnen Individuen führen muß. Um diese zwar unbeabsichtigten, aber doch unvermeidlichen Unterschiede in der materiellen Position der einzelnen Menschen mit Hilfe der Regierung abzubauen, hielt man es für notwendig, sie nicht nach gleichen, sondern nach verschiedenen Regeln zu behandeln. So kam eine völlig neue Vorstellung von Gerechtigkeit auf, die sogenannte *«soziale« oder »distributive Gerechtigkeit«*; sie begnügt sich nicht damit, Verhaltensregeln für die Individuen aufzustellen, sondern strebt für bestimmte Personen ganz bestimmte Ergebnisse an und kann deswegen nur in einer zweckgerichteten Organisation erreicht werden, nicht aber in einer zweckunabhängigen spontanen Ordnung.

35. Begriffe wie »gerechter Preis«, »gerechter Lohn« oder »gerechte Einkommensverteilung« sind natürlich sehr alt. Es ist jedoch bemerkenswert, daß die sich über zweitausend Jahre hinziehenden Bemühungen der Philosophen, Klarheit über die Bedeutung dieser Begriffe zu bekommen, auch nicht zur Entdeckung nur einer einzigen Regel führten, die uns zu entscheiden erlaubt, was in einer marktwirtschaftlichen Ordnung in diesem Sinne »gerecht« wäre. Die Gelehrten, die diese Frage am hartnäckigsten verfolgten, die Scholastiker des späten Mittelalters, kamen am Ende dazu, den gerechten Preis oder Lohn als den Preis oder Lohn zu definieren, der sich ohne Privilegien, Gewalt oder Betrug auf einem Markt bilden würde. So kamen sie wieder auf Verhaltensregeln zurück und akzeptierten das Ergebnis als gerecht, das durch gerechtes Verhalten aller Beteiligten hervorgebracht wird. Dieses negative Ergebnis aller Spekulationen über »soziale« oder »distributive« Gerechtigkeit war, wie wir noch

sehen werden, unvermeidlich, denn Begriffe wie gerechte Verteilung oder Entlohnung sind sinnvoll nur innerhalb einer Organisation, deren Mitglieder im Dienste eines gemeinsamen Zielsystems auf Anordnung handeln; sie haben jedoch keinerlei Sinn in einer Katallaxie oder spontanen Ordnung, die solch ein gemeinsames Zielsystem ihrem Wesen nach nicht haben kann.

36. Ein Zustand als solcher kann, wie wir gesehen haben, nicht gerecht oder ungerecht sein. Nur wenn er bewußt herbeigeführt wurde oder hätte herbeigeführt werden können, hat es einen Sinn, die Handlungen derjenigen, die ihn herbeigeführt oder geduldet haben, gerecht oder ungerecht zu nennen. In der Katallaxie, der spontanen Ordnung des Marktes, kann jedoch niemand vorhersehen, was jedes einzelne Mitglied erhalten wird, und die Ergebnisse, die bestimmte Personen erzielen, werden weder durch irgend jemandes Absicht bestimmt, noch ist jemand dafür verantwortlich, daß bestimmte Leute auch bestimmte Dinge bekommen. Wir können deshalb die Frage aufwerfen, ob die bewußte Wahl der Marktwirtschaft als Methode zur Lenkung wirtschaftlicher Handlungen mit ihrer unvorhersehbaren und weitgehend zufälligen Verteilung der Vorteile eine gerechte Entscheidung ist; wenn wir uns aber einmal entschieden haben, uns zu diesem Zweck der Katallaxie zu bedienen, dann dürfen wir hinterher nicht mehr fragen, ob die Resultate, die sich im einzelnen für bestimmte Personen ergeben, gerecht oder ungerecht sind.

37. Daß der Gerechtigkeitsbegriff nichtsdestoweniger stets und ohne Zögern auf die Einkommensverteilung angewandt wird, ist ganz und gar auf eine irrige anthropomorphe Interpretation der Gesellschaft als einer Organisation – und nicht einer spontanen Ordnung – zurückzuführen. Der Ausdruck »Verteilung« ist in diesem Zusammenhang genauso irreführend wie »Wirtschaft«, weil auch er den Eindruck erweckt, etwas sei das Ergebnis bewußten Handelns, was tatsächlich die Wirkung spontaner Ordnungskräfte ist. Da niemand in einer marktwirtschaftlichen Ordnung Einkommen verteilt (wie es in einer Organisation der Fall sein müßte), ist es einfach Unsinn, hier von gerechter oder ungerechter Verteilung zu sprechen. Weniger mißverständlich wäre es, von »Streuung« statt von »Verteilung« der Einkommen zu sprechen.

38. Alle Bestrebungen, eine »gerechte« Verteilung sicherzustellen, müssen darum darauf gerichtet sein, die spontane Ordnung des Marktes in eine Organisation umzuwandeln, mit anderen Worten, in eine totalitäre Ordnung. Dieses Streben nach einem neuen Gerechtigkeitsideal führte Schritt für Schritt zu Verdrängung zweckunabhängiger Regeln individuellen Verhaltens durch Organisationsregeln (»öffentliches Recht«), mit deren Hilfe die Menschen auf bestimmte Ziele gelenkt werden sollten, und zerstörte somit langsam die Grundlage, auf denen eine spontane Ordnung beruhen muß.

39. Die Vorstellung, man könne die Zwangsgewalt der Regierung einsetzen, um »positive« (d.h. soziale oder distributive) Gerechtigkeit zu erlangen, zer-

stört jedoch nicht nur mit Notwendigkeit die persönliche Freiheit, was einigen vielleicht kein zu hoher Preis scheinen würde, sondern sie entpuppt sich bei näherem Hinsehen als Fata Morgana oder Illusion, die unter keinen Umständen verwirklicht werden kann. Denn dieses Ideal setzt Einverständnis über die relative Wichtigkeit konkreter Ziele voraus, das in einer großen Gesellschaft aber nicht existieren kann, da ihre Mitglieder weder einander noch die gleichen Tatsachen kennen. Manchmal wird angenommen, die Tatsache, daß die meisten Menschen heute soziale Gerechtigkeit wünschen, beweise, daß dieses Ideal einen bestimmten Inhalt habe. Doch leider ist es nur allzugut möglich, einem Wunschbild nachzujagen, was meist dazu führt, daß das Endergebnis solcher Bestrebungen völlig anders ausfällt, als man beabsichtigte.

40. Es kann keine Regeln geben, die bestimmen, wieviel jedermann »haben sollte«, es sei denn, wir machten irgendeine Einheitsmeinung über die relativen »Verdienste« oder »Bedürfnisse« der einzelnen Individuen – wofür es kein objektives Maß gibt – zur Grundlage der zentralgesteuerten Zuteilung aller Güter und Dienste. Dann müßte aber jeder einzelne, anstatt seine Kenntnisse für seine persönlichen Zwecke einzusetzen, eine Pflicht erfüllen, die jemand anderer ihm auferlegt; und seine Entlohnung würde davon abhängen, wie gut er nach Ansicht der anderen seine Pflicht erfüllt. Diese Entlohnungsmethode ist einer geschlossenen Organisation, etwa einer Armee, angemessen, ist aber unvereinbar mit den Kräften, die eine spontane Ordnung aufrechterhalten.

41. Es sollte freimütig zugegeben werden, daß die Marktordnung keinen engen Zusammenhang zwischen subjektivem Verdienst oder individuellen Bedürfnissen und Belohnungen zustande bringt. Sie arbeitet nach dem Prinzip eines Spiels, in dem Geschicklichkeit und Chancen kombiniert werden und bei dem das Endergebnis für jeden einzelnen genausogut von völlig außerhalb seiner Kontrolle liegenden Umständen abhängen kann wie von seiner Geschicklichkeit oder Anstrengung. Jeder wird nach dem Wert entlohnt, den seine speziellen Leistungen für diejenigen haben, denen er sie darbringt. Und dieser Wert seiner Leistungen steht in keiner notwendigen Beziehung zu dem, was wir füglich sein Verdienst nennen könnten, und erst recht nicht zu seinen Bedürfnissen.

42. Genau genommen – und das verdient besondere Beachtung – ist es sinnlos, von einem Wert »für die Gesellschaft« zu sprechen, wenn es um den Wert geht, den bestimmte Leistungen für gewisse Leute haben, Leistungen, die vielleicht für jeden anderen ohne Interesse sind. Ein Violinvirtuose wird seine Leistungen vermutlich anderen Leuten darbringen als ein Fußballstar und ein Pfeifenhersteller wieder ganz anderen Leuten als ein Parfümfabrikant. Der ganze Begriff »Wert für die Gesellschaft« ist in einer freien Ordnung als anthropomorpher Ausdruck ebenso unzulässig wie ihre Beschreibung als »eine Wirtschaft« im strengen Sinne, als ein Ganzes, das die Leute gerecht oder ungerecht

»behandelt« oder etwas unter sie »verteilt«. Welche Resultate der Marktprozeß für bestimmte Personen herbeiführt, ist nicht davon abhängig, ob irgend jemand will, daß sie soundso viel bekommen; und diese Resultate sind auch von denen nicht vorherzusehen, die die Entscheidung für diese Art der Ordnung oder für ihre Aufrechterhaltung getroffen haben.

43. Die Klagen über die ungerechten Ergebnisse des Marktprozesses richten sich vorwiegend gegen die Ungleichheit der Belohnungen und gegen das Mißverhältnis zwischen diesen Belohnungen und offenkundigen Verdiensten, Bedürfnissen, Anstrengungen oder Leiden einzelner Marktteilnehmer. Den größten Einfluß auf die tatsächliche Politik aber hatten weder diese Argumente noch andere, die von den Theoretikern zur Begründung der Klagen gegen die marktwirtschaftliche Ordnung angeführt wurden. Daß die für alle gleich geltenden Verhaltensregeln zerstört und durch ein »soziales« Recht, welches auf »soziale Gerechtigkeit« zielt, ersetzt wurden, ist vielmehr vor allem auf die Forderung zurückzuführen, daß einzelne oder auch Gruppen von Marktteilnehmern davor bewahrt werden sollen, von einer einmal erreichten Position unverschuldet wieder absteigen zu müssen. Und wenn im Namen »sozialer Gerechtigkeit« Staatseingriffe gefordert werden, so geht es meist darum, die einmal erreichte Position irgendeiner Gruppe zu schützen. Auf diese Weise bleibt von »sozialer Gerechtigkeit« nicht viel mehr übrig als die Forderung nach Schutz bestehender Positionen und nach Verleihung neuer Privilegien, so zum Beispiel, wenn im Namen sozialer Gerechtigkeit den Bauern »Parität« mit den Industriearbeitern zugesichert wird.

44. Hier sind folgende wichtige Punkte hervorzuheben: die so geschützten Positionen sind das Ergebnis derselben Kräfte, die nunmehr die relative Position derselben Leute herabdrücken; und die Position, die sie nun geschützt wissen wollen, war ebensowenig verdient wie die niedrigere Position, auf die sie nun herabsteigen sollen; und unter den neuen, geänderten Bedingungen kann ihnen ihre alte Position nur erhalten werden, wenn man anderen die Chancen nimmt, denen sie selbst ihren Aufstieg zu verdanken haben. In einer marktwirtschaftlichen Ordnung kann die Tatsache, daß eine Gruppe eine bestimmte relative Position erreicht hat, keinen Anspruch im Namen der Gerechtigkeit begründen, sie auch weiter zu behalten. Eine Regel, die so etwas vorschriebe, wäre nicht gleichmäßig auf alle anwendbar.

45. Das wirtschaftspolitische Ziel in einer freien Gesellschaft kann deswegen niemals sein, bestimmten Personen bestimmte Vorteile zuzusichern, und man kann den Erfolg nicht messen, indem man versucht, die Werte solcher Einzelergebnisse zu addieren. Aus dieser Sicht beruht das Ziel der sogenannten «*Wohlfahrtsökonomie*» auf einem grundsätzlichen Irrtum, nicht nur, weil der Grad von Befriedigung, den verschiedene Leute erreichen, nicht sinnvoll addiert werden kann, sondern weil die Grundidee der Maximierung der Bedürf-

nisbefriedigung (oder Maximierung des Sozialprodukts) nur einer Einzelwirt-
schaft angemessen ist, nicht jedoch der spontanen Ordnung einer Katallaxie,
die keine gemeinsamen konkreten Ziele hat.

46. Obwohl weithin angenommen wird, die Vorstellung von einer optima-
len Wirtschaftspolitik (oder ein Urteil darüber, ob eine bestimmte Wirtschaftspolitik besser ist als eine andere) müsse von einer solchen Vorstellung der Maximierung des aggregierten realen Volkseinkommens ausgehen (was nur in
Wertgrößen möglich ist und deswegen einen unzulässigen Nutzenvergleich
verschiedener Personen impliziert), ist das doch nicht zutreffend. Eine optima-
le Politik in einer Katallaxie kann und sollte darauf abzielen, für jedes zufällig
herausgegriffene Mitglied der Gesellschaft die Chancen zu verbessern, die es
hat, ein hohes Einkommen zu erzielen, oder, was auf dasselbe hinausläuft, jedes Mitglied der Gesellschaft sollte die Chance haben, daß der reale Gegenwert
seines Anteils am Gesamteinkommen – wie immer auch dieser Anteil selbst beschaffen sein mag – so groß wie irgend möglich wird.

47. Diese Bedingung wird unabhängig von der Streuung der Einkommen so
gut wie möglich erfüllt, wenn alles, was überhaupt produziert wird, a) von den
Leuten oder Organisationen produziert wird, die das billiger (oder wenigstens
genauso billig) können als irgend jemand, der es aber nicht produziert, und b)
zu einem Preis verkauft wird, der niedriger liegt, als irgend jemand sonst ihn
bieten könnte, der tatsächlich nicht anbietet. (Damit ist auch der Fall berücksichtigt, in dem Personen oder Organisationen, die ein Gut oder eine Dienst-
leistung billiger produzieren könnten als diejenigen, die es tatsächlich tun, dennoch irgend etwas anderes produzieren, weil ihre komparativen Vorteile in dieser anderen Produktion noch größer sind; in diesem Fall müßte in ihre
Gesamtkosten für das nicht produzierte Gut auch der Verlust des Gutes einge-
rechnet werden, das sie tatsächlich produzieren.)

48. Es ist zu beachten, daß dieses Optimum nicht »vollkommene Konkurrenz« im Sinne der Wirtschaftstheorie voraussetzt, sondern lediglich verlangt,
daß der freie Zugang zu keiner Branche behindert wird und der Markt Informationen über die sich bietenden Möglichkeiten liefern kann. Es muß auch besonders hervorgehoben werden, daß dieses bescheidene und erreichbare Ziel
nie voll erreicht wurde, weil die Regierungen immer und überall sowohl den
Zugang zu bestimmten Beschäftigungen beschränkten als auch duldeten, daß
Personen und Organisationen andere daran hinderten, bestimmte für sie vorteilhafte Beschäftigungen aufzunehmen.

49. Dieses Optimum besagt, daß – gleichgültig welche Kombination von
Gütern und Dienstleistungen gewählt wird – die Produktion jeweils so groß
ist, wie sie nach jeder anderen bekannten Methode sein könnte, weil wir durch
diesen Gebrauch des Marktmechanismus mehr verstreutes Wissen der Gesell-
schaftsmitglieder aktivieren können als durch irgendeine andere Methode.

50. Mit anderen Worten, die Chance, daß unser nicht vorhersehbarer Anteil am Gesamtprodukt der Gesellschaft ein so großes Aggregat von Gütern und Diensten umfaßt, verdanken wir der Tatsache, daß Tausende von Menschen sich ständig den Anpassungen unterwerfen, die der Markt von ihnen fordert; und infolgedessen ist es unsere Pflicht, ebenfalls solche Änderungen unseres Einkommens oder unserer Position hinzunehmen, auch wenn das eine Verschlechterung unserer gewohnten Position bedeutet, die wir nicht vorhersehen konnten und für die wir nicht verantwortlich sind. Die Vorstellung, daß wir das Einkommen, das wir in glücklicheren Zeiten hatten, »verdienten« (im Sinne eines moralischen Verdienstes) und wir deswegen eine Anspruch darauf haben, so lange wir genau so ehrlich dafür arbeiten wie vorher und so lange wir keine Warnung erhalten, uns nach etwas anderem umzusehen, ist völlig irrig. Jedermann, ob arm oder reich, erreicht sein Einkommen als Ergebnis eines Spiels, in dem Geschicklichkeit und Chancen kombiniert werden. Die aggregierten Resultate dieses Spiels und die Anteile jedes einzelnen an diesen Resultaten sind nur deswegen so groß, wie sie sind, weil wir uns darauf geeinigt haben, dieses Spiel zu spielen. Und nachdem wir uns einmal auf dieses Spiel eingelassen haben und aus ihm Gewinn zogen, sind wir moralisch verpflichtet, Änderungen auch dann hinzunehmen, wenn sie sich gegen uns richten.

51. Es kann kaum einen Zweifel geben, daß in der modernen Gesellschaft alle – mit Ausnahme weniger besonders vom Unglück Verfolgter und derjenigen, die in einer anderen Gesellschaftsform rechtliche Privilegien genossen hätten – dank der Annahme dieser Methode ein weit größeres Einkommen haben, als sie sonst hätten erreichen können. Es gibt natürlich keinen Grund, warum eine Gesellschaft, die so reich ist wie die moderne, nicht *außerhalb des Marktes*, für diejenigen, die im Markt unter einen gewissen Standard fallen, ein Minimum an Sicherheit vorsehen sollte. Hier sollte nur hervorgehoben werden, daß Gerechtigkeitsüberlegungen keine Rechtfertigung für eine »Korrektur« des Marktergebnisses abgeben, daß vielmehr die Gerechtigkeit (im Sinne einer Behandlung nach gleichen Regeln) von jedem verlangt, das hinzunehmen, was ein Markt, in dem jeder einzelne sich fair verhält, liefert. Gerechtigkeit gibt es nur im individuellen Verhalten, jedoch keine Sonderform »sozialer Gerechtigkeit«.

52. Wir können hier nicht die legitimen Aufgaben der Regierung in der Verwaltung der Mittel betrachten, die ihr zur Erfüllung gewisser Dienste zugunsten der Bürger übertragen wurden. Hier soll nur erwähnt werden, daß die Regierung bei der Erledigung von Aufgaben, für die ihr Gelder übertragen werden, unter denselben Regeln stehen sollte wie jeder private Bürger: für keine Leistung dieser Art sollte sie ein Monopol haben, und sie sollte diese Aufgaben auf solch eine Art und Weise erfüllen, daß die umfassenderen, spontan geordneten Anstrengungen der Gesellschaft nicht gestört werden, und die Mit-

tel dazu sollten aufgrund einer Regel aufgebracht werden, die für alle einheitlich gilt. (Das schließt meines Erachtens eine allgemeine Progression der steuerlichen Belastung der einzelnen aus, denn ein Gebrauch der Steuer für Redistributionszwecke könnte nur mit Argumenten gerechtfertigt werden, die wir gerade ausgeschossen haben.) In den verbleibenden Paragraphen werden wir uns mit einigen Funktionen der Regierung befassen, zu deren Erfüllung ihr nicht nur Geld, sondern auch die Macht gegeben wird, private Verhaltensregeln durchzusetzen.

53. In dieser Skizze können wir nur den Teil der mit Zwangsgewalt ausgestatteten Regierungsfunktionen näher betrachten, der die Aufrechterhaltung einer funktionsfähigen Marktordnung betrifft. Es handelt sich dabei vor allem um die Bedingungen, die durch Gesetz herbeigeführt werden müssen, um den für die leistungsfähige Steuerung des Marktes notwendigen Grad von Wettbewerb zu sichern. Wir werden dieses Problem zunächst kurz für die Unternehmer und sodann für die Arbeiter betrachten.

54. Hinsichtlich der Unternehmer soll zunächst betont werden, daß es wichtiger ist, daß die Regierung sich jeglicher Unterstützung von Monopolen enthält, als daß sie sie bekämpft. Daß die Marktordnung heute nur für einen Teil der wirtschaftlichen Aktivität der Menschen gilt, ist weitgehend das Ergebnis bewußter Wettbewerbsbeschränkungen seitens der Regierung. Es ist in der Tat sehr zweifelhaft, ob heute überhaupt ein besondere Maßnahmen erforderndes Monopolproblem bestehen würde, wenn sich die Regierung immer konsequent enthalten hätte, Monopole zu schaffen oder sie durch Schutzzölle, Patentgesetze oder gewisse Bestimmungen des Körperschaftsrechts zu fördern. In diesem Zusammenhang soll noch einmal betont werden, erstens, daß Monopolpositionen in jedem Falle unerwünscht, aber oft aus objektiven Gründen, die wir nicht ändern können oder auch nicht ändern wollen, unvermeidlich sind, und zweitens, daß alle staatlich kontrollierten Monopole die Tendenz haben, zu staatlich geschützten Monopolen zu werden, die auch dann bestehenbleiben, wenn sie nicht mehr unvermeidlich sind.

55. Einige der herrschenden Ansichten über Monopolbekämpfungspolitik verfehlen ihr Ziel, weil sie bestimmte in der Theorie der vollkommenen Konkurrenz entwickelte Auffassungen übernehmen, die unter Bedingungen irrelevant sind, unter denen die tatsächlichen Voraussetzungen der vollkommenen Konkurrenz fehlen. Die Theorie der vollkomenen Konkurrenz zeigt, daß auf einem Markt, auf dem die Anzahl der Käufer und Verkäufer so groß ist, daß es für jeden einzelnen unmöglich ist, die Preise bewußt zu beeinflussen, die Mengen zu Preisen verkauft werden, die den Grenzkosten entsprechen. Das bedeutet jedoch nicht, daß es möglich oder auch nur notwendigerweise wünschenswert wäre, einen Zustand herbeizuführen, wo jeweils sehr viele Marktteilnehmer dasselbe homogene Gut kaufen und verkaufen. Die Idee, daß in

Situationen, wo wir einen solchen Zustand nicht herbeiführen können oder wollen, die Produzenten verpflichtet sein sollten, sich so zu verhalten, *als ob* vollkommene Konkurrenz bestünde, oder zu einem Preis anbieten sollten, der sich bei vollkomener Konkurrenz ergeben würde, besagt gar nichts, weil wir nicht wissen, welches spezielle Verhalten erforderlich wäre oder welcher Preis sich einspielen würde, wenn vollkommener Wettbewerb bestünde.

56. Wo die Bedingungen für vollkommene Konkurrenz fehlen, ist nichtsdestoweniger das, was der Wettbewerb dennoch leisten kann und auch leisten sollte, bedeutsam und wichtig, nämlich die Herbeiführung der Bedingungen, die oben in den Paragraphen 46 bis 49 beschrieben wurden. Dort wurde hervorgehoben, daß dieser Zustand annäherungsweise erreicht wird, wenn niemand durch die Regierung oder andere daran gehindert werden kann, jedes beliebige Gewerbe oder jede beliebige Beschäftigung aufzunehmen.

57. Diesem Zustand könnte man sich, so glaube ich, sehr weit annähern, wenn erstens alle Vereinbarungen über Handelsbeschränkungen ohne Ausnahme (nicht verboten, sondern nur) für unwirksam und nicht einklagbar erklärt würden, und zweitens alle diskriminierenden oder andere gezielte Aktionen gegen einen tatsächlichen oder potentiellen Konkurrenten, die ihm ein bestimmtes Marktverhalten aufzwingen sollen, mit mehrfachem Schadensersatz bedroht würden. Mir scheint, solch ein bescheidenes Ziel würde ein weit wirksameres Wettbewerbsrecht hervorbringen als tatsächliche Verbote mit Strafandrohung, denn solch eine Deklaration, die alle Absprachen über Handelsbeschränkungen für unwirksam und nicht einklagbar erklärt, brauchte keine Ausnahmen zuzulassen, während die ehrgeizigeren Versuche, wie die Praxis gezeigt hat, durch so viele Ausnahmen eingeschränkt werden müssen, daß sie weit weniger leisten.

58. Die Anwendung desselben Prinzips, nämlich alle Absprachen über Handelsbeschränkungen für unwirksam und nicht einklagbar zu erklären und jeden einzelnen gegen alle Versuche zu schützen, die ihn durch gezielte Diskriminierung zur ihrer Einhaltung zwingen wollen, ist noch bedeutungsvoller hinsichtlich der Arbeiter. Monopolitische Praktiken, die heute das Funktionieren des Marktes bedrohen, sind seitens der Arbeiter viel gravierender als seitens der Unternehmer, und ob es uns gelingt, diese wieder zu beschränken, wird für die Erhaltung der Marktordnung entscheidender sein als irgend etwas sonst.

59. Und zwar deshalb, weil die Entwicklung auf diesem Gebiet die Regierung zu zwingen droht und viele Regierungen bereits heute zu Maßnahmen zwingt, die die Marktordnung zerstören: Versuche, autoritär angemessene Einkommen für verschiedene Gruppen festzulegen (durch die sogenannte income policy), und Bestrebungen, die »Starrheit« der Löhne durch Inflationspolitik wettzumachen. Aber die nur temporär wirksamen geldpolitischen Maßnahmen weichen dem tatsächlichen Problem aus und müssen dazu führen, daß sich die

»Starrheiten« ständig vergrößern; sie sind nur ein Linderungsmittel, welche das Zentralproblem nur aufschieben, aber nicht lösen können.

60. Geld- und Finanzpolitik fallen nicht in den Rahmen dieses Referats. Die damit zusammenhängenden Probleme wurden hier nur erwähnt, um zu zeigen, daß fundamentale und in der gegenwärtigen Lage unlösbare Schwierigkeiten nicht durch irgendwelche geldpolitischen Mittel behoben werden können, sondern nur durch die Wiedereinsetzung des Marktes als leistungsfähiges Instrument der Lohnbestimmung.

61. Zum Schluß sollen die grundlegenden Prinzipien einer liberalen Gesellschaft dahingehend zusammengefaßt werden, daß in einer solchen Gesellschaft alle Zwangsfunktionen der Regierung geleitet sein müssen von der überragenden Bedeutung dessen, was ich gern die *drei großen Negative* nenne: *Friede, Gerechtigkeit* und *Freiheit.* Um sie zu erreichen, ist es erforderlich, daß die Zwangsgewalt der Regierung auf die Durchsetzung solcher (als abstrakte Regeln formulierter) Verbote beschränkt wird, die in gleicher Weise für alle anwendbar sind, sowie auf die Eintreibung der nach den gleichen einheitlichen Regeln zu erhebenden Kosten für die nicht mit Zwangscharakter ausgestatteten Dienste, die die Regierung mit Hilfe der so aufgebrachten materiellen und personellen Mittel den Bürgern zu leisten unternimmt.

Liberalismus[*]

Einleitung

1. Die verschiedenen Richtungen des Liberalismus

Heute wird der Begriff in verschiedenen Bedeutungen gebraucht. Aber abgesehen davon, daß sie Offenheit für neue Ideen ausdrücken, haben sie wenig gemeinsam mit den Bedeutungen dieses Begriffs im 19. und frühen 20. Jahrhundert; manche drücken geradezu das Gegenteil aus. Hier soll nur der breite Strom politischer Ideale betrachtet werden, der damals unter dem Namen Liberalismus wirkte und eine der einflußreichsten geistigen Kräfte für die Entwicklungen in West- und Mitteleuropa war. Diese Bewegung kommt jedoch aus zwei verschiedenen Quellen und führte zu zwei Traditionen, die zwar gewöhnlich mehr oder weniger vermengt werden, es aber nur zu einer unbequemen Partnerschaft brachten. Sie müssen klar auseinandergehalten werden, will man die liberale Bewegung verstehen.

Die eine Tradition ist viel älter als der Ausdruck Liberalismus. Sie reicht ins klassische Altertum zurück und erhielt ihre moderne Gestalt im späten 17. und 18. Jahrhundert als politische Lehre der englischen Whigs. Sie formulierte das Modell der politischen Institutionen, das vom größten Teil des europäischen Liberalismus übernommen wurde. Die den Bürgern Großbritanniens von einem »government under the law« garantierte persönliche Freiheit beflügelte die Freiheitsbewegung auf dem Kontinent, wo der Absolutismus die meisten Freiheiten des Mittelalters beseitigt hatte, während sie sich in England weitgehend erhalten hatten. Diese Institutionen wurden jedoch auf dem Kontinent im Lichte einer philosophierenden Tradition interpretiert, die sich stark von den evolutorischen Ideen unterschied, die in England vorherrschten, nämlich einer rationalistischen oder konstruktivistischen Sicht, die eine bewußte Konstruktion der gesamten

---

[*] Verfaßt 1973 auf Englisch als Artikel für die italienische *Enciclopedia del Novecento*.

Gesellschaft auf der Grundlage der Vernunft fordert. Diese Richtung kam aus
der neuen Philosophie des Rationalismus, die hauptsächlich René Descartes
(aber auch Thomas Hobbes in England) entwickelte und die ihre größte Bedeutung im 18. Jahrhundert durch die Philosophen der französischen Aufklärung
erlangte. Voltaire und J. J. Rousseau waren die beiden einflußreichsten Vertreter
dieser geistigen Richtung, die in der französischen Revolution gipfelte und von
der sich die kontinentale oder konstruktivistische Art des Liberalismus herleitet.
Anders als in England war das Kernstück dieser Bewegung nicht eine fest umrissene politische Lehre, sondern vielmehr eine allgemeine geistige Haltung, ein
Verlangen, sich von allen Vorurteilen und allen nicht rational begründeten Überzeugungen zu lösen und der Bevormundung durch »Priester und Könige« zu
entrinnen. Am besten ist das wohl in Spinozas Satz ausgedrückt: »Er ist ein freier Mann und lebt ausschließlich nach dem Diktat der Vernunft.«

Diese beiden Geistesströmungen, welche die wichtigsten Inhalte dessen
umfassen, was dann im 19. Jahrhundert Liberalismus genannt wurde, stimmten
in einigen wesentlichen Punkten wie dem Verlangen nach Gedankenfreiheit,
Redefreiheit und Pressefreiheit soweit überein, daß sie eine gemeinsame Opposition gegen konservative und autoritäre Ansichten bildeten und deshalb als
Teil einer gemeinsamen Bewegung galten. Die meisten Anhänger des Liberalismus vertraten auch einen Glauben an die Handlungsfreiheit des einzelnen und
irgendwie auch an die Gleichheit aller Menschen, aber eine genauere Untersuchung zeigt, daß diese Übereinstimmung zum Teil nur verbal war, denn die
Ausdrücke »Freiheit« und »Gleichheit« wurden in etwas verschiedener Bedeutung verwendet. Die ältere englische Tradition betonte hauptsächlich die Freiheit des einzelnen in dem Sinne, daß er durch Gesetz gegen alle willkürliche
Gewalt zu schützen sei, während in der kontinentalen Tradition an erster Stelle die Forderung stand, jede einzelne Gruppe solle ihre Staatsform selbst bestimmen. Dies führte dazu, daß sich die kontinentale Bewegung sehr früh an
die Demokratiebewegung anschloß, ja fast mit ihr identifizierte; dabei hatte
diese ein anderes Anliegen als die liberale englische Tradition.

Während der Zeit, in der die Ideen sich formten, die dann im 19. Jahrhundert als Liberalismus bekannt wurden, bezeichnete man sie noch nicht mit diesem Namen. Das Adjektiv »liberal« erwarb langsam seine politische Bedeutung
gegen Ende des 18. Jahrhunderts, als man es gelegentlich verwendete wie Adam
Smith, der über den »liberal plan of equality, liberty, and justice« schrieb. Als
Name einer politischen Bewegung erscheint der Begriff Liberalismus aber erst
zu Beginn des nächsten Jahrhunderts. Als erste benutzte ihn 1812 die spanische
Partei der Liberales, ein wenig später wurde er Name einer französischen Partei. In England wurde er erst verwendet, als die Whigs und die Radikalen sich
zu einer Partei zusammenschlossen, die von den frühen 1840er Jahren an als Liberal Party bekannt wurde. Da die Radikalen stark von dem beeinflußt waren,

was hier kontinentale Tradition genannt wird, stützte sich auch die englische Liberal Party zur Zeit ihrer größten Bedeutung auf eine Mischung der beiden Traditionen.

Angesichts dieser Tatsache wäre es irreführend, den Begriff »liberal« ausschließlich einer der beiden Traditionen vorzubehalten. Gelegentlich hat man sie als »englischen« oder »evolutorischen« oder »klassischen« Typ vom »kontinentalen« oder »konstruktivistischen« Typ unterschieden. Im folgenden historischen Überblick werden beide Typen berücksichtigt, aber da nur der erste eine klare politische Lehre hervorgebracht hat, wird sich die anschließende systematische Darstellung auf ihn konzentrieren.

Es sollte hier erwähnt werden, daß in den USA nie eine liberale Bewegung entstand, die jener vergleichbar wäre, die im 19. Jahrhundert den größten Teil Europas beeinflußte, mit den jüngeren Bewegungen des Nationalismus und Sozialismus wetteiferte, in den 1870er Jahren und danach ihre größte Bedeutung erlangte, die dann langsam nachließ, aber noch bis 1914 das öffentliche Leben bestimmte. Der Grund für das Fehlen einer ähnlichen Bewegung in den USA liegt hauptsächlich darin, daß die wichtigsten Bestrebungen des europäischen Liberalismus in den Institutionen der Vereinigten Staaten seit ihrer Gründung weitgehend verankert waren, teilweise aber auch darin, daß die Entwicklung der politischen Parteien dort für das Entstehen ideologischer Parteien ungünstig war. Was in Europa »liberal« genannt wird oder wurde, heißt in den USA mit einiger Berechtigung »konservativ«, während der Ausdruck »liberal« dort in jüngerer Zeit für das gebraucht wird, was in Europa »Sozialismus« heißt. Aber auch in Europa befolgt keine der Parteien, die sich »liberal« nennt, heute die liberalen Prinzipien des 19. Jahrhunderts.

Geschichte

2. Die klassischen und mittelalterlichen Wurzeln

Die grundlegenden Prinzipien, aus denen die Old Whigs ihren evolutorischen Liberalismus formten, haben eine lange Vorgeschichte. Die Gelehrten des 18. Jahrhunderts, die sie formulierten, gingen von Ideen der klassischen Antike und gewissen mittelalterlichen Traditionen aus, die in England nicht durch den Absolutismus ausgelöscht worden waren.

Die alten Griechen und insbesondere die Athener der klassischen Periode des 5. und 4. vorchristlichen Jahrhunderts waren die ersten, die das Ideal der Freiheit des einzelnen klar formulierten. Im 19. Jahrhundert wurde von einigen Autoren geleugnet, daß die Alten die Freiheit des einzelnen im modernen Sinne kannten. Diese Meinung wird klar durch Episoden widerlegt wie jene, als der General der Athener auf der Expedition nach Sizilien in höchster Gefahr seine Soldaten daran erinnerte, daß sie für ein Land kämpften, das »ihnen die uneingeschränkte Freiheit läßt, zu leben wie sie wollen«. Mit Freiheit meinten sie eine Freiheit unter dem Gesetz oder einen Zustand, in dem, wie es populär hieß, das Gesetz König war. In der frühen klassischen Periode wurde das ausgedrückt durch das Ideal der Isonomia oder Gleichheit vor dem Gesetz. Ohne den alten Namen zu verwenden, beschreibt auch Aristoteles dieses Ideal ganz klar. Das Gesetz schützte die Privatsphäre des Bürgers gegenüber dem Staat so sehr, daß selbst unter den »Dreißig Tyrannen« ein Athener vollkommen sicher war, solange er sich in seinem Hause aufhielt. Aus Kreta wird sogar (von Ephorus, zitiert bei Strabo) berichtet, daß die Freiheit als höchstes Gut im Staate betrachtet wurde und die Verfassung jedem »das Eigentum, das er selbst erwirbt« zusicherte, »wohingegen in einer Sklaverei alles den Herrschern und nichts den Beherrschten gehört«.

In Athen war die Macht der Volksversammlung, Gesetze zu ändern, streng begrenzt, obgleich wir dort bereits die ersten Beispiele dafür finden, daß eine solche Versammlung es ablehnt, durch geltendes Recht gehindert zu werden, willkürliche Maßnahmen zu treffen. Die liberalen Ideale wurden besonders von den Philosophen der Stoa über die Stadtstaaten hinaus weiterentwickelt. Sie vertraten ein Naturrecht, das alle Regierungsgewalt begrenzt, und die Gleichheit aller Menschen vor dem Gesetz.

Diese griechischen Freiheitsideale sind hauptsächlich über römische Autoren auf die Moderne gekommen. Marcus Tullius Cicero war der weitaus bedeutendste unter ihnen und wahrscheinlich die Persönlichkeit, die mehr als alle anderen die Wiederbelebung dieser Ideen zu Beginn der Gegenwart auslöste. Aber zumindest der Historiker Titus Livius und Kaiser Marc Aurel müssen auch als Quellen genannt werden, auf die sich die Denker des 16. und 17. Jahrhunderts zu Beginn der modernen Entwicklung des Liberalismus besonders stützten. Außerdem gab Rom zumindest dem europäischen Kontinent ein ganz individualistisches Privatrecht, das sich auf eine sehr strenge Auslegung des Privateigentums konzentriert, ein Recht überdies, das bis zur Kodifizierung unter Justinian durch Gesetzgebung wenig verändert wurde. Man sah in ihm deshalb vor allem eine Beschränkung und weniger eine Manifestation der Regierungsgewalt.

Die frühen Modernen konnten sich auch auf eine Tradition der Freiheit unter dem Gesetz beziehen, die sich das ganze Mittelalter hindurch erhalten hatte und erst zu Beginn der modernen Ära auf dem Kontinent durch das Aufkommen des Absolutismus vernichtet wurde. Ein moderner Historiker (R.W. Southern) beschreibt das so: »Der Haß auf alles, das nicht durch Gesetz, sondern durch Willkür regiert wurde, war im Mittelalter sehr tief, und nie war dieser Haß eine so kraft- und wirkungsvolle Macht wie in der zweiten Hälfte dieser Periode ... Nicht das Gesetz war der Feind der Freiheit, im Gegenteil: Freiheit äußerte sich in der verwirrenden Vielfalt der Gesetze, die in dieser Periode entstanden ... Hoch und niedrig strebten gleichermaßen danach, ihre Freiheit auszuweiten, indem sie versuchten, die Anzahl der Regeln, unter denen sie lebten, zu vergrößern.«

Diese Vorstellung wurde durch den Glauben an ein Recht, das außerhalb und über der Regierung existiert, gestärkt. Auf dem Kontinent wurde es als ein Naturrecht verstanden, bestand in England aber als Common Law, das nicht ein Gesetzgeber erlassen, sondern das sich in der stetigen Suche nach Gerechtigkeit ohne Ansehen der Person gebildet hatte. Auf dem Kontinent formulierten vor allem die Scholastiker diese Ideen, nachdem Thomas von Aquin sie, gestützt auf Aristoteles, als erster systematisch ausgearbeitet hatte. Am Ende des 16. Jahrhunderts waren sie, besonders für das Gebiet der Wirtschaft, von spanischen Jesuiten-Philosophen zu wirklich liberalen Prinzipien der Politik entwickelt worden, die vieles von dem vorwegnahmen, das erst durch die schottischen Philosophen im 18. Jahrhundert wiederbelebt wurde.

Schließlich sollten auch noch einige frühe Entwicklungen in den Stadtstaaten der italienischen Renaissance, besonders in Florenz, aber auch in Holland erwähnt werden, auf welche die englische Entwicklung im 17. und 18. Jahrhundert zurückgreifen konnte.

3. Die Tradition der englischen Whigs

In den Debatten während des englischen Civil War und der Commonwealth-Periode wurden die Ideen von der Herrschaft oder Majestät des Rechts endgültig formuliert, die dann nach der »Glorious Revolution« von 1688 zu den leitenden Grundsätzen der Whig-Partei wurden und diese an die Macht brachten. Die klassischen Formulierungen standen in John Lockes *Second Treatise on Civil Government* (1689); in mancher Hinsicht erklärte er die Institutionen dort jedoch rationalistischer als die englischen Denker später im 18. Jahrhundert. (Eine ausführliche Arbeit müßte unter den frühen Darstellungen der Lehre der Whigs auch die Schriften von Algernon Sidney und Gilbert Burnet und die *Cato Letters* berücksichtigen.) In dieser Zeit entstand auch die für den englischen Liberalismus bis in die jüngste Zeit charakteristische enge Verbindung zwischen der liberalen Bewegung und den überwiegend nonkonformistischen und calvinistischen Handels- und Industriekreisen. Ob das nur bedeutet, daß die Kreise, die wirtschaftlichen Unternehmungsgeist entwickelten, auch für den Calvinismus empfänglich waren, oder ob umgekehrt diese religiösen Überzeugungen zu liberalen politischen Grundsätzen führten, ist ein viel diskutiertes Thema, das hier nicht weiter betrachtet werden kann. Aber es steht außer Zweifel, daß der Kampf zwischen ursprünglich sehr intoleranten religiösen Sekten schließlich Grundsätze der Toleranz hervorbrachte und daß die englische liberale Bewegung mit dem Calvinismus verbunden blieb.

Im Laufe des 18. Jahrhunderts wurde die Lehre der Whigs bezüglich der durch allgemeine Regeln eingeschränkten Legislative und der in ihrer Macht streng begrenzten Exekutive charakteristisch für die englische Tradition. Sie fand in der Welt weite Verbreitung durch Montesquieus *Esprit des lois* (1748) und die Schriften anderer französischer Autoren, besonders Voltaires. In England wurden die geistigen Grundlagen hauptsächlich von den schottischen Moralphilosophen weiterentwickelt, vor allem von David Hume und Adam Smith, sowie durch einige ihrer englischen Zeitgenossen und direkten Nachfolger. Hume legte nicht nur in seinem philosophischen Werk die Grundlagen der liberalen Theorie des Rechts nieder, sondern interpretierte in seiner *History of England* (1754–62) die englische Geschichte als einen Prozeß fortschreitender Ausbildung der Rule of Law, wodurch diese Lehre weit über Englands Grenzen hinaus bekannt wurde. Der entscheidende Beitrag von Adam Smith war die Darstellung einer sich selbst regulierenden Ordnung, die sich spontan ergibt, wenn die einzelnen Menschen durch angemessene gesetzliche Regeln eingeschränkt werden. Sein *Inquiry into the Nature and Causes of the Wealth of Nations* kennzeichnet mehr als jedes andere einzelne Werk den Beginn der modernen Entwicklung des Liberalismus. Es machte den Menschen klar, wie die Beschränkung der Staatsgewalt, die aus schierem Mißtrauen gegen alle Willkürmacht entstand, zur Hauptquelle des englischen wirtschaftlichen Wohlstandes wurde.

Die beginnende liberale Bewegung in England wurde jedoch bald unterbrochen durch eine Reaktion gegen die französische Revolution und ein Mißtrauen gegen ihre englischen Bewunderer, die die Ideen des kontinentalen oder konstruktivistischen Liberalismus nach England importieren wollten. Das Ende dieser frühen englischen Entwicklung des Liberalismus kennzeichnet das Werk Edmund Burkes, der sich nach einer brillanten Darstellung der Lehre der Whigs zur Verteidigung der amerikanischen Kolonisten heftig gegen die Ideen der französischen Revolution wendet.

Erst nach den napoleonischen Kriegen wurde die Entwicklung, die auf der Lehre der Whigs und auf Adam Smith beruht, wieder aufgenommen. Eine Gruppe von Schülern der schottischen Moralphilosophen um die *Edinburgh Review*, meist Nationalökonomen aus der Tradition von Adam Smith, führte die geistige Entwicklung weiter. Die reine Lehre der Whigs wurde in einer Form neu dargestellt, die das kontinentale Denken stark beeinflußte, und zwar von T. B. Macaulay, der im 19. Jahrhundert das leistete, was Hume im 18. Jahrhundert mit seinem historischen Werk getan hatte. Parallel zu dieser Entwicklung wuchs jedoch schon eine radikale Bewegung heran, deren Führer die

Benthamschen »Philosophical Radicals« wurden, die sich mehr auf die kontinentale als auf die englische Tradition stützten. Letztlich ging aus dem Zusammenschluß dieser Richtungen 1830 die politische Partei hervor, die seit etwa
1842 als Liberal Party bekannt wurde und für den Rest des Jahrhunderts der
wichtigste Repräsentant der liberalen Bewegung in Europa blieb.

Lange vorher jedoch kam ein weiterer entscheidender Beitrag aus Amerika.
Die ehemals englischen Kolonisten legten in der Absicht, die Macht des Staates
zu beschränken, in einer geschriebenen Verfassung klar nieder, was sie als wesentlich in der englischen Freiheitstradition ansahen und formulierten in einer
Bill of Rights die freiheitlichen Grundrechte. Damit lieferten sie ein Modell politischer Institutionen, das die Entwicklung des europäischen Liberalismus tief-
greifend beeinflußte. Obwohl die Vereinigten Staaten, gerade weil das Volk
glaubte, in seinen politischen Institutionen sei die Freiheit bereits verkörpert,
nie eine ausgesprochen liberale Bewegung hervorbrachten, wurden sie für die
Europäer das Traumland der Freiheit und das Beispiel, das nun politische Bestrebungen anregte, so wie es die englischen Institutionen im 18. Jahrhundert
getan hatten.

4. Die Entwicklung des kontinentalen Liberalismus

Die radikalen Ideen der französischen Aufklärungsphilosophen, hauptsächlich
in der Form, in der sie von Turgot, Condorcet und Abbé Sieyès auf politische
Probleme angewandt wurden, beherrschten weitgehend die fortschrittliche
Meinung in Frankreich und den angrenzenden Ländern des Kontinents
während der revolutionären und der napoleonischen Zeit; aber von einer wirklich liberalen Bewegung kann man erst nach der Restauration sprechen. Ihren
Höhepunkt erreichte sie in Frankreich während der Juli-Monarchie (1830–48),
blieb aber nach dieser Periode auf eine kleine Elite beschränkt. Sie setzte sich
aus mehreren verschiedenen geistigen Strömungen zusammen. Benjamin Constant unternahm einen wichtigen Versuch, seine Auffassung der englischen
Tradition zu systematisieren und an kontinentale Verhältnisse anzupassen, der
während der 1830er und 40er Jahre von einer »Doktrinäre« genannten Gruppe
unter der Führung von F. P. G. Guizot weiterentwickelt wurde. Ihr als »Ga-
rantismus« bekanntes Programm war im wesentlichen eine Lehre von der verfassungsmäßigen Beschränkung des Staates. Für diese Verfassungslehre, die in
der ersten Hälfte des 19. Jahrhunderts den wichtigsten Raum in der liberalen
Bewegung des Kontinents einnahm, diente die Verfassung des 1831 neu gegründeten belgischen Staates als wichtiges Modell. In dieser großenteils aus
England übernommenen Tradition steht auch der wohl bedeutendste französische liberale Denker, Alexis de Tocqueville.

Was jedoch von Anfang an den auf dem Kontinent herrschenden Liberalismus von dem englischen unterschied, läßt sich am besten als Freidenkertum bezeichnen. Es äußerte sich in einer stark antiklerikalen, antireligiösen und allgemein antitraditionalen Haltung. Nicht nur in Frankreich, sondern auch in anderen römisch-katholischen Teilen Europas wurde der ständige Konflikt mit der römischen Kirche so charakteristisch für den Liberalismus, daß er vielen Menschen als sein wichtigster Wesenszug erschien, insbesondere nachdem die katholische Kirche in der zweiten Hälfte des Jahrhunderts den Kampf gegen den »Modernismus« und damit gegen die meisten liberalen Reformforderungen aufgenommen hatte.

In der ersten Jahrhunderthälfte bis zur Revolution von 1848 war die liberale Bewegung in Frankreich wie in den meisten übrigen Ländern West- und Mitteleuropas viel enger mit der demokratischen Bewegung verbunden als der englische Liberalismus. In der zweiten Jahrhunderthälfte wurde er sogar weitgehend durch die demokratische und die neue sozialistische Bewegung ersetzt. Abgesehen von einem kurzen Zeitraum um die Mitte des Jahrhunderts, in dem die Freihandelsbewegung die liberalen Gruppen einigte, spielte der Liberalismus in der politischen Entwicklung Frankreichs keine bedeutende Rolle mehr, und nach 1848 trugen französische Denker auch nichts Wesentliches mehr zur liberalen Lehre bei**.

In Deutschland spielte die liberale Bewegung eine etwas wichtigere Rolle; dort fand auch in den ersten drei Vierteln des 19. Jahrhunderts eine eigene Entwicklung statt. Die aus England und Frankreich stammenden Ideen wurden von den drei frühesten und größten deutschen Liberalen umformuliert: von dem Philosophen Immanuel Kant, dem Gelehrten und Staatsmann Wilhelm von Humboldt und dem Dichter Friedrich Schiller. Kant erarbeitete auf einer ähnlichen Linie wie David Hume eine Theorie, in deren Mittelpunkt seine Auffassung des Rechts als Schutz der persönlichen Freiheit und der Rechtsstaat (d.i. die Rule of Law) steht. Humboldt hatte in einer frühen Arbeit *Ideen zu einem Versuch, die Grenzen der Wirksamkeit des Staates zu bestimmen* (1792) das Bild eines Staates entworfen, der sich ganz auf die Erhaltung von Recht und Ordnung beschränkt. Dieses Buch wurde damals nur teilweise veröffentlicht, als es aber 1851 endlich herauskam (und ins Englische übersetzt wurde) hatte

---

** Ich möchte hier in dieser sonst unveränderten Übersetzung des Originals ein Versehen korrigieren: Ich hätte hier den wahrscheinlich genialsten Publizisten des ökonomischen Liberalismus erwähnen sollen, nämlich Frédéric Bastiat, der in den kurzen vier Jahren vor seinem frühen Tod im Jahre 1850 einige der glänzendsten populären Darstellungen der Grundideen bot, aber durch seinen Gebrauch des Ausdrucks »Harmonie«, die er der Wirtschaftsordnung zuschrieb, sich viel unverständigem Spott aussetzte. Das ändert jedoch nicht viel an der Tatsache, die Emil Faguet zu Ende des 19. Jahrhunderts mit den Worten beschrieb: »Le libéralisme n'est pas français.«

es nicht nur in Deutschland eine große Wirkung, sondern auch auf so verschiedene Denker wie J. S. Mill in England und E. Laboulaye in Frankreich. Schiller schließlich machte, mehr als jede andere Einzelpersönlichkeit, das gesamte gebildete Publikum in Deutschland mit den Idealen persönlicher Freiheit vertraut.

In Preußen gab es einen frühen Ansatz liberaler Politik während der Reformen des Freiherrn vom Stein, auf den jedoch nach den Napoleonischen Kriegen wieder eine Zeit der Reaktion folgte. Erst in den 1830er Jahren setzte eine allgemeine liberale Bewegung ein, die jedoch von Anfang an, wie auch in Italien, eng mit der nationalen, auf die Einigung des Landes gerichteten Bewegung verbunden war. Grob gesprochen war der deutsche Liberalismus hauptsächlich eine Verfassungsbewegung, die in Norddeutschland mehr dem englischen Beispiel folgte, während in Süddeutschland der französische Einfluß stärker war. Das äußerte sich vor allem in der Haltung zum Problem der Beschränkung der Willkürmacht des Staates. Diese Haltung brachte im Norden eine recht strenge Rechtsstaatsauffassung (oder Rule of Law) hervor, während im Süden mehr Wert auf die französische Auslegung der Gewaltenteilung gelegt wurde, die die Unabhängigkeit der Verwaltung von den Gerichten betonte. Im Süden jedoch und besonders in Baden und in Württemberg bildete sich um das Staatslexikon von C. von Rotteck und C. T. Welcker eine aktive Gruppe liberaler Theoretiker, die in der Zeit vor der Revolution von 1848 zum Mittelpunkt deutschen liberalen Denkens wurde. Der Fehlschlag der Revolution führte wieder zu einer kurzen Zeit der Reaktion, aber in den 1860er und frühen 1870er Jahren schien es zeitweilig, als ob auch Deutschland schnell auf eine liberale Ordnung zuschreite. In dieser Zeit wurden die Verfassungs- und Rechtsreformen vollendet, die den Rechtsstaat endgültig etablieren sollten. Die Mitte der 1870er Jahre muß wohl als die Zeit angesehen werden, in der die liberale Bewegung in Europa ihren größten Einfluß und ihre größte Ausdehnung nach Osten erreicht hatte. Mit Deutschlands Rückkehr zum Protektionismus 1878 und mit den neuen sozialen Maßnahmen, die Bismarck zu jener Zeit unternahm, begann der Rückgang der Bewegung. Die liberale Partei, deren Blüte wenig länger als zwölf Jahre gedauert hatte, verfiel schnell.

Sowohl in Deutschland als auch in Italien setzte der Abstieg der liberalen Bewegung ein, als sie ihre Verbindung zur nationalen Einigungsbewegung verlor. Nachdem die Einigung erreicht war, richtete sich die Aufmerksamkeit auf die Stärkung der neuen Staaten, und außerdem raubte die aufkommende Arbeiterbewegung dem Liberalismus den Ruf der »fortschrittlichen Partei«, die bis dahin vom politisch aktiven Teil der Arbeiterklasse unterstützt worden war.

5. Der klassische englische Liberalismus

Fast das ganze 19. Jahrhundert hindurch war England das europäische Land, das der Verwirklichung liberaler Ideen am nächsten zu sein schien. Dort wurden diese Grundsätze anscheinend nicht nur von der mächtigen Liberal Party akzeptiert, sondern auch von der Mehrheit der Bevölkerung, ja sogar die Konservativen wurden oft zum Werkzeug der Durchsetzung liberaler Reformen. Die großen Ereignisse, die England dem restlichen Europa als repräsentatives Modell für eine liberale Bewegung erscheinen ließen, waren die katholische Emanzipation von 1829, die Reform Act von 1832 und die Abschaffung der Corn Laws durch den Konservativen Sir Robert Peel 1846. Da inzwischen die innenpolitischen Hauptforderungen des Liberalismus befriedigt waren, konzentrierte sich die Agitation auf die Einführung des Freihandels. Die Bewegung wurde 1820 durch die Merchants' Petition ausgelöst und von 1836 bis 1846 durch die Anti-Corn-Law-Liga weitergetragen, sie wurde dann insbesondere von einer Gruppe Radikaler weiterentwickelt, die unter Führung von Richard Cobden und John Bright eine etwas extremere Laisser-faire-Position bezogen, als es Adam Smith und die auf ihn folgenden klassischen Nationalökonomen in ihren liberalen Grundsätzen gefordert hatten. Ihre ausgesprochene Freihandelsposition verbanden sie mit einer stark anti-imperialistischen, anti-interventionistischen und anti-militaristischen Haltung und der Ablehnung jeglicher Ausdehnung staatlicher Gewalt. Für das Anwachsen der Staatsausgaben machten sie hauptsächlich die unerwünschten überseeischen Interventionen verantwortlich. Sie wandten sich vor allem gegen die Machtvergrößerung der Zentralgewalt und erwarteten Verbesserungen von autonomen örtlichen Selbstverwaltungen und freiwilligen Organisationen. »Frieden, Beschränkung und Reform« wurde das liberale Schlagwort dieser Zeit, wobei »Reform« stärker darauf zielte, alte Mißbräuche und Privilegien abzuschaffen als die Demokratie auszuweiten, zu der eine engere Beziehung erst zur Zeit der Second Reform Act von 1867 entstand. Die Bewegung erreichte ihre größte Bedeutung mit dem Cobden-Vertrag mit Frankreich 1860, einem Handelsvertrag, der in England zum Freihandel führte und eine weitverbreitete Erwartung weltweiten Freihandels auslöste. Zu dieser Zeit erstand in England als Leitfigur der liberalen Bewegung W. E. Gladstone, der erst als Schatzkanzler, dann als liberaler Premierminister weithin als lebende Verkörperung liberaler Grundsätze angesehen wurde, besonders nach Palmerstones Tod im Jahre 1865. In der Außenpolitik war John Bright sein Partner. Mit ihm wurde auch die alte Verbindung zwischen englischem Liberalismus und strengen moralischen und religiösen Ansichten neu belebt.

Die Intellektuellen diskutierten in der zweiten Hälfte des 19. Jahrhunderts intensiv die Grundprinzipien des Liberalismus. In dem Philosophen Herbert

Spencer fanden die Verteidiger eines individualistischen Minimalstaates, wie
ihn ähnlich auch W. v. Humboldt vertreten hatte, einen einflußreichen Befürworter. John Stuart Mill jedoch richtete seine Kritik in seinem berühmten Buch
On Liberty (1859) vor allem gegen die Tyrannei der Meinung und weniger gegen staatliche Maßnahmen. Durch seine Befürwortung der distributiven Gerechtigkeit und seine im ganzen positive Haltung zu sozialistischen Bestrebungen bereitete er die langsame Hinwendung vieler liberaler Intellektueller zu einem gemäßigten Sozialismus vor. Diese Tendenz wurde durch den Einfluß des
(von Hegel beeinflußten) Philosophen T. H. Green merklich verstärkt, der die
positiven Aufgaben des Staates im Gegensatz zur herrschenden negativen Auffassung von Freiheit bei den älteren Liberalen betonte.

Aber obwohl im letzten Viertel des 19. Jahrhunderts in den eigenen Reihen
viel Kritik an der liberalen Lehre laut wurde und obwohl die Liberal Party
Stimmen an die neue Arbeiterbewegung zu verlieren begann, herrschten die liberalen Ideale in England bis ins 20. Jahrhundert. Ein Wiederaufleben protek-
tionistischer Forderungen wurde erfolgreich bekämpft; trotzdem konnte die
Liberal Party eine fortschreitende Unterwanderung durch interventionistische
und imperialistische Elemente nicht verhindern. Die Regierung H. Campbell-
Bannerman (1905–08) muß wohl als letzte liberale Regierung alten Typs betrachtet werden; unter dem Nachfolger H. H. Asquith wurden neue sozialpo-
litische Experimente unternommen, die nur schwer mit den älteren liberalen
Grundsätzen vereinbar waren. Im großen Ganzen kann man aber sagen, daß
die liberale Ära in England bis zum Ausbruch des ersten Weltkrieges dauerte
und der beherrschende Einfluß liberaler Ideen dort erst durch die Auswirkungen dieses Krieges beendet wurde.

6. Der Verfall des Liberalismus

Obwohl einige ältere europäische Staatsmänner und andere Führungspersön-
lichkeiten nach dem Ersten Weltkrieg sich in praktischen Angelegenheiten immer noch von grundsätzlich liberalen Ansichten leiten ließen und auch
zunächst versucht wurde, die politischen und wirtschaftlichen Institutionen
der Vorkriegszeit wiederherzustellen, brachten verschiedene Umstände es mit
sich, daß der Einfluß des Liberalismus bis zum Zweiten Weltkrieg ständig ab-
nahm. Am wichtigsten war, daß der Sozialismus, besonders nach Meinung eines großen Teils der Intellektuellen, den Liberalismus als fortschrittliche Bewegung ersetzt hatte. Die politische Diskussion wurde also hauptsächlich zwischen Sozialisten und Konservativen geführt, die beide, wenn auch mit
verschiedenen Zielen, eine Ausweitung der staatlichen Aktivität befürworteten.
Die wirtschaftlichen Probleme, Arbeitslosigkeit und instabile Währungen, er-

forderten scheinbar viel stärkere Kontrollen der Wirtschaft durch den Staat und führten zu einer Neubelebung des Protektionismus und anderer nationalistischer Maßnahmen. Als Folge davon wuchs die staatliche Bürokratie rasch an und erlangte eine weitreichende Ermessensmacht. Diese Tendenzen waren bereits in der ersten Nachkriegsdekade ausgeprägt und verstärkten sich in der großen Depression nach dem amerikanischen Bankenkrach 1929 noch mehr. Die endgültige Abkehr von der Goldwährung und die Rückkehr Englands zum Protektionismus im Jahre 1931 kennzeichnen das Ende einer freien Weltwirtschaft. Das Aufkommen diktatorischer oder totalitärer Systeme in weiten Teilen Europas vernichtete die schwachen liberalen Gruppen in den direkt betroffenen Ländern und die Kriegsdrohung, die sie darstellten, führte auch in Westeuropa zu einer zunehmenden Kontrolle des Staates über wirtschaftliche Angelegenheiten und zu einer Tendenz nationaler Selbstgenügsamkeit.

Nach dem Zweiten Weltkrieg gab es eine zeitweilige Neubelebung liberaler Ideen, z.T. deshalb, weil man begriff, daß alle totalitären Regime Unterdrückung bringen, und z.T. auch, weil man erkannte, daß hauptsächlich die Behinderungen des Welthandels, die in der Zwischenkriegszeit aufgekommen waren, die wirtschaftlichen Depressionen hervorgerufen hatten. Die dafür kennzeichnende Errungenschaft war das General Agreement on Tariffs and Trade (GATT) von 1948, aber auch die Versuche, größere Wirtschaftseinheiten zu schaffen, wie die Europäische Wirtschaftsgemeinschaft (EWG) und die Europäische Freihandelszone (EFTA) zielten vorgeblich in dieselbe Richtung. Das hervorstechendste Ereignis, das eine Rückkehr zu liberalen wirtschaftlichen Grundsätzen zu versprechen schien, war die erstaunliche wirtschaftliche Erholung des besiegten Deutschland, das sich auf Veranlassung von Ludwig Erhard der sogenannten »sozialen Marktwirtschaft« verschrieben hatte und daraufhin alsbald die Siegermächte an Wohlstand übertraf. Diese Ereignisse leiteten eine beispiellose Periode großen Wachstums ein, so daß es eine Weile wahrscheinlich schien, daß sich in West- und Mitteleuropa auf Dauer ein im wesentlichen liberales Wirtschaftssystem ausbilden könnte. Auch auf intellektuellem Gebiet brachte diese Periode erneute Anstrengungen, die Grundsätze liberaler Politik neu zu formulieren und zu verbessern. Aber die Versuche, stetiges Wachstum und Vollbeschäftigung mit den Mitteln expansiver Geld- und Kreditpolitik herbeizuführen, verursachten schließlich eine weltweite inflationäre Entwicklung, an die sich die Beschäftigung so stark anpaßte, daß man die Inflation nicht mehr unterbrechen konnte, ohne große Arbeitslosigkeit hervorzurufen. Doch eine funktionsfähige Marktwirtschaft läßt sich bei fortschreitender Inflation nicht aufrechterhalten, wenn auch nur, weil sich die Regierungen bald gezwungen glauben, die Wirkungen der Inflation durch Preis- und Lohnkontrollen zu bekämpfen. Immer und überall führte Inflation zu einer dirigistischen Wirtschaft, und es ist nur allzu wahrscheinlich, daß eine inflationistische Politik die Zerstörung der Marktwirtschaft bewirken und zu einem zentralgeleiteten wirtschaftlichen und politischen System führen wird.

Zur Zeit sind die Verteidiger der klassischen liberalen Position wieder auf eine kleine Zahl von überwiegend Wirtschaftswissenschaftlern zusammengeschrumpft. Und wie eine Zeitlang in den USA, wird der Begriff »liberal« jetzt sogar auch in Europa für im wesentlichen sozialistische Bestrebungen verwendet, denn, um mit Schumpeter zu sprechen, »als höchstes, wenn auch unbeabsichtigtes Kompliment haben die Feinde des privaten Unternehmertums es für klug gehalten, sich dieses Etikett anzuheften«.

Systematik

7. Das liberale Verständnis der Freiheit

Da nur der »englische« oder evolutorische Typ des Liberalismus ein klares politisches Programm entwickelt hat, wird sich der Versuch einer systematischen Darstellung des Liberalismus auf ihn konzentrieren, und die Ansichten des »kontinentalen« oder konstruktivistischen Typs werden nur gelegentlich zum Kontrast herangezogen werden. Deshalb muß auch eine andere Unterscheidung, die kürzlich auf dem Kontinent getroffen wurde, auf den englischen Typ aber nicht anwendbar ist, zurückgewiesen werden, nämlich zwischen politischem und wirtschaftlichem Liberalismus (sie wurde insbesondere von dem italienischen Philosophen Benedetto Croce als Unterschied zwischen liberalismo und liberismo herausgearbeitet). In der englischen Tradition sind die beiden nicht zu trennen, weil ihr Grundprinzip, die Begrenzung der Zwangsgewalt des Staates auf die Durchsetzung allgemeiner Verhaltensregeln, den Staat der Macht beraubt, die wirtschaftlichen Handlungen des einzelnen zu lenken oder zu kontrollieren, wohingegen die Verleihung solcher Macht dem Staat wesentliche Willkür- und Ermessensspielräume läßt, was nur dazu führen kann, daß selbst die Freiheit, eigene Ziele zu wählen, beschnitten wird, die alle Liberalen erhalten wissen wollen. Freiheit unter dem Gesetz impliziert wirtschaftliche Freiheit, während Wirtschaftskontrolle als Kontrolle über die Mittel für sämtliche Zwecke auch eine Beschränkung aller Freiheit möglich macht.

Gerade in dieser scheinbaren Übereinstimmung der verschiedenen Typen des Liberalismus in der Forderung nach persönlicher Freiheit und der sich daraus ergebenden Respektierung der Einzelpersönlichkeit verbirgt sich ein wichtiger Unterschied. In der Blütezeit des Liberalismus hatte dieser Freiheitsbegriff eine klare Bedeutung, nämlich daß der freie Mensch keinem willkürlichen Zwang unterworfen sei. Aber für Menschen, die in Gesellschaften leben, bringt der Schutz vor diesem Zwang eine Beschränkung für jedermann mit sich, die ihn der Möglichkeit beraubt, auf andere Zwang auszuüben. Freiheit für alle kann nach dem bekannten Ausspruch Immanuel Kants nur erreicht werden, wenn die Freiheit eines jeden nur soweit ausgedehnt wird, daß sie die gleiche Freiheit der übrigen Menschen nicht beeinträchtigt. Die Liberalen verstanden unter Freiheit also notwendigerweise eine Freiheit unter dem Gesetz, welches die Freiheit des einzelnen soweit beschränkt, daß gleiche Freiheit für alle erreicht wird. Das war nicht die manchmal beschriebene »natürliche Freiheit« eines isolierten Einzelwesens, sondern die Freiheit, die in einer Gesellschaft möglich ist und die notwendigerweise durch Regeln beschränkt werden muß, um die Freiheit der anderen zu schützen. In dieser Hinsicht ist Liberalismus scharf von Anarchismus zu unterscheiden. Die Liberalen wissen: wenn alle so frei wie möglich sein sollen, kann Zwang nicht gänzlich ausgeschlossen, sondern nur auf das Minimum beschränkt werden, welches notwendig ist, um einzelne Menschen oder Gruppen davon abzuhalten, auf andere willkürlich Zwang auszuüben. Es war die Freiheit in einem durch anerkannte Regeln abgesteckten Bereich, die es für den einzelnen möglich machte, ohne Zwang zu leben, solange er sich in diesen Grenzen hielt.

Diese Freiheit konnte nur dem garantiert werden, der auch fähig war, die Regeln, die ihrer Aufrechterhaltung dienen sollten, zu befolgen. Nur Erwachsene und geistig Gesunde galten als voll verantwortlich für ihre Handlungen und zu dieser Freiheit berechtigt, während man für Kinder und Personen, die nicht im Vollbesitz ihrer geistigen Kräfte waren, verschiedenartige Vormundschaften für angemessen hielt. Und wenn jemand die Regeln verletzte, die allen die gleiche Freiheit sichern sollten, konnte er zur Strafe das Recht verwirken, ohne Zwang zu leben, das alle genossen, welche die Regeln befolgten.

Diese Freiheit wurde so jedem gewährt, der verantwortlich handeln konnte, und dadurch wurde er auch verantwortlich für sein eigenes Geschick: Der Schutz des Gesetzes sollte jedem helfen, seine eigenen Ziele zu verfolgen, man erwartete vom Staat aber nicht, daß er dem Einzelnen auch den Erfolg seiner Mühen garantierte. Der Einzelne sollte befähigt werden, seine Kenntnisse und Fähigkeiten für seine selbstgewählten Ziele einzusetzen. Das galt einerseits als die größte Wohltat, die der Staat allen gewähren konnte, andererseits als bester Weg, den Einzelnen zu veranlassen, den größten Beitrag zur Wohlfahrt der Anderen zu leisten. Den Hauptvorteil, den die Freiheit des Einzelnen für alle Anderen mit sich brachte, sah man darin, daß er das Beste leistete, zu dem er durch seine besonderen Umstände und Fähigkeiten, von denen keine Autorität Kenntnis hatte, in der Lage war.

Die liberale Auffassung von Freiheit ist oft als ein lediglich negativer Begriff beschrieben worden, und das zu recht. Wie Frieden und Gerechtigkeit bezieht sie sich auf die Abwesenheit eines Übels, auf eine Bedingung, die Möglichkeiten eröffnet, aber keine bestimmten Vorteile garantiert. Man hoffte aber durch sie die Wahrscheinlichkeit zu vergrößern, daß die einzelnen Menschen die Mittel auch vorfinden würden, die sie für ihre Zwecke brauchen. Die liberale Forderung nach Freiheit verlangt, daß niemand von anderen Menschen in seinen persönlichen Anstrengungen behindert wird, erwartet aber nicht, daß die Gemeinschaft oder der Staat bestimmte Güter bereitstellt. Sie schließt kollektives Handeln nicht aus, wo es sich für die Bereitstellung gewisser Leistungen als nötig oder zumindest wirkungsvoller erweist, betrachtet das aber nur vom Standpunkt der Zweckdienlichkeit, und deshalb eingegrenzt durch das Grundprinzip der gleichen Freiheit unter dem Gesetz. Der in den 1870er Jahren einsetzende Verfall der liberalen Lehre hängt eng zusammen mit einer Neuinterpretation der Freiheit, wonach der Staat Mittel für eine große Zahl verschiedener Sonderzwecke kontrolliert und gewöhnlich auch bereitstellt.

8. Die liberale Rechtsauffassung

Die Bedeutung des liberalen Begriffs der Freiheit unter dem Gesetz oder der Abwesenheit von willkürlich ausgeübtem Zwang hängt davon ab, wie »Gesetz« oder »Willkür« in diesem Zusammenhang aufgefaßt werden. Zum Teil wegen der verschiedenen Verwendung dieser Ausdrücke in der liberalen Tradition besteht ein Konflikt zwischen jenen, für die wie für John Locke, Freiheit nur unter dem Gesetz bestehen kann (»denn wer könnte frei sein, wenn er von der Laune jedes anderen Menschen abhängt«) und vielen der kontinentalen Liberalen und Jeremy Bentham, der meinte, »jedes Gesetz ist ein Übel, weil jedes Gesetz die Freiheit beschneidet«.

Es ist selbstverständlich richtig, daß man die Freiheit durch Gesetze zerstören kann, denn nicht jedes Produkt der Legislative ist ein Gesetz zum Schutz der Freiheit, wie John Locke oder David Hume oder Adam Smith oder Immanuel Kant oder die späteren englischen Whigs es sahen. Wenn sie vom Gesetz als unerläßlichem Wächter der Freiheit sprachen, dachten sie nur an solche Verhaltensregeln, aus denen sich das Privat- und Strafrecht zusammensetzt, aber nicht an jeden Befehl, der von einer gesetzgebenden Autorität erlassen wird. Um als Gesetz in dem Sinne zu gelten, in dem der Begriff in der englischen liberalen Tradition verwendet wurde, um die Bedingung der Freiheit zu beschreiben, mußten die vom Staat durchgesetzten Regeln gewisse Eigenschaften besitzen, die das englische Common Law notwendigerweise besaß, aber nicht jedes Produkt der Legislative: sie mußten allgemeine Regeln individuellen Verhaltens sein, auf jedermann anwendbar, gültig für eine unbekannte Anzahl zukünftiger Fälle, sie mußten den geschützten Bereich des einzelnen definieren und deshalb im wesentlichen Verbote sein, nicht aber besondere Anordnungen. Deshalb sind sie auch nicht zu trennen von der Einrichtung des

Privateigentums. Innerhalb der Grenzen, die diese Verhaltensregeln setzen, sollte der einzelne frei sein, seine eigenen Kenntnisse und Fähigkeiten für seine eigenen Zwecke einzusetzen, wie er es für richtig hielt.

Die Zwangsgewalt des Staates sollte auf die Durchsetzung solcher Verhaltensregeln beschränkt sein. Das schloß nicht aus, abgesehen von einem extremen Flügel in der liberalen Tradition, daß der Staat den Bürgern andere Dienste leistet. Es bedeutet nur, daß der Staat, wenn noch andere Dienste von ihm verlangt werden, dafür nur die Mittel verwenden kann, die ihm zur Verfügung gestellt werden, daß er aber den privaten Bürger dazu nicht zwingen kann. So gesehen kann ein Gesetz, das von der zuständigen gesetzgebenden Behörde erlassen wird, genau so willkürlich sein wie das Gesetz eines Autokraten, ja, jeder Befehl oder jedes Verbot, das nur für bestimmte Personen oder Gruppen gilt und nicht eine allgemein anwendbare Regel ist, muß als willkürlich betrachtet werden. Die Ausübung von Zwang ist dann willkürlich im Sinne der alten liberalen Tradition, wenn sie einem bestimmten staatlichen Zweck dient, auf einem einzelnen Willensakt beruht und nicht auf einer allgemeinen Regel, die nötig ist, um jene sich selbst erhaltende Ordnung des Handelns zu gewährleisten, der auch alle anderen geltenden Verhaltensregeln dienen.

9. Recht und die spontane Ordnung des Handelns

Die Bedeutung, welche die liberale Theorie den Verhaltensregeln beimißt, basiert auf der Einsicht, daß sie die wesentlichen Voraussetzungen sind für die Aufrechterhaltung einer sich selbst bildenden oder spontanen Ordnung des Handelns der verschiedenen Individuen und Gruppen, die alle ihre eigenen Ziele aufgrund ihrer eigenen Kenntnisse verfolgen. Zumindest die großen Begründer der liberalen Theorie im 18. Jahrhundert, David Hume und Adam Smith, nahmen keine natürliche Harmonie der Interessen an, sondern behaupteten vielmehr, daß die verschieden gerichteten Interessen der verschiedenen Individuen versöhnt werden könnten durch die Beobachtung angemessener Verhaltensregeln. Ihr Zeitgenosse Josiah Tucker formulierte das so: »Eigenliebe, die universelle Antriebskraft der menschlichen Natur … könnte in eine solche Richtung gelenkt werden, daß das öffentliche Wohl gefördert wird, während sie sich um ihr eigenes Interesse bemüht.« Diese Autoren des 18. Jahrhunderts waren sowohl Rechtsphilosophen als auch Wirtschaftsordnungstheoretiker; ihre Rechtsauffassung und ihre Theorie des Marktmechanismus hängen eng zusammen. Sie waren überzeugt, daß nur die Einhaltung bestimmter Rechtsgrundsätze, insbesondere die Institution des Privateigentums und des Vertragsrechts, zu einer wechselseitigen Anpassung der einzelnen Aktionspläne der verschiedenen Individuen führen würden, so daß alle gute Aussicht hät-

ten, ihre Absichten auszuführen. Wie die spätere Theorie klarer herausarbeite-
te, ist es diese wechselseitige Anpassung der Einzelpläne, welche die Menschen
dazu bringt, sich gegenseitig zu nützen, wenn sie ihre eigenen Kenntnisse und
Geschicklichkeiten einsetzen, um ihre eigenen Ziele zu erreichen.

Aufgabe dieser Verhaltensregeln war es also nicht, die einzelnen Bemühungen zu organisieren, um besondere Zwecke, auf die man sich geeinigt hatte, zu
erreichen, sondern eine umfassende Ordnung des Handelns zu sichern, in der
jeder bei der Verfolgung seiner eigenen Ziele von den Bemühungen der anderen soviel Nutzen wie möglich zieht. Man nahm an, daß die Regeln, die zur
Ausbildung dieser spontanen Ordnung führen, durch langes Experimentieren
in der Vergangenheit entdeckt wurden. Zwar hielt man sie für verbesserungs-
fähig, glaubte aber, daß solche Verbesserungen langsam Schritt für Schritt erfolgen müßten, wenn neue Versuche zeigten, daß das vorteilhaft sei.

Den großen Vorteil dieser sich selbst bildenden Ordnung sah man darin,
daß die einzelnen Menschen frei blieben, ihre eigenen egoistischen oder altruistischen Zwecke zu verfolgen. Außerdem konnte so das weitgestreute Wissen
über besondere örtliche und zeitliche Gegebenheiten genutzt werden, das nur
die einzelnen besitzen und keiner Autorität je zugänglich sein kann. Weil auf
diese Weise mehr spezielles Tatsachenwissen genutzt wird als in irgendeinem
System, in dem die wirtschaftlichen Aktivitäten zentral gesteuert werden, wird
das Sozialprodukt größer sein, als man es durch irgendwelche anderen Mittel
machen könnte.

Aber wenn man die Bildung dieser Ordnung den spontanen, durch angemessene gesetzliche Regeln gezügelten, Marktkräften überläßt, um dadurch eine umfassendere Ordnung und eine bessere Anpassung an wechselnde Umstände zu erreichen, so bedeutet das auch, daß der genaue Inhalt dieser Ordnung nicht mehr bewußt gesteuert werden kann, sondern weitgehend dem
Zufall überlassen bleibt. Der Rahmen gesetzlicher Regeln und alle die verschiedenen Einrichtungen, die der Bildung der Marktordnung dienen, können
nur ihren allgemeinen, abstrakten Charakter festlegen, aber nicht ihre Wirkung
auf bestimmte Individuen und Gruppen im einzelnen. Wenn auch die Rechtfertigung dieser Ordnung darin liegt, daß sie die Chancen aller vergrößert und
die Position jedes einzelnen weitgehend von seinen eigenen Anstrengungen abhängt, bleibt das Ergebnis für jedes Individuum oder jede Gruppe doch abhängig von unvorhergesehenen Umständen, die weder der einzelne noch sonst jemand steuern kann. Seit Adam Smith wurde dieser Prozeß, durch den in einer
Marktwirtschaft die Anteile der einzelnen bestimmt werden, deshalb oft mit einem Spiel verglichen, bei dem das Ergebnis für jeden einzelnen teilweise von
Geschicklichkeit und Bemühen, teilweise aber auch vom Glück abhängt. Die
einzelnen Menschen handeln vernünftig, wenn sie sich auf dieses Spiel einlassen, weil hier der Fond, aus dem die Anteile gezogen werden, größer wird als

bei irgendeiner anderen Methode. Gleichzeitig aber bleibt der Anteil des einzelnen allen möglichen Zufällen unterworfen und wird gewiß nicht immer seinen persönlichen Verdiensten entsprechen oder der Wertschätzung, die andere seinem Bemühen beimessen.

Bevor die hierdurch aufgeworfenen Probleme der Gerechtigkeit aus liberaler Sicht weiter ausgeführt werden, ist es nötig, einige Verfassungsgrundsätze zu betrachten, in denen sich die liberale Rechtsauffassung verkörpert.

10. Recht, Gewaltenteilung und Souveränität

Das fundamentale liberale Prinzip, Zwang auf die Durchsetzung allgemeiner Verhaltensregeln zu beschränken, ist kaum je so formuliert worden, sondern drückte sich in zwei für das liberale Verfassungsdenken wesentlichen Begriffen aus: in der Unantastbarkeit der natürlichen Rechte des Individuums (auch Grundrechte oder Menschenrechte genannt) und in der Gewaltenteilung. In der französischen Deklaration der Menschen- und Bürgerrechte, der zugleich knappsten und eindrucksvollsten Formulierung liberaler Grundsätze, heißt es: »Eine Gesellschaft, die keine Rechte garantiert und keine Gewaltenteilung bestimmt, hat keine Verfassung.«

Die Idee besonders garantierter fester Grundrechte wie »Freiheit, Eigentum, Sicherheit und Auflehnung gegen Unterdrückung« und im einzelnen solche Freiheiten wie Meinungs-, Rede-, Versammlungs- und Pressefreiheit, die zuerst im Laufe der amerikanischen Unabhängigkeitsbewegung erschienen, sind jedoch nur eine Anwendung des liberalen Prinzips auf bestimmte Rechte, die für besonders wichtig gehalten wurden; aber da sie sich auf die aufgezählten Rechte beschränken, sind sie enger gefaßt als das allgemeine Prinzip. Daß es sich dabei tatsächlich nur um eine Anwendung des allgemeinen Prinzips handelt, folgt daraus, daß keines dieser Grundrechte als absolut aufgefaßt wird, sondern sie alle nur insoweit gelten, als sie nicht durch allgemeine Gesetze begrenzt sind. Da aber nach dem allgemeinen liberalen Prinzip *jeder* Zwang des Staates auf die Durchsetzung allgemeiner Regeln begrenzt sein muß, könnte man alle diese Grundrechte, die in einem der Menschenrechtskataloge aufgeführt sind, und auch viele andere, die nie in solche Dokumente aufgenommen wurden, durch eine einzige Klausel garantieren, die dieses allgemeine Prinzip enthält. Wie die Wirtschaftsfreiheit wären auch alle anderen Freiheiten garantiert, wenn die Handlungen des Individuums nicht durch einzelne Verbote (oder durch die Notwendigkeit, eine Erlaubnis einzuholen), sondern nur durch allgemeine, für alle gleich anwendbare Regeln beschränkt werden könnten.

In ihrer ursprünglichen Bedeutung ist auch die Gewaltenteilung eine Anwendung desselben allgemeinen Prinzips, allerdings nur insofern als in der Unterscheidung der drei Gewalten Legislative, Judikative und Exekutive der Begriff »Gesetz« eng im Sinne allgemeiner Verhaltensregeln gemeint ist, so wie ihn ohne Zweifel auch die frühen Vertreter dieses Prinzips verstanden. Solange die Legislative nur Gesetze in diesem engen Sinn erlassen durfte, konnten auch die Gerichte Zwang nur verhängen (und die Exekutive nur Zwang anwenden), um Gehorsam für diese allgemeinen Regeln zu erreichen. Dies gilt jedoch nur insoweit, als die Befugnis der Legislative darauf beschränkt ist, Gesetze in diesem strengen »materiellen« Sinne (wie John Locke es verlangt) zu erlassen, jedoch nicht, wenn die Legislative Befehle jeder Art, die sie für richtig hält, für die Exekutive erläßt, und wenn jede Maßnahme der Exekutive, die ihr so gestattet wird, als legitim gilt. Wenn aber die Legislative genannte repräsentative Versammlung, wie heute in allen modernen Staaten, zur obersten unbeschränkten Autorität wird, die das Handeln der Exekutive auch in einzelnen Maßnahmen lenkt, und wenn Gewaltenteilung nur heißt, daß die Exekutive nichts tun darf, wozu sie nicht auf diese Weise ermächtigt wurde, dann ist nicht mehr gewiß, daß die Freiheit des einzelnen nur durch Gesetze im engen Sinne der liberalen Theorie beschränkt wird.

Wenn die Macht der Legislative begrenzt ist, wie die Lehre von der Gewaltenteilung es ursprünglich annahm, dann ist *jede* unbegrenzte oder souveräne Macht ausgeschlossen, zumindest aber jede Autorität oder organisierte Macht, die tun kann, was ihr beliebt. Die Weigerung, eine solche souveräne Macht anzuerkennen, die ganz klar bei John Locke und später immer wieder in der liberalen Lehre zum Ausdruck kommt, ist einer der Hauptstreitpunkte mit der heute herrschenden Lehre des Rechtspositivismus. Die traditionelle liberale Lehre hält es nicht für logisch notwendig, alle Gesetzgebungsgewalt aus einer einzigen souveränen Quelle oder einem organisierten »Willen« abzuleiten mit der Begründung, alle organisierte Gewalt ließe sich durch eine allgemeine öffentliche Meinung begrenzen, die dieser Gewalt (oder organisiertem Willen) den Gehorsam verweigert, wenn eine *Art* von Maßnahmen ergriffen werden sollte, die diese öffentliche Meinung nicht billigt. Sie nimmt an, daß eine Macht wie die öffentliche Meinung, obwohl nicht fähig, bestimmte Willensäußerungen zu artikulieren, dennoch die gesetzgebende Gewalt aller Staatsorgane auf Maßnahmen beschränken wird, die gewisse allgemeine Eigenschaften aufweisen.

11. Liberalismus und Gerechtigkeit

Mit der liberalen Rechtsauffassung eng verbunden ist die liberale Auffassung der Gerechtigkeit. Sie unterscheidet sich von der heute üblichen in zwei wichtigen Aspekten: sie beruht auf der Überzeugung, daß es möglich sei, objektive

Regeln richtigen Verhaltens unabhängig von Sonderinteressen zu entdecken, und sie fragt nur, ob das menschliche Verhalten gerecht ist oder die Regeln, die es leiten, aber nicht, welche Ergebnisse dieses Verhalten für einzelne Menschen oder Gruppen zeitigt. Vor allem im Gegensatz zum Sozialismus muß gesagt werden, daß der Liberalismus sich mit der kommutativen Gerechtigkeit befaßt, nicht aber mit dem, was man distributive oder neuerdings »soziale« Gerechtigkeit nennt.

Die Überzeugung, daß Regeln für richtiges Verhalten existieren, die gefunden, aber nicht willkürlich geschöpft werden können, beruht auf der Tatsache, daß die Mehrzahl solcher Regeln zu allen Zeiten fraglos akzeptiert wird. Entsteht irgendein Zweifel an der Gerechtigkeit einer bestimmten Regel, so muß er im Gesamtzusammenhang aller allgemein anerkannten Regeln gelöst werden, und zwar so, daß die fragliche Regel mit allen übrigen Regeln vereinbar sein muß, d. h. jede Regel muß der Bildung derselben abstrakten Ordnung des Handelns dienen wie alle anderen Verhaltensregeln und darf den Erfordernissen keiner anderen dieser Regeln widersprechen. Die Gerechtigkeit einer gewissen Regel erweist sich darin, daß sie sich universell anwenden läßt, weil sie mit allen übrigen akzeptierten Regeln vereinbar ist.

Es wird oft behauptet, dieser Glaube des Liberalismus an eine Gerechtigkeit, die unabhängig ist von Einzelinteressen, beruhe auf der Vorstellung eines Naturrechts, welches die moderne Philosophie schlüssig widerlegt habe. Abhängigkeit von einem Naturrecht besteht nur in einer ganz bestimmten Bedeutung dieses Begriffs, und diese wurde durch den modernen Rechtspositivismus keineswegs überzeugend widerlegt. Man kann nicht bestreiten, daß die Angriffe des Rechtspositivismus viel dazu beigetragen haben, diesen wesentlichen Teil der traditionellen liberalen Lehre in Mißkredit zu bringen. Tatsächlich besteht ein Konflikt zwischen der liberalen Theorie und dem Rechtspositivismus, der behauptet, jedes Gesetz sei (oder sollte sein) das Produkt des (letztlich unabhängigen) Willens eines Gesetzgebers. Aber sobald das allgemeine Prinzip einer sich selbst erhaltenden Ordnung auf der Grundlage des Privateigentums und des Vertragsrechts akzeptiert ist, erfordern innerhalb des Systems allgemein anerkannter Regeln gewisse Fragen auch bestimmte Antworten – aufgrund des Grundprinzips dieses Systems – und die zutreffenden Antworten auf die Fragen müssen wohl entdeckt werden, können aber nicht willkürlich erfunden werden. Dieser Sachverhalt führt zu der richtigen Überzeugung, die »Natur der Sache« erfordere gewisse Regeln und nicht andere.

Das Ideal distributiver Gerechtigkeit hat in letzter Zeit liberale Denker begeistert und führte viele von ihnen vom Liberalismus zum Sozialismus. Aus einem doppelten Grund muß diese Art der Gerechtigkeit von konsequenten Liberalen verworfen werden: es gibt kein anerkanntes oder erkennbares allgemeines Prinzip für distributive Gerechtigkeit, und auch wenn man sich auf solche Prinzipien einigen könnte, wären sie auf eine Gesellschaft nicht anwendbar, deren Produktivität darauf beruht, daß die Individuen frei sind, ihre eigenen Kenntnisse und Fähigkeiten für ihre eigenen Zwecke zu nutzen. Wenn bestimmten Menschen als Belohnung für ihre irgendwie festgestellten Verdienste oder für ihre Bedürfnisse bestimmte Leistungen garantiert werden sollen, so erfordert das eine Gesellschaftsordnung, die völlig verschieden ist von der spontanen Ordnung, die sich selbst bildet, wenn die einzelnen Menschen nur durch allgemeine Verhaltensregeln beschränkt sind. Um eine »gerechte« Verteilung zu erzielen, bedarf es einer Ordnung (die man am besten Organisation nennen sollte), in der die einzelnen Menschen im Dienste einer gemeinsamen einheitlichen Zielhierarchie stehen und das tun, was entsprechend dem autoritär gesetzten Aktionsplan notwendig ist. Während die spontane Ordnung in diesem Sinne nicht einer bestimmten Rangordnung von Bedürfnissen dient, sondern nur die besten Möglichkeiten bereitstellt, damit viele verschiedene Einzelbedürfnisse mit Aussicht auf Erfolg verfolgt werden können, setzt eine Organisation voraus, daß alle ihre Mitglieder im Dienste desselben Zielsystems stehen. Und eine solche umfassende Organisation der ganzen Gesellschaft, die notwendig ist, wenn jeder das bekommen soll, was er nach Ansicht irgendeiner Autorität verdient, verlangt auch eine Gesellschaft, in der jeder das tut, was jene Autorität verlangt.

12. Liberalismus und Gleichheit

Der Liberalismus fordert lediglich, daß ein Staat, der die Bedingungen setzt, unter denen die einzelnen Menschen handeln, auf alle dieselben formalen Regeln anwenden muß. Er wendet sich gegen alle rechtlichen Privilegien und gegen die Verleihung bestimmter Vorteile, die der Staat nur einigen, nicht aber allen gewährt. Da der Staat aber, ohne Macht, einen bestimmten Zwang auszuüben, ohnehin nur einen kleinen Teil der Bedingungen steuern kann, welche die Zukunftsaussichten der verschiedenen Menschen bestimmen, und diese Menschen notwendigerweise sehr verschieden sind – sowohl nach ihren individuellen Fähigkeiten als nach ihrer (physischen und sozialen) Umgebung –, muß gleiche Behandlung nach denselben allgemeinen Gesetzen die verschiedenen Menschen in verschiedene Positionen bringen. Wollte man die Positionen oder die Chancen der verschiedenen Menschen gleich machen, so müßte der Staat sie verschieden behandeln. Anders ausgedrückt: Der Liberalismus verlangt nur, daß die Bedingungen oder die Spielregeln, durch welche die relativen Positionen der verschiedenen Menschen bestimmt werden, gerecht sind (oder wenigstens nicht ungerecht oder willkürlich festgesetzt wurden), jedoch nicht, daß die Ergebnisse dieses Prozesses im einzelnen für die verschiedenen Menschen gerecht sind; denn diese Ergebnisse sind in einer Gesellschaft freier Menschen immer sowohl von den Handlungen dieser Individuen als auch von zahlreichen anderen Umständen abhängig, die niemand als Ganzes bestimmen oder vorhersehen kann.

Zur Blütezeit des klassischen Liberalismus wurde das gewöhnlich durch die Forderung ausgedrückt, dem Talent sollten alle Laufbahnen offenstehen, oder, etwas vage und unbestimmt, durch »Chancengleichheit«. In der Praxis hieß das, alle Hindernisse auf dem Weg zu höheren Positionen, die sich aus der rechtlichen Diskriminierung von Menschen ergaben, sollten abgeschafft werden. Das hieß nicht, daß die Chancen der verschiedenen Menschen gleichgemacht werden könnten. Nicht nur wegen der verschiedenen Begabungen, sondern vor allem wegen der unvermeidlichen Unterschiede des Milieus und besonders der Familien, in denen die Menschen aufwuchsen, sind ihre Zukunftsaussichten unvermeidlich verschieden. Aus diesem Grunde kann die Vorstellung, welche die meisten Liberalen nähren, nämlich daß eine Ordnung nur gerecht ist, wenn die Startchancen für alle Menschen gleich sind, in einer freien Gesellschaft nicht realisiert werden. Das würde eine bewußte Manipulation der Umgebung erfordern, in der die verschiedenen Menschen arbeiten, was gänzlich unvereinbar wäre mit einem Freiheitsideal, nach dem der einzelne seine Kenntnisse und Geschicklichkeiten nutzen kann, um seine Umgebung zu formen.

Doch auch wenn materielle Gleichheit mit liberalen Methoden nur in begrenztem Rahmen erreichbar ist, bleibt der Kampf um formale Gleichheit, d.h. gegen alle Diskriminierungen aufgrund sozialer Herkunft, Nationalität, Rasse, Religion, Geschlecht, usw. das Wesensmerkmal liberaler Tradition. Obwohl der Liberalismus nicht glaubt, große Unterschiede in der materiellen Stellung vermeiden zu können, hofft er doch, durch eine stetig verbesserte vertikale Mobilität die Härten mildern zu können. Das Hauptinstrument dafür war die Einrichtung (wenn nötig mit öffentlichen Mitteln) eines allgemeinen Erziehungssystems, durch das alle jungen Leute an den Fuß der Leiter gestellt werden sollten, die sie dann je nach ihren Fähigkeiten erklimmen konnten. Durch die Bereitstellung bestimmter Leistungen für diejenigen, die noch nicht für sich selbst sorgen konnten, versuchten viele Liberale die sozialen Schranken wenigstens abzubauen, die viele Menschen an die Klasse fesselten, in der sie geboren waren.

Weniger vereinbar mit der liberalen Auffassung von Gleichheit ist eine andere Maßnahme, die in liberalen Kreisen ebenfalls große Unterstützung fand, nämlich die Anwendung der Steuerprogression für die Einkommensumverteilung zugunsten der ärmeren Schichten. Da kein Kriterium gefunden werden kann, durch das eine solche Progression mit einer auf alle gleich anwendbaren Regel umschrieben werden könnte, oder durch das die Sonderbelastung auf die reicheren begrenzt würde, erscheint es, daß eine *allgemeine* Steuerprogression in Widerspruch zu dem Grundsatz der Gleichheit vor dem Gesetz steht, und so betrachteten sie auch die Liberalen des 19. Jahrhunderts.

13. Liberalismus und Demokratie

Wegen seiner Forderung nach gleichem Recht für alle und der daraus folgenden Ablehnung aller rechtlichen Privilegien ging der kontinentale Liberalismus eine enge Verbindung mit der demokratischen Bewegung ein. Im Kampf um eine verfassungsmäßige Regierung im 19. Jahrhundert waren die liberale und die demokratische Bewegung oft nicht zu unterscheiden. Im Laufe der Zeit jedoch wurde langsam offenbar, daß die beiden Lehren sich letztlich verschiedenen Anliegen widmeten. Der Liberalismus befaßt sich mit den Aufgaben des Staates und vor allem mit der Beschränkung seiner Macht. Die demokratische Bewegung befaßt sich mit der Frage, wer den Staat lenken soll. Der Liberalismus fordert, alle Macht, also auch die der Mehrheit, zu begrenzen. Die demokratische Theorie führte dazu, die Meinung der jeweiligen Mehrheit als einziges Kriterium für die Rechtmäßigkeit der Regierungsgewalt zu betrachten. Die Verschiedenheit der beiden Prinzipien wird am klarsten, wenn wir jeweils das Gegenteil suchen: bei Demokratie ist es eine autoritäre Regierung, beim Liberalismus aber der Totalitarismus. Keines der beiden Systeme schließt das Gegenteil des anderen aus: eine Demokratie könnte durchaus totalitäre Gewalt ausüben, und es ist zumindest vorstellbar, daß eine autoritäre Regierung liberale Grundsätze befolgt.

Liberalismus ist also unvereinbar mit unbeschränkter Demokratie, genauso wie mit jeder anderen unbeschränkten Macht. Er setzt eine Beschränkung der Macht auch für die Repräsentanten der Mehrheit voraus, indem er eine Bindung an Prinzipien verlangt, die entweder in einer Verfassung niedergelegt oder von der öffentlichen Meinung anerkannt sind und so die Legislative wirkungsvoll beschränken.

Obwohl also die konsequente Anwendung liberaler Prinzipien zur Demokratie führt, wird die Demokratie den Liberalismus nur dann und nur solange bewahren, wie die Mehrheit ihre Macht nicht dazu mißbraucht, ihren Anhängern besondere Vorteile zu verschaffen, die nicht allen Bürgern gleichermaßen geboten werden können. Das ließe sich nur in einer repräsentativen Versammlung erreichen, deren Macht darauf beschränkt ist, Gesetze im Sinne allgemeiner Verhaltensregeln zu erlassen, für die sich eine Mehrheit findet. Doch das ist bei einer Versammlung, die ständig die Maßnahmen der Regierung steuert, höchst unwahrscheinlich. In einer solchen Repräsentativversammlung, in der echte Legislative mit staatlicher Gewalt ausgestattet ist und deshalb nicht durch unveränderbare Regeln begrenzt ist, ist es nicht wahrscheinlich, daß die Mehrheit sich wirklich auf die Zustimmung zu Prinzipien gründet, sondern sie wird wahrscheinlich aus Koalitionen verschiedener organisierter Interessengruppen bestehen, die sich gegenseitig besondere Vorteile zugestehen. Da es in einer repräsentativen Körperschaft mit unbeschränkter Macht fast unvermeidlich ist, daß Entscheidungen dadurch zustandekommen, daß verschiedenen Gruppen auf dem Kompensationswege bestimmte Vorteile zugeschanzt werden und die Bildung einer regierungsfähigen Mehrheit von solchen Tauschgeschäften abhängt, ist es wirklich fast unvorstellbar, daß diese Macht nur im eigentlichen Interesse der Allgemeinheit eingesetzt wird.

Aber während es aus diesen Gründen fast sicher erscheint, daß eine unbeschränkte Demokratie die liberalen Grundsätze aufgeben wird, um diskriminierende Maßnahmen zum Vorteil verschiedener Gruppen, welche die Mehrheit stützen, zu ergreifen, ist es auch zweifelhaft, ob eine Demokratie langfristig überleben kann, wenn sie die liberalen Grundsätze aufgibt. Wenn der Staat Aufgaben übernimmt, die zu umfangreich und zu komplex sind, um wirkungsvoll durch Mehrheitsentscheidungen gelenkt zu werden, scheint es unausweichlich, daß Gruppen, die die Macht dazu haben, einen bürokratischen Apparat aufbauen werden, der sich mehr und mehr der demokratischen Kontrolle entzieht. Wenn eine Demokratie sich vom Liberalismus abkehrt, ist es nicht unwahrscheinlich, daß im Laufe der Zeit auch die Demokratie selbst verschwindet. Insbesondere kann wenig Zweifel daran bestehen, daß eine dirigistische Wirtschaft, der die Demokratien zuzustreben scheinen, zu ihrer wirksamen Lenkung eine Regierung mit autoritärer Macht braucht.

14. Staatliche Dienstleistungen

Die strenge Begrenzung der Staatsgewalt auf die Durchsetzung allgemeiner Verhaltensregeln, wie liberale Grundsätze es fordern, bezieht sich nur auf die Zwangsgewalt des Staates. Zusätzlich kann der Staat ihm übertragene Mittel dazu verwenden, verschiedene Leistungen zu erbringen, die abgesehen von der Mittelbeschaffung über Steuern, keinen Zwang erfordern. Sieht man von einigen extremen Flügeln im Liberalismus ab, so ist nie geleugnet worden, daß die Übernahme solcher Aufgaben durch den Staat zu wünschen ist. Im 19. Jahrhundert waren diese Leistungen jedoch nur von geringer und hauptsächlich traditioneller Bedeutung und von den liberalen Theoretikern deshalb wenig beachtet; sie betonten lediglich, daß solche Leistungen besser von den örtlichen Gremien als von der Zentralregierung zu erbringen seien. Der Leitgedanke war die Sorge, die Zentralregierung könnte zu mächtig werden und die Hoffnung, der Wettbewerb zwischen den verschiedenen örtlichen Gremien würde eine wirkungsvolle Kontrolle darstellen und die Entwicklung dieser Leistungen in eine erwünschte Richtung führen.

Die allgemeine Wohlstandssteigerung und die neuen Erwartungen, die nun realisierbar erscheinen, haben seither zu einem enormen Anwachsen dieser Leistungen geführt; es ist deshalb nötig, hier eine klarere Stellung zu beziehen als der klassische Liberalismus. Zweifellos gibt es viele solcher Leistungen, von den Ökonomen »öffentliche Güter« genannt, die durchaus wünschenswert sind, aber nicht durch den Markt bereitgestellt werden können, denn sobald es sie gibt, nützen sie jedermann und können nicht denen vorbehalten werden, die bereit sind, dafür zu zahlen. Angefangen bei den elementaren Aufgaben wie Schutz vor Verbrechen, Verhütung ansteckender Krankheiten und anderen Gesundheitsdiensten bis zu den vielen verschiedenen höchst akuten Problemen in städtischen Ballungsgebieten können die erforderlichen Leistungen nur erbracht werden, wenn die Mittel dazu durch Steuern erhoben werden. Daraus folgt: wenn diese Leistungen überhaupt erbracht werden sollen, muß man, wenn auch nicht notwendigerweise ihre Durchführung, so doch zumindest ihre Finanzierung auf Gremien übertragen, die Steuern erheben können. Das bedeutet nicht, daß der Staat das ausschließliche Recht bekommen muß, solche Leistungen zu erbringen. Ein Liberaler würde für Privatunternehmen die Möglichkeit offenhalten wollen, solche Dienste zu leisten, wenn Wege dazu gefunden werden. Der Tradition entsprechend würde er auch wünschen, daß diese Leistungen so weit wie möglich von örtlichen und nicht von zentralen Gremien erbracht und durch lokale Steuern bezahlt werden, weil dadurch zumindest eine gewisse Beziehung bestehen bleibt zwischen denen, die aus einer bestimmten Leistung Vorteile ziehen und denen, die sie bezahlen. Darüber hinaus hat der Liberalismus für dieses weite Gebiet ständig wachsender Bedeutung kaum klare Grundsätze entwickelt, die der Politik als Leitlinien dienen könnten. Auf die neuen Probleme wurden die allgemeinen Grundsätze des Liberalismus nicht angewendet. Das zeigte sich im Zuge der Entwicklung des modernen Wohlfahrtsstaates. Zwar wäre es möglich gewesen, viele seiner Ziele in einem liberalen Rahmen zu erreichen, doch hätte dies einen langsamen Prozeß des Experimentierens erfordert. Der Wunsch aber, diese Ziele auf dem schnellsten Wege zu erreichen, führte überall zur Abkehr von liberalen Grundsätzen. Es wäre beispielsweise möglich gewesen, die meisten Leistungen der Sozialversicherung durch Schaffung von Einrichtungen mit echtem Wettbewerb im Versicherungswesen zu erreichen, sogar ein Mindesteinkommen für alle hätte innerhalb eines liberalen Rahmens geschaffen werden können, aber man entschied sich dafür, das gesamte Gebiet der Sozialversicherung zu einem Staatsmonopol zu machen und den ganzen Apparat, der dafür aufgebaut wurde, in eine große Maschinerie zur Einkommensumverteilung zu verwandeln. Das führte zu einem progressiven Anwachsen des staatlich kontrollierten Wirtschaftsbereiches und zu einer ständigen Schrumpfung des Teiles der Wirtschaft, in dem noch liberale Grundsätze gelten.

15. Positive Aufgaben liberaler Gesetzgebung

Die traditionelle liberale Theorie scheiterte nicht nur, als sie mit den neuen Problemen fertig werden mußte, sie hat auch nie ein ausreichend klares Programm für ein rechtliches Rahmenwerk hervorgebracht, das dazu dienen konnte, eine leistungsfähige marktwirtschaftliche Ordnung aufrechtzuerhalten. Wenn ein System freier Unternehmungen segensreich arbeiten soll, genügt es nicht, daß die Gesetze den oben skizzierten negativen Kriterien genügen. Es ist auch notwendig, ihren positiven Inhalt so zu gestalten, daß der Marktmechanismus befriedigend wirken kann. Das erfordert insbesondere Regeln zur Aufrechterhaltung des Wettbewerbs und zur Eindämmung der Bildung von Monopolpositionen, soweit das möglich ist. Diese Probleme wurden von der liberalen Lehre im 19. Jahrhundert etwas vernachlässigt und systematisch erst in jüngster Zeit von einigen »neoliberalen« Gruppen untersucht.

Es ist jedoch wahrscheinlich, daß Monopole nie zu einem ernsten Problem geworden wären, wenn nicht der Staat ihre Entwicklung gefördert hätte durch Zölle, gewisse Bestimmungen im Unternehmungsrecht und durch das Patentwesen. Es bleibt eine offene Frage, ob es notwendig oder wünschenswert ist, über ein gesetzliches, den Wettbewerb förderndes Rahmenwerk hinaus, spezielle Maßnahmen zur Bekämpfung von Monopolen zu ergreifen. Wenn ja, so könnte das Verbot von handelsbeschränkenden Absprachen, das sich im alten Common Law findet, eine Grundlage für diese Entwicklung bilden; es blieb jedoch lange ungenutzt. Erst relativ spät, beginnend in den USA mit dem Sherman Act von 1890 und in Europa erst nach dem zweiten Weltkrieg, versuchte man eine gezielte Anti-Trust- und Anti-Kartellgesetzgebung zu erarbeiten, doch wegen der Ermessensmacht, die sie gewöhnlich auf Verwaltungsgremien übertrug, war sie mit den klassischen liberalen Idealen nicht ganz vereinbar.

Der Verzicht auf die Anwendung liberaler Grundsätze führte besonders auf einem Gebiet zu Entwicklungen, die zunehmend das Funktionieren des Marktmechanismus beeinträchtigen, nämlich beim Monopol der organisierten Arbeit oder den Gewerkschaften. Der klassische Liberalismus hatte die Forderungen der Arbeiter auf Koalitionsfreiheit unterstützt und hatte vielleicht deshalb versäumt, der tatsächlichen Entwicklung entgegenzutreten, welche die Gewerkschaften durch Gesetz zu privilegierten Einrichtungen macht, die in einer Weise Zwang ausüben können, wie es niemandem sonst erlaubt wird. Diese Position der Gewerkschaften hat den Marktmechanismus für die Bestimmung der Löhne weitgehend außer Kraft gesetzt, und es ist mehr als zweifelhaft, ob eine

Marktwirtschaft erhalten bleiben kann, wenn die Preisbestimmung durch
Wettbewerb nicht auch auf die Löhne angewandt wird. Die Frage, ob weiterhin eine marktwirtschaftliche Ordnung bestehen wird oder ob sie durch ein System zentralgeleiteter Wirtschaft ersetzt werden wird, kann durchaus davon
abhängen, ob es möglich sein wird, auf irgendeine Weise wieder Wettbewerb
auf dem Arbeitsmarkt herzustellen.

Die Auswirkungen dieser Entwicklung zeigen sich schon in der Art, in der
sie staatliches Handeln auf dem zweiten Gebiet beeinflussen, auf dem positive
staatliche Eingriffe zur Erhaltung eines funktionsfähigen Marktes für erforderlich gehalten werden: bei der Herstellung eines stabilen Preissystems. Der klassische Liberalismus nahm noch an, die Goldwährung würde das Angebot von
Geld und Krediten durch einen automatischen Mechanismus regulieren und eine funktionierende marktwirtschaftliche Ordnung gewährleisten; doch die historische Entwicklung hat eine Kreditstruktur hervorgebracht, die in hohem
Maße von der bewußten Lenkung durch eine zentrale Autorität abhängt. Diese Steuerung, die eine Zeitlang in den Händen unabhängiger Zentralbanken lag,
wurde in letzter Zeit in den meisten Ländern den Regierungen übertragen, vor
allem, weil man die Budgetpolitik zu einem der Hauptinstrumente der Geldre-
gulierung machte. Auf diese Weise wurden die Regierungen verantwortlich für
eine wesentliche Bedingung, von der das Funktionieren des Marktmechanismus abhängt.

Weil sie bei den von den Gewerkschaften hochgetriebenen Löhnen eine angemessene Beschäftigung garantieren müssen, werden alle westlichen Länder
gezwungen, eine Inflationspolitik zu betreiben, durch welche die monetäre
Nachfrage schneller steigt als das Güterangebot. Das hat sie in eine fortschreitende Inflation getrieben, der sie wiederum glauben, durch direkte Preiskon-
trollen entgegenwirken zu müssen; dadurch droht der Marktmechanismus
noch weiter außer Funktion zu geraten. Es scheint, daß auf diesem Wege, wie
im historischen Teil angedeutet, die marktwirtschaftliche Ordnung zerstört
werden wird, welche die Grundlage für ein liberales System ist.

16. Geistige und materielle Freiheit

Die politische Lehre des Liberalismus, auf die sich diese Darstellung konzentriert, wird vielen, die sich als Liberale verstehen, nicht als das Ganze, nicht einmal als der wichtigste Teil ihrer Überzeugungen erscheinen. Wie schon angedeutet, wurde der Begriff »liberal« häufig, besonders in jüngster Zeit, mehr zur
Kennzeichnung einer allgemeinen Geisteshaltung gebraucht, als um spezielle
Ansichten über die Aufgaben des Staates auszudrücken. Es ist deshalb ange-
bracht, abschließend auf die Beziehungen zwischen jenen allgemeinen Grund-

lagen liberalen Denkens und den rechtlichen und wirtschaftlichen Lehren zurückzukommen, um zu zeigen, daß diese Lehren sich notwendig aus der strikten Anwendung jener Ideen ergeben, die zur Forderung nach Geistesfreiheit führten, der ja alle Richtungen des Liberalismus zustimmen.

Man könnte sagen, alle liberalen Auffassungen entspringen aus der zentralen Überzeugung, die gesellschaftlichen Probleme würden sich besser lösen lassen, wenn man nicht darauf vertraut, daß irgend jemand das ihm verfügbare Wissen gut nutzen wird, sondern einen Prozeß interpersonellen Meinungsaustausches fördert, aus dem sich mehr Wissen ergeben wird. Aus der Diskussion und gegenseitigen Kritik der unterschiedlichen, auf verschiedene Erfahrungen gestützten menschlichen Ansichten erwartet man eine erfolgreichere Wahrheitsfindung oder wenigstens die beste erreichbare Annäherung an die Wahrheit. Meinungsfreiheit für jeden einzelnen wurde gerade deshalb gefordert, weil man jeden einzelnen für fehlbar hielt und deshalb erwartete, das größte Wissen durch einen Prozeß ständiger Überprüfung aller Meinungen zu entdecken, den nur eine freie Diskussion gewährleistet. Um es anders auszudrücken: Nicht von der Kraft der Vernunft eines einzelnen (der die eigentlichen Liberalen mißtrauten), sondern von den Ergebnissen zwischenmenschlicher Diskussion und Kritik erwartete man eine bessere Annäherung an die Wahrheit. Auch die Verbesserung der Einsicht und der Kenntnisse des einzelnen hält man nur insoweit für möglich, als er Teil dieses Prozesses ist.

Die durch Geistesfreiheit gesicherte Vergrößerung des Wissens oder der Fortschritt und die daraus folgende zunehmende Macht der Menschen, ihre Ziele zu erlangen, war nach liberaler Auffassung überaus wünschenswert und wurde nie bezweifelt. Zuweilen wird, nicht ganz korrekt, behauptet, es sei ausschließlich der materielle Fortschritt betont worden. Es stimmt zwar, daß man vom Fortschritt in Wissenschaft und Technik die Lösung der meisten Probleme erwartete, doch man verband damit eine etwas unkritische, wenn auch wohl durch Erfahrung gerechtfertigte Hoffnung, daß Freiheit auch auf moralischem Gebiet zu Fortschritten führen werde. Wenigstens scheint es so, als ob in Zeiten zivilisatorischer Fortschritte auch moralische Überzeugungen sich weiter ausbreiteten, die zuvor nicht so klar oder nur teilweise anerkannt worden waren. (Fraglich ist, ob der rasche, durch Freiheit bewirkte geistige Fortschritt auch die ästhetische Empfänglichkeit fördert. Doch auf diesem Gebiet hat die liberale Lehre nie Anspruch auf Zuständigkeit erhoben.)

Alle Argumente, welche die Forderung nach Geistesfreiheit stützen, lassen sich auch auf die Freiheit, etwas zu tun, oder die Handlungsfreiheit anwenden. Die vielerlei Erfahrungen, die zu den unterschiedlichen Meinungen führen, aus denen der geistige Fortschritt entsteht, ergeben sich ihrerseits aus den verschiedenen Handlungen der verschiedenen Menschen unter verschiedenen Umständen. Wie auf geistigem, so auch auf materiellem Gebiet ist Wettbewerb der leistungsfähigste Prozeß, um bessere Wege zur Erreichung menschlicher Ziele zu entdecken. Nur wenn auf sehr vielen verschiedenen Wegen versucht werden kann, etwas zu tun, wird es ausreichend viele verschiedene menschliche Erfahrungen, Kenntnisse und Geschicklichkeiten geben, aus denen die erfolgreichsten immer wieder ausgewählt werden können, um ständige Verbesserungen zu erreichen. Die Hauptquelle individuellen Wissens, auf die sich der soziale Prozeß der Wissensvermehrung gründet, ist das Handeln. Die Gründe, die für die Handlungsfreiheit sprechen, sind genau so stark wie die Gründe für die Meinungsfreiheit. Und in einer modernen Gesellschaft, die auf dem Markt und der Arbeitsteilung beruht, entstehen die meisten neuen Handlungsweisen auf wirtschaftlichem Gebiet. Aber noch aus einem anderen Grund ist die Handlungsfreiheit besonders auf wirtschaftlichem Gebiet, die so oft als von geringerer Wichtigkeit dargestellt wird, tatsächlich genauso wichtig wie die Geistesfreiheit. Wenn der Geist die Ziele menschlichen Handelns wählt, hängt ihre Realisierung doch von der Verfügbarkeit der erforderlichen Mittel ab, und jede wirtschaftliche Maßnahme, die die Verfügungsmacht über die Mittel gewährt, gewährt auch Macht über die Ziele. Es kann keine Pressefreiheit geben, wenn die Druckereien staatlich kontrolliert werden, keine Versammlungsfreiheit, wenn die nötigen Räume staatlich zugeteilt werden, keine freie Wahl des Wohnsitzes, wenn das Transportwesen ein Staatsmonopol ist, usw. Aus diesem Grunde führte die staatliche Steuerung des wirtschaftlichen Handelns, die so oft in der vergeblichen Hoffnung unternommen wurde, bessere Mittel für alle Zwecke bereitzustellen, unweigerlich zu ernsten Beschränkungen der von den einzelnen Menschen erreichbaren Ziele. Die wichtigste Lektion aus der politischen Entwicklung im 20. Jahrhundert war, daß der Staat in den sogenannten »totalitären« Systemen über die Steuerung des materiellen Lebens auch weitreichende Macht über das geistige Leben gewann. Nur eine Vielzahl verschiedener und unabhängiger Einrichtungen, die uns die Mittel liefern, ermöglicht uns, die Ziele, die wir verfolgen wollen, frei zu wählen.

Bibliographie

Die besten Darstellungen liberaler Bewegung finden sich in einigen historischen Darstellungen der bedeutenden europäischen Länder im 19. Jahrhundert, so Élie Halévy, *Histoire du peuple anglais au XIX siècle*, Paris (Hachette) 1912–1923, englische Übers.: *A History of the English People*, London (T. E. Unwin) 1924–1934; Franz Schnabel, *Deutsche Geschichte im neunzehnten Jahrhundert*, Bd. 2, Freiburg 1964. Den vollständigsten Überblick über die Entwicklung der Ideale des Liberalismus gibt Guido de Ruggiero, *Storia del liberalismo europeo*, Bari (G. Laterza) 1925, englische Übers.: *The History of European Liberalism*, Oxford (Oxford University Press) 1927 und deutsche Übers.: *Geschichte des Liberalismus in Europa*, München (Drei Masken Verlag) 1930;

dort findet sich auch eine ausführliche Bibliographie, auf die hier verwiesen wird bezüglich aller frühen Werke, einschließlich der klassischen Werke der Begründer des modernen Liberalismus. Die folgende Aufstellung nennt in chronologischer Reihenfolge die wichtigeren Werke der späteren Zeit, die sich mit der Geschichte der liberalen Ideen und Bewegungen und mit dem gegenwärtigen Stand der liberalen Theorie befassen.

Ludwig v. Mises, *Liberalismus*, Jena (G. Fischer) [1]1927.

B. Kingsley Martin, *French Liberal Thought in the 18th Century. A Study of Political Ideas from Boyle to Condorcet*, London (E. Benn) [1]1929, London (Phoenix House) [3]1962.

Benedetto Croce, *Etica e politica, aggiuntovi il contributo all critica di me stesso*, Bari (G. Laterza & Figli) [1]1931; (teilweise engl. Übers.: *Politics and Morals*, London [G. Allen & Unwin] 1946).

Roger H. Soltau, *French Political Thought in the 19th Century*, London (E. Benn) [1]1931; New York (Russel & Russel) 1959.

Harold J. Laski, *The Rise of European Liberalism*, London (G. Allen & Unwin) [1]1936, 1962.

Walter Lippmann, *An Inquiry Into the Principles of the Good Society* (engl. Titel: *The Good Society*), Boston (Little Brown & Co.) [1]1937; Neudruck: Westport, Conn. (Greenwood Press) 1973. (Dt. Übers.: *Die Gesellschaft freier Menschen*, Bern [A. Francke] 1945.).

George H. Sabine, *A History of Political Theory*, New York (H. Holt & Co.) [1]1937; Hinsdale, Ill. (Dryden Press) [4]1973 (überarb. Aufl.).

Charles H. McIlwain, *Constitutionalism & the Changing World*, New York (The Macmillan Co.) [1]1939, Cambridge, Engl. (The University Press) [1]1939, 1969 (Neudruck).

John H. Hallowell, *The Decline of Liberalism as an Ideology, with Particular Reference to German Politico-Legal Thought*, Berkeley and Los Angeles (Univ. of California Press) [1]1943, New York (H. Fertig) 1971 (Neudruck).

Henry H. Slesser, *A History of the Liberal Party*, London, New York (Hutchinson & Co.) [1]1944.

Wilhelm Roepke, *Civitas Humana, Grundfragen der Gesellschafts- und Wirtschaftsreform*, Erlenbach-Zürich (E. Rentsch) [1]1944, [3]1949. (Engl. Übers.: *Civitas Humana, a Humane Order of Society*, London [W. Hodge] 1948.).

Luis Díez del Corral y Pedruzo, *El liberalismo doctrinario*, Madrid (Instituto de Estudios politicos), [1]1945 [3]1973.

Karl R. Popper, *The Open Society and Its Enemies*, London (G. Routledge & Sons) [1]1945 [6]1966. (Dt. Übers.: *Die offene Gesellschaft und ihre Feinde*, Bern und München [Francke] [4]1975.)

Alexander Rüstow, *Das Versagen des Wirtschaftsliberalismus als religionsgeschichtliches Problem*, Istanbul (Istanbuler Schriften, Nr. 12) [1]1945, Godesberg (H. Küpper) [2]1950.

Federico Federici, *Der deutsche Liberalismus. Die Entwicklung einer politischen Idee von Immanuel Kant bis Thomas Mann*, Zürich (Artemis-Verlag) [1]1946.

Frederick M. Watkins, *Political Tradition of the West. A Study in the Development of Modern Liberalism*, Cambridge, Mass. (Harvard University Press) [1]1948.

Ludwig v. Mises, *Human Action: A Treatise on Economics*, New Haven (Yale University Press) [1]1949, Chicago (H. Regnery) [3]1966 (Neudruck).

Francis D. Wormuth, *Origins of Modern Constitutionalism*, New York (Harper) [1]1949.

Michael Polanyi, *The Logic of Liberty*, London (Routledge and K. Paul) [1]1951.

Richard H. Thomas, *Liberalism, Nationalism and the German Intellectuals (1822–1847)*, Cambridge, Eng. (W. Heffer) [1]1952.

Walter Eucken, *Grundsätze der Wirtschaftspolitik*, Bern (A. Francke) und Tübingen (J. C. B. Mohr) [1]1952, Tübingen (J. C. B. Mohr [P. Siebeck]) [5]1975.

Lionel C. Robbins, *The Theory of Economic Policy in English Classical Political Economy*, London (Macmillan) [1]1952.

Jacob L. Talmon, *The Origins of Totalitarian Democracy*, London (Sekker & Warburg) [1]1952, New York (Norton) 1970 (Neudruck). (Dt. Übers.: *Die Ursprünge der totalitären Demokratie*, Köln [Westdeutscher Verlag] 1961).

Maurice W. Cranston, *Freedom*, London, New York (Longmans, Green) [1]1953, [3]1967.

Ulrich v. Lübtow, *Blüte und Verfall der Römischen Freiheit*, Berlin (E. Blaschker) [1]1953.

Thomas P. Neill, *The Rise and Decline of Liberalism*, Milwaukee (Bruce Pub. Co.) [1]1953.

Theodor Schieder, »Das Verhältnis von politischer und gesellschaftlicher Verfassung und die Krise des bürgerlichen Liberalismus«, in: *Historische Zeitschrift*, 177 (1954), wiederabgedruckt in: Ders., *Staat und Gesellschaft im Wandel unserer Zeit. Studien zur Geschichte des 19. und 20. Jahrhunderts*, München (R. Oldenbourg) 1958.

Theo Mayer-Maly, »Zur Rechtsgeschichte der Freiheitsidee in Antike und Mittelalter«, in: *Österreichische Zeitschrift für öffentliches Recht*, N. F. VI (1955), 399–428.

Max Pohlenz, *Griechische Freiheit: Wesen und Werden eines Lebensideals*, Heidelberg (Quelle & Meyer) [1]1955. (Engl. Übers.: *Freedom in Greek Life and Thought. The History of an Ideal*, Dordrecht, Holland [D. Reidel Pub. Co.], u. New York [Humanities Press] 1966.).

Louis Hartz, *The Liberal Tradition in America*, New York (Harcourt, Brace) [1]1955, 1966.

Alan L. C. Bullock and Maurice Shock (Hrsg.), *The Liberal Tradition: From Fox to Keynes*, London (A. & C. Black) [1]1956.

Chaim Wirszubski, *Libertas as a Political Idea at Rome During the Late Republic and Early Principate*, Cambridge (University Press) [1]1956, 1960.

Paolo Solari (Hrsg.), *Liberismo e liberalismo. Scritti di Benedetto Croce e Luigi Einaudi*, Milano (R. Ricciardi) 1957.

Lewis S. Feuer, *Spinoza and the Rise of Liberalism*, Boston (Beacon Press) [1]1958, 1966.

G. Grifò, »Su alcuni aspetti della libertà in Roma«, in: *Archivio Giuridico ›Filippo Serafini‹* XXIII (1958).

William D. Grampp, *The Manchester School of Economics*, Stanford, Calif. (Stanford University Press) 1960.

Friedrich A. v. Hayek, *The Constitution of Liberty*, London (Routledge & Kegan Paul) [1]1960, Chicago (H. Regnery) 1972 Neuaufl.). (Dt. Übers.: *Die Verfassung der Freiheit*, Walter Eucken Institut [Hrsg.], Wirtschaftswissenschaftliche und wirtschaftsrechtliche Untersuchungen 7, Tübingen (J. C. B. Mohr [P. Siebeck]) 1971, 3. Aufl. 1991, Hayek, *Schriften*, B3.)

Crawford B. Macpherson, *The Political Theory of Possessive Individualism. Hobbes to Locke*, Oxford (Clarendon Press) [1]1962.

Jacob S. Schapiro, *Condorcet and the Rise of Liberalism*, New York (Octagon Books) [1]1962, 1963.

Milton Friedman, *Capitalism and Freedom*, Chicago (University Press) [1]1963.

Harry K. Girvetz, *The Evolution of Liberalism*, New York (Collier Books) [1]1963.

William D. Grampp, *Economic Liberalism*, New York (Random House) 1965.

Franz Böhm, »Privatrechtsgesellschaft und Marktwirtschaft«, in: *Ordo* XVII, 1966, 75–151.

John H. Wheeler, *The Rise and Fall of Liberal Democracy*, Santa Barbara, Calif. (Center for the Study of Democratic Institutions) [1]1966.

John R. Lucas, *The Principles of Politics*, Oxford (Clarendon Press) [1]1966.

John Vincent, *The Formation of the Liberal Party, 1857–1868*, London (Constable) [1]1966.

M. Seliger, *The Liberal Politics of John Locke*, London (Allen & Unwin) 1968.

Robert D. Cumming, *Human Nature and History. A Study of the Development of Liberal Political Thought*, Chicago (University of Chicago Press) [1]1969.

Roy I. Douglas, *The History of the Liberal Party 1895–1970*, London (Sidgwick and Jackson) 1971.

David A. Hamer, *Liberal Politics in the Age of Gladstone and Rosebery*, Oxford (Clarendon Press) 1972.

Dwight D. Murphey, *A Discussion of the Principles of Classical Liberalism*, Wichita, Kansas (New Liberal Library) 1972.

Freiheitliche Verfassung und Demokratie

Die Anschauungen der Mehrheit
und die zeitgenössische Demokratie[*]

1. Das bedrohte Vertrauen in die Demokratie

Wenn die Entwicklung der modernen Politik vielfach zu Ergebnissen führt, die niemand wirklich gewollt oder auch nur vorausgesehen hat, so wird das meist als eine unvermeidliche Folge der Demokratie betrachtet. Es kann aber auch kaum behauptet werden, daß diese Entwicklung den klaren Wünschen irgendeiner identifizierbaren Gruppe von Menschen entspricht. Kann es sein, daß das besondere Verfahren, das wir eingerichtet haben, um etwas festzustellen, was wir die Meinung der Mehrheit nennen, in Wirklichkeit zu Ergebnissen führt, die mit den Wünschen der Mehrheit sehr wenig zu tun haben?

Es scheint uns so selbstverständlich, unter dem Namen »Demokratie« jene besonderen Einrichtungen zur Entscheidung aller gemeinsamen Angelegenheiten zu verstehen, die heute in einem großen Teil der Welt bestehen, daß wir diese als die einzig mögliche Form der Demokratie betrachten. Dies hat nicht nur zur Folge, daß wir uns nicht gerne mit der Tatsache beschäftigen, daß diese Institutionen selbst in den Ländern, in denen sie verhältnismäßig gut funktionieren, zu Dingen geführt haben, die fast jedermann als unerwünscht ansieht, sondern auch, daß sie in Ländern, denen die Überlieferung des Rechtsstaates fehlte, regelmäßig versagt haben und zusammengebrochen sind. Sofern wir an das Ideal der Demokratie glauben, fühlen wir uns meist verpflichtet, jene besonderen Institutionen zu verteidigen, durch die wir versucht haben, es in die Praxis umzusetzen.

Wir sollten jedoch unsere Augen nicht dem Umstand verschließen, daß das allgemeine Bekenntnis zur Demokratie von einer immer weitergreifenden Desillusionierung über ihre Ergebnisse begleitet ist. Diese nimmt nicht immer die Form jenes zynischen Realismus an, der für einen großen Teil der amerikanischen »political science« charakteristisch ist und der die Demokratie einfach als eine Form eines unvermeidlichen Machtkampfes betrachtet, der entscheidet,

---

[*] Vortrag, gehalten an der Universität Saarbrücken, 22. Juni 1964.

»who gets what, when, and how« (wer erhält was, wann und wie). Aber das Bestehen einer weitreichenden Malaise und resignierten Ergebung in die Unvermeidlichkeit gewisser allgemein anerkannter Fehlentwicklungen kann kaum bestritten werden. Sie hat besonders klaren Ausdruck in der bekannten These Schumpeters gefunden, die sagt, daß die Marktwirtschaft zwar die wirksamste Wirtschaftsform, aber hoffnungslos zum Verschwinden verurteilt, während der Sozialismus, obwohl er seine Versprechungen nicht erfüllen kann und die meisten seiner Befürworter enttäuschen müsse, unausbleiblich sei.

Wenn es richtig wäre, daß die bestehenden demokratischen Repräsentativverfassungen dazu führen, daß tatsächlich der Wille der Mehrheit bestimmt, was geschieht, müßten wir, sofern wir an die Demokratie glauben, uns eben mit dem, was geschieht, abfinden. Es scheint mir aber, daß die Entwicklung der modernen Politik und insbesondere der Wirtschafts- und Sozialpolitik vielmehr das Produkt der besonderen Maschinerie als der Ausdruck der gemeinsamen Ansichten einer Majorität ist – ein Kunstprodukt, das wir übereingekommen sind, den Willen der Mehrheit zu nennen, das aber vielfach niemandes Wünschen entspricht.

Die Tatsache, daß überall, wo demokratische Institutionen nicht durch eine lebendige Tradition des Rechtsstaates im Zaum gehalten wurden, sie bald in eine »totalitäre Demokratie« oder sogar eine »plebiszitäre Diktatur« ausarteten, sollte uns zu Bewußtsein bringen, daß der eigentliche Wert nicht bestimmte Institutionen sind, die leicht genug nachgeahmt werden können, sondern gewisse tieferliegende Überzeugungen[1]; ja, daß vielleicht die Entartung der Institutionen das Ergebnis einer inneren Logik dieses Apparates ist, die eintreten muß, wo jener nicht durch tief eingewurzelte Vorstellungen über das, was Recht ist, gelenkt wird. Gibt es einen Weg, jener Entwicklung vorzubeugen, in der bisher auch die erfolgreichsten Demokratien nach einer glorreichen ersten Periode, in der sie, weil sie sich einem höheren Nomos unterwarfen, sich als Hort der persönlichen Freiheit erwiesen, schließlich die Mehrheit das Recht beanspruchte, in allen besonderen Sachen zu tun, was ihr behagte?

Das war schon das Schicksal der athenischen Demokratie am Ende des 5. Jahrhunderts, als sich die berühmte Episode abspielte, von der Xenophon uns berichtet[2], in der die Mehrheit der Volksvertretung den warnenden Redner niederschrie, weil es doch toll wäre, wenn sie nicht tun dürften, was sie wollten, und die Prytanen eingeschüchtert einwilligten, die Abstimmung über besondere

---

[1] Vgl. die schöne Darstellung des Unterschiedes zwischen dem englischen und dem französischen Begriff der Demokratie in Carr, E. H., *The Soviet Impact on the Western World,* London 1947, 6, wo er von ersterem mit Recht sagt: »The right of dissent – in other words, the protection of minorities – is the essence of English democracy; and the rule of law means the enforcement of the rights of the individual against the state.«

[2] Xenophon, *Hellenica*, I, 7, 12.

Strafmaßnahmen gegen Individuen zu veranstalten, mit der einzigen Ausnahme des Sokrates, der sagte, er würde in keinem Fall gegen das Gesetz handeln. Im nächsten Jahrhundert hören wir dann die Klage des Demosthenes, daß »die Gesetze nicht mehr als Verordnungen seien, ja, daß die Gesetze, die in den Anordnungen befolgt werden sollten, oft späteren Datums als diese Anordnungen sind[3]. Etwas Ähnliches wiederholt sich in Großbritannien im Jahre 1767, als das Parlament sich ausdrücklich als in seinen Einzelmaßnahmen durch keinerlei Regeln gebunden erklärte, sondern unbeschränkte und unbeschränkbare Souveränität beanspruchte – und damit die amerikanischen Kolonien verlor.

2. Der Inhalt des demokratischen Ideals

Die grundlegende Überzeugung, daß kein Zwang ausgeübt werden darf, der seine Rechtfertigung nicht in einer Regel der Gerechtigkeit findet, die von den meisten Menschen oder doch mindestens einer Mehrheit der Staatsbürger anerkannt wird, scheint mir unangreifbar. Sie ist die Grundlage, die ein friedliches Zusammenleben der Menschen in der Gesellschaft und einen friedlichen Wechsel der Personen, die organisierte Gewalt ausüben, möglich macht. Aber daß überall dort, wo gemeinsames Handeln notwendig ist, der Wille der Mehrheit entscheiden soll und keinerlei Zwangsgewalt als legitim angesehen werden kann, die nicht mindestens von einer Mehrheit gutgeheißen wird, bedeutet noch nicht, daß jeder Beschluß einer solchen Mehrheit als legitim angesehen werden oder die Macht der Mehrheit unbeschränkt sein muß – oder auch, daß es möglich sein muß, auf alle Fragen, die aufgeworfen werden können, eine Antwort zu finden, die »den Willen der Mehrheit« darstellt. Ich möchte hier versuchen zu zeigen, daß wir einen Apparat geschaffen haben, der es möglich macht, eine Gutheißung durch die Mehrheit für Maßnahmen in Anspruch zu nehmen, die gewiß nicht von einer Mehrheit gewünscht und oft sogar von einer Mehrheit mißbilligt werden, und daß dieser Apparat eine Summe von solchen Maßnahmen bestimmen kann, die in ihrer Gesamtheit nicht nur von niemandem gutgeheißen werden, sondern sogar von keinem rational denkenden Menschen gutgeheißen werden können, weil sie in sich widerspruchsvoll sind.

Wenn alle Zwangsgewalt auf der Meinung der Mehrheit gegründet sein soll, so bedeutet das auch, daß sie nicht weiter reichen darf, als echte Übereinstimmung unter einer Mehrheit besteht. Das heißt freilich nicht, daß alle Entscheidungen einer Regierung sich auf einen ausdrücklichen Beschluß der Majorität gründen müssen: das würde die Verwaltung des ganzen modernen Staatsapparates offenbar unmöglich machen. Es bedeutet aber, daß der private Staatsbür-

---

[3] Demosthenes, *Gegen Leptines*, 20.

ger nur durch solche Entscheidungen gebunden sein darf, die sich als notwendige Folge von Regeln ergeben, die die Mehrheit gebilligt hat, und daß die unbeschränkte Macht der Mehrheit über konkrete Einzeldinge sich nur auf jene materiellen Güter bezieht, die dem Staat für seine Zwecke zur Verfügung gestellt wurden.

Die letzte Rechtfertigung der Verleihung einer Zwangsgewalt ist schließlich, daß eine solche Zwangsgewalt notwendig ist, wenn eine funktionierende Gesellschaft erhalten bleiben soll, und daß deshalb alle ein Interesse an dem Bestehen einer solchen Gewalt haben. Diese Rechtfertigung reicht aber nicht weiter als jene Notwendigkeit. Es besteht offenbar keine Notwendigkeit, daß irgend jemand, selbst die Mehrheit, unbeschränkte Gewalt über alle besonderen Dinge hat. Der Schritt von dem Glauben, daß *nur,* was die Mehrheit beschließt, für alle bindend sein soll, zu dem Glauben, daß *alles,* was die Mehrheit beschließt, für alle verpflichtend sein soll, mag gering erscheinen. Aber er bedeutet den Übergang von *einer* Vorstellung von den Aufgaben des Staates zu einer ganz anderen: von der Vorstellung, daß die Regierung bestimmte Aufgaben hat, zu der, daß die Regierungsgewalt grundsätzlich unbeschränkt ist; oder den Übergang von einem System, in dem ein vereinbartes Verfahren die Ordnung der gemeinsamen Angelegenheiten bestimmt, zu einem System, in dem eine Gruppe von Menschen alles, was sie will, als gemeinsame Angelegenheiten bezeichnen und damit jenem Verfahren unterwerfen kann. Während die erste Übereinkunft sich auf notwendige gemeinsame Entscheidungen bezieht und damit die Voraussetzung für die Erhaltung des Friedens darstellt, wird die zweite leicht ein Instrument der Unterdrückung.

Es besteht bei einer Mehrheit nicht mehr Grund zu glauben, daß sie alles, was sie wünscht, für gerecht hält, als dies im Falle eines Einzelmenschen zutrifft. Wir wissen nur zu gut, daß beim einzelnen seine Wünsche und sein Gerechtigkeitssinn in Konflikt geraten können. Als einzelne haben wir aber im allgemeinen gelernt, unsere Wünsche durch Regeln der Moral zu disziplinieren, wenn es auch manchmal des Gesetzes bedarf, um unsere Wünsche im Zaum zu halten. Es ist wahrscheinlich keine Übertreibung zu sagen, daß der Fortschritt der Zivilisation hauptsächlich darin besteht, daß wir als Individuen lernen, unsere Wünsche hinsichtlich besonderer Dinge allgemeinen Regeln zu unterwerfen. Aber die Mehrheiten sind noch nicht in diesem Sinne zivilisiert. Was würden wir nicht alle als einzelne tun, wenn wir wirklich überzeugt wären, daß die Tatsache, daß wir etwas wünschen, beweist, daß es gerecht ist! Das Ergebnis ist aber kein anderes, wenn wir überzeugt sind, daß die Tatsache, daß eine Majorität mit uns in einem bestimmten Wunsch übereinstimmt, beweist, daß dieser Wunsch gerecht ist. Wir haben unseren demokratischen Mehrheiten seit Generationen eingeprägt, daß alles, worin sie übereinstimmen, definitionsgemäß gerecht ist. Dürfen wir uns wundern, daß in der Überzeugung, daß, was sie wünschen, notwendig gerecht ist, sie sich gar nicht mehr die Frage stellen, ob es im einzelnen auch der Fall ist?

Wenn auch vielleicht die Übereinstimmung der Mehrheit über eine allgemeine Rechtsregel den besten Prüfstein ihrer Gerechtigkeit darstellt, so ist es doch eine Perversion des Gerechtigkeitsbegriffes, alle Wünsche einer Mehrheit als notwendig gerecht zu bezeichnen. Schon Aristoteles wußte, daß es das Kennzeichen eines gerechten Richterspruches ist, daß der Richter die allgemeine Geltung der seiner Entscheidung zugrunde liegenden Regel wünschen könne. Und seit Kant sollten wir uns wohl darüber klar sein, daß Übereinstimmung mit einer solchen allgemeinen Regel, deren allgemeine Anwendung wir wünschen können, zumindest die notwendige (wenn auch nicht eine zureichende) Bedingung aller Gerechtigkeit ist. Auf politische Entscheidungen angewendet, sollte das bedeuten, daß die Übereinstimmung der Mehrheit nur dann ein Kennzeichen der Gerechtigkeit bildet, wenn diese Übereinstimmung sich auf eine allgemeine Regel bezieht, von der die Mehrheit will, daß sie ausnahmslos angewendet wird. Die Idee, daß jeder Wille der Mehrheit in einer besonderen Sache notwendig gerecht ist, führt zu der weitverbreiteten Vorstellung, daß eine Mehrheit nicht willkürlich sein kann. Das ist die unausbleibliche Folge, wenn man, wie dies die herrschende Theorie der Demokratie weitgehend tut, als Kennzeichen der Gerechtigkeit die Quelle der besonderen Entscheidung betrachtet anstatt ihre Übereinstimmung mit einer Regel, die die Mehrheit gutheißt. Nur die Gutheißung einer solchen allgemeinen Regel und der Wille, daß diese Regel in allen entsprechenden Fällen anzuwenden ist, würde daher beweisen, daß die Mehrheit, die ihr zustimmt, die Maßnahmen, die sie damit ermöglichen will, für gerecht hält. Aber eine Mehrheit, die, wie das heute der Fall ist, ohne selbst an allgemeine Regeln gebunden zu sein, besondere Maßnahmen anordnet, kann dabei – und wird dabei wahrscheinlich – ebenso willkürlich vorgehen wie irgendeine Einzelperson. Tatsächlich wird heute die gesetzgebende Vertretungskörperschaft – oder der Wähler – weder gefragt, ob sie die Maßnahmen, über die sie bestimmen, für gerecht halten, noch hätten die einzelnen die Möglichkeit, sich zu vergewissern, daß der gleiche Grundsatz in allen ähnlichen Fällen angewendet werden wird. Da kein Beschluß einer solchen Versammlung sie selbst binden kann, ist sie in ihren Einzelmaßnahmen auch an keine Regel gebunden.

3. Die bestehenden demokratischen Institutionen sind durch die Erfordernisse demokratischer Regierung geformt worden

Diese bestehende Lage ist eine Folge des Umstandes, daß wir den demokratischen Vertretungskörpern zwei völlig verschiedene Aufgaben übertragen haben. Wir nennen sie immer noch gesetzgebende Körperschaften, aber bei weitem der größte Teil ihrer Aufgaben besteht nicht in der Gutheißung allgemeiner Regeln, d.h. dessen, was man einmal vorwiegend unter »Gesetzen« verstand, sondern in an die Regierung gerichteten Anordnungen hinsichtlich besonderer, konkreter Angelegenheiten. Wir nennen diese Beschlüsse auch Gesetze, weil sie von den Körperschaften herrühren, die wir die gesetzgebenden nennen, und lassen uns dadurch darüber täuschen, daß sie ganz etwas anderes sind als Regeln der Gerechtigkeit[4].

Wir wünschen heute, und ich glaube mit Recht, daß sowohl die Formulierung jener allgemeinen Rechtsregeln, die für alle, einschließlich der Regierung, gelten, wie auch die Führung der laufenden Regierungsgeschäfte, das ist die Verwaltung aller der Regierung anvertrauten Mittel, demokratisch bestimmt werden. Das hätte aber nicht notwendig bedeuten müssen, daß diese beiden Aufgaben in die Hände derselben Vertretungsbehörde gelegt wurden, noch daß jeder Beschluß über eine solch konkrete Angelegenheit die gleiche Rechtskraft und Würde wie die Gutheißung einer allgemeinen Regel besitzen müsse. Aber so ist es gekommen. Weil wir jeden Beschluß dieser Körperschaft Gesetz nennen, ganz gleich, ob er eine allgemeine Regel festlegt oder die Regierung beauftragt, eine bestimmte Maßnahme durchzuführen, ist langsam sogar das Bewußtsein dafür verschwunden, daß es sich da um verschiedene Dinge handelt. Und da der größere Teil der Zeit und Energie der Vertretungskörper durch Organisierung und Führung des Regierungsapparates in Anspruch genommen wird, wurde nicht nur langsam vergessen, daß Gesetzgebung und Regierung verschiedene Dinge sind, sondern wurden sogar die Anweisungen an die Re-

---

[4] Dies hat besonders Hegel klar gesehen. Im Hinblick auf die Französische Revolution schreibt er in »Philosophie der Weltgeschichte«, zitiert nach dem Abschnitt in Hegel, *Gesellschaft, Staat, Geschichte*, hrsg. von F. Bülow, Leipzig, Kröner, 1931, 321): »Die erste Verfassung in Frankreich enthielt die absoluten Rechtsprinzipien in sich. Sie war die Konstituierung des Königtums; an der Spitze des Staates sollte der Monarch stehen, dem mit seinen Ministern die Ausübung zustehen sollte; der gesetzgebende Körper hingegen sollte die Gesetze machen. Aber diese Verfassung war sogleich ein innerer Widerspruch; denn die ganze Macht der Administration ward in die gesetzgebende Gewalt gelegt: das Budget, Krieg und Frieden, die Aushebung der bewaffneten Macht kam der gesetzgebenden Körperschaft zu. Hier mußten nun die Kollision der subjektiven Willen eintreten und ferner sich der Gegensatz der Gesinnung zeigen. Unter Gesetz wurde alles befaßt. Das Budget ist aber seinem Begriffe nach kein Gesetz, denn es wiederholt sich alle Jahre, und die Gewalt, die es zu machen hat, ist Regierungsgewalt ... Die Regierung wurde also in die Kammern verlegt wie in England in das Parlament.« Da aber, ebenso wie achtzig Jahre später bei W. Hasbach (*Die moderne Demokratie*, Jena 1912, insbes. 17 und 167) diese Einsicht nicht zu einem Protest gegen die Vereinigung beider Gewalten in derselben Körperschaft führte, sondern zu einem Protest dagegen, daß sich die Demokratie überhaupt in Regierungsgeschäfte einmischte, blieb sie als Ausdruck einer reaktionären Einstellung ziemlich unbeachtet.

gierung, bestimmte Handlungen vorzunehmen, immer mehr als die Hauptaufgabe der Gesetzgebung betrachtet. Als noch wichtiger erwies sich aber die Folge, daß die Organisation der repräsentativen Körperschaften in zunehmendem Maße mehr den Erfordernissen ihrer Regierungstätigkeit als denen der Gesetzgebung im engeren Sinne angepaßt wurde.

Es ist lehrreich, sich in diesem Zusammenhang daran zu erinnern, daß die klassischen Theoretiker der repräsentativen Demokratie der Entwicklung des Parteiwesens überaus skeptisch gegenüberstanden. Der Grund dafür war, daß für sie die hauptsächliche Aufgabe der Vertretungskörperschaften noch Gesetzgebung im engeren Sinne und nicht die Führung der Regierungsgeschäfte war. Sie waren keineswegs so naiv, daß sie nicht erkannt hätten, daß die leztere Aufgabe eine Gruppe von Männern erforderte, die sich auf die Durchführung eines Aktionsprogrammes geeinigt haben. Aber Regierung in dem Sinne der Verwaltung von besonderen, dem Staate anvertrauten Mitteln konnte ihnen noch als eine geringe und untergeordnete Aufgabe der Repräsentativversammlung erscheinen.

So wie aber Regierung im Sinne der Anordnung besonderer Maßnahmen anstatt eigentliche Gesetzgebung die Hauptaufgabe der Vertretungskörper wurde, erwies sich das Bedürfnis nach gemeinsamem Handeln organisierter Gruppen als unausweichlich. Es hat den ganzen Charakter des modernen Parlamentarismus bestimmt. Die wirksame Leitung des Regierungsapparates, die Lenkung der persönlichen und materiellen Mittel, die der Regierung unterstellt sind, erfordert die fortlaufende Unterstützung durch eine organisierte, auf ein Aktionsprogramm festgelegte Mehrheit. In dieser eigentlichen Regierungstätigkeit ist es ständig notwendig, zwischen den verschiedenen Interessen zu wählen, die sie befriedigen will. Soweit es sich dabei um die beschränkten, der Regierung zur Verfügung gestellten Mittel handelt, ist dies eine unvermeidliche und nicht besonders schädliche Eigenschaft aller Regierungstätigkeit. Die Erfahrung hat immer wieder gezeigt, daß demokratische Regierungen *diese* Aufgabe nur erfüllen können, wenn sie eine Parteiorganisation hinter sich haben. Außerdem muß es, wenn die Wähler ihr Urteil über die Leistungen einer Regierung bilden können sollen, eine organisierte Gruppe geben, die die Verantwortung für die Regierung trägt sowie eine gleichfalls organisierte Opposition, die beobachtet und kritisiert und bereit ist, die Regierung zu übernehmen. Aber stellt eine solche Versammlung auch ein geeignetes Gremium für den Erlaß allgemeiner Rechtsregeln dar, d.h. für die Gesetzgebung im engeren Sinne?

Es ist notwendig, sich hier ganz klarzuwerden über den grundsätzlichen Unterschied zwischen Regierung und Gesetzgebung, so wie zumindest diese Begriffe von den Theoretikern der Gewaltenteilung verstanden wurden. Regierung ist eine Sache konkreter Entscheidungen über Einzeldinge, die Bestimmung des Gebrauchs besonderer Mittel für besondere Zwecke. Selbst wo ihre Aufgabe die Durchsetzung allgemeiner Rechtsregeln ist, erfordert dies die Organisation eines Apparates, bestehend aus bestimmten Menschen. In dem viel größeren Bereich der Dienstleistungen für die Bürger muß die Wahl sowohl der Mittel als auch der zu verfolgenden Ziele größtenteils von Zweckmäßigkeitserwägungen bestimmt werden. Ob eine Straße hier oder dort gebaut werden soll, ob ein Gebäude diese oder jene Form erhalten soll, wie die Polizei zu organisieren ist, sind alles nicht Probleme der Gerechtigkeit oder der Ausübung des Zwanges über private Bürger, sondern Probleme zweckmäßiger Organisation. Auch soweit diese Fragen demokratisch von einer Mehrheit entschieden werden, sind sie Entscheidungen über besondere Dinge und nicht über allgemeine Regeln[5].

Die Verwaltung gemeinsamer Mittel für gemeinsame Zwecke erfordert mehr als bloße Übereinstimmung über allgemeine Regeln. Sie verlangt Übereinstimmung über besondere Fälle, über die relative Wichtigkeit bestimmter konkreter Ziele. Insofern die Regierung über bestimmte und gesonderte Mittel für ihre Aufgabe verfügt, muß der konkrete Wille von irgendwelchen Personen über ihre Verwendung entscheiden. Der Unterschied zwischen einer freien und einer unfreien Gesellschaft liegt aber gerade darin, daß in einer freien Gesellschaft dies nur für die der Regierung ausdrücklich übertragenen Mittel zutrifft, während es in einer unfreien Gesellschaft für alle Mittel gilt. Das setzt aber voraus, daß in einer freien Gesellschaft auch die Mehrheit unbeschränkte Gewalt nur über solche Mittel hat, die nach allgemeinen Regeln dem gemeinsamen Gebrauch gewidmet sind, und nur diese für besondere Zwecke verwenden kann, während sie den Gebrauch der Mittel der privaten Bürger nur den Regeln unterwerfen kann, die für alle gelten.

Seitdem die Körperschaften, die wir noch immer Legislaturen nennen, hauptsächlich mit Regierungsaufgaben befaßt sind, hat sich jedoch nicht nur ihre Organisation, sondern auch die ganze Einstellung ihrer Mitglieder diesen Aufgaben angepaßt. Es wird oft gesagt, daß die Gewaltentrennung dadurch bedroht sei, daß die Exekutive Aufgaben der Gesetzgebung an sich reißt. Das ist gewiß richtig; aber die Gewaltentrennung verschwand tatsächlich viel früher, nämlich als die Vertretungskörperschaften, die zunächst als gesetzgebende Körperschaften gedacht waren, die Lenkung der Regierung in die Hand nahmen. Gewaltenteilung bedeutet, daß für jede Ausübung von Zwang die Regierung durch eine allgemeine Regel autorisiert sein muß. Wenn wir die Autori-

---

[5] Es sei hier bemerkt, daß, wenn man den Ausdruck Regierung im strikten Sinne nimmt, der berühmte Gegensatz zwischen »a government of law« und »a government of men« irreführend ist. Wie oft hervorgehoben wurde, ist Regierung immer eine Sache des konkreten Willens bestimmter Menschen. Was jene alte Forderung eigentlich sagen will, ist, daß der private Bürger in einer freien Gesellschaft nicht der Regierung, sondern nur dem Gesetz untersteht, d. h., daß die Regierung ihn zu nichts zwingen kann, was nicht allgemeine, für alle gleich geltende Regeln vorschreiben.

sierung eines Einzelaktes durch einen demokratischen Vertretungskörper immer noch Gesetz nennen, so hat das mit der Vorstellung von Gesetz, das der Gewaltenteilungslehre zugrunde lag, nichts mehr zu tun, sondern bedeutet nur, daß die repräsentative Körperschaft Regierungsfunktionen ausübt, ohne dabei durch ein Gesetz gebunden zu sein.

4. Körperschaften mit Regierungsgewalt sind ungeeignet zum Erlaß von Rechtsregeln

Sosehr aber auch zweifellos ein Bedürfnis nach einer demokratischen Körperschaft besteht, in der die Wünsche des Volkes über alle besonderen Fragen Ausdruck finden können, die die Aufgaben der Regierung aufwerfen, so ungeeignet erscheint jedoch eine diesem Zweck dienende Körperschaft für die Aufgabe, die Regeln festzusetzen, die Regierung wie private Bürger in gleicher Weise binden sollen. Vor allem ist aber eine solche Körperschaft selbst in Ausübung ihrer Regierungsfunktionen nicht an Regeln gebunden, weil sie jederzeit die Regeln machen kann, die sie für ihre augenblicklichen Zwecke braucht, ja jede Entscheidung, die sie in einer besonderen Sache trifft, automatisch jeder vorher festgelegte Regel, der sie widerspricht, aufhebt. Es ist offenbar, daß eine solche Vereinigung von Gesetzgebungs- und Regierungsgewalt nicht nur das Ideal der Gewaltenteilung, sondern ebenso auch das Ideal der Regierung unter dem Gesetz und der Herrschaft des Gesetzes aufhebt. Wenn jene, die besondere Angelegenheiten entscheiden, die Gesetze machen können, die ihnen passen, stehen sie nicht unter dem Gesetz, und es kann gewiß nicht als Herrschaft des Gesetzes bezeichnet werden, wenn alles, was eine bestimmte Gruppe von Menschen über eine besondere Sache bestimmt, als Gesetz betrachtet wird – auch wenn es sich dabei um die Mehrheit eines demokratisch gewählten Vertretungskörpers handelt.

Diese Situation hat es auch tatsächlich hervorgebracht, daß das Gefühl für den Unterschied zwischen Gesetz im Sinne von allgemeiner Regel und Gesetz in dem Sinne des Ausdrucks des Willens einer autorisierten Körperschaft fast völlig verlorengegangen ist. Die Vorstellung, daß ein Gesetz alles das ist, was die gesetzgebende Körperschaft in der vorgeschriebenen Weise beschließt, ist völlig ein Produkt der besonderen demokratischen Institutionen der westlichen Welt, und es war erst die Folge des Vordringens jener Institutionen, daß die Unterscheidung verlorengegangen ist[6].

---

[6] In gewissem Sinne hat daher auch Carl Schmitt recht, wenn er behauptet, daß Demokratie und Rechtsstaat unvereinbar seien – doch gilt dies nur für die besondere Form der Demokratie, in der die sogenannte gesetzgebende Körperschaft sowohl allgemeine Normen festlegt als auch die Regierung dirigiert.

Eine Versammlung, deren Hauptaufgabe es ist, über besondere Maßnahmen zu entscheiden oder doch zumindest eine Exekutive zu beaufsichtigen, in deren Händen die meisten dieser Entscheidungen liegen, hat auch keinerlei Anreiz oder Interesse, sich selbst durch allgemeine Regeln zu binden. Alle Regeln, die sie aufstellt, kann sie jederzeit den besonderen Regierungserfordernissen des Augenblicks anpassen, und sie werden in der Regel den Bedürfnissen des Regierens, d. h. denen einer Organisation und nicht denen der spontanen Ordnung, die die Gesellschaft als Ganzes darstellt, angepaßt sein[7]. Die Regeln der Gerechtigkeit entstehen dabei sozusagen als Nebenergebnis der Regierungstätigkeit und werden letzterer dienstbar gemacht. Weit davon, Grenzen der Macht der Regierung zu bilden, tragen sie dazu bei, progressiv diese Macht zu steigern.

Das Ideal der demokratischen Kontrolle der Regierungstätigkeit und das der Beschränkung aller Regierungsmacht durch das Gesetz sind also verschiedene Ideale, die gewiß nicht beide verwirklicht werden, wenn beide Aufgaben in die Hände derselben repräsentativen Versammlung gelegt werden. Wenn diese Ideale auch vereinigt werden können, so sind sie tatsächlich doch nie in einer formellen Verfassungsurkunde vereinigt worden und haben nur zeitweilig zusammen geherrscht dank dem Einfluß einer starken Überlieferung des Rechtsstaates. Die Tendenz der bestehenden Institutionen ist aber, die Tradition des Rechtsstaates zu zerstören.

Zu Ende des 18. Jahrhunderts konnte der englische Sozialphilosoph William Paley noch vom britischen Parlament sagen, daß es »die Person nicht kennt, die seine Gesetze beeinflussen werden; keine Fälle oder Parteien vor sich hat, keinen privaten Zwecken zu dienen hat: mit der Folge, daß seine Beschlüsse durch die Betrachtung universeller Wirkungen und Tendenzen bestimmt werden, ein Umstand, der immer unparteiische und meist vorteilhafte Entscheidungen herbeiführt«[8]. Das mag selbst damals eine Idealisierung gewesen sein, aber es war zumindest ein Ideal, an das allgemein geglaubt wurde, solange die repräsentativen Körperschaften in erster Linie als gesetzgebende Körperschaften angesehen und die gesetzgeberische Aufgabe noch nicht von der Regierungsaufgabe verschlungen worden war. Parlamentsmitglieder konnten noch als Vertreter der allgemeinen Interessen und nicht als Vertreter besonderer Interessen angesehen werden. Auch wenn die Regierung vom Vertrauen der Mehrheit der Parlamentsmitglieder abhängig war, so hieß das doch nicht, daß eine Majorität aufgrund eines Aktionsprogrammes organisiert werden mußte. Zumindest im Frieden war der größte Teil der Regierungstätigkeit von Routinecharakter und

---

[7] Vgl. Hayek, F. A., »Arten der Ordnung«, *Ordo* 14, 1963, 1–20, (Abdruck in: Hayek, *Schriften* A4, d. Hrsg.).

[8] Paley, William, *The Principles of Moral and Political Philosophy*, London 1785, 348 der Ausgabe von 1824.

dafür nicht viel mehr Autorisierung erforderlich als das jährliche Budget, das denn auch das Hauptinstrument war, durch das das House of Commons auf die Regierung Einfluß nahm.

5. Die Folgen unbeschränkter Macht der Mehrheit

Die unausbleiblichen Folgen des bestehenden System treten klar hervor, wenn wir betrachten, wie eine organisierte Mehrheit zu gemeinsamem Vorgehen gebildet wird. Während das Ideal der Demokratie von der Vorstellung gemeinsamer Ansichten der Mehrheit ausgeht, hat die Bildung eines Parteiprogramms in der Regel mit gemeinsamen Ansichten herzlich wenig zu tun. Ein Parteiprogramm entsteht durch die Summierung von Interessen aufgrund von Tauschhändeln und nicht durch Übereinstimmung der Ansichten über seine verschiedenen Punkte. Da sein Gegenstand vor allem die Verwendung der der Regierung zur Verfügung stehenden materiellen Mittel für bestimmte Zwecke ist, wird die Grundlage in der Regel sein, daß eine Gruppe zustimmt, daß einer anderen gewisse Vorteile als Entgelt dafür gewährt werden, daß diese gleichfalls gewissen Leistungen an erstere zustimmt.

Es ist eine völlige Illusion zu glauben, daß ein solches Parteiprogramm in irgendeinem Sinn der Ausdruck der gemeinsamen Anschauungen jener Mehrheit ist, deren Unterstützung für es erhofft wird. Oft wird es überhaupt niemanden geben, der alle Dinge will, die in das Programm Aufnahme gefunden haben, und in der Regel wird es viele Posten enthalten, die so miteinander in Konflikt stehen, daß sie kein vernünftiger Mensch gleichzeitig wünschen kann. Es wäre angesichts des Prozesses, in dem sich so ein Programm bildet, ein wahres Wunder, wenn es etwas anderes als eine Summe unzusammenhängender Wünsche vieler verschiedener Gruppen darstellen würde. Über die meisten Punkte eines solchen Programms werden die meisten Wähler überhaupt keine eigene Ansicht haben, weil sie zu wenig über die Tatsachen wissen. Bezüglich vieler anderer werden sie entweder gleichgültig oder sogar ablehnend eingestellt sein, aber nicht ausgesprochen genug darüber empfinden oder doch glauben, daß Dinge dieser Art auf jeden Fall getan werden, und alles, was sie tun können, ist, ihre Zustimmung so teuer wie möglich zu verkaufen. Für den einzelnen ist die Wahl zwischen Parteiprogrammen stets eine Wahl zwischen Übeln, d.h. zwischen Vorteilen für andere, für die er zahlen muß; und da die Last, die er tragen muß, nicht sehr verschieden ist, je nachdem, welche Partei ans Ruder kommt, ist sein Hauptinteresse, wieviel dabei für ihn herauskommt.

Der rein summative Charakter eines solchen Parteiprogramms zeigt sich am deutlichsten, wenn wir es vom Standpunkt der Parteiführer betrachten. Diese mögen ein Hauptziel verfolgen, an dem ihnen persönlich viel liegt. Aber was immer dieses ihr letztes Ziel sein mag, sie brauchen Macht, um es zu erreichen, und das bedeutet fast immer die Unterstützung von Leuten, denen an diesem Hauptziel wenig oder nichts liegt. Um ihrer Partei zur Mehrheit zu verhelfen, müssen die Parteiführer einer genügenden Anzahl von Gruppen hinreichende Vorteile bieten, um sie dafür zu gewinnen, für sie zu stimmen. Für jene dieser Interessengruppen werden die übrigen Ziele der Partei nicht mehr als Bedingungen darstellen, denen sie zustimmen müssen, um die Befriedigung ihrer eigenen Wünsche zu erreichen. Das Ergebnis wird ein Programm sein, das »something for everybody« enthält, dessen Unterstützung erhofft wird.

Es ist notorisch, daß diese Notwendigkeit, eine Mehrheit für die Unterstützung eines Parteiprogramms zu gewinnen, oft verhältnismäßig kleine Gruppen in einer strategisch günstigen Position in die Lage versetzt, besondere Vorteile zu gewinnen, die niemand sonst wirklich gutheißt. Positionen wie etwa die der Landwirtschaft in den Vereinigten Staaten (aber auch vielen anderen Ländern), die das Zünglein an der Waage bilden können und daher von allen Parteien umworben werden, sind bloß extreme Fälle einer Lage, die sich in allen modernen demokratischen Ländern hundertfach wiederholt. Daß diese Gruppen erhalten, was sie verlangen, hat natürlich nichts damit zu tun, daß die Mehrheit von der Gerechtigkeit ihrer Forderung überzeugt ist, sondern nur damit, daß sie ohne ihre Unterstützung vielleicht keine Mehrheit wäre und daher die anderen Mitglieder dieser Mehrheit ihre Zwecke nicht erreichen könnten, ohne sich die Unterstützung dieser Gruppen zu kaufen.

Eine derartige Übereinstimmung, auf der politische Aktionsprogramme beruhen, ist offenbar ganz etwas anderes als eine Mehrheitsmeinung, mit der die Demokratie gerechtfertigt wird. Eine Anzahl von Kuhhändeln, in denen die Wünsche von *A* befriedigt werden als Entgelt für die Befriedigung der Wünsche von *B* (und gewöhnlich noch auf Kosten des *C*), mag wirksame Zusammenarbeit im Interesse der Beteiligten, aber gewiß nicht Übereinstimmung über die Erwünschtheit des Gesamtergebnisses bedeuten.

Die Beherrschung des Staatsapparates durch organisierte Interessen wird oft als Mißbrauch oder sogar als Korruption hingestellt. Sie ist jedoch die unvermeidliche Folge eines Systems, in dem die Mehrheit unbeschränkte Macht hat, jene konkreten Maßnahmen anzuordnen, die notwendig sind, um die Forderungen derer zu befriedigen, die zusammen die Mehrheit bilden. Eine Regierung, die diese Macht hat, kann nicht darauf verzichten, sie auch zu gebrauchen, und gleichzeitig an der Macht bleiben. Wir haben kein Recht, den Politikern zum Vorwurf zu machen, daß sie das tun, was sie in der Lage, in die wir sie versetzt haben, tun müssen. Eine Mehrheit, die unbeschränkte Macht über konkrete Maßnahmen hat, kann diese Macht nur erhalten, indem sie eine genügende Anzahl von Sonderinteressenten hinreichend bevorteilt.

Regierung im engeren Sinne der Verwaltung bestimmter Mittel wird in gewissem Maße immer diesen Charakter tragen. Die Folgen werden aber nur dann schwerwiegend, wenn die Verwaltung der der Regierung übertragenen Mittel und der Erlaß von Regeln für das Handeln aller miteinander vermischt werden und insbesondere dieselben Personen, die das zu verwalten haben, was dem Staat gehört, auch bestimmen können, was dem Staat gehören soll. Jene Personen, die die Regeln zu finden haben, die bestimmen, was Rechtens ist, in eine Lage zu versetzen, in der sie sich nur in ihrer Position erhalten können, indem sie ihren Mandataren die besonderen Dinge geben, die diese besonders dringend wünschen, heißt allen Wohlstand der Gesellschaft ihnen zu dem Zwecke zur Verfügung zu stellen, um damit das zu tun, was ihnen politisch zweckmäßig erscheint. Stünden die gewählten Verwalter der gemeinsamen Mittel unter einem Gesetz, das sie nicht ändern können, so würden sie zwar immer noch die Wünsche ihrer Mandatare zu befriedigen haben, könnten aber dafür nicht mehr Mittel verwenden, als ihnen nach allgemeinen Regeln für gemeinsame Zwecke zur Verfügung gestellt würden. Wenn aber dieselben Personen auch die allgemeinen Regeln nach ihrem Belieben jeweils so ändern können, daß sie die Wirkung auf bestimmte Interessen voraussehen, so werden sie gezwungen sein, nicht nur, was des Staates ist, sondern die gesamten Mittel der Gesellschaft in den Dienst der Befriedigung der Wünsche ihrer Wähler zu stellen. Eine gewählte Regierung kann nur dadurch verhindert werden, Sonderinteressen zu dienen, daß man ihre Macht, dies zu tun, beschränkt. Ein System, in dem die Politiker glauben, die Macht und die Pflicht zu haben, alle Unzufriedenheit zu beseitigen, muß damit enden, daß alle Angelegenheiten von diesen Politikern manipuliert werden. Die einzige wirksame Verteidigung, die ein Politiker dafür hat, daß er einen Wunsch unbefriedigt läßt, ist, daß es außerhalb seiner Macht liegt, ihn zu befriedigen. Daher kann kein System, in dem jene, die die Mittel des Staates besonderen Zwecken zuweisen, nicht durch allgemeine Regeln beschränkt sind, dem Schicksal entgehen, ein Instrument der organisierten Interessen zu werden.

6. Übereinstimmung über allgemeine Regeln und Übereinstimmung über besondere Maßnahmen

Es wurde schon hervorgehoben, daß in einer Großgesellschaft niemand Kenntnis von oder Ansichten über all die Vielzahl von Angelegenheiten haben kann, die eine Entscheidung der Regierung beeinflussen kann. Jedes Mitglied einer solchen Gesellschaft kennt nicht mehr als einen kleinen Ausschnitt des umfassenden Systems von Beziehungen (des »pattern«, um einen nicht ganz übersetzbaren englischen Ausdruck zu gebrauchen) der Gesellschaft, aber seine

Wünsche bezüglich der Gestaltung dieses Ausschnittes werden unvermeidlich oft mit den Wünschen derer in Konflikt stehen, die mit anderen, vielleicht mit seinen teilweise sich überdeckenden Ausschnitten befaßt sind. Obwohl so niemand mit dem Ganzen in allen seinen Einzelheiten befaßt ist, so sind doch die Einzelwünsche untereinander verbunden und müssen versöhnt werden, wenn wirklich Übereinstimmung erzielt werden soll. Eine solche Ausdehnung der Zustimmung des einzelnen über den Bereich, den er wirklich kennt, und ein Verzicht auf manche seiner besonderen Wünsche im Interesse der Gesamtordnung kann nur durch Übereinstimmung über allgemeine Regeln erzielt werden, die auf jeden Einzelfall anzuwenden sind. Die alte Einsicht, daß in solchen Situationen Konflikt nur durch Übereinkunft über allgemeine Regeln vermieden werden kann und daß die Notwendigkeit, ohne solche allgemeinen Regeln sich über besondere Fälle zu einigen, Konflikt unvermeidlich macht, ist jedoch in weitem Maße in Vergessenheit geraten.

Echte Übereinstimmung wird daher in einer großen Gesellschaft oder wenigstens unter einer wirklichen Mehrheit einer solchen Gesellschaft vorwiegend über allgemeine Regeln und nur über jene wenigen Einzelangelegenheiten bestehen, die den meisten Mitgliedern bekannt sein können. Wichtiger noch ist, daß in einer solchen Gesellschaft eine zusammenhängende und widerspruchslose Gesamtordnung nur erzielt werden kann, wenn sie sich selbst für ihre sukzessiven Enscheidungen an allgemeine Regeln bindet und auch keiner Mehrheit gestattet, diese Regeln zu brechen – es sei denn, sie sei bereit, neue Regeln an Stelle der alten zu setzen und in Zukunft diese neuen Regeln ausnahmslos zu befolgen.

Dies gilt in gewissem Maße ja auch für die sukzessiven Entscheidungen eines einzelnen, der einen komplexen Sachverhalt, den er nicht als Ganzes überschauen kann, zu ordnen hat. Er kann in einer solchen Situation eine Gesamtordnung nur auf die Weise hervorbringen, daß er in allen Einzelentscheidungen dieselben Prinzipien befolgt. Das gilt natürlich in noch höherem Maße, wo die Entscheidungen die Wünsche einer Vielheit von Individuen befriedigen sollen. Eine Serie von Abstimmungen über Einzelfragen wird hier meist kein Gesamtergebnis zeitigen, das irgendein einzelner gutheißen oder das innere Folgerichtigkeit besitzen würde. Es würde nicht einmal einen Kompromiß darstellen, den irgend jemand als ganzen gebilligt hat.

Es ist zum Teil die Unzufriedenheit mit diesen Ergebnissen des demokratischen Entscheidungsprozesses, die zu dem Verlangen nach einem Gesamtplan für alle Staatstätigkeit führt. Aber ein Gesamtplan, der im vorhinein alle Details festlegt, bietet keine Lösung der Schwierigkeit. Zumindest so, wie sich die meisten Menschen einen solchen Plan vorstellen, ist er doch nur eine Summe von Einzelentscheidungen, die alle dasselbe Problem aufwerfen. Das gewöhnliche Ergebnis eines solchen Planes ist ja auch, daß er, anstatt die Folge eines Kriteriums der Erwünschtheit von Einzelmaßnahmen zu sein, zum Ersatz für ein solches Kriterium wird.

Es ist nun einmal so, daß nicht nur in einer großen Gesellschaft eine echte Mehrheitsmeinung hinsichtlich gewisser allgemeiner Prinzipien besteht, sondern auch, daß die Mehrheit eine wirksame Gewalt über die Gesamtordnung nur dann ausüben kann, wenn sie sich auf die Feststellung von Prinzipien universeller Anwendung beschränkt und darauf verzichtet, selbst dann in die aus ihnen sich ergebende konkrete Ordnung einzugreifen, wenn Einzelergebnisse ihren Wünschen nicht entsprechen. Es liegt dabei kein Widerspruch in der Tatsache, daß die Wünsche der Mehrheit hinsichtlich der besonderen Fälle (ebenso wie die des einzelnen) oft mit den Regeln in Konflikt stehen, deren allgemeine Anwendung sie auch wünscht. Als Individuen haben wir zumindest die Möglichkeit, die Regeln, die wir für uns festsetzen, immer zu befolgen. Aber das Mitglied einer Mehrheit mit unbeschränkter Macht hat keinerlei Gewißheit, daß künftige Mehrheiten eine Regel einhalten werden, an die er sich zu halten bereit ist. Während wir als einzelne alle gelernt haben, unsere besonderen Wünsche als bedingt zu betrachten, d. h. als nur dann zu verwirklichen, wenn es keine ihnen entgegenstehende allgemein befolgte Regel gibt, betrachten wir es doch als zulässig, von den besonderen Vorteilen Gebrauch zu machen, die uns der Staat bietet, solange andere sie auch genießen, obwohl wir es vorziehen würden, daß niemand solche Sondervorteile erhält. Es ist daher durchaus natürlich, daß die Wähler oder Abgeordneten oft für Sondermaßnahmen stimmen werden, obwohl sie es vorziehen würden, alle Sondermaßnahmen dieser Art zu verhindern, wenn sie dazu die Macht hätten[9]. Solange es aber keine Regel gibt, die jene bindet, die solche Sondermaßnahmen beschließen können, ist es unvermeidlich, daß sie beständig für Maßnahmen stimmen, die eine Körperschaft, die nur allgemeine Regeln erlassen kann, ein für allemal verbieten würde.

Die Behauptung, daß mehr Übereinstimmung über allgemeine Regeln als über besondere Maßnahmen besteht, scheint zunächst mit der regelmäßigen Erfahrung in Widerspruch zu stehen, daß es im allgemeinen leichter ist, in einer Versammlung Übereinstimmung über einen Einzelfall als über eine allgemeine Regel zu erzielen. Wenn das aber auch wahrscheinlich richtig ist, so bedeutet es doch nicht, was es zunächst zu bedeuten scheint. Es heißt nämlich nur, daß wir sehr oft die allgemeinen Regeln, die verschiedene Menschen dazu führen, im Einzelfall zu der gleichen Entscheidung zu kommen, nicht ausdrücklich kennen, d. h. nie in Worte gefaßt haben, und die richtige Formulierung dieser Regeln eine außerordentlich schwierige Aufgabe ist. Aber wir wer-

---

[9] Die Erfahrungen mit dem Referendum in der Schweiz bieten uns viele Beispiele dafür, daß die Mehrheit des Volkes oft Maßnahmen ablehnt, die die auf ihre Wiederwahl bedachten Politiker als politisch unvermeidlich betrachteten.

den im allgemeinen (nicht immer) über Einzelfragen einig, weil unser Denken von den gleichen Prinzipien geleitet wird. Wir können diese unser Denken leitenden Prinzipien oft nur dadurch entdecken, daß wir die Einzelfälle, über die wir übereinstimmen, analysieren und ihre gemeinsamen Züge feststellen. Aber daß verschiedene Menschen, die zum ersten Mal die Umstände eines Streitfalles erfahren, im allgemeinen zu dem gleichen Urteil über Recht und Unrecht kommen, bedeutet nichts anderes, als daß sie von den gleichen Grundsätzen geleitet werden, auch wenn sie nicht imstande sind, diese in Worten auszudrücken. Man braucht nur die Natur der Argumente zu betrachten, die in einem solchen Falle dazu gebraucht werden, den anderen zu überzeugen, um zu sehen, daß das so ist. Diese Argumente werden stets entweder in der Berufung auf eine allgemeine Regel oder in dem Hinweis auf Tatsachen bestehen, die im Lichte einer solchen Regel relevant erscheinen. Wesentlich wird immer der Umstand sein, daß der Einzelfall Bestandteil einer Klasse ähnlicher Fälle ist und daher unter eine für diese Fälle geltende Regel fällt. Die Entdeckung einer solchen Regel, über die wir übereinstimmen, wenn sie einmal in Worten ausgedrückt ist, ist immer die Voraussetzung einer Einigung über einen besondern Fall, über den wir zuerst verschiedener Ansicht waren.

7. Der rationalistische Aberglaube der »Souveränität«

Die Vorstellung, daß die Mehrheit das Recht hat, zu tun, was sie will, steht im engsten Zusammenhang mit dem verführerischen Begriff der Volkssouveränität. Ihre Schwäche liegt nicht in der Ansicht, daß die letzte Macht bei der Mehrheit liegen soll, sondern in der Vorstellung, daß es eine unbeschränkte Macht geben muß, d. h. in der Vorstellung von der Souveränität selbst. Diese erweist sich als ein rationalistischer Aberglaube, da die vermeintliche logische Notwendigkeit einer unbeschränkten höchsten Gewalt in Wirklichkeit nicht besteht. Sie ist das Ergebnis einer konstruktivistischen Interpretation aller gesellschaftlichen Einrichtungen, die sie alle auf bewußte Entscheidungen menschlichen Willens zurückführen will. Die grundlegende Tatsache, auf der die Gesellschaft beruht, ist aber nicht eine Willensentscheidung über bestimmte Grundregeln, sondern der Umstand, daß Menschen, ohne sich dessen bewußt zu sein, in ihren Entscheidungen darüber, was recht oder unrecht ist, gemeinsamen Regeln folgen. Ohne solche gemeinsamen Anschauungen, die jedem formulierten Recht und jeder organisierten Regierung vorausgehen, hätte sich eine große Gesellschaft nie bilden können.

Es besteht keine Notwendigkeit einer höchsten unbeschränkten Gewalt, weil alle Macht in letzter Linie auf den Meinungen der Menschen beruht und nur so lange dauert wie diese Meinungen. Der Begriff der Souveränität ist das

Ergebnis einer logischen Konstruktion, die unternimmt, die Institutionen aus einem einheitlichen, auf sie gerichteten Willen abzuleiten. So etwas hat es aber nie gegeben. Weit davon, eine unbeschränkte Quelle aller Macht vorauszusetzen oder zu fordern, daß irgend jemand das Recht haben muß, zu tun, was ihm beliebt, setzt eine freie Gesellschaft voraus, daß alle Macht, auch die der Mehrheit, beschränkt ist und dort, wo es keine echte Übereinstimmung gibt, es auch keine Macht gibt. Die erste Frage, die wir daher immer stellen müssen, ist nicht, wer diese oder jene Gewalt hat, sondern ob die Grundlage für eine solche Gewalt überhaupt besteht. Und die letzte Grundlage aller Gewalt ist nicht jemandes Wille, sondern, was ganz etwas anderes ist, die Übereinstimmung der Ansichten über Regeln der Gerechtigkeit. Der berühmte Ausspruch Francis Bacons (dieses Urquells allen Rechtspositivismus), daß »a supreme and absolute power cannot conclude itself, neither can that which is in its nature revocable be fixed«[10], ist daher irreführend. Macht leitet sich nicht von einer letzten Quelle ab, sondern ruht auf der Stütze gemeinsamer Überzeugungen und reicht nicht weiter als diese Überzeugungen. Auch wenn die letzte Quelle *bewußter* Entscheidungen sich nicht selbst beschränken kann, so ist sie doch in der Naur ihrer Gewalt beschränkt.

In der westlichen Welt wurde solch eine unbeschränkte Gewalt auch kaum von jemandem beansprucht, bis der Rationalismus des 16. und 17. Jahrhunderts die Grundlagen für die Theorie des Absolutismus entwickelt, die dann die Demokratie übernahm. Gewiß wurde den mittelalterlichen Herrschern keine solche Gewalt zugestanden und kaum je von ihnen beansprucht. Der Anspruch wurde erst mit dem Absolutismus konsequent vertreten, und es ist eine der Ironien der Geschichte, daß erst die Demokratie ihn mit der Aura der Legitimität umkleidete.

Die Idee der Allgewalt der Mehrheit ist jedoch eine Degeneration des Ideals der Demokratie, eine Degeneration, die freilich bisher überall eingetreten ist, wo die Demokratie lang genug bestanden hat. Sie ist jedoch keineswegs eine notwendige Folge des Prinzips der Demokratie, sondern nur eine notwendige Folge der irrigen Ansicht, daß ein besitmmtes Verfahren zur Feststellung der Meinung der Mehrheit auf alle möglichen Fragen eine Antwort geben müsse, die wirklich die Meinung der Mehrheit wiedergibt. Dieser Irrtum hat zu dem merkwürdigen Glauben geführt, daß das bestehende demokratische Verfahren stets das gemeinsame Beste erzeuge, einfach weil das gemeinsame Beste als das Ergebnis dieses bestimmten Entscheidungsverfahrens definiert ist. Die Absurdität dieses Glaubens zeigt sich sofort, wenn wir erwägen, daß verschie-

---

[10] Zitiert bei McIlwain, C. H., *The High Court of Parliament*, Yale University Press, 1910.

dene, aber gleicherweise zu rechtfertigende Entscheidungsverfahren zu ganz verschiedenen Ergebnissen führen werden.

8. Die erforderliche Trennung der beiden verschiedenen Aufgaben der Volksvertretungen

Die klassische Theorie der repräsentativen Demokratie glaubte ihr Ziel zu erreichen, indem sie die Trennung von Gesetzgebung und Verwaltung mit der Trennung der gewählten Vertretungskörperschaft von der durch sie ernannten Exekutive (oder in den Vereinigten Staaten einem direkt gewählten Chef der Exekutive) zusammenfallen ließ. Sie hat ihr Ziel aber nicht erreicht, weil die eine Repräsentativkörperschaft unvermeidlich direkt in die Führung der Regierungsgeschäfte eingriff und sich in ihr daher die beiden Funktionen vermischten. Dadurch wurde eine neue absolute Gewalt geschaffen, die dem eigentlichen Ideal der Demokratie widerspricht.

Wir haben gesehen, daß die Aufgabe, die Tätigkeit des Regierungsapparates und die Verwaltung der ihm anvertrauten Mittel zu organisieren und zu lenken, und die Aufgabe, Regeln festzulegen, die den privaten Bürger wie die Regierung gleichermaßen binden, grundsätzlich verschiedene Aufgaben sind. Ihre Vereinigung in den Händen der gleichen Vertretungskörperschaft hat zu einer neuen unbeschränkten Macht geführt, die die Tendenz hat, sich unbeschränkt auszudehnen.

Nun ist zwar die Regierungsaufgabe im engeren Sinne zweifellos eine Aufgabe, die nicht an strenge Regeln gebunden werden kann, aber sie muß gerade deshalb in ihrem sachlichen Bereich streng begrenzt sein, wenn sie nicht die Freiheit zerstören soll. Eine Gewalt aber, die nicht auf einen begrenzten Sachbereich beschränkt ist, muß in einer freien Gesellschaft auf den Erlaß allgemeiner Regeln beschränkt sein, die auch die Regierung binden, und darf selbst keinerlei Regierungsgewalt haben. Die höchste Gewalt in einer freien Gesellschaft muß sich dadurch legitimieren, daß sie Zwangsanwendung nur durch allgemeine Regeln der Gerechtigkeit begründet, das heißt durch abstrakte Regeln, die der Absicht nach auf alle Fälle Anwendung finden, in denen ihre Voraussetzungen zutreffen. Das setzt Einrichtungen voraus, unter denen die allgemeine Regel stets über die Entscheidung besonderer Fälle vorherrscht, und insbesondere auch die von einer kleineren Mehrheit festgelegte allgemeine Regel eine größere Mehrheit verhindern kann, sie in besonderen Fällen zu durchbrechen.

Die beiden Aufgaben unterscheiden sich insbesondere auch dadurch, daß die erste Aufgabe, die der echten Gesetzgebung, im wesentlichen auf lange Sicht gerichtet sein und grundsätzliche Anschauungen niederlegen soll, die zweite, die eigentliche Regierungsaufgabe, ihrer Natur nach kurzfristig ist und sich den vorübergehenden Wünschen und Bedürfnissen der Bevölkerung anpassen soll.

Ich habe an anderer Stelle[11] einen Vorschlag skizziert, der diesen Überlegungen Rechnung trägt. Er besteht, kurz gesagt, darin, daß wir das fast allgemein bestehende Zweikammersystem dazu benützen, die eine der beiden Vertretungskörperschaften ausschließlich mit Gesetzgebung im eigentlichen Sinn, das heißt mit dem Erlaß allgemeiner ausnahmslos anzuwendender Regeln zu betrauen, die allein die Anwendung von Zwang gegenüber dem privaten Bürger rechtfertigen, und die Führung der eigentlichen Regierungsgeschäfte innerhalb der so gesteckten Grenzen in die Hände der zweiten Kammer zu legen. Damit ein solches System wirksam wäre, müßten die beiden Kammern nach verschiedenen Prinzipien gewählt werden. In der gesetzgebenden Versammlung, in der wir keine organisierten Interessenvertretungen oder Parteien wollen oder brauchen und die sich langfristigen Aufgaben widmen soll, müßten die Mitglieder auf lange Frist, sagen wir 15 Jahre, gewählt und jedes Jahr ein Fünfzehntel neu gewählt werden und nach Ablauf dieser Frist nicht wiederwählbar sein, so daß sie von jeder Parteidisziplin unabhängig wären. Die Regierungsversammlung dagegen könnte und sollte im wesentlichen nach der heute herrschenden Methode aufgrund des Parteiprinzips zusammengesetzt und relativ kurzfristig durch Gesamtwahlen erneuert werden.

Ich glaube natürlich nicht, daß eine solche Verfassungsreform in den Ländern, in denen sich die Demokratie einigermaßen bewährt hat, Aussicht hat, in absehbarer Zeit in Betracht gezogen zu werden. Aber die klare Formulierung eines Ideals hat oft Wert als Leitstern, auch wenn seine Verwirklichung zunächst unwahrscheinlich scheint. Außerdem haben wir aber noch das Problem, daß in den Teilen der Welt, in denen sich die Demokratie in ihrer gegenwärtigen Form als undurchführbar erwiesen hat, weil dort die Tradition fehlte, die ihr Funktionieren voraussetzt, anstelle dieser Tradition vielleicht besondere institutionelle Vorkehrungen treten könnten. Ein Amerikaner hat einmal bemerkt, daß das Problem heute nicht mehr sei »to make the world safe for democracy«, sondern »to make democracy safe for the world«. Zu dieser Aufgabe sollte jener Vorschlag, den ich hier nur andeuten konnte, ein Beitrag sein.

---

[11] In einem Vortrag über »Recht, Gesetz und Wirtschaftsfreiheit«, gehalten am 22. April 1963 anläßlich des 100jährigen Jubiläums der Industrie- und Handelskammer zu Dortmund; veröffentlicht von dieser Kammer sowie auch von der *Frankfurter Allgemeinen Zeitung* vom 1./2. Mai 1963 unter dem von der Schriftleitung gewählten Titel »Recht schützt die Freiheit, Gesetze töten sie«. (Abdruck in: Hayek, *Schriften*, A4, d. Hrsg.). Der Vortrag faßt den Grundgedanken des Buches zusammen, von dem dieser Aufsatz ein Kapitel bilden soll. (Es handelt sich bei dem erwähnten Buch um *Recht, Gesetz und Freiheit*, Hayek, *Schriften*, B4, d. Hrsg.).

Die Verfassung eines freien Staates[*]

1. Die Begründer des *liberalen Konstitutionalismus* hatten gehofft, die persönliche Freiheit durch die Gewaltentrennung zu beschützen[1]. Dahinter stand die Idee, Zwang solle nur zulässig sein, um allgemeine Regeln des menschlichen Verhaltens durchzusetzen, die vom Gesetzgeber gutgeheißen sind. Die Gewaltentrennung, wie wir sie kennen, hat dieses Ziel verfehlt. Wenn dieser Grundsatz einen Sinn haben soll, setzt er einen Gesetzesbegriff voraus, der aufgrund sachlicher Kriterien festlegt, was Gesetz sein kann, und nicht davon abhängt, wer das Gesetz erlassen hat; nur wenn unter „Gesetzgebung" eine bestimmte Art von Tätigkeit verstanden wird, treten bedeutsame Folgen auf, wenn diese Art von Tätigkeit einer bestimmten Körperschaft vorbehalten wird und gleichzeitig die Befugnisse dieser Körperschaft auf diese Tätigkeit beschränkt werden.

2. Tatsächlich sind wir dahin gelangt, nicht nur eine bestimmte Art von Norm oder Befehl „Gesetz" zu nennen, sondern fast alles, was der sogenannte Gesetzgeber beschließt: die heutige Interpretation der Gewaltentrennung beruht also auf einem Zirkelschluß und macht sie völlig inhaltsleer; nur der Gesetzgeber darf Gesetze erlassen, und ihm sollen keine anderen Befugnisse zustehen; aber was immer er beschließt, ist Gesetz.

3. Diese Entwicklung hat sich aus dem Aufkommen eines demokratischen Staates ergeben, der als unbeschränkter Staat interpretiert wurde, sowie aus der ihm verwandten Rechtstheorie, dem Rechtspositivismus, der alles Recht auf den ausdrücklichen Willen eines Gesetzgebers zurückzuführen sucht. Letztlich beruht sie auf dem Mißverständnis, daß die höchste „souveräne" Gewalt unbeschränkt sein müsse, weil angenommen wird, eine Gewalt könne nur durch

---

[*] Referat für die Tagung der Mont Pèlerin Society, Vichy, September 1967.

[1] Zum Thema der Gewaltentrennung im allgemeinen möchte ich die Aufmerksamkeit auf zwei wichtige neuere Arbeiten lenken: Vile, M. J. C., *Constitutionalism and the Separation of Powers*, Oxford 1967, und Gwyn, W. B., *The Meaning of Separation of Powers*, Den Haag und New Orleans 1965.

eine andere in Schranken gehalten werden. Dies wäre richtig, wenn der tatsächliche Inhalt der Tätigkeit einer bestehenden Gewalt beschränkt werden sollte. Aber es trifft nicht zu, wenn die Gewalt auf eine *Art* von Tätigkeit beschränkt sein soll, die durch objektive Merkmale erkennbar ist.

4. Die klassische Unterscheidung zwischen Gesetzgebung und dem Erlaß bestimmter Befehle beruht auf der grundlegenden Vorstellung, daß der Gesetzgeber den Glauben in die Gerechtigkeit seiner Entschließungen unter Beweis stellen muß, indem er sich auf ihre allgemeine Anwendung auf eine ungewisse Anzahl zukünftiger Fälle festlegt und auf die Befugnis verzichtet, ihre Anwendung in einzelnen Fällen zu modifizieren. In diesem Sinne sollte ein Gesetz auf die *Meinung* gestützt sein, daß bestimmte Arten von Tätigkeit recht oder unrecht sind, und *nicht* auf den *Willen*, bestimmte Ergebnisse hervorzubringen. Und die Autorität des Gesetzgebers beruhte auf der Meinung des Volkes, daß seine überlegten Entscheidungen Unterstützung verdienten, solange er auf diese Weise seinen Glauben an die Gerechtigkeit seiner Entschließungen zu erkennen gab.

5. Das vorherrschende Mißverständnis der Theorie der Demokratie läßt sich auf Rousseau zurückführen: er hat an die Stelle der allgemeinen *Meinung* den allgemeinen *Willen* gesetzt und konsequent den Begriff der Volkssouveränität entwickelt, der in der Praxis bedeutet, daß als allgemein verbindliches Gesetz gelten soll, was immer die Mehrheit über einzelne Dinge entscheidet. Für eine solche unbeschränkte Gewalt besteht aber weder Bedarf, noch kann ihr Vorhandensein mit der persönlichen Freiheit in Einklang gebracht werden. Gewiß kann die staatliche Tätigkeit nicht vollständig durch allgemeine Regeln des gerechten Verhaltens bestimmt werden, insofern der Staatsapparat mit der Verwaltung der persönlichen und sachlichen Mittel betraut ist, die ihm zur Verfügung gestellt sind. Aber es gehört gerade zum Wesen der freien Gesellschaft, daß die einzelne Person nicht eines der Mittel ist, die der Staatsapparat verwaltet, und eine freie Person damit rechnen kann, einen bekannten Bereich von Mitteln auf der Grundlage ihrer Kenntnisse für ihre eigenen Zwecke verwenden zu können. Herrschaft unter dem Gesetz bedeutete für die Theoretiker des repäsentativen Staates, daß der Staat seinen Verwaltungsapparat nicht einsetzen konnte, um Zwang gegen einzelne Personen auszuüben, es sei denn, er wollte sie zum Gehorsam gegenüber allgemeinen Regeln gerechten Verhaltens veranlassen.

6. Die wachsende Verbreitung des demokratischen Ideals führte zu dem Wunsch, die Repräsentanten des Volkes sollten nicht nur über den Erlaß von Regeln des gerechten Verhaltens entscheiden, sondern auch über die laufende Tätigkeit der Regierung bei der Bereitstellung von Dienstleistungen aus den ihr zur Verfügung gestellten Mitteln. Dies hätte nicht bedeuten müssen, daß dieselbe repräsentative Versammlung für beide Tätigkeiten zuständig werde. De-

mokratische Gesetzgebung und demokratische Regierung sind wahrscheinlich beide wünschenswert, aber diese Funktionen derselben Körperschaft anzuvertrauen vernichtet den Schutzwall für die persönliche Freiheit, den die Gewaltentrennung bilden sollte. Eine solche demokratische Staatsführung ist notwendigerweise nicht mehr Herrschaft unter dem Gesetz in dem ursprünglichen Sinne dieses Begriffs, wenn dieselbe Versammlung, die die Regierungsgeschäfte lenkt, beliebig Gesetze erlassen kann, um die Zwecke der Regierung zu verfolgen. Eine so verstandene Gesetzgebung verliert völlig jene Legitimation, die die höchste Gewalt aus ihrer Festlegung auf allgemeine Regeln erfährt.

7. Eine Versammlung mit unbeschränkten Vollmachten besitzt die Macht, bestimmte Gruppen oder einzelne Personen zu begünstigen, und daraus folgt unvermeidlich, daß sie aus Koalitionen bestimmter Interessen gebildet wird, die ihren Anhängern bestimmte Vorteile zukommen lassen. Die gesamte moderne Entwicklung zu einer wachsenden „para-Regierung", zu organisierten Interessengruppen, die auf den Gesetzgeber einen Druck ausüben, damit er zu ihren Gunsten interveniert, ist ein notwendiges und unvermeidliches Ergebnis der Tatsache, daß der höchsten Gewalt unbeschränkte Macht übertragen wird, auf bestimmte einzelne Menschen oder Gruppen im Dienste bestimmter Ziele Zwang auszuüben. Eine gesetzgebende Körperschaft, die auf die Findung allgemein anwendbarer Regeln gerechten Verhaltens beschränkt ist, deren Wirkungen auf einzelne Menschen oder Gruppen nicht vorhersehbar sind, würde einem solchen Druck nicht ausgesetzt sein (lobbying usw. sind also Kinder der staatlichen Intervention und müssen in dem Maße immer größere Dimensionen annehmen, in dem der Gesetzgeber sich erlaubt, im Namen bestimmter Gruppen zu intervenieren).

8. Es würde hier zuviel Raum einnehmen zu zeigen, wie diese Entwicklung mit dem Aufkommen des Begriffs der „sozialen Gerechtigkeit" zusammenhängt. Ich muß mich damit begnügen, zu diesem Punkt auf meine Ausführungen zu verweisen, die ich im vorigen Jahr der Tagung der Mont Pèlerin Gesellschaft in Tokyo vorgelegt habe[2], und eine instruktive Textstelle aus einem jüngeren Werk zu zitieren: „Die Herausbildung von drei bedeutenden Verfahrensprinzipien staatlicher Tätigkeit in unserer Zeit spiegelte die Wichtigkeit wider, die den herrschenden Werten der westlichen Welt zugeschrieben wurde – Zweckmäßigkeit, Demokratie und Gerechtigkeit. In den vergangenen hundert Jahren tauchte jedoch ein neuer Wert auf, der nicht darunter eingeordnet werden konnte – soziale Gerechtigkeit. Die Beschäftigung mit der sozialen Gerechtigkeit hat vor allem anderen mit der herkömmlichen Dreiteilung der

---

[2] Siehe »Grundsätze einer liberalen Gesellschaftsordnung«, *Ordo*, Bd. XVIII, 1967, 11–33. (Abdruck in diesem Band Hayek, *Schriften*, A5, Kap. 5, d. Hrsg.)

Staatsfunktionen und -tätigkeiten gebrochen und dem heutigen Staatsleben eine neue Komponente hinzugefügt."[3]

9. Im Laufe der Geschichte hat sich persönliche Freiheit nur in Ländern herausgebildet, in denen man sich Recht nicht als Sache irgendeines beliebigen Willens vorgestellt hat, sondern wo es aus den Bemühungen von Richtern und Rechtsgelehrten entsprang, die Prinzipien als allgemeine Regeln zu finden, die den Gerechtigkeitssinn leiten. Eine Gesetzgebung, die darauf gerichtet ist, allgemeine Verhaltensregeln zu ändern, ist ein vergleichsweise neues Phänomen in der Geschichte, und es ist mit Recht gesagt worden, daß sie „vielleicht die folgenschwerste (Erfindung) gewesen (ist), die je gemacht wurde – folgenschwerer als die des Feuermachens oder des Schießpulvers"[4]. Was in früheren Zeiten durch bewußte „Gesetzgebung" geregelt wurde, bezog sich tatsächlich meist mehr auf Organisation oder das Verhalten des Staatsapparates als auf Verhaltensregeln. Gesetz im letzteren Sinne wurde lange als unabänderlich angesehen und erforderte vermeintlich nur eine Wiederherstellung in seiner alten Reinheit. Selbst die frühen Formen der repräsentativen Versammlungen wurden grundsätzlich mehr zur Entscheidung über Angelegenheiten der eigentlichen Regierung, insbesondere über Steuern, als für die Findung von Recht im Sinne allgemeiner Verhaltensregeln gewählt.

10. Es ist daher natürlich, daß mit der Forderung nach einer Übertragung der Befugnis zur Festlegung allgemeiner Verhaltensregeln auf repräsentative oder demokratische Körperschaften diese jenen Körperschaften anvertraut wurde, die bereits für die Zwecke der Führung der Regierungsgeschäfte bestanden. Aber die Theoretiker, insbesondere Locke[5], Montesquieu und die Väter der Amerikanischen Verfassung, ließen sich durch die Beschreibung dieser Körperschaften als Legislative täuschen und glaubten, daß sie allein mit Dingen beschäftigt waren, die die Theoretiker damals als Gesetz verstanden, d.h. die allgemeinen Verhaltensregeln, auf deren Durchsetzung sie den Zwang zu beschränken hofften. Von Anbeginn waren diese Versammlungen jedoch vornehmlich mit der Organisation und der Leitung der Regierungstätigkeit befaßt und haben sich immer mehr in dieser Richtung entwickelt. Eine reine „legislative" Körperschaft in dem Sinne, wie sie die Theoretiker der Gewaltentrennung verstanden, hat niemals bestanden, wenigstens nicht seit den *nomothetai* des alten Athen, die anscheinend lediglich die ausschließliche Macht besaßen, die Verhaltensregeln zu ändern.

---

[3] Vile, M. J. C., aaO, 347.

[4] Rehfeldt, B., *Die Wurzeln des Rechtes*, Berlin 1951, 68.

[5] Vgl. jedoch Vile, M. J. C., aaO, 63, wonach nach Lockes Ansicht »The legislative authority is *to act in a particular way* ... those who wield this authority should make *only* general rules. ›They are to govern by promulgated established laws, not to be varied in particular cases.‹«

11. Die Gewaltentrennung ist daher niemals erreicht worden, weil von Beginn der modernen Entwicklung zum Verfassungsstaat an die Gesetzgebungsbefugnis in dem Sinne, in dem sie durch diesen Begriff vorausgesetzt wird, und die Lenkungsbefugnis der Regierung in derselben Körperschaft vereinigt waren. Folglich hat die höchste Regierungsgewalt in keinem demokratischen Land unserer Zeit jemals unter dem Gesetz gestanden, weil sie immer in den Händen einer Körperschaft gelegen hat, der freigestellt war, jegliches Gesetz zu erlassen, das sie für bestimmte, für erwünscht gehaltene Aufgaben brauchte.

12. Um ihr Ziel zu erreichen, erfordert die Gewaltentrennung in einem demokratischen System zwei besondere repräsentative Versammlungen, die mit völlig verschiedenen Aufgaben betraut und unabhängig voneinander tätig sind. Dies würde offensichtlich nicht durch zwei Versammlungen von gleicher Zusammensetzung und mit gemeinsamem Vorgehen erreicht werden. Da die Versammlung, die wirkliche Gesetze (im Sinne der Theorie der Gewaltentrennung) erlassen soll, Regeln zur Beschränkung der Befugnisse der regierenden Versammlung festsetzen müßte und letztere unter Gesetzen stehen würde, die die erstere erlassen hat, dürfte diese nicht der anderen dienstbar sein, wie es der Fall wäre, wenn sie aus Repräsentanten der gleichen Interessen- oder Parteikoalitionen zusammengesetzt wäre wie letztere. In den vorher verwendeten Worten: die Gesetzgebungskörperschaft sollte sich mit der *Meinung* darüber beschäftigen, was Rechtens ist, und *nicht* mit dem Willen nach der Erreichung bestimmter Ziele der Regierung.

13. Bestehende demokratische Institutionen sind völlig nach den Bedürfnissen der demokratischen Regierung geformt worden, nicht aber, um geeignete Systeme von Gerechtigkeits- oder Rechtsregeln herauszubilden, wie es die Theorie der Gewaltentrennung verstanden hat. Für die Zwecke einer demokratischen Regierung ist ohne Zweifel eine Organisation erforderlich, die dazu bestimmt ist, ein bestimmtes System konkreter Ziele zu verwirklichen. Eine demokratische *Regierung* erfordert somit Parteien, und es gibt keinen Grund, warum die Regierungsversammlung nicht auf der Grundlage parteilicher Richtlinien aufgebaut sein sollte – mit einem aus der Mehrheit gebildeten Exekutivorgan, das als Regierung handelt, wie es in parlamentarischen Verfassungen üblich ist.

14. Andererseits ist das Mißtrauen gegen Parteien oder organisierte Interessen, das so charakteristisch für die älteren Theoretiker der Repräsentation ist, völlig gerechtfertigt, soweit es die *Gesetzgebung* betrifft, wie sie sie verstanden. Wo nicht ein Bündel bestimmter konkreter Interessen, sondern das wahre öffentliche Interesse in Betracht kommt, „das nichts anderes ist als allgemeines Recht oder Gerechtigkeit, was alle Parteilichkeit und Interessenhaftigkeit ausschließt" und „als Herrschaft von Gesetzen und nicht von Menschen bezeich-

net werden könnte"[6], ist eine Versammlung erwünscht, die nicht Interessen, sondern eine Meinung darüber repräsentiert, was gerecht ist. Hier brauchen wir ein „repräsentatives Abbild" des Volkes – und wenn möglich, Männer und Frauen, die aufgrund ihrer Redlichkeit und Weisheit geachtet sind, und nicht Abgeordnete, die sich um die besonderen Interessen ihrer Wähler kümmern müssen.

15. Obgleich die Mitglieder der gesetzgebenden Versammlung vom Volk als Repräsentanten der vorherrschenden Meinung über das, was gerecht ist, gewählt werden, sollten sie nicht von Willen oder Interessen abhängig und gewiß nicht an eine Parteidisziplin gebunden sein. Dies kann dadurch gewährleistet werden, daß sie für einen langen Zeitraum gewählt werden und danach nicht wieder wählbar sind. Damit sie dennoch die augenblickliche Meinung repräsentieren, habe ich ein System der Repräsentation durch Altersgruppen vorgeschlagen: jede Altersgruppe wählt einmal in ihrem Leben, sagen wir in ihrem vierzigsten Lebensjahr, aus ihren Reihen Repräsentanten für 15 Jahre, denen danach weitere Beschäftigung als Laienrichter zugesichert ist. Die gesetzgebende Versammlung würde sich also aus Männern und Frauen zwischen ihrem vierzigsten und fünfundfünfzigsten Lebensjahr zusammensetzen (demnach im durchschnittlichen Alter beträchtlich niedriger liegen als die bestehenden Versammlungen!); sie würden von ihren Altersgenossen gewählt, nachdem sie Gelegenheit hatten, sich im Alltagsleben zu bewähren, und ihr Berufsleben für eine Ehrenstellung für den Rest ihres Lebens aufgeben müssen. Ich würde erwarten, daß ein solches Auswahlsystem, in dem die Altersgenossen, die immer am besten die Fähigkeiten eines Menschen beurteilen, den bewährtesten Mitgliedern der „Altersstufe" eine Art Preis verleihen, näher an das Ideal der Staatstheoretiker – einem Senat der Weisen – herankommen würde als irgendein heute befolgtes System. Es würde sicherlich zum ersten Mal eine wirkliche Gewaltentrennung ermöglichen, eine Regierung unter dem Gesetz und eine wirksame Herrschaft des Gesetzes.

16. Die Arbeitsweise eines solchen Systems zeigt sich am besten, wenn wir überlegen, wie es auf die Steuergesetzgebung angewendet würde. Die Steuererhebung ist eine mit Zwang verbundene Tätigkeit, und die Prinzipien, nach denen von jedermann ein Beitrag in die Staatskasse verlangt, oder die Verfahrensweise, in der ein bestimmter aufzubringender Betrag auf die verschiedenen Menschen anteilsmäßig verteilt wird, müßten durch eine allgemeine Regel festgelegt werden; es wäre daher Sache der gesetzgebenden Versammlung, diese zu erlassen. Über die jährlichen Ausgaben und damit den durch Steuern aufzubringenden Betrag hätte die regierende Versammlung zu entscheiden. Aber da-

---

[6] Harrington, J., »The Prerogative of Popular Government«, in: *The Oceana and His other Works*, ed. Toland, J., London 1771, 224.

bei würden ihre Mitglieder wissen, daß jede zusätzliche Ausgabe von ihnen und ihren Wählern in einer Weise getragen werden müßte, an der sie nichts ändern können. Jeder Versuch, die Bürde einer zusätzlichen Ausgabe auf andere Schultern zu verlagern, wäre ausgeschlossen. Ich kann mir keine heilsamere Schranke für Politiker als diese Kenntnis denken, daß jeder Pfennig, den sie ausgeben, nach einem vorher bestimmten, allgemeinen, für sie unabänderlichen Schlüssel anteilsmäßig verteilt wird.

17. Eine Regierung, die als Träger der Leistungsverwaltung auf den Einsatz der Mittel beschränkt ist, die sie auf diese Weise erheben könnte (oder die ihr beständig zur Verfügung gestellt sind), könnte zwar noch alle die Kollektivgüter bereitstellen, für die die Mehrheit zu zahlen bereit ist. Sie könnte aber nicht den allgemeinen Güter- und Dienstleistungsstrom, den der Markt erzeugt, zugunsten bestimmter Gruppen ablenken. Abgesehen vom Beitrag seines Anteils an den allgemeinen Ausgaben, der durch eine für alle gleiche Regel festgesetzt ist, würde der einzelne Bürger nur gehalten sein, die allgemeinen Regeln gerechten Verhaltens zu beachten, die erforderlich sind, um jedermanns geschützten Bereich abzugrenzen, könnte aber nicht verpflichtet oder daran gehindert werden, bestimmte Dinge zu tun oder bestimmten Zielen zu dienen.

18. Wenn Demokratie, wie manche behaupten, heute endgültig unbeschränkte Macht der Mehrheit bedeutet, müssen wir ein neues Wort finden, das eine Staatsform beschreibt, in der zwar die Macht der Mehrheit herrscht, doch selbst diese Macht durch den Grundsatz beschränkt ist, daß sie Zwangsgewalt nur in dem Maße besitzt, in dem sie bereit ist, sich an allgemeine Regeln zu binden. Ich schlage vor, eine derartige Staatsform eine *Demarchie* zu nennen – eine Staatsform, in der *demos* keine bloße Gewalt *(kratos)* ausüben kann, sondern darauf beschränkt ist, durch „festgesetzte bleibende Gesetze, die dem Volk verkündet und bekannt sind, und nicht durch augenblickliche Maßnahmen" (John Locke) zu herrschen *(archein)* –; ein Begriff, der uns stets an den Irrtum erinnert, dem wir erlegen sind, als wir alle Sicherheitsvorkehrungen, mit denen wir uns wirksam gegen Machtmißbrauch der konstitutionellen *Monarchie* abzuschirmen gelernt hatten, in dem Irrglauben hinwegfegten, daß, wenn der Wille des Volkes einmal zur Herrschaft gelangt war, keine Notwendigkeit mehr besteht, von der Mehrheit zu verlangen, daß sie beweise, daß sie als gerecht ansieht, was sie bestimmt.

Die Sprachverwirrung im politischen Denken[*]

mit einigen Vorschlägen zur Abhilfe

Homo non intelligendo fit omnia
G. Vico

Einleitung

Durch die moderne Zivilisation erlangte der Mensch ungeahnte Kräfte, hauptsächlich weil er Methoden entwickelte, durch die mehr Kenntnisse und Hilfsmittel genutzt werden können, als irgendeinem einzelnen Kopf bekannt sind. Ausgangspunkt jeder intelligenten Diskussion über die Ordnung allen gesellschaftlichen Lebens sollte die grundsätzliche und unheilbare Unwissenheit sein, die sowohl bei den handelnden Personen als auch bei dem diese Ordnung studierenden Wissenschaftler über die Vielfalt der einzelnen konkreten Tatsachen herrscht, die in die Ordnung menschlichen Handelns deshalb eingehen, weil sie *einigen* ihrer Mitglieder bekannt sind. Wie das Motto sagt, »wurde der Mensch, was er ist, ohne zu begreifen, was geschah«[1]. Diese Erkenntnis sollte uns nicht mit Scham, sondern mit Stolz darüber erfüllen, daß eine Methode entdeckt wurde, durch welche die Grenzen des individuellen Wissens überwunden werden können. Und sie ist ein Ansporn, jene Einrichtungen bewußt zu fördern, die uns solche Möglichkeiten eröffnen.

Die große Leistung der Sozialphilosophen des 18. Jahrhunderts bestand darin, daß sie den naiven konstruktivistischen Rationalismus früherer Perioden[2], der in allen Institutionen die Ergebnisse bewußter Planung für einen

---

[*] Erstveröffentlichung: Hayek, F. A., *The Confusion of Language in Political Thought, with some Suggestions for Remedying*, London 1968.

[1] Das Zitat von Gianbattista Vico, das als Motto gewählt wurde, stammt aus: *Opere,* Ausg. G. Ferrari, 2. Aufl. Mailand 1854, Bd. V, 183.

[2] Vgl. Hayek, F. A., *Studies* 1967, bes. Kapitel 4 (»Notes on the Evolution of Systems of Rules of Conduct«, deutsche Übersetzung: »Bemerkungen über die Ent-

vorhersehbaren Zweck sah, durch einen kritischen und evolutionären Rationalismus ersetzten, der die Bedingungen und Grenzen des erfolgreichen Gebrauchs denkender Vernunft untersuchte.

Wir sind jedoch noch weit davon entfernt, die Möglichkeiten, die jene Erkenntnisse uns eröffnen, voll zu nutzen, vor allem, weil unser Denken von einer Sprache beherrscht wird, die eine frühere Denkart widerspiegelt. Die wichtigen Probleme werden weitgehend durch die Verwendung von Ausdrücken verdunkelt, welche die sozialen Einrichtungen anthropomorph oder personifizierend erklären. Diese Erklärungen betreffen die allgemeinen Regeln, die das Handeln lenken, welches auf bestimmte Zwecke gerichtet ist. Jene sozialen Einrichtungen sind praktisch erfolgreiche Anpassungen an die unausweichlichen Begrenzungen unseres Wissens, Anpassungen, die sich gegenüber anderen möglichen Formen der Ordnung durchsetzten, weil sie sich als die erfolgreicheren Methoden erwiesen, mit dem unvollständigen, verstreuten Wissen fertigzuwerden, das des Menschen unabänderliches Los ist.

In welchem Ausmaß die Zweideutigkeit von Schlüsselausdrücken, die wir mangels präziser Ausdrücke ständig verwenden müssen, die ernsthafte Diskussion belastet, wurde mir lebhaft vor Augen geführt im Zuge einer noch nicht abgeschlossenen Untersuchung der Beziehungen zwischen Recht, Gesetzgebung und Freiheit, die mich seit einiger Zeit beschäftigt hat. In dem Bestreben, Klarheit zu erlangen, kam ich dazu, scharfe Unterscheidungen einzuführen, für die es im herrschenden Sprachgebrauch keine anerkannten oder leicht verständlichen Begriffe gibt. Die folgende Skizze hat den Zweck, die Wichtigkeit dieser, wie ich feststellte, wesentlichen Unterscheidungen aufzuzeigen und Ausdrücke vorzuschlagen, mit deren Hilfe die herrschende Verwirrung vermieden werden kann.

1. Kosmos und Taxis

Die Zwecke des Menschen können nur deshalb erreicht werden, weil wir die Welt, in der wir leben, als geordnet begreifen. Diese Ordnung manifestiert sich in unseren Fähigkeiten, aus den (räumlichen oder zeitlichen) Ausschnitten der Welt, die uns bekannt sind, Regeln abzuleiten, die uns befähigen, Erwartungen

---

wicklung von Systemen von Verhaltensregeln« in Hayek, *Schriften*, A4, d. Hrsg.), Kap. 5 (»Kinds of Rationalism«, deutsche Übersetzung: »Arten des Rationalismus« in: Hayek, *Schriften*, A1, d. Hrsg.) und Kap. 6 (»The Results of Human Action but not of Human Design«, deutsche Übersetzung: »Die Ergebnisse menschlichen Handelns, aber nicht menschlichen Entwurfs«, in: Hayek, *Schriften*, A4, d. Hrsg.) sowie Hayek, F. A., »Dr. Bernhard Mandeville«, *The Proceedings of the British Academy*, 52, 1966, 125–141. (Abdruck der deutschen Übersetzung in: Hayek, *Schriften*, A2, d. Hrsg.)

über andere Bereiche zu bilden. Und wir glauben, daß gute Chancen bestehen, diese Regeln durch die Tatsachen bestätigt zu finden. Ohne die Kenntnis einer solchen Ordnung der uns umgebenden Welt wäre zweckgerichtetes Handeln unmöglich.

Dies gilt gleichermaßen für die gesellschaftliche wie für die physikalische Umwelt. Während uns die physikalische Umwelt jedoch unabhängig vom menschlichen Willen vorgegeben ist, ist die Ordnung unserer gesellschaftlichen Umwelt teilweise, aber nur teilweise, das Ergebnis menschlicher Absicht. Die Versuchung, sie *insgesamt* als beabsichtigtes Ergebnis menschlichen Handelns zu betrachten, ist eine der Hauptursachen des Irrtums. Die Erkenntnis, daß *nicht alle Ordnung, die sich aus dem Zusammenspiel menschlichen Handelns ergibt, auch beabsichtigt ist,* steht vielmehr am Beginn der Sozialtheorie. Doch die anthropomorphen Nebenbedeutungen des Ausdrucks »Ordnung« sind geeignet, die grundlegende Wahrheit zu überdecken, daß alle bewußten Bestrebungen, eine Gesellschaftsordnung durch Anordnung oder Organisation herbeizuführen (indem bestimmten Elementen ganz bestimmte Funktionen oder Aufgaben zugewiesen werden), innerhalb einer umfassenden spontanen Ordnung stattfinden, die nicht das Ergebnis solcher Absicht ist.

Wir kennen zwar die Ausdrücke »Anordnung« oder »Organisation«, um eine *gemachte* Ordnung zu beschreiben, doch kein einziges spezifisches Wort zur Kennzeichnung einer Ordnung, die sich *spontan* gebildet hat. In dieser Hinsicht waren die alten Griechen besser daran. Sie nannten eine vom Menschen herbeigeführte Anordnung, bei der den Elementen ihre Plätze bewußt zugewiesen oder ihnen bestimmte Aufgaben übertragen wurden, Taxis, während sie eine Ordnung Kosmos nannten, wenn sie von selbst bestand oder sich unabhängig von irgendeinem auf dieses Ziel gerichteten menschlichen Willen bildete. Obwohl sie diesen letzten Ausdruck im allgemeinen auf die Ordnung der Natur beschränkten, scheint er doch für jede spontane Gesellschaftsordnung zutreffend und wurde auch häufig, wenngleich niemals systematisch, dafür verwendet[3]. Der Vorteil, einen eindeutigen Ausdruck zu besitzen, der diese Art der Ordnung von einer gemachten Ordnung unterscheidet, sollte schwerer wiegen als das Zögern, das uns befallen mag, wenn wir einer Gesellschaftsordnung, die uns oft mißfällt, einen Namen geben, dem die Empfindung von Bewunderung und Ehrfurcht anhaftet, mit welcher der Mensch den Kosmos der Natur betrachtet.

---

[3] Z.B. wenn J. A. Schumpeter, in *History of Economic Analysis,* New York 1954, 67, von A. A. Cournot und von H. Thünen als den beiden ersten Autoren spricht, »die die allgemeine Interdependenz aller ökonomischen Größen und die Notwendigkeit erkannten, diesen Kosmos durch ein System von Gleichungen darzustellen«, (»to visualise the general interdependence of all economic quantities and the necessity of representing this cosmos by a system of equations.«)

Dasselbe gilt in gewisser Weise auch für den Ausdruck »Ordnung« selbst. Obgleich einer der ältesten Ausdrücke der politischen Theorie, ist er doch seit einiger Zeit etwas aus der Mode gekommen. Dennoch ist es ein unentbehrlicher Ausdruck, der in der Definition, die wir ihm gaben – ein Zustand, in dem wir erfolgreich Erwartungen und Hypothesen über die Zukunft bilden können –, für objektive Tatbestände und nicht für Werte steht. Der erste wichtige Unterschied zwischen einer spontanen Ordnung oder einem Kosmos und einer Organisation (Anordnung) oder Taxis besteht darin, daß der Kosmos, da er nicht bewußt vom Menschen geschaffen wurde, keinen Zweck hat[4]. Damit ist nicht gesagt, daß seine Existenz der Verfolgung vieler Zwecke nicht überaus dienlich wäre: Die Existenz einer solchen Ordnung der Natur wie der Gesellschaft ist vielmehr unerläßlich für die Verfolgung jedes Zieles. Doch da die Ordnung der Natur und Teile der Gesellschaftsordnung nicht bewußt vom Menschen geschaffen wurden, kann man strenggenommen nicht sagen, daß sie einen Zweck erfüllen, wenn auch beide vom Menschen für viele verschiedene, voneinander abweichende und sogar einander widerstreitende Zwecke genutzt werden können.

Während ein Kosmos oder eine spontane Ordnung also keinen Zweck hat, setzt jede Taxis (Anordnung, Organisation) ein bestimmtes Ziel voraus, und die Menschen, die eine solche Organisation bilden, müssen denselben Zwecken dienen. Ein Kosmos entsteht durch die Regelmäßigkeiten im Verhalten der Elemente, aus denen er sich zusammensetzt. In diesem Sinne ist er ein endogenes, von innen her wachsendes oder, wie die Kybernetiker sagen, sich »selbstregulierendes« oder sich »selbstorganisierendes« System[5]. Eine Taxis andererseits wird durch eine außerhalb der Ordnung stehende Wirkungskraft bestimmt und ist in demselben Sinne exogen oder auferlegt. Eine solche außenstehende Kraft kann auch die Bildung einer spontanen Ordnung anregen, indem sie ihren Elementen vorschreibt, mit solcher Regelmäßigkeit auf die Tat-

---

[4] Die einzige mir bekannte Stelle, in welcher der gewöhnlich nur implizit vorkommende Irrtum, daß »Ordnung ein Ziel voraussetzt« (»order supposes an end«) ausdrücklich mit diesen Worten behauptet wird, erscheint bezeichnenderweise in den Schriften Jeremy Benthams, »An Essay on Political Tactics«, zuerst veröffentlicht in: *Works,* Ausgabe Bowring, Bd. II. 399.

[5] Die Idee der Bildung einer sich selbst bestimmenden Ordnung wurde wie die damit verwandte Idee der Evolution in den Sozialwissenschaften entwickelt, bevor sie von den Naturwissenschaften aufgenommen und als Kybernetik weiterentwickelt wurde. Die Biologen beginnen, das zu erkennen. Beispielsweise G. Hardin, *Nature and Man's Fate* (1959), Ausgabe Mentor, New York 1961, 54: »Aber lange zuvor [vor Claude Bernard, Clerk Maxwell, Walter B. Cannon oder Norbert Wiener] hatte Adam Smith diese Idee (der Kybernetik) genau so klar verwendet. Die ›unsichtbare Hand‹, die die Preise mit Genauigkeit reguliert, ist deutlich diese Idee. Auf einem freien Markt, sagt Smith in Wirklichkeit, regulieren sich die Preise durch einen negativen Feedback.«

sachen ihrer Umgebung zu reagieren, daß sich von selbst eine spontane Ordnung bildet. Solch eine indirekte Methode, die Bildung einer Ordnung sicherzustellen, hat der direkten Methode gegenüber bedeutende Vorteile: sie läßt sich auch dann anwenden, wenn kein einzelner alles kennt, was auf die Ordnung einwirkt. Es ist auch nicht notwendig, daß die Verhaltensregeln, die innerhalb des Kosmos gelten, bewußt geschaffen werden: auch sie *könnten* als Ergebnis des spontanen Wachstums oder der Evolution zutage treten.

Es ist also wichtig, klar zu unterscheiden zwischen der Spontaneität der Ordnung und dem spontanen Ursprung der Regelmäßigkeiten im Verhalten der sie bestimmenden Elemente. Eine spontane Ordnung kann sich zum Teil auf Regelmäßigkeiten stützen, die nicht spontan, sondern befohlen sind. Für solche Zwecke ergibt sich also die Alternative, die Bildung einer Ordnung entweder mit Hilfe einer Strategie der indirekten Mittel sicherzustellen oder jedem Element seinen Platz zuzuweisen und seine Aufgabe im Detail vorzuschreiben.

Wenn wir nur alternative Gesellschaftsordnungen im Augen haben, ergibt sich als erste wichtige Folge aus dieser Unterscheidung, daß in einem Kosmos die Kenntnis der Tatsachen und Zwecke, die das individuelle Handeln lenken, bei den einzelnen Individuen liegt, während die sich ergebende Ordnung in einer Taxis durch das Wissen und die Zwecke des Organisators bestimmt wird. Das Wissen, das in einer solchen Ordnung genutzt werden kann, wird deshalb immer beschränkter sein als in einer spontanen Ordnung, in der alles Wissen, über das die Elemente verfügen, zur Bildung der Ordnung herangezogen werden kann, ohne daß dieses Wissen erst einem zentralen Organisator zugeleitet werden muß. Und während die Komplexität der Handlungen, die zu einer Taxis geordnet werden können, notwendigerweise durch das Wissen beschränkt wird, das der Organisator haben kann, gibt es in einer spontanen Ordnung keine ähnliche Grenze.

Die bewußte Nutzung der spontanen Ordnungskräfte (d. h. der Regeln des individuellen Verhaltens, die zur Bildung einer allgemeinen spontanen Ordnung führen) kann die Breite und Komplexität der Handlungen, die in eine einzige Ordnung integriert werden können, also beträchtlich ausdehnen, gleichzeitig wird dadurch aber die Macht eingeschränkt, die irgend jemand ausüben kann, ohne die Ordnung zu zerstören. Die Regelmäßigkeiten des Verhaltens der Elemente eines Kosmos bestimmen nur seine ganz allgemeinen und abstrakten Züge. Die genauen Eigenschaften werden durch die Tatsachen und Ziele bestimmt, welche die Handlungen der einzelnen Elemente lenken, auch wenn diese durch allgemeine Regeln auf einen bestimmten Rahmen des Erlaubten beschränkt werden. Der konkrete Inhalt einer solchen Ordnung wird folglich immer unvorhersehbar sein, obwohl sie die einzige Methode zur Bildung einer weitreichenden Ordnung sein dürfte. Wir müssen der Macht entsagen, ihre einzelnen Erscheinungen unseren Wünschen gemäß zu gestalten. Zum

Beispiel wird die Stellung, die jeder einzelne in einer solchen Ordnung innehat, uns weitgehend als durch Zufall bestimmt erscheinen. Obwohl ein solcher Kosmos in gewissem Grade allen menschlichen Zwecken dient, gibt er doch niemandem die Macht, darüber zu befinden, wer mehr oder wer weniger begünstigt werden soll.

In einer Anordnung oder Taxis auf der anderen Seite, kann der Organisator versuchen, innerhalb des beschränkten Rahmens, der mit dieser Methode zu erreichen ist, die Ergebnisse in jeder beliebigen Weise seinen Vorstellungen anzunähern. Eine Taxis ist notwendigerweise dazu da, bestimmte Ziele oder Zielhierarchien zu erreichen; und in dem Maße, wie der Organisator die Informationen über die verfügbaren Mittel bekommen und ihren Einsatz wirksam kontrollieren kann, mag er in der Lage sein, die Anordnung bis in die Einzelheiten nach seinen Vorstellungen zu gestalten. Da *seine* Ziele die Organisation beherrschen, kann er jedem Element der Ordnung irgendeinen Wert zumessen und ihm einen solchen Platz zuweisen, daß seine Stellung den Verdiensten entspricht, die es seiner Meinung nach hat.

Wenn es darum geht, begrenzte, dem Organisator bekannte Mittel im Dienste einer eindeutigen Zielhierarchie einzusetzen, ist eine Anordnung oder Organisation (Taxis) die leistungsfähigere Methode. Aber wenn für die Aufgabe Kenntnisse genutzt werden müssen, die unter Tausenden oder Millionen von selbständigen Individuen verstreut und nur ihnen zugänglich sind, wird die Nutzung spontaner Ordnungskräfte (Kosmos) günstiger sein. Wichtiger ist, daß auch Menschen mit nur wenigen oder keinen gemeinsamen Zielen, besonders auch Menschen, die sich weder untereinander noch ihre gegenseitigen Verhältnisse kennen, fähig sind, eine friedliche spontane Ordnung zu allseitigem Vorteil zu bilden, indem sie sich den gleichen abstrakten Regeln unterwerfen; eine Organisation könnten sie jedoch nur bilden, wenn sie sich dem konkreten Willen eines einzelnen unterwürfen. Um einen gemeinsamen Kosmos zu bilden, brauchen sie sich nur über abstrakte Regeln zu einigen, aber um eine Organisation zu bilden, müßten sie sich über eine gemeinsame Hierarchie von Zielen einigen bzw. ihr unterworfen werden. Nur ein Kosmos kann also eine Offene Gesellschaft hervorbringen, während eine als Organisation verstandene politische Ordnung geschlossen bleiben oder Stammescharakter haben muß.

2. Nomos und Thesis

Zu Kosmos und Taxis gehören jeweils zwei verschiedene Arten von Regeln oder Normen, welche die Elemente befolgen müssen, damit die entsprechende Art der Ordnung gebildet wird. Da es in den modernen europäischen Sprachen auch hierfür keine Ausdrücke gibt, die die erforderliche Unterscheidung

klar und eindeutig wiedergeben, und da wir uns angewöhnt haben, in beiden
Fällen das Wort »Gesetz« oder seine Äquivalente mehrdeutig zu gebrauchen,
sollen auch hier wieder griechische Ausdrücke vorgeschlagen werden, die zumindest im klassischen Gebrauch des 5. und 4. Jahrhunderts v. Chr. in Athen
annähernd die geforderte Unterscheidung ausdrückten[6].

Unter Nomos soll eine allgemeine Regel gerechten Verhaltens verstanden
werden, die für eine unbekannte Zahl zukünftiger Fälle und gleichermaßen für
alle Personen gilt, auf welche die in der Regel beschriebenen objektiven
Umstände zutreffen, ungeachtet der Folgen, welche die Befolgung der Regel in
einer speziellen Situation auslösen mag. Solche Regeln grenzen die geschützten
Individualsphären ein, indem sie jeder Person oder organisierten Gruppe zu
erkennen geben, welche Mittel sie in Verfolgung ihrer Zwecke einsetzen können, ohne daß die Handlungen der verschiedenen Personen miteinander in
Konflikt geraten. Solche Regeln werden im allgemeinen »abstrakt« genannt; sie
sind unabhängig von individuellen Zielen[7] und führen zur Bildung einer
gleichfalls abstrakten und Zweck-unabhängigen spontanen Ordnung oder
eines Kosmos.

---

[6] *Thesis* ist nicht mit *Thesmos* zu verwechseln, einem griechischen Ausdruck für
»Gesetz«, der älter ist als *Nomos,* aber zumindest zur klassischen Zeit mehr das Gesetz
meinte, das von einem Herrscher erlassen wurde, als unpersönliche Verhaltensregeln. Im
Gegensatz dazu bedeutet *Thesis* den besonderen Akt der Verfügung einer Anordnung.
Bezeichnenderweise konnten die alten Griechen sich nie darüber klarwerden, ob das
richtige Gegenteil dessen, was durch die Natur (Physei) bestimmt wurde, Nomō oder
Thesei war. Über dieses Problem vgl. Kap. 6 der *Studies,* 1967 und den Vortrag, die beide in Anmerkung 2 erwähnt wurden.

[7] Der Zweck-unabhängige Charakter der Regeln gerechten Verhaltens wurde von
David Hume klar gezeigt und von Immanuel Kant ganz systematisch entwickelt. Vgl.
David Hume, *Untersuchung über die Prinzipien der Moral,* übers. v. Carl Winckler,
Nachdruck der 1. Aufl. v. 1929, Hamburg 1962, 157: »Aber der aus ihnen erwachsende
Nutzen ist nicht die Folge jeder besonderen Einzelhandlung, sondern entsteht aus dem
Gesamtschema oder -system, über das die Gesamtheit oder doch die Mehrheit der Gesellschaft einig ist. Allgemeine Ruhe und Ordnung sind die Begleiterscheinungen der
Gerechtigkeit oder des völligen Nichteingreifens in das Eigentum anderer; aber die Sonderrücksicht auf das Sonderrecht eines einzelnen Bürgers kann oft an sich schädliche
Folgen zeitigen. Das Ergebnis der Einzelakte läuft dann in vielen Fällen dem des Gesamtsystems der Handlungen schnurstracks zuwider, und jener kann äußerst schädlich
sein, während dieses im höchsten Grade nützlich ist.« Vgl. auch seinen *Traktat über die
menschliche Natur,* übers. v. Theodor Lipp, Hamburg und Leipzig 1906, 2. Teil, Abschnitt 10, 307: »Aber wollten sich Menschen bei ihrem Verhalten in diesem Punkt (in
jedem neuen Falle) durch die Rücksicht auf irgendein besonderes, privates oder allgemeines Interesse bestimmen lassen, so würden sie sich in endlose Verwirrung stürzen...«
Über Kant vgl. die ausgezeichnete Darstellung von Mary Gregor, *Laws of Freedom,* Oxford 1963, bes. 38–42 und 81.

Im Gegensatz dazu werden wir mit Thesis jede Regel bezeichnen, die nur auf bestimmte Personen anwendbar ist oder den Zwecken der Herrschenden dient. Obwohl auch solche Regeln noch in verschiedenem Grade allgemein sein und für eine Vielzahl von Einzelfällen zutreffen können, werden sie doch unmerklich von Regeln im allgemeinen Sinne zu speziellen Befehlen. Sie sind ein notwendiges Instrument zur Führung einer Organisation oder Taxis.

Auch eine Organisation muß in gewissem Maße auf Regeln beruhen und kann nicht allein durch spezielle Befehle geleitet werden; der Grund dafür ist, daß eine spontane Ordnung Ergebnisse erzielt, die eine Organisation nicht erzielen kann. Wenn die Handlungen der Individuen nur durch allgemeine Regeln beschränkt werden, können sie Informationen nutzen, über welche die Autorität nicht verfügt. Die von der Organisationsleitung mit bestimmten Funktionen betrauten Stellen können sie an wechselnde, nur ihnen bekannte Umstände anpassen, darum werden die Befehle der Autorität gewöhnlich eher die Form allgemeiner Anweisungen als spezieller Vorschriften haben.

In zwei wichtigen Aspekten unterscheiden sich jedoch Regeln, die die Mitglieder einer Organisation leiten, notwendigerweise von den Regeln, auf denen eine spontane Ordnung beruht: Regeln einer Organisation setzen voraus, daß den einzelnen Personen durch Befehl bestimmte Aufgaben, Ziele oder Funktionen zugewiesen wurden, und die meisten Regeln einer Organisation gelten nur für die Personen, die mit bestimmten Verantwortungen betraut wurden. Die Regeln einer Organisation werden deshalb der Absicht nach niemals universal oder Zweck-unabhängig sein, sondern immer jene Befehle ergänzen, durch welche die Rollen verteilt bzw. die Aufgaben oder Ziele vorgeschrieben werden. Sie dienen nicht der spontanen Bildung einer abstrakten Ordnung, in der jedes Individuum seinen Platz finden muß und ein geschütztes Gebiet abstecken kann. Der Zweck und der allgemeine Rahmen der Organisation oder Anordnung muß durch den Organisator bestimmt werden.

Diese Unterscheidung zwischen den Nomoi als allgemeinen Verhaltensregeln und den Theseis als Organisationsregeln entspricht in etwa der bekannten Unterscheidung zwischen Privatrecht (einschließlich Strafrecht) und Öffentlichem Recht (Verfassungs- und Verwaltungsrecht). Zwischen diesen beiden Arten von Gesetzesregeln herrscht viel Durcheinander. Die Konfusion wird noch gefördert durch die verwendeten Ausdrücke und durch die irreführenden Theorien des Rechtspositivismus (daraus folgt wiederum das Übergewicht der Öffentlich-Rechtler in der Entwicklung der Rechtswissenschaft). Beide stellen das Öffentliche Recht als in gewissem Sinne originär und allein dem öffentlichen Interesse dienend dar und betrachten das Privatrecht nicht nur als sekundär und vom ersten abgeleitet, sondern auch als nicht allgemeinen, sondern individuellen Interessen dienend. Das Gegenteil käme der Wahrheit jedoch näher. Das Öffentliche Recht ist das Recht der Organisation, des Regierungsüberbaus, das ursprünglich nur eingeführt wurde, um die Durchsetzung des Privatrechts sicherzustellen. Zu Recht ist gesagt worden, »Staatsrecht vergeht, Privatrecht besteht«[8] Die Grundstruktur der auf Verhaltensregeln beruhenden Gesellschaft wird unabhängig von der wechselnden Struktur des Staates bestehen. Ihr also verdankt der Staat seine Autorität, und er hat nur dann einen Anspruch auf den Gehorsam der Bürger, wenn er die Grundlagen jener spontanen Ordnung aufrechterhält, von der das Funktionieren des täglichen Lebens der Gesellschaft abhängt.

Der Glaube an die Überlegenheit des Öffentlichen Rechts ist darauf zurückzuführen, daß es tatsächlich durch bewußte Willensakte für bestimmte Zwecke geschaffen wurde, während das Privatrecht das Ergebnis eines Evolutionsprozesses ist und als Ganzes niemals von irgend jemandem erfunden oder geplant wurde. Die Gesetzgebung entwickelte sich auf dem Gebiet des Öffentlichen Rechts, die Entwicklung auf dem Gebiet des Privatrechts aber vollzog sich jahrtausendelang über einen Prozeß der Rechtsfindung, indem Richter und Rechtsgelehrte versuchten, die Regeln zu artikulieren, die schon seit langer Zeit das Handeln der Menschen und ihr »Rechtsempfinden« geleitet hatten.

Wenn wir uns auch an das Öffentliche Recht wenden müssen, um festzustellen, welche Verhaltensregeln eine Organisation praktisch durchsetzen will, so verdankt das Privatrecht seine Autorität dennoch nicht notwendigerweise dem Öffentlichen Recht. Insoweit es eine spontan geordnete Gesellschaft gibt, organisiert das Öffentliche Recht lediglich den Apparat, der für das bessere Funktionieren jener umfassenden spontanen Ordnung erforderlich ist. Es bestimmt eine Art Überbau, der ursprünglich errichtet wurde, um die bereits bestehende spontane Ordnung zu schützen und die Regeln durchzusetzen, auf denen sie beruht.

Es ist lehrreich, sich zu erinnern, daß die Idee vom Recht im Sinne des Nomos (d. h. einer abstrakten, von niemandes konkretem Willen abhängigen Regel, die ungeachtet der Folgen auf Einzelfälle anwendbar ist, ein Recht, das »gefunden« werden konnte, und nicht für bestimmte, voraussehbare Zwecke gemacht wurde) zusammen mit dem Ideal der persönlichen Freiheit nur in Ländern wie dem alten Rom oder modernen England existierte und fortbestand, wo die Weiterbildung des Privatrechts sich auf Präzedenzfälle und nicht auf geschriebenes Recht stützte, wo es in den Händen von Richtern und Rechtsgelehrten lag und nicht in den Händen von Gesetzgebern. Sowohl das Verständnis des Rechts als Nomos wie das Ideal der persönlichen Freiheit sind immer dann schnell verschwunden, wenn man im Recht ein Instrument für die Zwecke des Staates sah.

In diesem Zusammenhang wird nicht allgemein erkannt, daß als notwendi-

---

[8] Huber, H., *Recht, Staat und Gesellschaft,* Bern 1954, 5.

ge Folge des Fall-Rechtes ein Recht, das auf Präzedenzfällen beruht, ausschließlich aus Zweck-unabhängigen, abstrakten, universalen Verhaltensregeln bestehen muß, welche die Richter und Rechtsgelehrten aus früheren Entscheidungen zu destillieren suchen. Die Normen, die von einem Gesetzgeber aufgestellt werden, unterliegen keiner solchen eingebauten Beschränkung; und es ist deshalb auch wenig wahrscheinlich, daß er sich bei seiner Hauptaufgabe solchen Beschränkungen unterwirft. Bevor Änderungen des Nomos ernstlich erwogen wurden, befaßten die Gesetzgeber sich lange Zeit fast ausschließlich mit der Verabschiedung von Organisationsregeln für den Regierungsapparat. Hinter der traditionellen Auffassung vom Recht als Nomos stehen Ideale wie Herrschaft des Gesetzes (rule of law), Regierung unter dem Gesetz (government under the law) und die Gewaltenteilung. Als man begann, in den ursprünglich nur mit reinen Regierungssachen, wie der Besteuerung, befaßten repräsentativen Körperschaften auch die Quelle des Nomos (des Privatrechts oder der universellen Verhaltensregeln) zu sehen, wurde die traditionelle Auffassung bald durch die Vorstellung ersetzt, alles, was der Wille des autorisierten Gesetzgebers in bestimmten Angelegenheiten festlegte, sei Recht[9].

Wenige Erkenntnisse fördern die herrschenden Tendenzen unserer Zeit klarer zutage als die Erkenntnis, daß die fortschreitende Durchdringung und Verdrängung des Privatrechts durch das Öffentliche Recht ein Teil jenes Prozesses ist, durch den eine freie, spontane Gesellschaftsordnung in eine Organisation oder Taxis umgewandelt wird. Diese Umwandlung ist das Produkt zweier Faktoren, welche die Entwicklung mehr als ein Jahrhundert lang beherrschten: einerseits der fortschreitenden Verdrängung der Regeln des gerechten individuellen Verhaltens (die unter »kommutativer Gerechtigkeit« standen) durch Vorstellungen von »sozialer« oder »distributiver« Gerechtigkeit und andererseits der Übertragung der Macht, Nomoi (d.h. Regeln gerechten Verhaltens) zu erlassen, an die Körperschaft, der die Lenkung des Staates oblag. Es war weitgehend die Vereinigung dieser beiden grundsätzlich verschiedenen Aufgaben in den Händen derselben »gesetzgebenden« Versammlung, die die Unterscheidung fast völlig zerstörte zwischen Recht als allgemeiner Verhaltensregel und Recht als einer Anweisung an die Regierung darüber, was sie in bestimmten Fällen zu tun habe.

---

[9] Eine bezeichnende Darstellung des Unterschieds zwischen dem Recht, mit dem sich der Richter befaßt, und dem Recht des modernen Gesetzgebers findet sich in einem Aufsatz des angesehenen amerikanischen Verwaltungsrechtlers P. A. Freund, in Brandt, R. B. (Hrsg.), *Social Justice*, Spectrum Books, New York 1962, 94: »Der Richter widmet sich den Standards der Logik, des Gleichgewichts, der Voraussehbarkeit, der Gesetzgeber angemessenen Anteilen, sozialer Nützlichkeit und gleicher Verteilung.« (»The judge addresses himself to standards of consistency, equivalence, predictability, the legislator to fair share, social utility, and equitable distribution.«)

Das sozialistische Ziel einer gerechten Einkommensverteilung muß zu einer solchen Umwandlung der spontanen Ordnung in eine Organisation führen, denn nur in einer Organisation, die auf eine gemeinsame Zielhierarchie gerichtet ist und in der die Individuen die ihnen zugewiesenen Pflichten erfüllen, kann die Idee einer »gerechten« Entlohnung einen Sinn haben. In einer spontanen Ordnung kann niemand die Ergebnisse verteilen oder auch nur voraussehen, welche ein Wechsel der Umstände für einzelne Individuen oder Gruppen mit sich bringen wird, und Gerechtigkeit kann nur in den Regeln gerechten Verhaltens, jedoch nicht in Ergebnissen gesehen werden. Eine solche Gesellschaft setzt gewiß den Glauben voraus, daß Gerechtigkeit im Sinne von Regeln gerechten Verhaltens kein leeres Wort ist – »soziale Gerechtigkeit« aber muß so lange eine Leerformel bleiben, als die spontane Ordnung nicht völlig in eine totalitäre Organisation umgeformt wurde, in der Entlohnungen durch Autorität verliehen werden für Verdienste bei der Erfüllung von Pflichten, die jene Autorität verteilte. »Soziale« oder »distributive« Gerechtigkeit ist die Gerechtigkeit der Organisation, in der spontanen Ordnung hat sie jedoch keinen Sinn.

3. Exkurs über artikulierte und nicht-artikulierte Regeln

Obwohl die nun zu betrachtende Unterscheidung nicht ganz auf derselben Ebene liegt wie die bisher untersuchten, wird es zweckmäßig sein, hier einige Bemerkungen über die Bedeutung des Ausdrucks »Regel« einzuschieben. So wie wir ihn gebraucht haben, hat er zwei Bedeutungen, deren Unterschied oft verwischt oder verschleiert wird durch die bekanntere und eng verwandte Unterscheidung zwischen geschriebenem und ungeschriebenem oder zwischen Gewohnheits- und kodifiziertem Recht. Hier soll betont werden, daß Handlungen durch eine Regel wirksam gelenkt werden können, und zwar in dem Sinne, daß wir, wenn wir die Regel kennen, voraussagen können, wie die Menschen handeln werden, ohne daß ihnen die Regel als in Worte gefaßte Formel bekannt ist. Die Menschen mögen »wissen, wie« man handelt, und die Art ihres Handelns mag durch eine artikulierte Regel richtig beschrieben werden, ohne daß sie ausdrücklich »wissen, daß« die Regel so und so lautet; d.h., sie brauchen die Regel nicht in Worte fassen zu können, um in der Lage zu sein, sie in ihrem Handeln zu befolgen, oder um zu erkennen, ob andere sie befolgt haben oder nicht.

Es kann kein Zweifel darüber bestehen, daß sowohl in der frühen Gesellschaft wie auch seither viele der Regeln, die sich in widerspruchsfreien Gerichtsentscheidungen manifestierten, niemandem als in Worte gefaßte Formeln bekannt waren und daß selbst die Regeln, die wir in artikulierter Form kennen, oft nur unvollkommene Versuche sind, Prinzipien in Worte zu fassen, die das Handeln bestimmen und die geäußert werden, indem man die Handlungen anderer billigt oder mißbilligt. Was wir »Rechtsempfinden« nennen, ist nichts anderes als jene Fähigkeit, nach unartikulierten Regeln zu handeln, und mit Gesetzesfindung oder -entdeckung wird der Versuch umschrieben, noch unartikulierte Regeln, an denen eine bestimmte Entscheidung gemessen wird, in Worte zu fassen.

Diese Fähigkeit, nach unartikulierten Regeln zu handeln, und zu erkennen, ob andere nach ihnen handeln, hat man wahrscheinlich immer, bevor man versucht, solche Regeln zu artikulieren; und die meisten artikulierten Regeln sind nur mehr oder weniger gelungene Versuche, das in Worte zu fassen, was vorher schon befolgt wurde und was auch weiterhin Grundlage für die Beurteilung der Folgen sein wird, die sich aus der Anwendung der artikulierten Regeln ergeben.

Wenn bestimmte Formulierungen für Verhaltensregeln erst einmal anerkannt sind, werden sie selbstverständlich mit die wichtigsten Instrumente zur Überlieferung solcher Regeln sein; und die Entwicklung von artikulierten Regeln und von nicht-artikulierten Regeln wird ständig ineinandergreifen. Doch wahrscheinlich dürfte kein System artikulierter Regeln bestehen oder völlig zu verstehen sein, ohne einen Hintergrund unartikulierter Regeln, auf die zurückgegriffen wird, wenn im System der artikulierten Regeln Lücken entdeckt werden.

Dieser wichtige Einfluß eines Hintergrundes unartikulierter Regeln erklärt, weshalb die Anwendung allgemeiner Regeln auf bestimmte Fälle selten die Form eines strengen logischen Schlusses haben wird, denn nur eine artikulierte Regel kann als ausdrückliche Prämisse für einen solchen logischen Schluß dienen. Schlußfolgerungen, die rein aus artikulierten Regeln abgeleitet sind, werden dann nicht geduldet, wenn sie zu den Schlüssen, die sich aus noch unartikulierten Regeln ergeben, in Widerspruch stehen. Durch diesen bekannten Vorgang entwickelt sich neben den bereits völlig artikulierten Regeln strikter Gesetze ein Billigkeitsrecht.

So gesehen besteht zwischen ungeschriebenem und Gewohnheitsrecht, das in Form artikulierter Regeln weitergegeben wird und dem geschriebenen Recht ein geringerer Unterschied als zwischen artikulierten und nicht-artikulierten Regeln. Ein großer Teil des ungeschriebenen oder Gewohnheitsrechtes mag bereits in mündlich überlieferten Formulierungen artikuliert sein. Doch auch wenn alles Recht, das als explizit bekannt gelten kann, artikuliert ist, muß das nicht heißen, daß der Prozeß der Artikulation von Regeln, die die praktischen Entscheidungen leiten, bereits abgeschlossen ist.

4. Meinung und Wille, Werte und Ziele

Wir kommen nun zu einem Paar von Unterscheidungen, wofür die verfügbaren Ausdrücke besonders unangemessen sind, wofür uns nicht einmal das klassische Griechisch leicht verständliche Ausdrücke liefert. Es war die wahrscheinlich folgenschwerste terminologische Neuerung in der Geschichte des politischen Denkens, daß Rousseau, Hegel und ihre Nachfolger bis hin zu T. H. Green den Ausdruck »Wille« für etwas einsetzten, was frühere Autoren »Meinung«[10] nannten und noch frühere als Ratio der Voluntas entgegengesetzt hatten.

Die Verwendung des Ausdrucks »Wille« für »Meinung« ergab sich aus einem konstruktivistischen Rationalismus[11], der annahm, alle Gesetze wären für einen bekannten Zweck erfunden worden und seien nicht Artikulierungen oder verbesserte Formulierungen für Verhaltensweisen, die sich deshalb durchsetzten, weil sie eine lebensfähigere Ordnung hervorbrachten als jene, die in konkurrierenden Gruppen üblich waren. Zur selben Zeit wurde der Ausdruck »Meinung« mit immer mehr Mißtrauen behandelt, denn man setzte ihm das unanfechtbare Wissen von Ursache und Wirkung entgegen und neigte immer mehr dazu, alle unbeweisbaren Behauptungen zu verwerfen. Die »bloße Meinung« wurde einer der Hauptangriffspunkte der rationalistischen Kritik; »Wille« schien sich auf eine rationale zweckgerichtete Handlung zu beziehen,

---

[10] Der Ausdruck »Meinung« wurde in diesem Sinne am konsequentesten von David Hume gebraucht, bes. in *Essays, Moral, Political, and Literary*, Ausg. T. H. Green und T. H. Grose, London 1875, Bd. I, 125: »It may be farther said that, though men be much governed by interest, yet even interest itself, and all human affairs, are entirely governed by *opinion*« (»Weiters kann gesagt werden, obwohl die Menschen weitgehend von ihrem Interesse beherrscht werden, sind doch auch das Interesse selbst und alle menschlichen Angelegenheiten gänzlich von der *Meinung* beherrscht.«; und ebenda, 110: »As force is always on the side of the governed, the governors have nothing to support themselves but opinion. It is therefore on opinion only that government is founded; and this maxim extends to the most despotic military government as well as the most free and popular.« (»Da die Macht immer bei den Regierten liegt, haben die Herrschenden nichts anderes zu ihrer Unterstützung als die Meinung. Deshalb wird die Regierung also nur durch die Meinung begründet; und diese Maxime gilt für die despotischste Militärregierung wie für die freieste und populärste.«) Diese Verwendung des Ausdrucks »Meinung« scheint aus den großen politischen Debatten des 17. Jahrhunderts zu stammen. Dafür spricht zumindest der Text eines Flugblattes von 1641 mit einer Gravierung von Wenceslas Hollar (reproduziert als Titelseite von Bd. 1 von William Haller [Hrsg.], *Tracts of Liberty in the Puritan Revolution 1638–1747*, New York 1934, der überschrieben ist: »Die Welt wird von Meinungen regiert und beherrscht«). (»The World is Ruled and Governed by Opinion.«)

[11] Der cartesianische Ursprung des Rousseauschen Denkens in dieser Hinsicht wird klar herausgearbeitet von Robert Dérathé, *Le rationalisme de J.-J. Rousseau*, Paris 1948.

während »Meinung« als etwas typisch Unbestimmtes, für rationale Diskussionen Ungeeignetes betrachtet wurde.

Dennoch beruht die Ordnung einer Offenen Gesellschaft und aller modernen Zivilisation weitgehend auf Meinungen, die eine solche Ordnung hervorbrachten, lange bevor den Menschen bewußt war, warum sie sie hegten; und noch immer beruht sie weitgehend auf solchen Meinungen. Auch als die Menschen zu fragen begannen, wie die von ihnen befolgten Verhaltensregeln verbessert werden könnten, wurden die Wirkungen, die sie zeigten und angesichts derer sie hätten verbessert werden müssen, nur vage verstanden. Die Schwierigkeit kommt daher, weil jeder Versuch, eine Handlung aufgrund ihrer vorhersehbaren Wirkungen im Einzelfall abzuschätzen, genau das Gegenteil der Rolle darstellt, welche Meinungen über die Erlaubtheit oder Nichterlaubtheit einer Handslungsweise bei der Bildung einer umfassenden Ordnung spielen.

Unsere Einsicht in diese Vorgänge wird sehr verdunkelt durch das rationalistische Vorurteil, demzufolge vernünftiges Verhalten ausschließlich von der Kenntnis der Beziehungen von Ursache und Wirkung abhängt, sowie dem damit verbundenen Glauben, »Vernunft« manifestiere sich allein in Deduktionen, die aus dieser Kenntnis abgeleitet werden. Die einzige Art rationalen Handelns, die der konstruktivistische Rationalismus anerkennt, ist ein Handeln, das sich auf Überlegungen stützt wie »wenn ich X will, muß ich Y tun«. In Wirklichkeit wird menschliches Handeln ebensosehr von Regeln beeinflußt, die es auf erlaubte Arten von Handlungen beschränken – Regeln, die allgemein gewisse *Arten* von Handlungen verbieten, ungeachtet ihrer voraussehbaren besonderen Ergebnisse. Unsere Fähigkeit, in unserer natürlichen und gesellschaftlichen Umgebung erfolgreich zu handeln, beruht ebensosehr auf der Kenntnis dessen, was wir nicht tun sollten (gewöhnlich, ohne daß wir uns über die Konsequenzen im klaren sind, die sich ergeben würden, wenn wir es doch täten), wie auf unserer Kenntnis der besonderen Wirkungen dessen, was wir tun. Tatsächlich hilft uns unser positives Wissen nur dank der Regeln, die unser Handeln auf einen bestimmten Rahmen beschränken, innerhalb dessen wir in der Lage sind, die relevanten Wirkungen vorauszusehen. Sie hindern uns, diese Grenze zu überschreiten. Die Furcht vor dem Unbekannten und die Vermeidung von Handlungen mit unvorhersehbaren Folgen ist genauso wichtig wie unser positives Wissen, wenn es darum geht, »rational« im Sinne von erfolgreich zu handeln[12]. Wenn der Ausdruck »Vernunft« auf die Kenntnis positiver Tatsachen beschränkt wird und die Kenntnis des »du sollst nicht« davon ausgeschlossen

---

[12] Die Ausweitung des Wissens verdanken wir weitgehend den Menschen, die diese Grenzen überschritten, doch ist die Zahl derer, die dabei umkamen oder ihre Freunde in Gefahr brachten, wahrscheinlich größer als die Zahl jener, die dem allgemeinen Bestand an positivem Wissen etwas hinzugefügt haben.

bleibt, dann wird ein großer Teil der Regeln, die menschliches Handeln so leiten, daß die Individuen und Gruppen fähig sind, in der Umgebung, in der sie leben, zu bestehen, von der »Vernunft« ausgeschlossen. Ein großer Teil der angesammelten Erfahrungen der menschlichen Rasse würde außerhalb dessen liegen, was man »Vernunft« nennt, wenn dieser Begriff willkürlich auf die positive Kenntnis der Regeln von Ursache und Wirkung beschränkt würde, die bestimmte Vorgänge in unserer Umgebung leiten.

Vor der rationalistischen Revolution des 16. und 17. Jahrhunderts jedoch umfaßte der Begriff »Vernunft«, und zwar sogar in erster Linie, die Kenntnis angemessener Verhaltensregeln. Wenn Ratio der Voluntas gegenübergestellt wurde, bezog sich die erste zunächst auf die Meinung über Erlaubtheit oder Nichterlaubtheit von Verhaltensweisen, welche die Voluntas als die einleuchtendsten Mittel zur Erlangung eines bestimmten Ergebnisses anzeigte[13]. Unter Vernunft verstand man also nicht so sehr das Wissen, daß unter bestimmten Umständen bestimmte Handlungen zu bestimmten Ergebnissen führen würden, sondern eine Fähigkeit, Arten von Handlungen zu vermeiden, deren voraussehbare Ergebnisse zwar wünschenswert erscheinen, die jedoch zur Zerstörung der Ordnung führen müßten, von der die Errungenschaften der menschlichen Rasse abhängen.

Uns ist der entscheidende Punkt geläufig, daß die aus den einzelnen Handlungen zusammengefügte allgemeine Gesellschaftsordnung sich nicht aus den von den Individuen verfolgten Zielen ergibt, sondern daraus, daß die Individuen Regeln befolgen, die ihren Handlungsspielraum einschränken. Für die Bildung dieser Ordnung ist es eigentlich nicht wichtig, welche konkreten Ziele die Individuen verfolgen, sie können in vielen Fällen völlig absurd sein; solange die Individuen jedoch ihre Zwecke innerhalb der Grenzen verfolgen, die jene Regeln abstecken, können sie zu den Bedürfnissen der anderen beitragen. Nicht ihr Zweck-gebundener, sondern ihr Regel-gebundener Aspekt verbindet die individuellen Handlungen zu der Ordnung, auf der die Zivilisation beruht[14].

---

[13] Locke, J., *Essays on the Law of Nature,* 1676, Ausgabe W. v. Leyden, Oxford 1954, 111: »By reason ... I do not think is meant here that faculty of the understanding which forms trains of thought and deduces proofs, but certain definite principles of action from which spring all virtues and whatever is necessary for the proper moulding of morals ... reason does not so much establish and pronounce this law of nature as search for it and discover it... Neither is reason so much the maker of that law as its interpret.« (»Mit Vernunft ... ist hier, glaube ich, nicht jene Fähigkeit des Verstehens gemeint, die Gedankengänge formt und Beweise ableitet, sondern bestimmte Prinzipien des Handelns, aus denen alle Tugenden entspringen und alles, was für die rechte Ausbildung der Sitten notwendig ist... Die Vernunft wird dieses Naturgesetz eher suchen und entdecken, als daß sie es einführt und artikuliert... Auch ist die Vernunft weniger der Schöpfer des Rechts als vielmehr sein Interpret.«)

[14] Unsere Unterscheidung von »Zweck-gebundenem« und »Regel-gebundenem«

Es ist also ganz irreführend, den Inhalt einer Regel oder eines Gesetzes, das gerechtes Verhalten definiert, als den Ausdruck eines (öffentlichen oder sonstigen) Willens[15] zu beschreiben. Gesetzgeber, die einem Gesetzestext zustimmen, der eine Verhaltensregel artikuliert, oder Juristen, die über den Wortlaut eines solchen Gesetzes entscheiden, werden durch einen Willen geleitet, der auf ein bestimmtes Ergebnis gerichtet ist, aber die bestimmte Anordnung der Worte macht nicht den Inhalt eines solchen Gesetzes aus. *Wille* bezieht sich immer auf bestimmte Handlungen, die bestimmten Zielen dienen, und der Wille hört auf, wenn die Handlung abgeschlossen und das Ziel erreicht ist. Aber niemand kann in diesem Sinne seinen Willen auf das richten, was in einer unbekannten Anzahl zukünftiger Fälle eintreten wird.

Meinungen, auf der anderen Seite, haben für diejenigen, die sie hegen, keinen bewußten Zweck – wir sollten einer Meinung über Recht oder Unrecht mißtrauen, wenn wir feststellen, daß mit ihr ein Zweck verfolgt wird. Für die meisten der segensreichen Meinungen, die Einzelpersonen hegen, haben diese keine bewußten Gründe, außer daß sie Tradition in der Gesellschaft sind, in der sie aufwuchsen. *Meinungen* über Recht oder Unrecht haben deshalb nichts zu tun mit *Willen* in dem präzisen Sinne, in welchem der Begriff, ohne Verwirrung zu stiften, gebraucht werden sollte. Wir alle wissen nur zu gut, daß unser Wille oft in Konflikt mit dem geraten kann, was wir für Recht halten, und das trifft für eine Gruppe von Menschen, die einen gemeinsamen konkreten Zweck anstrebt, nicht weniger zu als für jeden einzelnen.

Weil ein Willensakt immer durch ein bestimmtes konkretes Ziel bestimmt wird und der Zustand des Wollens aufhört, wenn das Ziel erreicht ist, hängt die Art und Weise, in der das Ziel verfolgt wird, auch von den Dispositionen ab, die zum mehr oder weniger beständigen Eigentum der handelnden Person gehören[16]. Diese Dispositionen sind komplexe Gebilde eingebauter Regeln, die entweder anzeigen, welche Arten von Handlungen zu einer bestimmten Ergebnisart führen oder welche, ganz allgemein, vermieden werden sollten. Hier

---

Handeln entspricht wahrscheinlich Max Webers Unterscheidung von *zweckrational* und *wertrational*. Wenn das richtig ist, sollte jedoch klarsein, daß kaum eine Handlung nur von der einen oder der anderen Art der Betrachtung geleitet sein kann, sondern daß Betrachtungen über die Wirksamkeit des Mitteleinsatzes nach den Regeln von Ursache und Wirkung normalerweise verbunden sein werden mit Betrachtungen über ihre Anwendbarkeit aufgrund der normativen Regeln, die Erlaubtheit der Mittel betreffend.

[15] Vor solcher Verwirrung wurden die alten Griechen durch ihre Sprache bewahrt, denn das einzige für sie verfügbare Wort, um das auszudrücken, was wir »wollen« nennen, bouleuomai, bezog sich klar nur auf bestimmte konkrete Handlungen. Vgl. Pohlenz, M., *Der Hellenische Mensch,* Göttingen 1946, 210.

[16] Vgl. Kapitel 3 »Rules, Perception and Intelligibility« in: Hayek, *Studies,* 1967, 43–65. (Deutsche Übersetzung: »Regeln, Wahrnehmung und Verständlichkeit« in: Hayek, *Schriften,* A1, d. Hrsg.)

ist nicht der Ort, die sehr komplexen hierarchischen Strukturen solcher Systeme von Dispositionen zu diskutieren, die unser Denken beherrschen, und die sowohl Dispostionen umfassen, die Dispositionen verändern usw. als auch solche, die sämtliche Handlungen eines bestimmten Organismus leiten, und andere, die nur unter bestimmten Umständen auftauchen[17].

Wichtig ist, daß es unter den Dispositionen, die die Handlungsweisen eines bestimmten Organismus steuern – zusätzlich zu den Dispositionen für die Arten von Handlungen, die wahrscheinlich zu bestimmten Ergebnissen führen werden –, viele negative Dispositionen gibt, die einige Handlungsarten verhindern. Die Verbote solcher Arten von Handlungen, die für das Individuum oder die Gruppe schädlich sein dürften, gehören wahrscheinlich zu den wichtigsten Anpassungsformen, über die alle Organismen, und insbesondere alle Individuen, die in Gruppen zusammenleben, verfügen müssen, um am Leben zu bleiben. »Tabus« sind eine genauso notwendige Basis für die erfolgreiche Existenz eines gesellschaftlichen Wesens wie das positive Wissen darüber, welche Handlungsweise zu einem bestimmten Ergebnis führen wird.

Wenn wir systematisch unterscheiden zwischen dem auf ein bestimmtes *Ziel* gerichteten *Willen,* der aufhört, wenn das bestimmte Ziel erreicht ist, und der *Meinung* im Sinne einer anhaltenden oder permanenten Haltung zugunsten (oder gegen) gewisse Verhaltens*arten,* wird es zweckmäßig sein, auch eine klare Bezeichnung für die verallgemeinerten Ziele zu wählen, auf die sich die Meinungen beziehen. Unter den verfügbaren Ausdrücken dürfte der Begriff »Wert« derjenige sein, der in derselben Weise mit »Meinung« korrespondiert wie »Ziel« mit »Wille«[18]. Selbstverständlich wird er üblicherweise nicht nur in diesem engen Sinne gebraucht; und wir neigen alle dazu, die Wichtigkeit eines bestimmten konkreten Zieles seinen Wert zu nennen. Nichtsdestoweniger

---

[17] Der grundsätzliche Irrtum des partikularistischen Utilitarismus besteht darin, daß er annimmt, Regeln des gerechten Verhaltens seien auf bestimmte konkrete Ziele gerichtet und müßten von dorther beurteilt werden. Ich kenne keinen klareren Ausdruck für diesen grundsätzlichen Irrtum als die Behauptung von Hastings Rashdall, *The Theory of Good and Evil,* London 1948, Bd. I., 148, daß »alle moralischen Urteile letztlich Urteile über den Wert von Zielen seien«. Genau das sind sie *nicht.* Sie betreffen nicht konkrete Ziele, sondern Handlungsweisen, oder m.a.W., sie sind Urteile über Mittel, die sich auf eine angenommene Wahrscheinlichkeit stützen, daß eine Verhaltensweise unerwünschte Folgen haben wird, doch gleichgültig, ob das so ist oder nicht, können sie unserem tatsächlichen Unwissen zum Trotz auf fast alle Einzelfälle angewendet werden.

[18] Vgl. Shakespeare, *Troilus und Cressida,* II, 2, 52:
　　　　　»Doch nicht des einzeln Willkür gibt den Wert,
　　　　　Er hat Gehalt und Würdigkeit sowohl
　　　　　In eigentümlich innrer Kostbarkeit,
　　　　　als in dem Schätzer…«
　　　　　(Übersetzung v. Schlegel/Tieck).

dürfte dieser Ausdruck, zumindest im Plural »Werte«, der geforderten Bedeutung näherkommen als irgendein anderer der verfügbaren Ausdrücke.

Es ist also zweckmäßig, alles das »Werte« zu nennen, was das Handeln eines Menschen fast sein ganzes Leben hindurch leitet, im Unterschied zu den konkreten Zielen, die sein Handeln in bestimmten Augenblicken bestimmen. Werte in diesem Sinne werden zudem weitgehend kulturell überliefert und bestimmen auch das Handeln der Menschen, die sich dessen gar nicht bewußt sind, während das Ziel, auf das sich meist die gespannte Aufmerksamkeit richtet, normalerweise das Ergebnis der besonderen Umstände ist, in denen man sich zu einem bestimmten Zeitpunkt gerade befindet. In dem Sinne, in dem der Ausdruck »Wert« am häufigsten gebraucht wird, bezieht er sich ganz bestimmt nicht auf bestimmte Sachen, Personen oder Vorfälle, sondern auf Eigenschaften, die viele verschiedene Sachen, Personen oder Vorfälle zu verschiedenen Zeiten und an verschiedenen Orten haben können, und wenn wir sie zu beschreiben versuchen, werden wir das gewöhnlich tun, indem wir eine Regel aufstellen, unter die diese Sachen, Personen oder Vorfälle fallen. Die Wichtigkeit eines Wertes verhält sich zur Dringlichkeit eines Befürfnisses oder eines bestimmten Zieles in gleicher Weise, wie sich das Universelle oder Abstrakte zum Besonderen oder Konkreten verhält.

Es ist zu beachten, daß diese mehr oder weniger permanenten Dispositionen, die wir »Meinungen über Werte« nennen, von den Emotionen, mit denen sie manchmal verbunden sind, ganz verschieden sind. Emotionen werden wie Bedürfnisse geweckt und auf bestimmte konkrete Dinge gerichtet, und sie verschwinden schnell, wenn diese verschwinden. Anders als Meinungen oder Werte sind sie *vorübergehende* Dispositionen, die das Handeln in bezug auf bestimmte Dinge leiten, sie sind jedoch kein Rahmenwerk, welches alles Handeln kontrolliert. Wie ein bestimmtes Ziel mag auch eine Emotion alle Hemmungen der Meinung ausschalten, die sich nicht auf einen bestimmten, sondern auf abstrakte und allgemeine Züge der Situation beziehen. In dieser Hinsicht ist die Meinung, da sie abstrakt ist, enger mit dem Wissen von Ursache und Wirkung verwandt und verdient deshalb mit letzterer zur Vernunft gerechnet zu werden.

Alle moralischen Probleme im weitesten Sinne entspringen einem Konflikt zwischen dem Wissen darüber, daß ein bestimmtes erwünschtes Ergebnis auf einem gegebenen Wege erzielt werden kann, und den Regeln, die uns sagen, daß bestimmte *Arten* von Handlungen vermieden werden müssen. Das Ausmaß unseres Unwissens erfordert, daß wir uns im Gebrauch unseres Wissens einschränken und vor solchen Handlungen zurückschrecken, deren unvorhersehbare Folgen uns aus der Ordnung heraustreiben würden, innerhalb deren allein die Welt für uns in erträglicher Weise sicher ist. Nur dank solcher Hemmungen dient uns unsere beschränkte Kenntnis positiver Tatsachen als verläßlicher Lotse in dem Meer des Unwissens, in dem wir uns bewegen. Die Handlungen eines Menschen, der darauf bestehen wollte, sich nur von berechenbaren Ergebnissen leiten zu lassen, und der es ablehnte, Meinungen über das, was klug oder erlaubt ist, zu respektieren, würden sich bald als erfolglos erweisen und in diesem Sinne im höchsten Grade irrational sein.

Das Verständnis dieser Unterscheidung ist durch die uns zur Verfügung stehenden Ausdrücke sehr verdunkelt worden. Doch ist es von grundsätzlicher Bedeutung, weil die notwendige Übereinstimmung und mithin die friedliche Existenz der Ordnung einer Offenen Gesellschaft davon abhängt. Unser Denken und unser Wortschatz werden noch weitgehend von den Problemen und Bedürfnissen der kleinen Gruppe bestimmt, die spezielle, allen Mitgliedern bekannte Ziele betreffen. Die Übertragung dieser Vorstellungen auf die Probleme der Offenen Gesellschaft hat unermeßliche Verwirrung und Schaden gestiftet. Sie wurden vor allem aufgrund des Einflusses eines platonischen Stammesdenkens in der Moralphilosophie beibehalten, das in jüngerer Zeit starke Unterstützung durch jene Leute erfahren hat, die für ihre empirischen Untersuchungen die Probleme der beobachtbaren und leicht faßlichen kleinen Gruppen bevorzugten und eine Abneigung gegen die nicht greifbare, umfassende Ordnung des gesellschaftlichen Kosmos hegten – einer Ordnung, die nur geistig und rekonstruiert, aber niemals intuitiv erfaßt oder als Ganzes beobachtet werden kann.

Die Möglichkeit zur Bildung einer Offenen Gesellschaft beruht darauf, daß ihre Mitglieder gemeinsame Meinungen, Regeln und Werte haben, und sie wird unmöglich, wenn wir darauf bestehen, daß es einen einheitlichen Willen zur Erteilung der Befehle geben müßte, welche die Mitglieder auf bestimmte Ziele hinlenken. Je größer die Gruppen sind, in denen wir friedlich zu leben hoffen, um so strikter müssen sich die gemeinsamen Werte, die durchgesetzt werden, auf abstrakte und allgemeine Verhaltensregeln beschränken. Die Mitglieder einer Offenen Gesellschaft haben und können auch nur Meinungen über Werte haben, jedoch *keinen* auf konkrete Ziele gerichteten *Willen*. Infolgedessen beruht die Möglichkeit einer durch Übereinkunft gebildeten Friedensordnung, besonders in einer Demokratie darauf, daß die Zwangsgewalt auf die Durchsetzung abstrakter Regeln gerechten Verhaltens beschränkt wird.

5. Nomokratie und Teleokratie

Die ersten beiden unserer Unterscheidungen (in Abschnitt 1. und 2.) wurden von Professor Michael Oakeshott zweckmäßig zu den beiden Begriffen Nomokratie und Teleokratie kombiniert[19], die nun kaum noch weiter erklärt zu

---

[19] Soweit ich weiß, wurden diese Begriffe von Professor Oakeshott nur im mündlichen Vortrag, aber nicht in irgendeiner veröffentlichten Arbeit benutzt. Aus Gründen, die in Abschnitt 7. deutlich werden, würde ich allerdings lieber *Nomarchie* als *Nomokratie* gebrauchen, wenn erstes nicht allzu leicht mit »Monarchie« verwechselt würde.

werden brauchen. Eine Nomokratie entspricht unserem Kosmos, da sie gänzlich auf allgemeinen Regeln oder Nomoi beruht, während Teleokratie einer Taxis (Anordnung oder Organisation) entspricht, die auf bestimmte Ziele oder Teloi gerichtet ist. Für erstere besteht das »Öffentliche Wohl« oder »Gemeinwohl« ausschließlich in der Erhaltung jener abstrakten und Zweck-unabhängigen Ordnung, die durch die Befolgung abstrakter Regeln gerechten Verhaltens gesichert wird: das

> »öffentliche Interesse, das nichts anderes ist, als gemeinsames Recht und Gerechtigkeit, welches alle Parteilichkeiten oder Privatinteressen ausschließt, (könnte man) das Reich der Gesetze und nicht der Menschen nennen«[20].

Andererseits besteht in einer Teleokratie das Gemeinwohl aus der Summe der Einzelinteressen, d.h. der Summe der konkreten, voraussehbaren Ergebnisse, die bestimmte Menschen oder Gruppen angehen. Diese letztgenannte Idee schien den konstruktivistischen Rationalisten besser einzuleuchten, denn ihr Kriterium für Rationalität war eine faßbare konkrete Ordnung, die einzelnen bekannten Zwecken dient. Eine solche teleokratische Ordnung ist jedoch unvereinbar mit der Entwicklung einer Offenen Gesellschaft, zu der zahlreiche Menschen gehören, die keine gemeinsamen Zwecke haben; und der Versuch, sie auf die gewachsene Ordnung einer Nomokratie aufzupfropfen, führt von der Offenen Gesellschaft zurück zur Stammesgesellschaft der kleinen Gruppen. Und da alle Vorstellungen von einem »Verdienst«, nach dem die einzelnen »entlohnt« werden sollten, nur von konkreten und bestimmten Zwecken abgeleitet werden können, müssen alle Versuche, zu einer »distributiven« oder »sozialen« Gerechtigkeit zu gelangen, zur Verdrängung der Nomokratie durch eine Teleokratie, also zu einem Rückfall von der Offenen Gesellschaft auf die Stammesgesellschaft, führen.

6. Katallaxie und Wirtschaft

Der Beweis dafür, daß die Verwendung desselben Wortes für zwei verschiedene Arten der Ordnung die größte Verwirrung gestiftet hat und noch immer ernste Gelehrte irreleitet, ist wahrscheinlich der Gebrauch des Wortes »Wirtschaft« einerseits für die bewußte Anordnung oder Organisation von Ressourcen im Dienste einer einheitlichen Zielhierarchie wie in einem Haushalt, einer Unternehmung oder irgendeiner anderen Organisation einschließlich der Re-

---

[20] Harrington, J., »The Prerogative of Popular Government« (1658), in *The Oceana and His Other Works*, hrsg. von J. Toland, London 1771, 244.

gierung, wie andererseits auch für das Gefüge vieler ineinandergreifender Wirtschaften dieser Art, die wir eine gesellschaftliche Volks- oder Weltwirtschaft und oft auch einfach »Wirtschaft« nennen. Das geordnete Gefüge, das der Markt hervorbringt, ist jedoch keine Organisation, sondern eine spontane Ordnung oder ein Kosmos und deshalb grundsätzlich verschieden von jener Anordnung oder Organisation, die man zu Recht eine Wirtschaft nennt[21].

Die aus diesem zweifachen Gebrauch desselben Wortes entspringende Auffassung, daß die Marktordnung dazu gebracht werden sollte, sich wie eine echte Wirtschaft zu verhalten, und daß ihre Leistungen nach denselben Kriterien beurteilt werden können und sollten, war Anlaß so vieler Fehler und Irrtümer, daß es notwendig erscheint, einen neuen technischen Ausdruck zur Kennzeichnung der Marktordnung einzuführen, die sich spontan von selbst formt. In Analogie zum Ausdruck Katallaktik, der oft als Ersatz für »Wirtschaftswissenschaft« zur Kennzeichnung der Theorie der Marktordnung vorgeschlagen wurde, könnten wir diese Ordnung selbst Katallaxie nennen. Beide Ausdrücke sind vom griechischen Verb katallattein (oder katallassein) abgeleitet, das bezeichnenderweise nicht nur »tauschen« bedeutet, sondern auch »in die Gemeinde aufnehmen« oder »vom Feind zum Freund werden«[22].

Diese neue Wortwahl soll hauptsächlich darauf hinweisen, daß eine Katallaxie einer bestimmten Zielhierarchie weder dienen soll noch kann und daß ihre Leistungen deshalb nicht aufgrund einer Summe bestimmter Ergebnisse beurteilt werden können. Dennoch sind alle Ziele des Sozialismus, alle Versuche, eine »soziale« oder »distributive« Gerechtigkeit durchzusetzen, und auch die gesamte sogenannte »Wohlfahrtsökonomie« darauf gerichtet, den Kosmos einer spontanen Marktordnung in eine Anordnung oder Taxis zu verwandeln bzw. die Katallaxie in eine echte Wirtschaft. Offenbar scheint die Auffassung, daß die Katallaxie dazu gebracht werden sollte, sich wie eine Wirtschaft zu ver-

---

[21] Die von Lord Robbins so eindrucksvoll formulierte und von mir lange Zeit vertretene Definition der Wirtschaftswissenschaft als »das Studium der Verwendung knapper Mittel zur Verwirklichung bestimmter Ziele« finde ich nun etwas irreführend. Sie scheint mir nur noch für den einführenden Teil der Katallaktik angemessen, nämlich für das Studium der Probleme, die zuweilen »einfache Wirtschaft« genannt werden und denen Aristoteles' *Oeconomica* ausschließlich gewidmet sind: dem Studium der Dispositionen eines einzelnen Haushaltes oder Betriebes, die manchmal wirtschaftliches Kalkül oder die reine Logik der Wahl genannt werden. (Was heutzutage »Wirtschaft« heißt, aber richtiger Katallaktik genannt werden sollte, nannte Aristoteles *Chrematistik* oder die Wissenschaft vom Wohlstand.) Der Grund, weshalb Robbins' weithin anerkannte Definition mir jetzt irreführend erscheint, ist, daß die Ziele, denen eine Katallaxie dient, in ihrer Gesamtheit für niemanden *gegeben* sind, d. h. weder dem einzelnen Teilnehmer an dem Prozeß noch dem ihn studierenden Wissenschaftler bekannt sind.

[22] Vgl. Liddell, H. G. und Scott, R., *A Greek-English Lexicon*, Neuauflage, Oxford 1940, »Katallásso«.

halten, manchen Wirtschaftswissenschaftlern so einleuchtend und unbezweifelbar, daß sie ihre Gültigkeit nie überprüfen. Sie behandeln sie als unbestreitbare Voraussetzung für die rationale Beurteilung der Wünschbarkeit irgendeiner Ordnung, als eine Voraussetzung, ohne die ein Urteil über die Zweckmäßigkeit oder den Wert alternativer Einrichtungen unmöglich ist.

Die Auffassung, wonach die Leistungsfähigkeit der Marktordnung nur daran gemessen werden kann, bis zu welchem Grad eine bestimmte Zielhierarchie
erreicht wurde, ist jedoch ganz irrig. Da niemand diese Ziele in ihrer Gesamtheit kennt, ist jede Diskussion, die sich solcher Begriffe bedient, notwendigerweise leer. Das Entdeckungsverfahren, das wir Wettbewerb nennen, ist darauf
ausgerichtet, mit allen uns bekannten Mitteln so nahe wie irgend möglich an ein
etwas bescheideneres Ziel heranzukommen, das nichtsdestoweniger überaus
wichtig ist: nämlich einen Zustand zu erreichen, in dem alles, was überhaupt
produziert wird, zu den geringstmöglichen Kosten produziert wird. Das heißt,
daß von der bestimmten Kombination von Gütern und Dienstleistungen, die
produziert wird, mehr bereitgestellt wird, als mit Hilfe irgendwelcher anderer
bekannter Mittel zu erreichen wäre, so daß ein jeder für den Anteil, den er in
diesem Spiel gewinnt (das teils ein Geschicklichkeits- und teils ein Glücksspiel
ist), den größtmöglichen realen Gegenwert erhält, wenn auch die Bestimmung
des Anteils, den die verschiedenen Individuen von diesem Produkt erhalten,
Umständen überlassen bleibt, die niemand voraussehen kann und die in diesem
Sinne also »zufällig« sind. Wir lassen zu, daß die individuellen Anteile zum Teil
durch Glück bestimmt werden, damit das Ganze, das aufgeteilt wird, so groß
wie möglich wird.

Die Nutzung der spontanen Ordnungskräfte des Marktes für die Erzielung
dieses Optimums kann nicht getrennt werden von der uns zufällig erscheinenden Bestimmung der relativen individuellen Anteile. Nur weil der Markt jeden
einzelnen veranlaßt, seine einzigartigen Kenntnisse und Möglichkeiten für seine persönlichen Zwecke zu nutzen, kann eine umfassende Ordnung erreicht
werden, die in ihrer Gesamtheit das verstreute Wissen nutzt, das insgesamt niemandem zugänglich ist. Die »Maximierung« des Gesamtprodukts im obenge-
nannten Sinne und seine Verteilung durch den Markt können nicht getrennt
werden, weil die umfassende Marktordnung über die Preisbestimmung der
Produktionsfaktoren herbeigeführt wird. Wenn die Einkommen nicht durch
die Faktorpreise der Produktion bestimmt werden, dann läßt sich die Produktion nicht den individuellen Präferenzen entsprechend maximieren.

Das schließt natürlich nicht aus, daß der Staat *außerhalb* des Marktes bestimmte ihm übertragene Mittel einsetzt, um die Menschen zu unterstützen, die
aus dem einen oder anderen Grunde auf dem Markt kein Mindesteinkommen
erzielen können. Eine Gesellschaft, die sich auf die Marktordnung verläßt, um
ihre Ressourcen wirksam zu nutzen, dürfte sehr bald ein Wohlstandsniveau er-

reichen, das dieses Mindesteinkommen auf einen beträchtlichen Stand bringt. Doch sollte das nicht durch Manipulation der spontanen Ordnung erreicht werden, indem man die am Markt verdienten Einkommen irgendeinem Ideal »distributiver Gerechtigkeit« anpaßt. Solche Versuche würden die Gesamtproduktion, an der alle teilhaben, schmälern.

7. Demarchie und Demokratie

Damit sind die Wortneubildungen leider noch nicht erschöpft, die notwendig erscheinen, um die Verwirrung zu umgehen, die im heutigen politischen Denken herrscht. Ein weiteres Beispiel für die verbreitete Sprachverwirrung ist der fast universelle Gebrauch des Wortes »Demokratie« für eine spezielle Art von Demokratie, die durchaus nicht notwendigerweise aus dem grundlegenden Ideal folgt, das ursprünglich diesen Namen trug. Aristoteles hat sich sogar gefragt, ob diese Form überhaupt »Demokratie« genannt werden sollte[23].

Ursprünglich besagte der Ausdruck »Demokratie« lediglich, daß die jeweilige höchste Gewalt in den Händen der Mehrheit des Volkes oder seiner Vertreter liegen sollte. *Doch über den Umfang dieser Gewalt war nichts ausgesagt.* Oft wird fälschlicherweise vermutet, jede höchste Gewalt müßte unbeschränkt sein. Aus der Forderung nach Herrschaft der *Meinung* der Mehrheit folgt keineswegs, daß ihr *Wille* in bestimmten Angelegenheiten unbeschränkt sein muß. Die klassische Theorie von der Gewaltenteilung setzt vielmehr voraus, daß die »Gesetzgebung«, die in den Händen einer repräsentativen Versammlung liegen sollte, sich nur mit der Verabschiedung von »Gesetzen« befaßt (die, wie man annahm, aufgrund einer spezifischen Eigenschaft von besonderen Befehlen zu unterscheiden sind) und daß Einzelbefehle nicht schon deshalb Gesetze (im Sinne von Nomoi) werden, weil sie von der »Gesetzgebung« ausgehen. Ohne diese Unterscheidung wäre die Vorstellung, daß Gewaltenteilung die Zuweisung bestimmter Funktionen an verschiedene Körperschaften bedeutet, sinnlos und ein Zirkelschluß gewesen[24].

---

[23] Aristoteles, *Politik,* übersetzt v. Eugen Rolfes, Hamburg 1958, IV, 4, 1292a: »Und eine wohlbegründete Rüge wäre es, wenn man behauptete, daß eine solche Demokratie keine Verfassung sei; denn wo die Gesetze nicht herrschen, ist keine Verfassung. Das Gesetz muß über alles herrschen. Das Einzelne aber müssen die Obrigkeit und die Verfassung entscheiden. Ist demnach die Demokratie wirklich eine von den Verfassungen, so ist offenbar ein solcher Zustand, wo alles durch die Stimmen abgemacht wird, eigentlich auch keine Demokratie, weil keine Abstimmung allgemeiner Natur sein kann.«

[24] Vgl. oben, was unter »Nomos und Thesis« über den Unterschied zwischen Privat- und Öffentlichem Recht gesagt wurde; und für das folgende auch das wichtige Werk von Vile, M. J. C., *Constitutionalism and the Separation of Powers,* Clarendon Press, Oxford 1967.

Wenn eine gesetzgebende Versammlung nur neue Gesetze erlassen kann und nichts anderes tun kann, als Gesetze erlassen, dann muß anhand einer erkennbaren Eigenschaft ihrer Beschlüsse zu entscheiden sein, ob ein bestimmter Beschluß der Körperschaft gültiges Recht ist. Ihre Quelle allein ist kein ausreichendes Kriterium für die Gültigkeit.

Es kann keinen Zweifel darüber geben, daß die großen Theoretiker der repräsentativen Regierung und des freiheitlichen Konstitutionalismus, wenn sie Gewaltenteilung forderten, unter Gesetz das verstanden, was wir Nomos nannten. Daß sie ihren Zweck verfehlten, als sie den gleichen repräsentativen Versammlungen auch die Verabschiedung von Gesetzen in einem anderen Sinne anvertrauten, nämlich die Verabschiedung jener Organisationsregeln, die die Struktur und das Verhalten der Regierung festlegen, ist ein Problem für sich, das wir hier nicht weiter verfolgen können. Wir können auch die unvermeidlichen Konsequenzen nicht weiter betrachten, die sich aus einer institutionellen Anordnung ergeben, derzufolge eine gesetzgebende Versammlung, die nicht auf die Verabschiedung universeller Regeln gerechten Verhaltens beschränkt ist, durch organisierte Interessen dazu gebracht wird, ihre »Gesetzgebungsmacht« im Dienste bestimmter privater Interessen einzusetzen. Hier soll nur betont werden, daß die oberste Autorität nicht notwendigerweise diese Art von Gewalt besitzen muß. Zur Einschränkung von Gewalt braucht man keine andere beschränkende Gewalt. Wenn alle Gewalt auf Meinung beruht und die Meinung eine höchste Gewalt nur dann anerkennt, wenn diese von der Rechtmäßigkeit ihres Handelns so überzeugt ist, *daß sie sich selbst an universelle Regeln bindet* (deren Anwendung im Einzelfall sie nicht kontrollieren kann), dann muß die höchste Gewalt ihre Autorität verlieren, sobald sie diese Grenze überschreitet.

Die höchste Gewalt muß also keine unbeschränkte Gewalt sein – es könnte eine Gewalt sein, welche die ihr unerläßliche Unterstützung der Meinung verliert, sobald sie irgendetwas äußert, was nicht den genauen Charakter des Nomos im Sinne einer universellen Regel gerechten Verhaltens trägt. Genauso wie der Papst nur für unfehlbar gehalten wird, wenn er ex cathedra spricht, d.h., wenn er Dogmen und nicht Einzelentscheidungen verkündet, genauso hätte eine Gesetzgebungsversammlung nur so lange höchste Gewalt, als sie ihre Gesetzgebungsbefugnisse ganz strikt einhält und nur gültige Nomoi verabschiedet. Sie läßt sich auf diese Weise beschränken, weil es objektive Tests gibt (wie schwierig ihre Anwendung im Einzelfall auch sein mag), mit deren Hilfe unabhängige und unparteiische Gerichte, die keine speziellen staatlichen Ziele verfolgen, entscheiden können, ob der Spruch der Gesetzgebungsversammlung den Charakter eines Nomos hat oder nicht und mithin auch, ob er bindendes Recht ist. Man braucht nur ein Gericht, das entscheidet, ob ein Gesetzgebungsakt bestimmte formale Eigenschaften, die jedes gültige Gesetz haben muß, erfüllt oder nicht. Aber dieses Gesetz bedarf keiner positiven Gewalt, Befehle zu erteilen.

Die Mehrheit einer repräsentativen Versammlung kann also sehr wohl die *höchste* Gewalt darstellen, ohne *unbeschränkte* Gewalt zu besitzen. Wenn ihre Gewalt darauf beschränkt ist, als Nomothetai zu handeln (um einen anderen griechischen Begriff zu beleben, der sowohl den englischen Theoretikern der Demokratie des 17. Jahrhunderts als auch John Stuart Mill gefiel)[25] oder als Verkünder des Nomos, ohne die Gewalt, Einzelbefehle zu erteilen, dann könnte kein Privileg oder keine Diskriminierung zugunsten bestimmter Gruppen, die sie zum Gesetz zu erheben trachtete, rechtskräftig werden. Diese Art Gewalt würde es einfach nicht geben, denn wer immer die höchste Gewalt ausübte, müßte die Legitimität seiner Gesetze beweisen, indem er sich an universelle Regeln bindet.

Wenn wir nicht nur für die Zwangsregeln, die sowohl den privaten Bürger wie auch die Regierung binden, demokratische Entscheidungen wünschen, sondern auch für die Verwaltung des Staatsapparates, so benötigen wir für letztere irgendeine Körperschaft. Aber diese Körperschaft müßte und sollte nicht *dieselbe* sein, die auch die Nomoi niederlegt. Sie sollte selber *unter dem Nomos* stehen, durch den eine andere Gesetzgebungskörperschaft die Grenzen der Gewalt festlegen würde, die von dieser Körperschaft nicht geändert werden könnten. Solch eine regierende oder anordnende (jedoch im nicht-gesetzgebenden, engen Sinne) repräsentative Körperschaft würde sich in der Tat mit Angelegenheiten des *Willens* der Mehrheit befassen (d. h. mit der Erzielung bestimmter konkreter Zwecke), in deren Verfolgung sie staatliche Gewalt ausüben würde. Mit Fragen der Meinung über das, was Recht oder Unrecht ist, hätte sie nichts zu tun. Sie würde sich der Befriedigung konkreter vorhersehbarer Bedürfnisse mit Hilfe besonderer Mittel widmen, die für diesen Zweck abgezweigt würden.

Die Väter des freiheitlichen Konstitutionalismus hatten sicherlich Recht mit der Auffassung, daß jene Koalitionen organisierter Interessen, die sie Fraktionen und die wir Parteien nennen, in den obersten Versammlungen, die sich mit dem befaßten, was in ihren Augen echte Gesetzgebung war, nämlich die Festlegung von Nomoi, keinen Platz haben sollten. Parteien befassen sich tatsächlich mit Angelegenheiten konkreten *Willens,* nämlich der Befriedigung der besonderen Interessen der Menschen, die sich in ihr zusammenschließen, aber die echte Gesetzgebung sollte Meinungen ausdrücken und deshalb nicht in den Händen der Repräsentanten spezieller Interessen liegen, sondern in den Hän-

---

[25] Vgl. Hunton, Philip, *A Treatise on Monarchy,* London 1643, 5 und John Stuart Mill, *On Liberty and Considerations of Representative Government,* hrsg. v. R. B. McCallum, Oxford 1946, 171.

den eines repräsentativen Querschnitts der herrschenden Meinung, bei Personen, die vor jedem Druck der Sonderinteressen geschützt sind.

Ich habe andernorts[26] eine Methode für die Wahl einer solchen repräsentativen Körperschaft vorgeschlagen, die sie von den organisierten Parteien unabhängig machen würde; doch diese wären weiterhin für das wirksame demokratische Vorgehen der eigentlichen Regierung notwendig. Das erfordert die Wahl der Mitglieder auf lange Perioden, nach deren Ablauf sie nicht wiederwählbar sein dürfen. Damit sie dennoch repräsentativ für die herrschenden Meinungen wären, könnte man eine Repräsentation der Altersgruppen benutzen: jede Generation würde einmal im Leben, z. B. in ihrem 40. Jahr, Repräsentanten auf 15 Jahre wählen, denen eine spätere Beschäftigung als Laienrichter zugesichert würde. Die gesetzgebende Versammlung bestünde dann aus Männern und Frauen zwischen 40 und 55 Jahren (und hätte somit wahrscheinlich ein geringeres Durchschnittsalter als die heutigen repräsentativen Versammlungen!), die von ihren Altersgenossen gewählt wurden, nachdem sie Gelegenheit hatten, sich im normalen Leben zu bewähren, und von denen gefordert würde, daß sie nach ihrer Wahl ihre privaten Beschäftigungen aufgeben zugunsten einer ehrenvollen Position, die sie für den Rest ihres aktiven Lebens innehätten.

Solch ein System der Wahl durch Altersgenossen (die gewöhnlich die Fähigkeiten einer Person am besten beurteilen können) würde dem Ideal der Politiktheoretiker, einem Senat von klugen und ehrenhaften Menschen, näherkommen als jedes bisher ausprobierte System. Die Beschränkung einer solchen Körperschaft auf die Macht zur eigentlichen Gesetzgebung würde erstmalig die echte Gewaltenteilung, die es bislang noch nicht gab, ermöglichen, und somit eine wirkliche Regierung unter dem Gesetz und eine wirksame Herrschaft des Gesetzes. Die Regierungs- oder anordnende Versammlung auf der anderen Seite, die den Gesetzen, welche die erste festlegt, unterworfen ist und die sich mit der Bereitstellung besonderer Dienste befaßt, könnte gut auch weiterhin von etablierten Parteien gewählt werden.

Solch ein grundlegender Wandel der bestehenden verfassungsmäßigen Einrichtungen setzt voraus, daß wir endlich die Illusion aufgeben, die Vorkehrungen, welche die Menschen einst mühsam ersannen, um den Mißbrauch der Regierungsgewalt zu verhindern, würden alle dann unnötig, wenn die Macht in die Hände der Mehrheit des Volkes gelegt ist. Es besteht überhaupt kein Grund zu der Annahme, daß eine allmächtige demokratische Regierung lieber den allgemeinen als den speziellen Interessen dienen wird. Eine demokratische Regierung, der es freisteht, besondere Gruppen zu begünstigen, ist darauf angelegt, von Koalitionen organisierter Interessen beherrscht zu werden, und wird kaum

---

[26] Zuletzt in Hayek, F. A., »Die Verfassung eines freien Staates«, *Ordo,* Bd. XIX, 1968, 3–11, (Abdruck in diesem Band, Hayek, *Schriften,* A5, d. Hrsg.)

dem öffentlichen Interesse im klassischen Sinne von »gemeinem Recht und Gerechtigkeit« dienen, das »alle parteilichen oder privaten Interessen ausschließt«.

Es ist sehr bedauerlich, daß das Wort Demokratie untrennbar mit der Vorstellung von unbeschränkter Gewalt der Mehrheit in bestimmten Angelegenheiten verbunden wird[27]. Doch wenn das so ist, brauchen wir ein neues Wort,
um das Ideal zu bezeichnen, das man ursprünglich Demokratie nannte, das Ideal von der Herrschaft der populären *Meinung* über das, was Rechtens ist, aber
nicht eines politischen *Willens* bezüglich irgendwelcher konkreter Maßnahmen, die der Koalition der im Augenblick herrschenden organisierten Interessen wünschenswert erscheinen. Falls Demokratie und beschränkte Regierungsgewalt unvereinbare Begriffe geworden sein sollten, müssen wir einen neuen
Ausdruck dafür finden, was früher beschränkte Demokratie geheißen haben
mag. Wir wünschen die Meinung der Mehrheit als letzte Autorität, aber wir
wollen nicht dulden, daß die nackte Gewalt der Mehrheit den einzelnen
Regel-los Gewalt antut. Die Mehrheit sollte dann *herrschen* (archein) nach
»festen, *stehenden Gesetzen*, die dem Volk bekannt gemacht wurden – und
nicht durch Maßnahmeverordnungen«[28]. Wir können eine solche politische
Ordnung vielleicht beschreiben, indem wir *demos* mit *archein* verbinden und
eine solche beschränkte Regierung *Demarchie* nennen, in der die Meinung,
aber nicht der spezielle Wille des Volkes die höchste Autorität darstellt. Mit
dem oben erörterten Verfahren sollte ein möglicher Weg vorgeschlagen werden, eine solche Demarchie zu sichern.

Wenn man darauf beharrt, daß Demokratie unbeschränkte Regierung bedeutet, dann glaube ich *nicht* an Demokratie, aber ich bin und bleibe ein fest
überzeugter *Demarchist* im oben erläuterten Sinne. Wenn wir uns durch eine
solche Namensänderung von den Irrtümern befreien können, die leider so eng
mit dem Begriff Demokratie verknüpft wurden, dann könnte es uns gleichzeitig gelingen, die Gefahren zu umgehen, welche die Demokratie von allem Anfang an bedrohten und immer wieder zu ihrer Zerstörung führten. Es ist das
Problem, das sich in jener denkwürdigen Episode zeigte, von der Xenophon
berichtet, als das Athener Volk über die Bestrafung bestimmter Leute abstim-
men sollte und

---

[27] Vgl. Wollheim, R., »A Paradox in the Theory of Democracy« in P. Laslett und
W. G. Runciman (Hrsg.), *Philosophy, Politics, and Society*, 2. Serie, London 1962, 72:
»Die moderne Auffassung von Demokratie ist die einer Regierungsform, in der der regierenden Körperschaft keine Beschränkung auferlegt wird«. (»The modern conception
of democracy is of a form of government in which no restriction is placed on the governing body.«)
[28] John Locke, *Über die Regierung*, übersetzt v. D. Tidow, Rowohlts Klassiker der
Literatur und der Wissenschaft, Philosophie der Neuzeit, Bd. 8, 103, IX, 131.

»... der große Haufe schrie, es wäre entsetzlich, wenn man das Volk nicht nach seinem Gutdünken handeln lassen wolle... So willigten alle Prytanen aus Furcht in die Abstimmung; nur Sokrates, der Sohn des Sophroniskus blieb dabei, daß er nur nach dem Gesetz verfahren werde.«[29]

---

[29] Xenophon, *Hellenica* I, 7, 12 ff. (Übersetzung v. J. Rieckher, Stuttgart 1857, 27 f.).

Wirtschaftsfreiheit und repräsentative Demokratie[*]

1. Die Saat der Zerstörung

Vor dreißig Jahren schrieb ich ein Buch,[1] das in einer Weise, die vielen als unnötige Schwarzseherei erschien, die Gefahren beschrieb, die der persönlichen Freiheit von den kollektivistischen Tendenzen, wie sie damals zu sehen waren, drohten. Ich bin froh, daß diese Befürchtungen bislang nicht Wirklichkeit geworden sind, sehe darin aber keinen Beweis, daß ich mich geirrt hätte. Mir ging es dabei keineswegs um die Behauptung – wie viele mich falsch verstanden – daß der Staat, wenn er überhaupt in das Wirtschaftsleben eingriffe, dazu verurteilt wäre, den Weg zu einem totalitären System auch bis zum Ende zu gehen. Vielmehr versuchte ich darzulegen, was man in schlichterer Sprache in dem Satz ausdrückt: »Wenn du nicht deine Grundsätze änderst, wirst du zum Teufel gehen.«

Wie sich herausstellte, gingen die Entwicklungen seit dem Krieg in Großbritannien ebenso wie in der übrigen westlichen Welt viel weniger in die Richtung, die die herrschenden kollektivistischen Lehren als wahrscheinlich hinzustellen schienen. Ja, die ersten zwanzig Nachkriegsjahre brachten ein viel stärkeres Wiederaufleben der freien Marktwirtschaft, als es selbst deren glühendste Anhänger hatten hoffen können. Obwohl ich mir gerne vorstelle, daß dazu diejenigen beigetragen haben, die auf der geistigen Ebene auf dieses Ziel hinarbeiteten, wie Harold Wincott, dessen Andenken dieser Vortrag gewidmet ist, überschätze ich doch nicht, was intellektuelle Diskussion zu erreichen vermag. Mindestens ebenso wichtig waren wahrscheinlich die Erfahrungen in Deutsch-

[*] The Fourth Wincott Memorial Lecture, gehalten vor der Royal Society of Arts in London am 21. Oktober 1973, publiziert (unter dem Titel »Economic Freedom and Representative Government«, d. Hrsg.) als Occasional Paper 39 des Institute of Economic Affairs. Dem Editorial Director dieses Instituts, Arthur Seldon, bin ich für seine sorgfältige und einfühlsame Redaktion meines Textes sehr verbunden.
[1] *The Road to Serfdom*, London – Chicago 1944. (Deutsche Übersetzung: *Der Weg zur Knechtschaft*, Hayek, *Schriften*, B1, d. Hrsg.)

land, das auf eine Marktwirtschaft baute und rasch zur stärksten Wirtschaftsmacht Europas wurde – und in gewissem Ausmaß die praktischen Bemühungen um eine Beseitigung der Hemmnisse im Außenhandel, wie im Rahmen des GATT und vielleicht, wenn auch eher in ihren Absichten als in der Praxis, in der EWG.

Das Ergebnis war die Große Prosperität der letzten zwanzig bis fünfundzwanzig Jahre, die, so fürchte ich, der Zukunft als ein ebenso einmaliges Ereignis erscheinen wird, wie es derzeit für uns die Weltwirtschaftskrise der 1930er Jahre ist. Für mich zumindest scheint offenkundig, daß bis vor sechs oder acht Jahren diese Prosperität ausschließlich auf die Freisetzung der spontanen Kräfte der Wirtschaft zurückging und nicht, wie in späteren Jahren, auf Inflation. Da das heute oft vergessen wird, darf ich Ihnen vielleicht ins Gedächtnis rufen, daß in dem bemerkenswertesten Prosperitätsschub dieser Zeit, dem in der Bundesrepublik Deutschland, bis 1966 die durchschnittliche jährliche Preissteigerung unter zwei Prozent blieb.

Ich glaube, daß zur Sicherung der Prosperität selbst diese mäßige Inflationsrate nicht erforderlich gewesen wäre, ja, daß wir alle heute bessere Aussichten auf eine Fortdauer der Prosperität hätten, wenn wir uns mit der begnügt hätten, die ohne Inflation erreicht wurde, und nicht versucht hätten, sie durch eine expansionistische Kreditpolitik noch weiter zu steigern. Statt dessen hat eine solche Politik eine Situation geschaffen, in der man es für notwendig hält, Kontrollen einzuführen, die die wesentliche Grundlage der Prosperität zerstören werden, nämlich den funktionierenden Markt. Ja, die Maßnahmen, die angeblich zur Bekämpfung der Inflation erforderlich sind – so als ob die Inflation etwas wäre, das uns überfällt, nicht etwas, das wir selbst erzeugen –, drohen, die freie Wirtschaft in naher Zukunft zu zerstören.

Wir befinden uns in der paradoxen Situation, daß nach einer Periode, in der die Marktwirtschaft erfolgreicher als je zuvor den Wohlstand der westlichen Welt erhöht hat, die Aussichten für ihr Fortbestehen auch nur in den nächsten paar Jahren gering erscheinen müssen. Ich war tatsächlich noch nie so pessimistisch wie jetzt, was die Chancen der Erhaltung einer funktionierenden Marktwirtschaft angeht – und das heißt zugleich, was die Aussichten für die Erhaltung einer freien Staatsordnung angeht. Obwohl die Bedrohtheit freiheitlicher Institutionen heute eine andere Ursache hat als die, die mich vor dreißig Jahren beschäftigte, ist sie sogar noch akuter geworden, als sie es damals war.

Daß eine systematisch betriebene gesamtwirtschaftliche Nachfragesteuerung die Außerkraftsetzung des Preismechanismus und über kurz oder lang die Ablösung des Marktes durch eine zentral gelenkte Wirtschaft bedeutet, scheint mir außer Zweifel zu stehen. Ich kann hier nicht ausführen, auf welche Weise wir diesen Weg noch vermeiden können oder wie groß die Chancen sind, daß wir das noch können. Obwohl ich es gegenwärtig für die hauptsächliche Pflicht jedes Ökonomen halte, die Inflation zu bekämpfen – und zu erklären, warum eine aufgestaute Inflation noch schlimmer ist als eine offene –, widme ich diesen Vortrag einer anderen Aufgabe. So wie ich es sehe, hat die Inflation den Prozeß der Zerstörung der Marktwirtschaft, der aus anderen Gründen schon im Gange war, nur beschleunigt, und den Augenblick viel näher gebracht, in dem wir uns – angesichts der wirtschaftlichen, politischen und moralischen Konsequenzen einer zentral gelenkten Wirtschaft – überlegen müssen, wie wir eine Marktwirtschaft auf festerer und dauerhafterer Grundlage wieder errichten können.

2. Die Gefahr unbeschränkter Regierungsmacht

Seit geraumer Zeit bin ich überzeugt, daß es nicht nur die vorsätzlichen Versuche der Kollektivisten aus verschiedensten Lagern, den Markt durch ein geplantes System zu ersetzen, und nicht nur die Konsequenzen der neuen Währungspolitik sind, die die Marktwirtschaft zu zerstören drohen: Es sind die in der westlichen Welt vorherrschenden politischen Institutionen, die zwangsläufig ein Abdriften in diese Richtung bewirken, das nur durch Änderung eben dieser Institutionen aufzuhalten oder zu verhindern wäre. Mit Verspätung stimme ich Joseph Schumpeter zu, der vor dreißig Jahren behauptete,[2] es gebe einen unauflöslichen Widerspruch zwischen Demokratie und Kapitalismus – nur ist es nicht die Demokratie als solche, sondern sind es die besonderen, heute als die einzig möglichen geltenden Formen demokratischer Organisation, die eine progressive Ausdehnung der staatlichen Kontrolle des Wirtschaftslebens bewirken, selbst wenn die Mehrheit der Menschen eine Marktwirtschaft bewahren möchte.

Der Grund liegt darin, daß man heute allgemein mit Selbstverständlichkeit annimmt, in einer Demokratie müsse die Macht der Mehrheit unbeschränkt sein, und daß eine Regierung mit unbeschränkter Macht gezwungen sein wird, zur Sicherung der fortdauernden Unterstützung einer Mehrheit ihre unbeschränkte Macht in den Dienst von Interessengruppen zu stellen – seien es bestimmte Branchen, die Einwohner bestimmter Gebiete oder dergleichen. Wir sehen das am deutlichsten, wenn wir die Situation in einer Gesellschaft betrachten, in der die große Mehrzahl der Menschen für eine Marktwirtschaft und gegen staatliche Lenkung ist, in der aber, was normalerweise der Fall sein wird, die meisten Gruppen eine Ausnahme zu ihren eigenen Gunsten gemacht wissen wollen. Unter solchen Umständen wird einer politischen Partei, die an

---

[2] Schumpeter, J. A., *Capitalism, Socialism and Democracy*, New York: Harper & Brothers 1943 (deutsche Übersetzung: *Kapitalismus, Sozialismus und Demokratie*, Bern: Francke 1946, d. Hrsg.)

die Macht zu kommen und sich dort zu halten hofft, wenig anderes übrigbleiben als ihre Macht dazu zu benützen, sich die Unterstützung bestimmter Gruppen zu erkaufen. Das wird sie nicht deshalb tun, weil die Mehrheit interventionistisch gesinnt ist, sondern weil die herrschende Partei sich ihre Mehrheit nicht erhalten könnte, wenn sie sich nicht die Unterstützung bestimmter Gruppen durch das Versprechen besonderer Vergünstigungen erkaufte. Praktisch bedeutet das, daß selbst ein Staatsmann, der sich ganz und gar dem gemeinsamen Interesse aller Bürger verschrieben hat, ständig genötigt ist, Sonderinteressen zu befriedigen, weil er sich nur auf diese Weise die Unterstützung einer Mehrheit wird erhalten können, die er braucht, um das zu erreichen, was ihm wirklich wichtig ist.

Die Wurzel des Übels ist also die unbeschränkte Macht der Legislativen in der modernen Demokratie, eine Macht, die die Mehrheit ständig in einer Weise zu gebrauchen gezwungen ist, die die meisten ihrer Mitglieder vielleicht gar nicht wollen. Das, was wir den Willen der Mehrheit nennen, ist somit in Wirklichkeit ein Artefakt der bestehenden Institutionen, und insbesondere der Allmacht des souveränen Gesetzgebers, der durch die Eigendynamik des politischen Prozesses dazu getrieben wird, Dinge zu tun, die die meisten seiner Mitglieder nicht wirklich wollen, einfach deshalb, weil seine Macht keine formalen Schranken hat.

Es ist ein weitverbreiteter Glaube, daß diese Allmacht der gesetzgebenden Vertretungskörperschaft notwendiges Attribut der Demokratie sei, weil der Wille der Abgeordnetenversammlung nur dadurch beschränkt werden könne, daß ihm ein anderer Wille übergeordnet würde. Ganz besonders der Rechtspositivismus, gegenwärtig die einflußreichste Strömung in der Jurisprudenz, stellt diese Souveränität des Gesetzgebers als logische Notwendigkeit hin. Das war freilich keineswegs die Ansicht der klassischen Theoretiker des Repräsentativsystems. Locke zeigte sehr deutlich, daß in einem freien Staat sogar die Macht der gesetzgebenden Körperschaft in bestimmter Weise beschränkt sein sollte, nämlich auf die Verabschiedung von Gesetzen in dem spezifischen Sinne allgemeiner Regeln gerechten Verhaltens, die für alle Bürger in gleicher Weise Geltung haben. Für Locke und die nachfolgenden Theoretiker des Whig-Liberalismus und der Gewaltentrennung war es nicht so sehr die Quelle, aus der die Gesetze kamen, sondern ihr Charakter als für alle in gleicher Weise gültige allgemeine Regeln rechten Verhaltens, der ihre zwangsweise Durchsetzung rechtfertigte.

Diese ältere liberale Vorstellung von der notwendigen Beschränkung aller Macht dadurch, daß man den Gesetzgeber verpflichtete, sich an allgemeine Regeln zu binden, wurde im Laufe des letzten Jahrhunderts allmählich und fast unmerklich abgelöst durch die völlig andere, aber davon nicht leicht zu unterscheidende Vorstellung, daß die Zustimmung der Mehrheit die einzige und ausreichende Schranke für die Gesetzgebung sei. Und die ältere Vorstellung wurde nicht nur vergessen, sondern nicht einmal mehr verstanden. Man meinte, daß eine materiale Einschränkung der gesetzgebenden Macht unnötig sei, sobald sich diese Macht in den Händen der Mehrheit befinde, weil deren Zustimmung als ausreichendes Attest der Gerechtigkeit galt. In der Praxis stellt diese Mehrheitsmeinung für gewöhnlich nicht mehr dar als ein Verhandlungsergebnis, nicht aber echte Einigkeit über Grundsätze. Selbst der Begriff der Willkür, die der demokratische Staat ja verhindern sollte, änderte seinen Inhalt: Sein Gegenteil waren nicht mehr die allgemeinen, für alle gültigen Regeln, sondern die Billigung eines Befehls durch die Mehrheit – als ob eine Mehrheit einer Minderheit gegenüber keine Willkür walten lassen könnte.

3. Das Grundprinzip

Heutzutage wird selten verstanden, daß die Beschränkung jeglichen Zwanges auf die Durchsetzung allgemeiner Regeln rechten Verhaltens das Grundprinzip des klassischen Liberalismus war, ja ich möchte fast sagen, dessen Definition von Freiheit. Das ist weitgehend eine Folge der Tatsache, daß die »materiale« (im Unterschied zu einer rein formalen) Vorstellung von Recht, die ihr zugrundeliegt und die allein Ideen wie die der Gewaltentrennung, der Gesetzesherrschaft und des Rechtsstaates einen eindeutigen Inhalt gibt, von den klassischen Autoren selten explizit formuliert, sondern nur stillschweigend vorausgesetzt wurde. In deren Schriften aus dem siebzehnten und achtzehnten Jahrhundert finden sich nur wenige Passagen, in denen sie explizit sagen, was sie unter »Recht« verstehen. Viele ihrer Verwendungen des Wortes ergeben aber nur dann einen Sinn, wenn man darunter ausschließlich allgemeine Regeln gerechten Verhaltens versteht und nicht jede Willensäußerung der ordnungsgemäß eingesetzten Vertretungskörperschaft.

Obwohl die ältere Vorstellung von Recht in einzelnen Bereichen fortlebt, wird sie mit Sicherheit nicht mehr allgemein verstanden, und sie bildet infolgedessen auch keine wirksame Schranke für die Gesetzgebung mehr. Während in der Theorie von der Gewaltentrennung der Gesetzgeber seine Macht daraus bezog, daß er sich an allgemeine Regeln band und nur allgemeine Regeln vorschreiben sollte, gibt es inzwischen keine Grenzen für das, was ein Gesetzgeber anordnen und somit zum »Gesetz« erklären kann. Während also vormals seine Macht nicht durch einen übergeordneten Willen, sondern durch ein allgemein anerkanntes Prinzip beschränkt wurde, gibt es heute keinerlei Schranken mehr. Es gibt daher auch keinen Grund, warum die Koalitionen organisierter Interessen, auf denen die herrschenden Mehrheiten beruhen, nicht jede allgemein unbeliebte Gruppe diskriminieren sollten. Unterschiede des Vermögens, der Erziehung, Tradition, Religion, Sprache oder Rasse können heute unter dem Vorwand eines angeblichen Prinzips sozialer Gerechtigkeit oder öffentlicher Notwendigkeit den Grund für unterschiedliche Behandlung abgeben. Sobald derartige Diskriminierung als legitim gilt, ist es aus mit all den Garantien individueller Freiheit, um die es der liberalen Tradition ging. Wenn davon ausgegangen wird, daß alles, was die Mehrheit beschließt, gerecht ist, selbst wenn das, was sie beschließt, nicht eine allgemeine Regel ist, sondern bestimmte Menschen treffen soll, so wird man wohl kaum erwarten können, daß ein Gerechtigkeitsgefühl die Laune der Mehrheit zügeln wird: In jeder Gruppe wird das, was die Gruppe wünscht, auch bald für gerecht gehalten. Und da die Theoretiker der Demokratie seit mehr als hundert Jahren die Mehrheiten gelehrt haben, daß, was immer sie wünschen, gerecht sei, brauchen wir uns nicht zu wundern, wenn die Mehrheiten inzwischen nicht einmal mehr fragen, ob das, was sie beschließen, gerecht sei. Zu dieser Entwicklung hat der Rechtspositivismus kräftig beigetragen durch seine Behauptung, Recht sei nicht von Gerechtigkeit abhängig, sondern bestimme, was gerecht sei.

Bedauerlicherweise haben wir es nicht nur nicht vermocht, dem Gesetzgeber die Beschränkungen aufzuerlegen, die sich aus der Notwendigkeit ergeben, sich an allgemeine Regeln zu binden. Wir haben ihm außerdem Aufgaben aufgebürdet, die er nur erfüllen kann, wenn er nicht auf diese Weise eingeschränkt wird, sondern freie Hand hat, um in der diskriminierenden Weise, wie sie zur Sicherung von Vergünstigungen für einzelne Personen oder Gruppen erforderlich ist, Zwang auszuüben. Dazu ist er im Namen der sogenannten sozialen oder austeilenden Gerechtigkeit ständig aufgerufen, einer Vorstellung, die weitgehend an die Stelle der Gerechtigkeit individuellen Handelns getreten ist. Sie verlangt, daß nicht der einzelne, sondern »die Gesellschaft« gerecht sei, und zwar bei der Aufteilung der Anteile der einzelnen am Sozialprodukt; um aber eine bestimmte, als gerecht erachtete Sozialproduktverteilung zu verwirklichen, ist es nötig, daß der Staat den einzelnen vorschreibt, was sie zu tun haben.

In einer Marktwirtschaft, in der nicht eine einzelne Person oder Gruppe bestimmt, wer was bekommt, und die Anteile der einzelnen immer von vielen Umständen abhängen, die niemand hätte vorhersehen können, ist die ganze Vorstellung sozialer oder austeilender Gerechtigkeit freilich leer und sinnlos; und daher wird man sich nie darüber einig sein, was in diesem Sinne gerecht ist. Ich bin nicht sicher, ob der Begriff auch nur in einer zentral gelenkten Wirtschaft eine genaue Bedeutung hätte oder ob sich die Menschen in einem solchen System denn jemals darauf einigen würden, welche Verteilung gerecht ist. Ich bin aber sicher, daß nichts so sehr zur Zerstörung der rechtlichen Sicherungen individueller Freiheit beigetragen hat wie das Streben nach diesem Trugbild sozialer Gerechtigkeit. Um dem Thema meines Vortrages ganz gerecht zu werden, müßte man freilich eine sorgfältige Analyse dieses Ideals vornehmen, von dem beinahe jeder zu glauben scheint, es habe einen festen Inhalt, das sich aber um so deutlicher als völlig inhaltsleer erweist, je länger man darüber nachdenkt. Hauptthema dieses Vortrages ist jedoch die Frage, was wir, falls wir jemals wieder Gelegenheit dazu haben, tun müssen, um jenen in den bestehenden politischen Systemen angelegten Tendenzen Einhalt zu gebieten, die uns einer totalitären Ordnung zutreiben.

Bevor ich mich diesem Hauptthema zuwende, sollte ich ein weitverbreitetes Mißverständnis ausräumen. Das Grundprinzip der liberalen Tradition, nämlich daß jede Zwangsausübung durch den Staat auf die Durchsetzung allgemeiner Regeln gerechten Verhaltens beschränkt sein soll, hindert den Staat nicht an der Erbringung vieler anderer Leistungen, bei denen er – außer zur Beschaffung der erforderlichen finanziellen Mittel – keinen Zwang anzuwenden braucht. Es ist richtig, daß die Liberalen des neunzehnten Jahrhunderts aus einem tiefen und nicht ganz unberechtigten Mißtrauen gegenüber dem Staat heraus oft den Wunsch hatten, dem Staat viel engere Schranken zu ziehen. Aber sogar damals erkannte man natürlich gewisse Kollektivbedürfnisse an, die nur eine mit der Steuerhoheit ausgestattete Instanz befriedigen konnte. Ich wäre der letzte, der leugnet, daß steigender Wohlstand und zunehmende Bevölkerungsdichte die Zahl der Kollektivbedürfnisse, die der Staat befriedigen kann und sollte, vermehrt haben. Derartige staatliche Leistungen vertragen sich durchaus mit liberalen Grundsätzen, solange

1) der Staat nicht ein Monopol beansprucht und neue Methoden der Leistungserbringung über den Markt nicht verhindert werden (beispielsweise in einigen Bereichen, die gegenwärtig von der Sozialversicherung abgedeckt sind),

2) die Mittel im Wege einer nach einheitlichen Grundsätzen erfolgenden Besteuerung aufgebracht werden und die Besteuerung nicht als Instrument zur Einkommensumverteilung gebraucht wird und

3) die befriedigten Bedürfnisse Kollektivbedürfnisse der Gesellschaft insgesamt sind und nicht nur Kollektivbedürfnisse bestimmter Gruppen.

Nicht jedes Kollektivbedürfnis verdient befriedigt zu werden: Der Wunsch der kleinen Schuhmacher, vor der Konkurrenz der Fabriken geschützt zu werden, ist auch ein Kollektivbedürfnis der Schuhmacher, aber entschieden keines, das in einem liberalen Wirtschaftssystem befriedigt werden könnte.

Der Liberalismus des neunzehnten Jahrhunderts versuchte im allgemeinen, die Vermehrung dieser Dienstleistungen des Staates in Grenzen zu halten, indem er sie lieber lokalen Instanzen als dem Zentralstaat anvertraute, in der Hoffnung, die Konkurrenz zwischen den lokalen Behörden werde ihren Umfang beschränken. Ich kann hier nicht darauf eingehen, wie weit von diesem Prinzip abgegangen werden mußte, und erwähne es nur als einen weiteren Teil der traditionellen liberalen Lehre, dessen Begründung heute nicht mehr verstanden wird.

Ich mußte diese Punkte erwähnen, um klar zu machen, daß jene Beschränkungen der Tätigkeit des Staates, mit denen ich mich im Rest dieses Vortrages ausschließlich beschäftigen werde, sich nur auf seine Zwangsgewalt beziehen, nicht aber auf die notwendigen Dienstleistungen, von denen wir heutzutage erwarten, daß der Staat sie für die Bürger erbringt.

Ich hoffe, das bisher Gesagte hat deutlich gemacht, daß die Aufgabe, die wir bewältigen müssen, wenn wir eine freie Gesellschaft wieder aufbauen und erhalten wollen, in erster Linie eine intellektuelle Aufgabe ist: Sie erfordert nicht nur, daß wir Vorstellungen wiederbeleben, die uns weitgehend abhanden gekommen sind und die einmal mehr allgemein begriffen werden müssen, sondern auch, daß wir neue institutionelle Absicherungen entwerfen, die verhindern, daß sich der Prozeß der allmählichen Aushöhlung jener Absicherungen wiederholt, die die Theorie des liberalen Verfassungsstaates hatte bieten wollen.

4. Die Gewaltentrennung

Das Mittel, von dem die Theoretiker des liberalen Verfassungsstaates sich die Garantie individueller Freiheit und die Verhinderung jeglicher Willkür erhofft hatten, war die Gewaltentrennung. Wenn der Gesetzgeber nur allgemeine Regeln beschloß, die für alle Geltung hatten, und die Vollzugsorgane Zwang nur zur Erwirkung des Gehorsams gegenüber diesen allgemeinen Regeln gebrauchen konnten, so mußte die persönliche Freiheit in der Tat gesichert sein. Das setzt jedoch voraus, daß der Gesetzgeber auf den Erlaß solcher allgemeiner Regeln beschränkt ist. Doch statt das Parlament darauf zu beschränken, in diesem Sinne Gesetze zu machen, haben wir ihm unbegrenzte Macht gegeben, indem wir einfach alles »Gesetz« nennen, was es kundmacht: Ein Gesetzgeber ist heutzutage nicht ein Organ, das Gesetze macht; ein Gesetz ist alles, was von einem Gesetzgeber beschlossen wird.

Dazu kam es durch den Verlust der alten Bedeutung von »Gesetz« und durch den Wunsch, den Staat zu demokratisieren, indem man Leitung und Kontrolle der Regierung in die Hände des Gesetzgebers legte, der infolgedessen ständig aufgerufen ist, alle Arten spezifischer Handlungen anzuordnen – Anweisungen zu erteilen, die Gesetze genannt werden, obwohl sie ihrem Charakter nach grundverschieden sind von jenen Gesetzen, auf deren Erlaß die Theorie der Gewaltentrennung den Gesetzgeber hatte beschränken wollen.

Muß schon die Aufgabe des Entwurfs und der Errichtung neuer Institutionen schwierig und beinahe aussichtslos erscheinen, so ist es vielleicht eine noch schwierigere Aufgabe, einen verlorengegangenen Begriff wiederzubeleben und neuerlich allgemein verständlich zu machen, für den wir nicht einmal mehr einen unzweideutigen Namen haben. Es ist eine Aufgabe, die in diesem Fall angesichts entgegengesetzter Lehren der herrschenden Schule der Rechtswissenschaft bewältigt werden muß. Ich werde versuchen, in knappen Worten die Wesensmerkmale von Gesetzen in diesem spezifischen engen Sinn des Wortes zu umreißen, bevor ich mich den institutionellen Vorkehrungen zuwende, die sicherstellen würden, daß die Aufgabe der Verabschiedung solcher Gesetze von der Aufgabe des Regierens tatsächlich getrennt wird.

Einen guten Ansatzpunkt haben wir, wenn wir die besonderen Eigenschaften betrachten, die Richterrecht mit Notwendigkeit besitzt, während sie den Beschlüssen gesetzgebender Körperschaften im allgemeinen nur insoweit zukommen, als diese bemüht waren, Richterrecht nachzubilden. Es ist kein Zufall, daß die hier gemeinte Gesetzesvorstellung sich viel länger in den Ländern mit Gewohnheitsrecht gehalten hat, während sie in Ländern, die sich gänzlich auf gesetztes Recht verließen, selten verstanden wurde.

Dieses Recht besteht im wesentlichen aus dem, was man mit dem Namen »Juristenrecht« zu bezeichnen pflegte – das nur von Gerichten angewendet wird und werden kann und dem die staatlichen Behörden ebenso unterliegen wie Privatpersonen. Da dieses Richterrecht im Zuge der Beilegung von Streitigkeiten entsteht, bezieht es sich allein auf die Beziehungen von handelnden Personen untereinander und regelt nicht Handlungen des einzelnen, die andere nicht betreffen. Es grenzt die geschützten Bereiche jedes einzelnen ab, in die einzugreifen anderen untersagt ist. Ziel ist die Verhinderung von Konflikten zwischen Leuten, die nicht nach zentraler Anweisung, sondern auf eigene Initiative handeln und ihre eigenen Ziele nach Maßgabe ihres eigenen Wissens verfolgen.

Diese Regeln müssen also auf Umstände anwendbar sein, die niemand vorhersehen kann, und müssen deshalb so gestaltet sein, daß sie eine ungewisse Anzahl zukünftiger Fälle umfassen. Das bestimmt ihren »abstrakten« Charakter, wie das gewöhnlich, wenn auch nicht sehr aufschlußreich genannt wird; gemeint ist damit, daß sie in gleicher Weise für alle Situationen Geltung haben sollen, in denen gewisse generische Faktoren gegeben sind, und nicht nur für konkret bezeichnete Personen, Gruppen, Orte, Zeiten usw. Sie schreiben den einzelnen nicht spezifische Aufgaben oder Handlungsziele vor, sondern sind im wesentlichen Verbote, die darauf abzielen, es ihnen zu ermöglichen, ihre Pläne wechselseitig so aufeinander abzustimmen, daß jeder eine gute Chance hat, seine Ziele zu erreichen. Die Abgrenzung persönlicher Sphären, die diesen Zweck erreicht, ergibt sich hauptsächlich aus dem Eigentums-, dem Vertrags- und dem Schadenersatzrecht sowie den Strafgesetzen, die »Leben, Freiheit und Eigentum« schützen.

Ein Mensch, der nur solche Regeln gerechten Verhaltens (wie ich diese Rechtsregeln im gemeinten engen Wortsinn genannt habe) zu befolgen gehalten ist, ist in dem Sinne frei, daß er rechtlich nicht irgendjemandes Anordnungen unterliegt, daß er innerhalb bekannter Grenzen Mittel und Ziele seiner Tätigkeiten wählen kann. Aber wo jeder in diesem Sinne frei ist, gerät der einzelne in einen Prozeß hinein, den niemand beherrscht und dessen Ergebnis für jeden einzelnen weitgehend unvorhersagbar ist. Freiheit und Risiko sind also voneinander untrennbar. Es kann auch nicht behauptet werden, daß der Anteil jedes einzelnen am Volkseinkommen, der von so vielen, niemandem bekannten Umständen abhängt, in seiner Höhe gerecht ist. Ebensowenig freilich lasssen sich diese Anteile sinnvoll als ungerecht bezeichnen. Wir müssen zufrieden sein, wenn wir verhindern können, daß sie durch ungerechte Handlungen beeinträchtigt werden. Natürlich können wir in einer freien Gesellschaft ein Mindesteinkommen vorsehen, unter das niemand hinunterfallen soll, indem wir außerhalb des Marktes für alle irgendeine Versicherung gegen Unglücksfälle vorsehen. Überhaupt können wir viel tun, um die Rahmenbedingungen zu verbessern, innerhalb derer der Markt vorteilhaft arbeitet. Was wir aber in solch einer Gesellschaft nicht können, ist, die Einkommensverteilung an irgendeine Richtgröße von sozialer oder austeilender Gerechtigkeit anzupassen, und diesbezügliche Versuche können leicht die Marktwirtschaft zerstören.

Wenn wir aber zur Erhaltung der individuellen Freiheit den Zwang auf die Durchsetzung allgemeiner Regeln gerechten Verhaltens beschränken müssen, wie können wir dann den Gesetzgeber daran hindern, Zwangsmaßnahmen zuzulassen, mit denen besondere Vergünstigungen für bestimmte Gruppen gesichert werden sollen – insbesondere einen Gesetzgeber, der nach Parteien organisiert ist und in dem die herrschende Mehrheit häufig nur deshalb eine Mehrheit ist, weil sie einigen Gruppen derartige besondere Vergünstigungen verspricht? Die Wahrheit ist natürlich, daß die sogenannten Gesetzgeber *niemals* darauf beschränkt waren, nur Gesetze in diesem engen Sinn zu beschließen, obschon die Theorie von der Gewaltentrennung stillschweigend annahm, daß dem so wäre. Und seit es gängige Meinung ist, daß nicht nur die Gesetzgebung, sondern auch die Leitung der laufenden Staatsgeschäfte in den Händen der Vertreter der Mehrheit liegen solle, ist die Leitung der Regierung zur Hauptaufgabe der gesetzgebenden Körperschaften geworden. Das hatte nicht nur zur Folge, daß die Unterscheidung zwischen Gesetzen im Sinne allgemeiner Regeln gerechten Verhaltens und Gesetzen im Sinne spezifischer Anweisungen ganz und gar verwischt wurde, sondern auch, daß die gesetzgebenden Organe nicht in der Weise organisiert wurden, wie es für die Erzeugung von Gesetzen im klassischen Sinne am zweckmäßigsten gewesen wäre, sondern in der Weise, die für effizientes Regieren erforderlich ist, das heißt vor allem in Parteien.

Nun wünschen wir, so glaube ich, zwar zu Recht, daß sowohl die Gesetzgebung im alten Sinne als auch die laufenden Regierungsgeschäfte demokratisch vor sich gehen. Ich halte es jedoch für einen verhängnisvollen – wenn auch historisch wahrscheinlich unvermeidlichen – Fehler, diese zwei verschiedenen

Aufgaben ein und derselben Abgeordnetenversammlung anzuvertrauen. Das macht die Unterscheidung zwischen Gesetzgebung und Regierung und folglich auch die Wahrung der Grundsätze der Herrschaft des Gesetzes und des Rechtsstaates praktisch unmöglich. Damit mag zwar sichergestellt sein, daß jedes staatliche Handeln die Billigung der Abgeordnetenversammlung genießt, doch sind die Bürger nicht vor willkürlichem Zwang geschützt. Ja, eine Abgeordnetenversammlung, die in der für effizientes Regieren erforderlichen Weise organisiert ist und nicht durch allgemeine Gesetze, die sie nicht ändern kann, beschränkt wird, muß zwangsläufig dazu getrieben werden, ihre Macht zur Erfüllung der Förderung von Gruppeninteressen zu gebrauchen.

Es ist kein Zufall, daß die meisten klassischen Theoretiker der repräsentativen Demokratie und der Gewaltentrennung eine Abneigung gegen das Parteiensystem hatten und hofften, daß eine Gliederung des Gesetzgebers nach Parteien zu vermeiden wäre. Das taten sie, weil sie sich vorstellten, der Gesetzgeber sei mit dem Erlaß von Gesetzen im engen Sinn des Wortes befaßt, und glaubten, im Hinblick auf die Regeln gerechten Verhaltens könne es eine von Sonderinteressen unabhängige herrschende allgemeine Meinung geben. Aber es läßt sich nicht leugnen, daß demokratische *Regierung* die Unterstützung einer organisierten Gesamtheit von Volksvertretern erfordert, die wir als Parteien bezeichnen, und eine ähnlich organisierte Opposition, die sich als alternative Regierung anbietet.

Es sollte als naheliegende Lösung dieser Schwierigkeit erscheinen, zwei verschiedene Vertretungsorgane mit verschiedenen Aufgaben zu haben, die eine als echte gesetzgebende Körperschaft und die andere mit der eigentlichen Regierung befaßt, das heißt, mit allem außer dem Erlaß von Gesetzen im engen Sinne. Und es ist zumindest nicht unvorstellbar, daß sich solch ein System in Großbritannien hätte entwickeln können, wenn zu der Zeit, als das Unterhaus mit der ausschließlichen Entscheidungsgewalt in finanziellen Fragen faktisch die alleinige Kontrolle über die Regierung erlangte, das Oberhaus als oberster Gerichtshof allein die Befugnis zur Gestaltung des Rechts im engen Wortsinn erhalten hätte. Aber eine derartige Entwicklung war natürlich nicht möglich, solange das Oberhaus nicht das Volk insgesamt, sondern eine Klasse vertrat.

Wie man jedoch bei näherem Zusehen bemerkt, wäre wenig damit gewonnen, lediglich zwei Vertretungsorgane statt eines zu haben, wenn diese nach den gleichen Grundsätzen gewählt und organisiert wären und daher auch die gleiche Zusammensetzung aufwiesen. Sie würden von den gleichen Umständen abhängen, die die Entscheidungen moderner Parlamente bestimmen, und sie würden in Absprache miteinander wahrscheinlich der jeweiligen Regierung die gleiche Art von Ermächtigung für alles erteilen, was diese tun möchte. Selbst wenn wir annehmen, daß die gesetzgebende Kammer (im Unterschied zur regierenden Kammer) durch die Verfassung darauf beschränkt wäre, Gesetze im engen Sinn von allgemeinen Regeln gerechten Handelns zu verabschieden und diese Beschränkung vermittels Kontrolle durch einen Verfassungsgerichtshof wirksam gemacht würde, wäre wahrscheinlich wenig gewonnen, solange die gesetzgebende Versammlung vor derselben Notwendigkeit, die Forderungen bestimmter Gruppen zu erfüllen, stünde, die die herrschenden Mehrheiten in heutigen Parlamenten zum Handeln zwingen.

Während wir uns für die regierenden Versammlungen so etwas Ähnliches wie die bestehenden Parlamente wünschen würden, deren Organisation und Vorgehensweise tatsächlich eher von den Erfordernissen des Regierens und nicht der Gesetzgebung geprägt sind, würden wir für eine echte gesetzgebende Versammlung etwas ganz anderes brauchen. Wir sollten uns eine Versammlung wünschen, die sich nicht mit den besonderen Bedürfnissen einzelner Gruppen befaßt, sondern mehr mit den allgemeinen bleibenden Grundsätzen, nach denen sich das Handeln in der Gesellschaft richten sollte. Ihre Mitglieder und ihre Beschlüsse sollten nicht einzelne Gruppen und deren besondere Wünsche repräsentieren, sondern die herrschende Meinung darüber, welche Art von Verhalten gerecht und welche das nicht ist. Bei der Festlegung der Regeln, die für lange Zeit gelten sollen, sollte diese Versammlung die herrschenden Ansichten über gut und böse »repräsentieren«, das heißt eine Art Querschnitt derselben bilden; ihre Mitglieder sollten nicht für Sonderinteressen eintreten oder den »Willen« eines bestimmten Ausschnitts der Bevölkerung bezüglich irgendeiner einzelnen Maßnahme der Regierung zum Ausdruck bringen. Es sollten Männer und Frauen sein, denen aufgrund der Charaktereigenschaften, die sie im Alltagsleben bewiesen haben, Vertrauen und Achtung entgegengebracht werden und die nicht von der Zustimmung einzelner Wählergruppen abhängig sind. Ferner sollten sie gänzlich von jener Parteidisziplin ausgenommen sein, die zwar nötig ist, um eine Regierungsmannschaft zusammenzuhalten, die aber offensichtlich nicht für das Organ wünschenswert ist, das die Regeln zur Einschränkung der Macht der Regierung erläßt.

Solch eine gesetzgebende Versammlung ließe sich schaffen, wenn deren Mitglieder erstens für lange Zeiträume gewählt würden, zweitens nach Ablauf der Amtsperiode nicht wiedergewählt werden dürften und drittens zur Sicherung einer stetigen Erneuerung des Organs entsprechend dem allmählichen Meinungswandel in der Wählerschaft nicht alle gleichzeitig gewählt würden, sondern ein gleichbleibender Bruchteil jedes Jahr mit Ablauf des Mandates ausschiede; oder mit anderen Worten: wenn sie beispielsweise auf fünfzehn Jahre gewählt würden und alljährlich ein Fünfzehntel der Gesamtzahl ersetzt würde. Des weiteren schiene es mir zweckmäßig, vorzusehen, daß bei jeder Wahl die Vertreter von und aus jeweils nur einer bestimmten Altersgruppe gewählt würden, so daß jeder Bürger nur einmal im Leben wählen würde, sagen wir in seinem fünfundvierzigsten Jahr, und zwar einen Vertreter seiner Altersgruppe.

Das Ergebnis wäre eine Versammlung, die sich aus Personen zwischen fünfundvierzig und sechzig Jahren zusammensetzt, gewählt, nachdem sie Gelegenheit hatten, ihre Befähigung im täglichen Leben unter Beweis zu stellen (und, nebenbei gesagt, mit einem Durchschnittsalter, das um einiges unter dem gegenwärtiger Parlamente liegt). Es wäre wahrscheinlich wünschenswert, Personen, die Stellungen in der regierenden Versammlung oder anderen parteipolitischen Organisationen innegehabt hatten, nicht zuzulassen, und es wäre auch notwendig, den Gewählten für die Zeit nach ihrem Ausscheiden eine angesehene, bezahlte und pensionsfähige Position zu sichern, wie die eines Laienrichters oder ähnliches.

Der Vorteil einer Wahl nach Altersgruppen und in einem Alter, in dem der einzelne sich im Alltagsleben bereits bewährt haben kann, wäre, daß im allgemeinen die eigenen Altersgenossen jemandes Charakter und Fähigkeiten am besten beurteilen können; und daß bei den relativ kleinen Zahlen von jeweils Wahlbeteiligten die Kandidaten den Wählern eher persönlich bekannt wären und dementsprechend nach ihrer persönlichen Wertschätzung von Seiten der Wähler gewählt würden – insbesondere wenn, wie das wahrscheinlich und förderungswürdig wäre, die Aussicht auf diese gemeinsame Aufgabe in den einzelnen Altersgruppen zur Bildung von Klubs zur Diskussion öffentlicher Angelegenheiten führte.

5. Vorteile der Abtrennung der Gesetzgebung

Zweck des Ganzen wäre es natürlich, ein gesetzgebendes Organ zu schaffen, das nicht der Regierung dienstbar wäre und nicht zum Gesetz erklären würde, was immer sich die Regierung zur Erreichung ihrer augenblicklichen Ziele wünscht, sondern vielmehr eines, das mit dem Gesetz die bleibenden Grenzen der Zwangsgewalt des Staates abstecken würde – Grenzen, innerhalb deren der Staat sich zu bewegen hätte und die selbst die demokratisch gewählte regierende Versammlung nicht überschreiten dürfte. Während die letztgenannte Versammlung völlig freie Hand hinsichtlich der Organisation der Regierung, der Verwendung der dem Staat verfügbaren Mittel und des Charakters der vom Staat zu erbringenden Leistungen hätte, besäße sie selbst keine Zwangsgewalt über die einzelnen Bürger. Derartige Macht, einschließlich der Macht, durch Besteuerung die Mittel zur Finanzierung der vom Staat erbrachten Leistungen zu beschaffen, würde sich nur auf die Durchsetzung der von der gesetzgebenden Versammlung erlassenen Regeln gerechten Verhaltens erstrecken. Gegen jede Überschreitung dieser Grenzen durch den Staat (oder die regierende Versammlung) wäre die Anrufung eines Verfassungsgerichtshofes zulässig, der für den Fall eines Konflikts zwischen dem eigentlichen Gesetzgeber und den Regierungsorganen Entscheidungsgewalt besäße.

Ein weiterer wünschenswerter Effekt einer solchen Umgestaltung wäre, daß der Gesetzgeber endlich einmal genügend Zeit für seine eigentlichen Aufgaben hätte. Das ist wichtig, weil gesetzgebende Körperschaften in neuerer Zeit häufig die Regelung von Fragen, die durch allgemeine Rechtsregeln hätte erfolgen können, Verwaltungserlässen und sogar dem Ermessen von Verwaltungsorganen überlassen haben, einfach weil sie mit ihren Regierungsaufgaben so beschäftigt waren, daß sie weder Zeit noch Interesse für eigentliche Gesetzgebung hatten. Es geht hier zudem um eine Aufgabe, die Fachkenntnisse erfordert, die zwar ein langgedienter Volksvertreter erwerben könnte, die aber ein vielbeschäftigter Politiker, der auf Ergebnisse drängt, die er seinen Wählern vor der nächsten Wahl vorweisen kann, eher nicht besitzt. Als merkwürdige Folge davon, daß man der Abgeordnetenversammlung unbegrenzte Macht gegeben hat, hat sie weitgehend aufgehört, hauptsächlich an der Gestaltung eigentlichen Rechts bestimmend mitzuwirken, und hat diese Aufgabe mehr und mehr der Bürokratie überlassen.

Ich darf aber Ihre Geduld nicht strapazieren, indem ich die Einzelheiten dieser Utopie weiter ausspinne – obwohl ich gestehen muß, daß ich die Erkundung der neuen Möglichkeiten, die sich bei der Überlegung auftun, ob sich die eigentliche gesetzgebende Versammlung von der regierenden trennen ließe, fesselnd und lehrreich finde. Sie werden mit Recht fragen, was der Zweck solch einer utopischen Konstruktion sein kann, wenn ich dadurch, daß ich sie als solche bezeichne, zugebe, daß ich nicht an ihre Realisierbarkeit in absehbarer Zukunft glaube. Ich kann mit Worten von David Hume aus seinem Aufsatz über »Die Idee einer vollkommenen Republik« antworten:

> »Es wird in jedem Fall von Vorteil sein, wenn man weiß, was in dieser Art das vollkommenste ist. Eine bestehende Verfassung oder Regierungsform könnte durch vorsichtige Änderungen und Neuerungen soweit wie möglich daran angepaßt werden, ohne daß die Gesellschaft dadurch zu stark erschüttert würde.«[3]

---

[3] Hume, David, »Die Idee einer vollkommenen Republik« in: Hume, D., *Politische und ökonomische Essays*, hrsg. v. Udo Bermbach, Teil II, Essay XVI, Hamburg 1988, 340, d. Hrsg.

Die Erhaltung des liberalen Gedankengutes[*]

Die fünfziger und frühen sechziger Jahre unseres Jahrhunderts brachten noch einmal eine Wiederbelebung des Wirtschaftsliberalismus, in der Praxis sowohl wie in der Theorie, wie sie selbst seine Befürworter kaum erhofft hatten. Der markanteste und eindrucksvollste Vorgang war wohl der außerordentliche wirtschaftliche Wiederaufstieg der deutschen Bundesrepublik, der auf eine zielbewußt durchgeführte Politik der »sozialen Marktwirtschaft« gegründet war. Dort waren es zunächst ganz wenige Männer, voran Ludwig Erhard, Walter Eucken und Alfred Müller-Armack, die etwas möglich machten, was wenig andere für möglich gehalten hätten. Dieses Beispiel hatte wohl größere internationale Wirkung als die im gleichen Zeitraum einsetzenden Bemühungen um eine geistige Wiedergeburt und Rekonstruktion der Theorie des Liberalismus. Kaum weniger wichtig waren aber die Bestrebungen um die Befreiung des internationalen Handels, die im »General Agreement on Tariffs and Trade« gipfelten. Zumindest die Sachverständigen waren sich doch wohl bewußt, in welchem Maße die Beschränkungen des internationalen Verkehrs für die große Depression der dreißiger Jahre verantwortlich gewesen waren und daß diese Ursachen der Stagnation beseitigt werden müßten. Nur in beschränktem Maße, das heißt mehr hinsichtlich der Absicht als der Wirkung nach, darf man vielleicht auch die Bemühungen um eine europäische Wirtschaftsgemeinschaft hierher zählen.

Das Ergebnis von alledem war die große Prosperität der letzten fünfundzwanzig Jahre, die, wie ich fürchte, einmal als ein ebenso einzigartiges Ereignis erscheinen wird, wie uns heute die große Depression der dreißiger Jahre erscheint. Für mich jedenfalls ist es dabei unbezweifelbar, daß zumindest bis vor acht oder zehn Jahren dieser große Aufschwung zur Gänze der Befreiung der spontanen Kräfte wirtschaftlichen Bemühens und noch nicht der Inflation zuzuschreiben war. Da das heute zum Teil schon vergessen ist, darf ich vielleicht

---

[*] Vortrag, gehalten vor dem Schweizerischen Institut für Auslandsforschung, Zürich, Wintersemester 1973/74.

daran erinnern, daß zum Beispiel in der Bundesrepublik bis zum Jahre 1966 sich der durchschnittliche jährliche Preisanstieg unter zwei Prozent hielt. Ich glaube, daß auch dieses bescheidene Maß von Inflation nicht notwendig war, um die Prosperität zu sichern. Es hat auch damals schon manchen von uns Sorgen gemacht: Es ist jetzt schon einundzwanzig Jahre her, daß ich hier in Zürich in einem kleineren Kreise einen Vortrag über »Die neue Inflationsideologie und ihre Folgen« hielt. Aber erst in den letzten sechs oder sieben Jahren stehen wir dem Dilemma gegenüber, daß das Andauern der Prosperität offensichtlich von der Fortdauer einer sich ständig beschleunigenden Inflation abhängig geworden ist und anderseits das Ausmaß der Preissteigerungen unerträglich zu werden droht. Man wagt der Inflation nicht Einhalt zu tun, weil dies die Prosperität zerstören würde, und fühlt sich gezwungen, zu direkten Eingriffen in den Preismechanismus Zuflucht zu nehmen, die die Marktwirtschaft zerstören müssen.

So haben wir denn die paradoxe Situation, daß am Ende der Periode in der Geschichte der modernen Wirtschaft, in der sich die liberale Wirtschaftsordnung in einem großen Teil der Welt über alle Erwartungen hinaus und mehr als je zuvor erfolgreich erwiesen hat, ihre Aussichten für die Zukunft außerordentlich schlecht sind. Ich muß gestehen, daß ich diesbezüglich und damit auch hinsichtlich der Aussicht, auf längere Sicht eine freiheitliche politische Ordnung zu erhalten, noch nie so pessimistisch war wie jetzt. Dabei habe ich viel Verständnis für jene, die heute andere Dinge für wichtiger halten als ein schnelles weiteres Wachstum des Wohlstandes im Westen und die aus diesem Grunde glauben, die Wirtschaft stärkeren, bewußten Kontrollen unterwerfen zu sollen – wenn ich letzteres auch nicht für die zweckmäßige Methode zur Erreichung des angestrebten Zweckes halte.

Daß die unmittelbare, akute Bedrohung der Marktwirtschaft so bald durch die Inflation kommen würde, hatte ich freilich nicht erwartet, so gefährlich mir auch seit jeher die unkritische Begeisterung für eine monetäre Vollbeschäftigungspolitik erschienen ist.

Ich muß mich aber bei der Behandlung dieses Problems kurz fassen und der Versuchung widerstehen, auf dieses wirtschaftliche Hauptproblem unserer Zeit ausführlicher einzugehen. Dies würde allein einen ganzen Vortrag erfordern, und die mir in dieser Vortragsfolge zugewiesene Aufgabe ist eine andere. Ich will darum nur noch kurz erwähnen, daß wir es zustande gebracht haben, durch eine Politik ständig wachsender Kreditexpansion einen so beträchtlichen Teil der Arbeitskräfte in Richtungen zu lenken, in denen sie bei einem Aufhören der Inflation keine Beschäftigung finden würden, daß schon heute eine Einstellung der Inflation Arbeitslosigkeit in einem Umfange hervorrufen würde, der politisch untragbar erscheint – ein Zustand, der eine *Folge* der Inflationspolitik der vergangenen Jahre ist. Da diese Wirkung immer größer wird, je länger die Inflation dauert, und die sich ständig steigernde Inflation, die zur Erhaltung dieser Arbeitsgelegenheiten erforderlich ist, früher oder später aufhören muß, schiene es mir immer noch vernünftiger, jetzt einen Rückschlag in Kauf zu nehmen als später einen viel heftigeren. Aber das ist wohl mehr, als man von Politikern erwarten darf.

Politisch scheint es mir deshalb unausbleiblich, daß die Inflation zunächst nicht an der Wurzel, sondern an ihren Symptomen bekämpft werden wird, das heißt, daß weiter versucht werden wird, die Preissteigerung durch eine sogenannte Einkommenspolitik zu bekämpfen. Die Lehre, die man vor 25 Jahren aus der Erfahrung Deutschlands gezogen hatte, daß eine zurückgestaute Inflation noch schlimmer ist als eine offene Inflation, weil erstere den ganzen Steuerungsmechanismus der Wirtschaft außer Kraft setzt, scheint vergessen zu sein. Daß, wenn diese Steuerung durch die Preise unwirksam geworden ist und wir es nicht wagen, diesen Mechanismus wieder herzustellen, uns nichts übrigbleibt, als ihn durch zentrale Leitung der gesamten Wirtschaft zu ersetzen, ist unbestreitbar. Es scheint mir, daß wir zur Zeit diesem Ergebnis mit großer Geschwindigkeit zusteuern und vielleicht schon in ganz kurzer Frist eine, zwar als provisorisch gedachte und ganz unsystematische, Planwirtschaft haben werden. Daß wir diese dann nicht so bald wieder los sein werden, ist klar. Was sie gewiß nicht erreichen wird, ist, eine Fortdauer der Prosperität zu sichern und die drohende Stagnation zu verhindern. Ich hoffe manchmal fast, daß die Krise kommen wird, *bevor* wir uns ein solches Kontrollsystem aufgehalst haben und solange die spontanen Steuerungsmechanismen noch einigermaßen funktionieren, die eine Korrektur all der strukturellen Verzerrungen herbeiführen können, die während der Inflation entstanden sind. Aber wahrscheinlicher scheint mir wohl, daß die Kreditpolitik den ersten Anzeichen eines Rückschlags zunächst mit verstärkter Inflation, verbunden mit einer umfassenden Preis- und Lohnkontrolle, begegnen wird.

Ich mußte auf diese Dinge kurz eingehen, weil durch sie die Gefahr einer völligen Zerstörung der Marktwirtschaft sehr nahe gerückt ist. Aber es ist leider richtig, daß, auch abgesehen von dieser unvorhergesehenen Entwicklung, die Aussichten auf eine dauernde Erhaltung der Wettbewerbsordnung in den letzten Jahrzehnten immer geringer geworden sind. Ich habe, vielleicht etwas spät, sehen gelernt, daß den bestehenden politischen Institutionen Kräfte innewohnen, die, ohne daß dies jemand beabsichtigt, notwendigerweise zu einer Zerstörung der freien Wirtschaft führen. Mit diesen Kräften muß ich mich nun etwas eingehender befassen, da wir bei ihnen werden einsetzen müssen, wenn wir später einmal, nachdem wir alle die Greuel einer dirigistischen Wirtschaft noch einmal kennengelernt haben, werden versuchen müssen, eine dauerhaftere freiheitliche Ordnung neu aufzubauen.

Um jedoch jedem, auch nur momentanen Mißverständnis vorzubeugen, möchte ich im voraus betonen, daß ich trotz meiner Bedenken gegen die bestehenden demokratischen Institutionen durchaus an die grundlegenden Ideale der Demokratie glaube. Die Mängel der bestehenden Institutionen, die mir die Erhaltung der freien Wirtschaft zu bedrohen scheinen und die wir ändern müssen, wenn wir ein Regime der persönlichen Freiheit erhalten wollen, sind nicht Mängel der Demokratie als solcher, sondern Mängel der besonderen Form der Demokratie, die zwar heute allein besteht, aber zu Unrecht als die einzig mögliche Form der Demokratie angesehen wird, und in der in Wirklichkeit nicht einmal die Meinung der Mehrheit über die großen Prinzipienfragen der gesellschaftlichen Ordnung entscheidet. Mit der Heraushebung dieses mir erst spät klar gewordenen Zusammenhanges gebe ich in einem gewissen Sinn nachträglich Schumpeter recht, der schon vor mehr als dreißig Jahren auf die der bestehenden Demokratie innewohnenden Tendenzen zur Zerstörung der Marktwirtschaft hingewiesen hat, dessen Begründung seiner These mir aber noch immer nicht überzeugend erscheint.

Die Natur der Kräfte, die in dieser Richtung in jeder Demokratie am Werke sind, in der die gesetzgebenden Körperschaften unbeschränkte Macht haben, ist am besten zu sehen, wenn wir uns eine Gesellschaft vorstellen, in der die große Mehrheit der Bevölkerung und alle wichtigen Parteien grundsätzlich die marktwirtschaftliche Ordnung bejahen, aber die einzelnen Gruppen es doch nicht ablehnen, wenn von den allgemeinen Prinzipien zu ihren Gunsten Ausnahmen gemacht werden. In einer solchen Gesellschaft hat eine politische Partei, die die Unterstützung einer Mehrheit braucht und die Macht hat, einzelnen Gruppen Sondervorteile zukommen zu lassen, gar keine andere Wahl, als von dieser Macht auch Gebrauch zu machen. Eine gesetzgebende Körperschaft mit unbeschränkter Macht, verschiedene Gruppen verschieden zu behandeln, muß von dieser Macht Gebrauch machen, sosehr auch ihre Mitglieder im Prinzip dagegen sein mögen und sich zu liberalen Grundsätzen bekennen. Nicht weil die Mehrheit interventionistisch ist, sondern weil sie keine Mehrheit wäre, wenn sie sich nicht die Unterstützung bestimmter Gruppen durch das Versprechen von Eingriffen zu ihren Gunsten erkaufte, wird sie ständig zu mit ihren Grundsätzen im Widerspruch stehenden Maßnahmen getrieben werden. Die Art und Weise, in der diese Ausnahmen stets durch allerhand Überlegungen sogenannter sozialer oder distributiver Gerechtigkeit gerechtfertigt werden, braucht uns hier nicht zu beschäftigen. Das Tragische an der Lage, in die die bestehenden Einrichtungen die Politiker versetzen, ist, daß selbst ein Staatsmann, der seine Bemühungen ausschließlich auf die Befriedigung echter Gemeininteressen richtete, doch stets genötigt wäre, Sonderinteressen zu befriedigen, weil er sich nur dadurch die Unterstützung der Mehrheit sichern kann, die ihn in die Lage versetzt, das zu erreichen, woran ihm wirklich liegt. Er kann sich Sonderwünschen nicht versagen, solange er die Macht hat, sie zu befriedigen.

Die Wurzel des Übels ist also die unbeschränkte Macht der gesetzgebenden Körperschaften in der modernen Demokratie, eine Macht, die die Mehrheit stets genötigt sein wird in einer Weise zu gebrauchen, die die meisten ihrer Mitglieder keineswegs wünschen. Was wir die Meinung der Mehrheit nennen, ist daher auch oft ein bloßes Kunstprodukt der bestehenden Institutionen und insbesondere der Allgewalt der souveränen Legislative, die, gerade weil sie alles tun darf, zu Entscheidungen getrieben wird, die ihre Mehrheit gar nicht wünscht.

Diese Allmacht der Gesetzgebung wird heute vielfach als wesentlich für die Demokratie und, unter dem Einfluß des Rechtspositivismus, als unvermeidlich und sogar logisch notwendig angesehen. Man glaubt, daß der Wille der Mehrheit nur dadurch beschränkt werden könnte, daß ein anderer Wille über den ihren gestellt wird. Das ist aber keineswegs richtig und war gewiß nicht die Ansicht der Begründer der Theorie der Repräsentativverfassung. Insbesondere John Locke hat schon vor fast dreihundert Jahren deutlich ausgesprochen, daß auch die Macht der Mehrheit der gesetzgebenden Körperschaft in einem freien Staat in ganz bestimmter Weise beschränkt sein solle, nämlich auf den Erlaß von Gesetzen in jenem engeren Sinn des Wortes, in dem zumindest die englischen und französischen Staatstheoretiker damals die Worte »law« bzw. »loi« gebrauchten, das heißt nur für allgemein geltende Regeln des gerechten Verhaltens. Daß Zwang nur legitim sein solle, wenn er zur Durchsetzung von Rechtsregeln in diesem Sinne diente, war das Prinzip, das etwa seit John Locke zum zentralen Leitsatz des Liberalismus wurde. Vielleicht noch mehr als für John Locke war es dann für die späteren Theoretiker des Whigismus und der Gewaltenteilung nicht die Quelle, aus der die Gesetze stammten, sondern ihr Charakter von auf alle gleich anwendbaren Verhaltensregeln, der ihnen ihre Autorität und besondere Geltung gab.

Die Ersetzung dieser älteren, liberalen Vorstellung von der notwendigen Begrenzung *aller* Macht, einschließlich der der gesetzgebenden Körperschaft, durch die damit nicht unvereinbare aber doch völlig verschiedene demokratische Vorstellung hat sich langsam und fast unbemerkt vollzogen mit dem Ergebnis, daß die ältere Vorstellung nicht nur vergessen, sondern gar nicht mehr verstanden wurde. Man glaubte einer materiellen Beschränkung der gesetzgebenden Gewalt entbehren zu können, nachdem sie in die Hände der Mehrheit gelegt wurde, weil man meinte, daß die übereinstimmende Meinung der Mehrheit ein angemessenes Kriterium der Gerechtigkeit darstelle. Man übersah dabei, daß die Mehrheitsbildung oft mehr auf einer Summierung der Wünsche der verschiedenen Gruppen als auf einer wirklichen Übereinstimmung der Meinungen beruhte. Selbst der Begriff jener Willkür, die man zu verhindern hoffte, änderte seinen Sinn: Der Gegensatz war nicht mehr die Befolgung allgemeiner, für alle gleich geltender Regeln, sondern die Gutheißung einer Entscheidung durch die Mehrheit – als ob eine Mehrheit eine Minderheit nicht willkürlich behandeln könnte.

Wenn heute oft nicht mehr verstanden wird, daß die Beschränkung alles Zwanges auf die Durchsetzung allgemeiner, für alle gleich geltender Regeln das Grundprinzip des Liberalismus, ja, ich möchte sagen, seine Definition der Freiheit darstellte, so hängt das damit zusammen, daß der materielle Gesetzesbegriff, der dieser Vorstellung zugrunde liegt und in Begriffen wie dem des Rechtsstaates, der Herrschaft des Gesetzes und des »government under the law« seinen Ausdruck fand, selten ausdrücklich ausgesprochen wurde, sondern eher eine stillschweigend vorausgesetzte Selbstverständlichkeit war. Es gibt wenig Stellen, an denen die politischen Denker des siebzehnten und achtzehnten Jahrhunderts sagten, was sie mit dem Wort »Gesetz« meinten, aber eine große Zahl von Verwendungen des Wortes, bei denen sich zeigen läßt, daß sie nur sinnvoll sind, wenn das Wort Gesetz in dem spezifischen Sinn von allgemeinen, für alle gleich geltenden Regeln des gerechten Verhaltens und nicht für jede Willenserklärung der entsprechend autorisierten gesetzgebenden Körperschaft gebraucht wird. So konnte es kommen, daß der Begriff des Gesetzes langsam seinen Sinn wechselte, ohne daß dies bemerkt wurde, ja der ältere Begriff völlig verloren ging, so daß ihn heute kaum noch jemand versteht. Es gibt zwar noch einzelne Zusammenhänge, in denen selbst in der juristischen Fachsprache des Wort »Gesetz« noch in jenem älteren, »materiellen« Sinn verwendet wird, wie etwa bei dem sogenannten Gesetzesvorbehalt, dem alle in den Verfassungen garantierten Grundrechte unterliegen: Niemand würde behaupten, daß ein Beschluß der gesetzgebenden Körperschaft ein solches Grundrecht für einen Einzelfall suspendieren kann. Der Gesetzesvorbehalt bedeutet, daß nur eine allgemeine, für alle gleich geltende Regel, also ein Gesetz im materiellen Sinn, ein Grundrecht einschränken kann.

Aber dieses Überleben des alten Begriffes auf Einzelgebieten bedeutet nicht, daß er noch im allgemeinen Bewußtsein lebendig ist und dadurch, wie es einmal der Fall war, eine wirksame Schranke für die Macht der Legislative darstellen würde. Mit seinem Verlust ist vielmehr jede solche Schranke gefallen: Es besteht heute keinerlei Hindernis mehr, warum jene Koalitionen organisierter Interessen, die die Mehrheiten der Regierungen bilden, nicht in jeder beliebigen Weise gegen mißliebige Gruppen diskriminieren – oder, noch häufiger, bevorzugten Gruppen Privilegien einräumen sollen. Unterschiede des Wohlstandes, der Bildung, der Tradition, der Religion, der Sprache oder der Rasse bieten heute wieder den Anlaß zu ungleicher Behandlung, wenn auch der Vorwand meist eine vermeintliche Forderung der sozialen Gerechtigkeit oder des angeblichen Gemeininteresses ist. Jene Vorkehrungen zum Schutz der persönlichen Freiheit, die die Grundlage des Liberalismus bildeten, sind damit dahin. Und sobald das Prinzip anerkannt ist, daß alles, was eine Mehrheit will, als gerecht gilt, auch wenn dieser Wille nicht eine allgemeine Regel, sondern eine Einzelmaßnahme fordert, ist es eine Illusion zu glauben, daß echtes Gerechtigkeitsgefühl noch den Willen der Mehrheit im Zaum halten wird: In jeder Gruppe bildet sich schnell die Vorstellung heraus, daß, was die Gruppe wünscht, gerecht ist; und nachdem die Theoretiker jahrzehntelang die Mehrheiten gelehrt haben, daß, was die Mehrheit will, gerecht ist, dürfen wir uns nicht wundern, wenn diese Mehrheiten gar nicht mehr fragen, ob ihre Entscheidungen gerecht sind. Auch da hat ja der Rechtspositivismus seit einem Jahrhundert jedermann, der es hören wollte, eingeschärft, daß Gesetz oder Recht nicht von der Gerechtigkeit bestimmt werden, sondern erst bestimmen, was gerecht ist.

Daß die Schranken der Macht, die darin lagen, daß nur allgemeine Regeln des gerechten Verhaltens als Gesetze galten, verloren gegangen sind, ist jedoch vor allem der Tatsache zuzuschreiben, daß wir im Laufe des Fortschrittes der Demokratie den Körperschaften, die wir immer noch die gesetzgebenden nennen, Aufgaben übertragen haben, die mit Gesetzgebung im engeren Sinn nichts zu tun haben. Es ist gewiß wünschenswert, daß sowohl die Gesetzgebung wie auch die eigentliche Regierungstätigkeit demokratisch geführt werden. Aber es war sicher nicht notwendig, wenn auch vielleicht historisch unvermeidlich, daß diese beiden Aufgaben *derselben* repräsentativen Versammlung übertragen und damit die begriffliche Unterscheidung zwischen Gesetz einerseits und Maßnahme oder besonderem Befehl anderseits völlig verwischt wurde. Das schien zuerst nicht zu viel zu bedeuten, solange die Regierungen nicht den Versuch machten, das Handeln der Menschen im einzelnen zu leiten. Aber es machte es möglich, den Regierungen Aufgaben zu übertragen, die sie nicht erfüllen können, wenn sie nicht das Recht haben, ihre Zwangsgewalt nicht nur zur Durchsetzung allgemeiner Regeln, sondern auch zur Erreichung bestimmter Zwecke zu verwenden. Das ist für all das erforderlich, was wir Planwirtschaft oder Dirigismus nennen. Eine solche Zentralverwaltungswirtschaft, um den wissenschaftlich präzisen Namen zu verwenden, ist nur im Dienste einer einheitlichen Rangordnung der Ziele möglich, der die Bemühungen aller einzelnen untergeordnet werden müssen. Die Verpflichtungen jedes einzelnen in einem solchen System können nicht nach allgemeinen Regeln, sondern nur nach Zweckmäßigkeitsüberlegungen auf Grund der jeweiligen Informationen und Ansichten der leitenden Behörden bestimmt werden. Das bedeutet, daß dem einen oft etwas verboten oder befohlen werden muß, was andere dürfen oder nicht müssen. Der einzelne muß so ständig Zwecken dienen, die er wahrscheinlich gar nicht kennt, die er nicht gutzuheißen braucht und die ihm oft viel weniger wichtig erscheinen werden als andere Leistungen, die er erbringen zu können glaubt. Die Freiheit der Berufs- wie auch der Konsumwahl muß verschwinden. Aber ich brauche diese Schrecken eines totalitären Systems nicht weiter auszumalen. Wir kennen heute den Prozeß zu gut, durch den eine Regierung, der solche unbeschränkte Macht verliehen wird, sich früher oder später genötigt sieht, sie auch zu gebrauchen.

Ich sollte hier vielleicht betonen, da ich in diesem Punkt oft mißverstanden wurde, daß keineswegs alle Ausdehnungen der Tätigkeit des Staates diese Folgen haben müssen. Was ich hier hervorheben möchte, sind einige Grundsätze der altliberalen Tradition, die heute vielfach vergessen sind und nur selten mehr verstanden werden. Vor allem muß betont werden, daß die traditionellen liberalen Prinzipien nur der Zwangsgewalt des Staates Grenzen auferlegen, aber kein Verbot einer Ausdehnung der reinen Dienstleistungen des Staates beinhalten, außer durch die Beschränkung der zulässigen Methoden zur Aufbringung der erforderlichen Mittel. Gewiß hat im 19. Jahrhundert auch ein tiefes und nicht ganz unberechtigtes Mißtrauen gegenüber der Fähigkeit des Staates bestanden, die verschiedenen Dienstleistungen wirtschaftlich zu organisieren. Aber es gab natürlich auch damals eine beträchtliche Anzahl von anerkannten Kollektivbedürfnissen, die die öffentliche Hand befriedigen mußte. Die Zahl dieser Bedürfnisse, die nicht durch den Markt befriedigt werden können, weil die Leistungen nicht nur jenen erbracht werden können, die bereit sind, für sie zu zahlen, hat sich als Ergebnis der zunehmenden Bevölkerungsdichte und der technischen Entwicklung unbestreitbar sehr vermehrt.

An sich ist eine solche Dienstleistungstätigkeit des Staates mit liberalen Prinzipien durchaus vereinbar, sofern erstens der Staat kein Monopol für diese Dienstleistungen beansprucht und es zumindest möglich bleibt, daß, wenn sich die technischen Möglichkeiten ergeben, diese Leistungen durch den Markt befriedigt werden können; zweitens die Aufbringung der Mittel für die Dienstleistungen durch Besteuerung nach gleichen Grundsätzen für alle durchgeführt und nicht als Instrument der Einkommensumverteilung gebraucht wird; und sofern drittens es sich um echte Kollektivbedürfnisse der ganzen Gesellschaft und nicht um Kollektivbedürfnisse einzelner Interessengruppen handelt. Der Wunsch der kleingewerblichen Schuhmacher nach Schutz gegen die Konkurrenz der Schuhfabriken ist auch ein Kollektivbedürfnis, aber offenbar keines, das in einer liberalen Wirtschaftsordnung befriedigt werden dürfte.

Der klassische Liberalismus des 19. Jahrhunderts hat sowohl bezüglich der Aufbringung der Mittel für diese Dienstleistungen und ihre Organisation als auch hinsichtlich der Entscheidung, welche Leistungen aus Steuermitteln zu erbringen sind, meist den Standpunkt vertreten, daß ihre Bereitstellung nicht Aufgabe der Zentralverwaltung, sondern der lokalen Behörden sei, deren Wettbewerb untereinander eine Beschränkung dieser Leistungen auf ein angemessenes Maß sichern würde. Die Vorliebe der Liberalen für lokale Initiative und ihre Bedenken gegen die Übertragung dieser Leistungen an die Zentralverwaltung hatte also ihren guten Grund, der heute meist nicht mehr verstanden wird oder doch gegenüber den vermeintlichen Vorteilen größerer Effizienz und Gleichmäßigkeit zentraler Organisation stark unterschätzt wird.

Auch hier finden wir die Situation, daß der Sinn der alten, liberalen Einrichtungen gar nicht mehr verstanden wird und selbst die Menschen, die ihr Verschwinden bedauern, gar nicht mehr wissen, was ihre Wiederherstellung erfordern würde, und sie einfach für unmöglich halten. In gewissem Sinn haben sie dabei recht, nämlich in dem, daß ohne eine Wiedergewinnung des Verständnisses des Sinnes jener liberalen Prinzipien die Wiederherstellung einer freiheitlichen Ordnung sicher nicht möglich ist. Das bedeutet aber, daß nicht nur die Wiederherstellung einer liberalen Gesamtordnung, sondern sogar die Erhaltung der noch bestehenden Elemente einer solchen Ordnung die Bewältigung einer geistigen Aufgabe voraussetzt, und zwar nicht nur der Wiedergewinnung verlorenen Gedankengutes, sondern, wie ich zeigen möchte, auch die Lösung von Problemen, die die klassischen Liberalen nicht gelöst haben.

Was sind nun jene geistigen Aufgaben, die gelöst werden müssen, wenn die Wiederherstellung eines freiheitlichen Systems auf dauerhafter Grundlage möglich werden soll? Es scheint sich mir dabei um zwei zwar zusammenhängende, aber doch verschiedene Aufgaben zu handeln, von denen die eine, wie schon angedeutet, die Wiedergewinnung und das vollere Verständnis von Vorstellungen ist, die in der Vergangenheit mehr als stillschweigende Voraussetzungen denn als explizite Postulate bestanden, während die zweite die Erfindung neuer, bisher nicht bestehender Einrichtungen verlangt, die den früher besprochenen inhärenten Trend der bestehenden parlamentarischen Institutionen zu einer allmächtigen Regierungsgewalt beseitigen würden.

Bei der ersten Aufgabe ist es dabei notwendig, sowohl im Bereiche der Theorie die weitgehend zur Vorherrschaft gelangten Anschauungen zu besiegen als im Bereiche des Gemeinverständnisses Vorstellungen wieder zum Leben zu erwecken, für die wir heute nicht einmal mehr einen allgemein verständlichen Namen haben und die vielfach mit den Aspirationen im Gegensatz stehen, die heute mit dem Begriff der Demokratie verbunden werden. Es handelt sich da eben um jenen Begriff des Rechtssatzes oder der Regeln des gerechten Verhaltens, der dem liberalen Begriff des Rechtsstaates (des sogenannten materiellen Rechtsstaates) oder der »rule of law« zugrunde liegt und ohne den die Begrenzung der Zwangsanwendung durch das Erfordernis der Gesetzlichkeit seinen Sinn verliert. Ich muß zunächst diesen Begriff des Gesetzes im materiellen Sinn, dem wir wieder zur Anerkennung verhelfen müßten, noch etwas vollständiger definieren, bevor ich auf die Einrichtungen eingehe, die erforderlich wären, um das Gesetz in diesem Sinn zur wirksamen Schranke der Zwangsgewalt des Staates zu machen.

Daß, um ein Gesetz im materiellen Sinn zu sein, ein Rechtssatz gewisse inhaltliche Eigenschaften haben muß und es nicht genügt, daß er von dem entsprechend autorisierten Gesetzgeber angeordnet wurde, ist eine Vorstellung, die vielleicht in Ländern, in denen die Gesetzgebung die Hauptquelle des Rechts ist, nie ganz lebendig war und in moderner Zeit nur in den Ländern des »common law« voll verstanden wurde, in denen das Recht zum großen Teil aus dem Prozeß der Rechtsprechung entsprang. Denn dieses Präjudizienrecht hat mit Notwendigkeit und als Ergebnis seiner Entstehung die charakteristischen Eigenschaften des Gesetzes im materiellen Sinn, die die Erzeugnisse der Gesetzgebung keinesfalls notwendig besitzen. Es wird aus Regeln bestehen, die für eine unvoraussehbare Anzahl künftiger Fälle das Verhalten der Menschen zueinander durch Abgrenzung geschützter Bereiche der Individuen so regeln, daß Konflikte nach Möglichkeit vermieden werden. Diese Regeln sind fast durchwegs Verbote von Eingriffen in die durch sie definierten geschützten Bereiche der einzelnen. Besonders wichtig ist, daß diese Regeln des gerechten Verhaltens, da sie aus der Schlichtung von Streitigkeiten zwischen Individuen entstanden sind, sich auch nur mit der Gerechtigkeit des individuellen Verhaltens befassen. Sie zielen dahin, durch Verhinderung von Konflikten zwischen den Bemühungen der Individuen das Entstehen einer spontanen Ordnung des Handelns zu ermöglichen, in der die Pläne der einzelnen erfolgreich aufeinander abgestimmt sind.

Das Ergebnis dieser Bemühungen für den einzelnen hängt dabei von einer Vielzahl von Umständen ab, die niemand als Ganzes kennen kann; es kann daher auch von niemandem vorausgesehen oder bestimmt und deshalb auch nicht als gerecht oder ungerecht angesehen werden. Da es vielfach von Zufällen abhängen wird und oft wenig mit den Verdiensten der betreffenden Person zu tun hat, wird diese Entlohnung des einzelnen vielfach als ungerecht angesehen und von der Gesellschaft gefordert, daß sie eine gerechte Verteilung des Einkommens oder des Wohlstandes herbeiführe. Die Vorstellung einer solchen Verteilungs- oder sozialen Gerechtigkeit, die seit bald einem Jahrhundert die Gesetzgebung beherrscht und an die fast alle Menschen glauben, ist aber nicht nur mit einer Marktwirtschaft unvereinbar, sondern außerhalb einer auf Befehle gegründeten Organisation ein völlig inhaltsleerer Begriff. In einer freiheitlichen Ordnung können wir wohl außerhalb des Marktes Vorsorge für jene treffen, die nicht in der Lage sind, auf dem Markte ein zureichendes Einkommen zu erzielen, aber der Begriff eines gerechten Einkommens kann innerhalb einer Marktwirtschaft höchstens ein Einkommen bedeuten, das nicht durch ungerechtes Verhalten beeinflußt worden ist, aber nie die Größe des gerechten Einkommens bestimmen. Und alle Versuche, die Einkommen bestimmter Gruppen zu bestimmen, müssen sich dirigistischer Mittel bedienen, die mit dem liberalen Grundsatz der Behandlung aller nach den gleichen Regeln unvereinbar sind.

Der Einfluß dieser Vorstellung von einer sozialen oder Verteilungsgerechtigkeit auf die Gesetzgebung wirft so viele schwierige Fragen auf, daß es unmöglich ist, ihn in einem Vortrag, geschweige denn nebenher in der Behandlung eines anderen Hauptproblems, angemessen zu behandeln. Vielleicht hätte ich die Notwendigkeit, sich von den in diesem Bereich bestehenden Illusionen frei zu machen, zur Hauptaufgabe eines Vortrages über die Erhaltung des liberalen Gedankengutes machen sollen. Aber da ich das nicht getan habe, muß ich es bei dem Gesagten bewenden lassen und mich von den Problemen, die aus dem Verlust des alten Gesetzesbegriffes entstanden sind, zu den Problemen der politischen Einrichtungen wenden, die erforderlich wären, um die Herrschaft des Gesetzes im liberalen Sinn wieder herzustellen.

Ich habe schon angedeutet, daß die Vermischung zwischen eigentlichen Gesetzen und anderen Anordnungen der Regierung in weitem Maße dem Umstand zuzuschreiben ist, daß wir den Repräsentativkörperschaften, die wir als die gesetzgebenden bezeichnen, auch die Direktion der Regierungsgeschäfte übertragen haben. Eine wirkliche Trennung der Gewalten hat infolgedessen eigentlich nie bestanden, und die gesetzgebenden Körperschaften waren sich kaum je bewußt, wann sie im Sinne des Gewaltentrennungsprinzips als Legislative und wann sie als höchste Regierungsinstanz wirkten.

Es mag zunächst als die offensichtliche Lösung dieser Schwierigkeiten erscheinen, die Aufgaben der Gesetzgebung im engeren Sinne und der obersten Direktion der Regierungsgeschäfte verschiedenen, gewählten Versammlungen anzuvertrauen, also in einer Art von Zweikammersystem der einen Kammer die eigentliche Gesetzgebung und der anderen die Regierungsführung zu übertragen, wobei letztere durch die von der ersten erlassenen Gesetze gebunden wäre. Ein wenig Überlegung zeigt jedoch, daß, wenn beide Kammern den Charakter der heute bestehenden Parlamente hätten, das wahrscheinlich am Ergebnis wenig ändern würde: Zwei im gleichen Verhältnis aus Vertretern der gleichen Parteien zusammengesetzte Versammlungen würden wahrscheinlich in Kollusion miteinander so ziemlich das gleiche tun, was die heutigen Parlamente tun, nämlich den Regierungen jene Vollmachten geben, die diese zur Erreichung der gesteckten Ziele wünschen.

Dies hängt mit einem Umstand zusammen, der kaum je erwähnt wird, der aber für unser Problem von der größten Bedeutung ist, nämlich dem Umstand, daß der Charakter und die Organisation der bestehenden gesetzgebenden Körperschaften weniger den Erfordernissen ihrer Gesetzgebungsaufgaben als den Erfordernissen der Regierungsführung angepaßt ist. Nichts zeigt dies besser als die Tatsache, daß die meisten der klassischen Theoretiker der Repräsentativverfassung dem Parteiwesen höchst kritisch gegenüberstanden und hofften, daß sich eine Spaltung der gesetzgebenden Körperschaften nach Parteien vermeiden lassen würde, in der Praxis sich aber das Parteiwesen ausnahmslos durchgesetzt hat. Niemand wird heute auch bestreiten, daß eine demokratische Regierungsführung erfordert, daß einerseits sich die Regierung auf eine organisierte, auf ein Aktionsprogramm festgelegte Majorität stützen kann, und daß andererseits eine ebenso organisierte Opposition wacht und kritisiert und gegebenen Falles eine alternative Regierung bilden kann. Für eine demokratische *Regierung* ist das Parteiensystem zweifellos unentbehrlich, und eine demokratische Regierungsversammlung muß deshalb auch nach Parteien organisiert sein. Aber gilt das auch für eine ausschließlich der Gesetzgebung im engeren Sinne gewidmete Vertretungskörperschaft, oder hatten im Hinblick auf sie die klassischen Theoretiker recht, die eine Organisation nach Parteien ablehnten?

Mir scheint eine nach Parteien organisierte und daher auch den jeweiligen Zwecken der Regierung dienstbare Versammlung tatsächlich ungeeignet, der Zwangsgewalt der Regierung jene Grenzen zu setzen, die die Gesetze darstellen sollen. Was für den Erlaß guter Gesetze notwendig erscheint, ist nicht Übereinstimmung der Willen zur Herbeiführung bestimmter konkreter Resultate, sondern Übereinstimmung der Meinungen über die Grundsätze, die bestimmen, was gerechtes Verhalten ist. Was wir uns als eine gesetzgebende Versammlung im echten Sinn wünschen müssen, ist daher auch nicht eine Gruppe von Vertretern von bestimmten Interessen, sondern einen Querschnitt der im Volke vertretenen Meinungen über das, was gerecht oder ungerecht ist. Und um eine Versammlung dieser Art zu schaffen, braucht es ein ganz anderes Auswahlsystem als das, das sich für die Bedürfnisse einer wirksamen Regierungsführung als notwendig erwiesen hat: eine Versammlung, die repräsentativ ist für die bestehenden Anschauungen, und nicht eine Vertretung der verschiedenen Interessentengruppen.

Eine solche die vorherrschenden Meinungen widerspiegelnde Auswahl, die nicht von Einzelinteressen abhängig ist, scheint mir vor allem zu verlangen, daß die Gewählten auf lange Frist bestellt und nach Ablauf dieser Frist nicht wiederwählbar sind, was allein sie von aller Parteidisziplin unabhängig machen könnte. Um gleichzeitig aber auch eine Repräsentation der jeweils bestehenden Ansichten zu sichern, wäre erforderlich, daß die Versammlung nicht als ganze auf einmal gewählt, sondern schrittweise durch jährliche Neuwahl eines Teiles der Mitglieder erneuert würde: etwa so, daß, wenn die Mitglieder auf, sagen wir, fünfzehn Jahre gewählt würden, jedes Jahr ein Fünfzehntel der Mitglieder ersetzt würde. Es bieten sich bei einem solchen System dann verschiedene, sehr interessante Möglichkeiten, die ich nur kurz erwähnen kann. Es wäre zum Beispiel vorstellbar und hätte beträchtliche Vorteile, wenn jeweils die demselben Geburtsjahrgang angehörenden Staatsbürger, einmal in ihrem Leben, etwa in ihrem vierzigsten Jahre, aus ihrer Mitte Abgeordnete wählten, wodurch sich eine Versammlung ergäbe, die aus Personen zwischen dem vierzigsten und dem fünfundfünfzigsten Jahr zusammengesetzt wäre, also mit einem durchschnittlichen Alter, das sogar etwas geringer wäre als das der Mitglieder der heutigen

Parlamente. Der Hauptvorteil eines solchen Systemes wäre, daß die Stimmen auf Grund persönlicher Vertrautheit mit den Leistungen des Kandidaten im gewöhnlichen Leben abgegeben und auf die Einschätzung seiner Persönlichkeit gegründet wären. Es wäre dabei vielleicht sogar angezeigt, diejenigen, die sich schon früher im engeren Sinne politisch, das heißt in der Führung der Regierungsgeschäfte betätigt haben, vom passiven Wahlrecht zur gesetzgebenden Versammlung auszuschließen, um ein Eindringen von Parteipolitikern in diese Versammlung zu verhindern.

Es würde zuviel Zeit in Anspruch nehmen und hätte auch wenig Zweck, diese Utopie im einzelnen auszumalen. Die Andeutungen, die ich gegeben habe, sollten nur zeigen, daß, wenn wir einmal die Möglichkeit einer Teilung der Volksvertretung in eine wirklich gesetzgebende und in eine Regierungsversammlung ins Auge fassen, es eine Menge interessanter Möglichkeiten gibt, den Mechanismus demokratischer Entscheidungen ganz neu zu gestalten. Es ging mir dabei nur darum zu zeigen, daß die heute allgemein bestehenden Formen demokratischer Verfassungen nicht die einzig möglichen sind und daß, wenn sich erweist, daß die bestehenden Formen vielfach zu von niemandem erwünschten Ergebnissen führen, die Schuld daran nicht an der Demokratie als solcher liegt und wir nicht an dieser zu verzweifeln brauchen, sondern daß nur die besonderen Formen der Demokratie, die wir oft als die einzig möglichen betrachten, mit Schwächen behaftet sind, die wir beseitigen müssen, wenn die Demokratie nicht die persönliche Freiheit zerstören soll. Ob wirklich die Konstruktion, die ich zu skizzieren versuchte und in einem in Vorbereitung befindlichen Buch eingehender darzustellen hoffe, die Lösung ist, will ich dahingestellt lassen. Woran mir lag, war nur zu zeigen, in welcher Richtung sich unser Denken und unsere Erfindungsgabe wird richten müssen, wenn wir eine Gesellschaftsordnung schaffen wollen, in der Demokratie und persönliche Freiheit dauernd miteinander bestehen können.

Wohin zielt die Demokratie?*

1

In einer Bedeutung des Wortes Demokratie – ich glaube der echten und ursprünglichen – erscheint sie mir als ein hoher Wert, zu dessen Verteidigung ich zu kämpfen bereit bin. Wenn sie sich auch nicht, wie man einst gehofft hatte, als ein sicherer Schutz gegen Tyrannei und Unterdrückung erwiesen hat, so ist doch die Übereinkunft, die es einer Mehrheit möglich macht, sich einer unerwünschten Regierung zu entledigen, von unschätzbarem Wert.

Aus diesem Grunde bin ich immer mehr beunruhigt von dem sich unbestreitbar rasch ausbreitenden Verlust des Glaubens an die Demokratie gerade zu einer Zeit, in der – und vielleicht weil – das Zauberwort Demokratie so unwiderstehlich geworden ist, daß alle überlieferten Schranken der Regierungsgewalt vor ihm zusammenbrechen. Es scheint manchmal, als ob der Strom neuer Forderungen, die ständig im Namen der Demokratie erhoben werden, selbst viele billig denkende und vernünftige Menschen so alarmiert habe, daß eine scharfe Reaktion gegen die Demokratie durchaus im Bereich des Möglichen liegt. Es ist aber nicht das grundlegende Prinzip der Demokratie, sondern es sind zusätzliche Vorstellungen, die im Laufe der Zeit dem ursprünglichen Begriff von einem bestimmten Entscheidungsverfahren angefügt wurden, die jetzt diesem erweiterten Demokratiebegriff Gegner machen. Die Entwicklung hat in gewissem Maße die Befürchtungen jener gerechtfertigt, die im 19. Jahrhundert von der Tendenz zur Demokratie beunruhigt wurden: daß das als zweckmäßig zur Erzielung politischer Entscheidungen empfohlene Verfahren zur Durchsetzung gleichmacherischer Ziele verwendet werden könnte.

Der Sieg der Demokratie bedeutete nicht nur, daß andere regierten als zuvor, sondern auch, daß mehr regiert wird. Durch Jahrhunderte waren alle Bemühungen darauf gerichtet gewesen, die Macht der Regierungen zu be-

---

* Vortrag, gehalten vor dem Institute of Public Affairs, Sydney, New South Wales, Australien, am 8. Oktober 1976.

schränken. Die schrittweise Entwicklung der Verfassungen diente nur diesem Zweck. Auf einmal glaubte man aber, daß die Beaufsichtigung der Regierung durch die gewählten Vertreter der Mehrheit alle anderen Beschränkungen der Regierungsgewalt unnötig mache und alle jene verfassungsmäßigen Vorkehrungen gegen einen Mißbrauch dieser Gewalt, die langsam ausgebildet worden waren, nicht mehr notwendig wären.

So entstand die unbeschränkte Demokratie – und es ist nur die unbeschränkte Demokratie und nicht die Demokratie schlechthin, die unser gegenwärtiges Problem aufwirft. Alle Demokratien, die es heute im Westen gibt, sind mehr oder weniger unbeschränkte Demokratien. Daran müssen wir uns erinnern, wenn die Einrichtungen dieser unbeschränkten Demokratien einmal versagen, denn dies muß nicht bedeuten, daß die Demokratie versagt hat, sondern nur, daß wir sie in falscher Weise versucht haben. Mir persönlich will es scheinen, daß zwar die Mehrheitsentscheidung über alle Fragen, bei denen kein Zweifel besteht, daß Regierungsmaßnahmen notwendig sind, ein unentbehrliches Verfahren zur Durchführung friedlicher Änderungen darstellt, aber eine Regierungsform, in der jede Mehrheit jede beliebige Frage zum Gegenstand von Regierungsmaßnahmen machen kann, verwerflich ist.

2

Die größte und wichtigste Einschränkung der Macht der Demokratie, die durch die Entstehung einer allmächtigen Repräsentativversammlung beseitigt wurde, war der Grundsatz der Gewaltenteilung. Wir werden sehen, daß die Wurzel aller gegenwärtigen Schwierigkeiten die ist, daß die sogenannten gesetzgebenden Körperschaften oder Legislativen, die die frühen Theoretiker der Repräsentativverfassungen und insbesondere John Locke auf den Erlaß von Gesetzen in einem ganz bestimmten engen Sinn des Wortes beschränken wollten (auf das, was die deutsche Rechtstheorie des 19. Jahrhunderts Gesetze im materiellen Sinn nannte), eine unbeschränkte Regierungsgewalt erwarben. Das alte Ideal des Rechtsstaates, der »rule of law« und der Regierung unter dem Gesetz, war damit zerstört. Das souveräne Parlament kann anordnen, was immer die Vertreter der Mehrheit notwendig finden, um sich die fortgesetzte Unterstützung durch eine Mehrheit zu sichern.

Die Bezeichnung »Gesetz« für all das, was die gewählten Volksvertreter beschließen und für jede Anordnung, die sie als Regierung unter dem Gesetz treffen, so sehr sie auch zugunsten bestimmter Gruppen oder zu Lasten anderer diskriminiert, ist aber nicht viel besser als ein schlechter Witz. Das ist in Wahrheit einfach gesetzlose Ausübung der Regierungsgewalt. Die Behauptung, daß, solange die Maßnahmen der Regierung von einer Mehrheit gebilligt werden,

der (materielle) Rechtsstaat gewahrt ist, ist ein Spiel mit Worten. Der Rechtsstaat diente dem Schutz der persönlichen Freiheit solange er bedeutete, daß
Zwang nur zulässig ist, um die Befolgung allgemeiner Regeln des gerechten
Verhaltens zu sichern, die in einer unbekannten Anzahl von künftigen Fällen
auf alle gleich anwendbar sind. Willkürliche Unterdrückung in der Form eines
diskriminierenden Zwanges, den die Mehrheit ausübt, ist nicht besser als die
willkürliche Unterdrückung durch irgend jemand anderen. Ob das Parlament
nun bestimmt, daß irgendeine verhaßte Person gerädert und geviertelt werden
soll, wie es das englische Parlament noch im 15. Jahrhundert gelegentlich getan
hat, oder daß jemand seines Eigentums beraubt werden soll, läuft auf dasselbe
hinaus. Und wenn es auch gute Gründe gibt, eine beschränkte demokratische
Regierung einer nicht demokratischen Regierung vorzuziehen, so muß ich
doch gestehen, daß ich eine beschränkte nicht-demokratische Regierung einer
unbeschränkten demokratischen und daher im Grunde gesetzlosen vorziehe.
Eine Regierung unter dem Gesetz scheint mir der höhere Wert, von dem wir
gehofft hatten, daß die gewählten Volksvertreter ihn uns sichern würden.

Es scheint mir sogar, daß der Reformvorschlag, zu dem meine Kritik der bestehenden Institutionen der Demokratie führen wird, den gemeinsamen *Anschauungen* der Mehrheit darüber, was gerecht ist, in höherem Maße entsprechen würde als die gegenwärtigen Vorkehrungen zur Befriedigung des *Willens*
der verschiedenen Interessentengruppen, die zusammen eine Mehrheit bilden.

Ich bin keineswegs der Ansicht, daß der demokratische Anspruch der gewählten Volksvertreter, entscheidend bei der Führung der Regierungsgeschäfte
mitzuwirken, weniger berechtigt ist als ihr Anspruch, das Recht zu bestimmen.
Das große Unglück der historischen Entwicklung war, daß diese zwei verschiedenen Gewalten in die Hände ein und derselben Versammlung gelegt wurden und damit die Regierungstätigkeit nicht mehr dem Recht unterworfen war.
Der Triumph des Anspruchs des englischen Parlaments, souverän und in seinen
Regierungsmaßnahmen keinem Gesetz unterworfen zu sein, mag sich als der
Todesstoß sowohl für die individuelle Freiheit wie auch für die Demokratie er-
weisen.

3

Diese Entwicklung mag geschichtlich unvermeidlich gewesen sein, war aber
gewiß keine logisch notwendige Folge des Ideals der Demokratie. Man könnte
sich leicht eine ganz andere Entwicklung vorstellen. Wenn zur Zeit, als im
18. Jahrhundert das englische Unterhaus erfolgreich die ausschließliche Leitung der Regierungsgeschäfte in Anspruch nahm, das House of Lords in der
Lage gewesen wäre, dies nur unter der Bedingung zuzugestehen, daß es seiner-

seits die ausschließliche Gewalt über die Entwicklung des Privat- und Straf-
rechtes besitzen solle – eine Entwicklung, die angesichts der Stellung des House of Lords als höchstem Gericht nicht unnatürlich gewesen wäre –, so hätte
sich eine solche Trennung zwischen einer Regierungsversammlung und einer
gesetzgebenden Versammlung ergeben, und die Beschränkung der Regierungsgewalt durch das Gesetz wäre erhalten worden. Politisch war aber natürlich die
Verleihung der gesetzgebenden Gewalt an die Vertreter einer privilegierten
Klasse völlig unmöglich.

Die herrschende Form der Demokratie, in der die souveräne Vertretungskörperschaft sowohl das Gesetz niederlegt als auch die Regierung leitet, verdankt ihr Ansehen jedoch einer Illusion: dem Glauben, daß eine solche demokratische Regierung den Willen des Volkes ausführen würde. Das mag für demokratisch gewählte Legislativen im strengen Sinn, d.h. für gesetzgebende
Versammlungen im ursprünglichen (materiellen) Sinn des Wortes Gesetz zutreffen, für gewählte Versammlungen also, deren Gewalt auf den Erlaß von allgemein geltenden Regeln des gerechten Verhaltens beschränkt ist, Regeln, die
bestimmt waren, den geschützten Privatbereich der einzelnen abzugrenzen und
für eine unbestimmte Anzahl künftiger Fälle zu gelten. Über diese Regeln des
zulässigen persönlichen Verhaltens, die dazu dienen, Konflikte zu verhindern,
und bei denen sich die meisten Menschen so gut auf der einen wie auf der anderen Seite befinden können, wird sich in jeder Gemeinschaft eine vorherrschende *Meinung* herausbilden und daher auch Übereinstimmung unter der
Mehrheit der gewählten Volksvertreter bestehen. Eine Versammlung mit einer
solchen beschränkten Aufgabe wird darum gewöhnlich auch die *Meinung* einer
Mehrheit widerspiegeln – und, da sie nur mit allgemeinen Rechtsregeln befaßt
ist, wenig Anlässe haben, den *Willen* besonderer Interessen über Einzelfragen
zu vertreten.

Gesetzgebung in diesem klassischen Sinn des Wortes ist aber heute der geringste Teil der Aufgaben der Versammlungen, die wir noch immer als die gesetzgebenden bezeichnen. Sie sind hauptsächlich mit Fragen des Regierens befaßt und haben, wie schon zu Beginn dieses Jahrhunderts ein ausgezeichneter
Beobachter des britischen Parlaments bemerkte, für Probleme des Rechts im
engeren Sinn weder Zeit noch Verständnis. Die Arbeit, der Charakter und das
Verfahren der Repräsentativversammlungen sind heute so völlig von ihren Regierungsaufgaben bestimmt, daß sie nicht mehr als gesetzgebende Versammlungen zu bezeichnen sind, weil sie Gesetze geben, sondern umgekehrt, weil
wir all das Gesetz nennen, was sie beschließen – so wenig diese Beschlüsse auch
den Charakter jener Bindung an allgemeine Verhaltensregeln haben mögen, zur
Sicherung von deren Beobachtung Regierungen einstmals allein als berechtigt
angesehen wurden, Zwang anzuwenden.

4

Aber da nun einmal jeder Beschluß dieser souveränen Regierungsbehörde Gesetzeskraft hat, sind ihre Regierungsmaßnahmen auch nicht durch das Gesetz beschränkt. Noch können sie beanspruchen – und das ist noch ernster –, die Autorität der Mehrheit des Volkes hinter sich zu haben. Die Grundlagen der Macht der Mitglieder der allmächtigen Mehrheit sind vielmehr ganz anderer Art als die der Mehrheiten einer echten Legislative. Die Abgabe der Stimme für einen in seiner Gewalt beschränkten Gesetzgeber beruht auf einer Wahl zwischen alternativen Prinzipien zur Sicherung einer Gesamtordnung, die sich aus den Entscheidungen und Handlungen freier Menschen innerhalb des so gesetzten Rahmens von Regeln ergibt. Die Wahl eines Mitglieds einer Körperschaft, die unbeschränkte Gewalt besitzt, einzelnen oder Gruppen besondere Vorteile zu gewähren, ohne dabei selbst an Regeln gebunden zu sein, ist eine ganz andere Sache. In einer derartigen demokratisch gewählten Versammlung mit unbeschränkter Möglichkeit, einzelnen Gruppen besondere Vorteile zu gewähren oder besondere Lasten aufzuerlegen, kann eine Mehrheit nur dadurch erzielt werden, daß die Unterstützung durch zahlreiche Sonderinteressen mittels der Gewährung von Sondervorteilen erkauft wird.

Es ist für jede Gruppe nur allzu leicht, damit zu drohen, selbst allgemeine Gesetze, die sie gutheißt, nicht zu unterstützen, solange diese Unterstützung nicht mit speziellen Zugeständnissen an die Gruppe bezahlt wird. In jeder allmächtigen Repräsentativversammlung beruhen die Entscheidungen daher auf einem legalisierten Verfahren von Erpressung und Korruption, das seit langem allgemein anerkannt ist und dem sich die Besten nicht entziehen können.

Diese Zugeständnisse von Begünstigungen an besondere Gruppen haben natürlich nicht das geringste mit irgendeiner Übereinstimmung der Mehrheit über den besonderen Inhalt der Maßnahmen zu tun, und die meisten Mitglieder der Mehrheit werden nicht mehr wissen, als daß sie irgendeiner Behörde undeutlich abgegrenzte Vollmachten erteilt haben, ebenso undeutlich definierte Ergebnisse zu erzielen. Bezüglich der meisten dieser Maßnahmen haben einzelne Abgeordnete oder stimmberechtigte Bürger keinen Anlaß, für oder gegen sie zu stimmen, außer wenn sie wissen, daß als Entgelt für ihre Unterstützung derer, die die Maßnahmen befürworten, ihnen die Befriedigung eigener Sonderwünsche zugesagt wurde. Es ist das Ergebnis dieses Schacherns, das dann als der »Wille der Mehrheit« dargestellt wird.

Die sogenannten gesetzgebenden Versammlungen entscheiden tatsächlich ständig über besondere Maßnahmen und erteilen Vollmachten zur Zwangsanwendung bei ihrer Durchführung, über die keinerlei echte Übereinstimmung einer Mehrheit besteht, aber für welche die Unterstützung einer Mehrheit durch »Geschäftchen« erkauft wurde. In einer allmächtigen Repräsentativversammlung, die hauptsächlich mit besonderen Problemen und nicht mit Grundsätzen befaßt ist, beruhen die Mehrheiten daher nicht auf einer Übereinstimmung der *Meinungen,* sondern bilden sich dadurch, daß Gruppen meist organisierter Sonderinteressen sich zur gegenseitigen Unterstützung zusammenschließen.

Die scheinbar paradoxe Tatsache ist, daß die nominell allmächtige Repräsentativversammlung, deren Vollmachten nicht beschränkt sind, oder nicht darauf beruhen, daß sie sich auf allgemeine Regeln festlegt, notwendig außerordentlich schwach und völlig von der Unterstützung jener kleinen Gruppen abhängig ist, die ihre Unterstützung für Geschenke verkaufen, die die Regierung gewähren kann. Die Vorstellung von einer Mehrheit einer solchen Versammlung, die, durch gemeinsame moralische Überzeugungen geeinigt, die Berechtigung der verschiedenen Gruppenansprüche unparteiisch prüft, ist natürlich eine Phantasie; sie ist gewöhnlich eine Mehrheit, weil sie sich verpflichtet hat, nicht etwa gewisse Grundsätze zu befolgen, sondern bestimmte Ansprüche zu befriedigen. Die souveräne Volksvertretung ist nichts weniger als souverän im Gebrauch, den sie von ihrer Gewalt machen kann. Es ist ein dummer Witz, wenn manchmal die Tatsache, daß alle modernen Demokratien dies oder jenes als notwendig erkannt haben, dahin interpretiert wird, daß dies die allgemeine Erwünschtheit einer Maßnahme beweist. Es beweist nur, daß gewisse Schlüsselgruppen, wie die Landwirtschaft, überall besondere Vorteile durchsetzen können. Die meisten Mitglieder der Mehrheit wissen oft, daß das, was sie entschieden haben, dumm, ungerecht oder schädlich ist, und daß sie nur gezwungen waren, zuzustimmen, um die bestehende Mehrheit zu erhalten.

5

Eine unbeschränkte Gesetzgebungskörperschaft, die nicht durch Tradition oder Verfassung verhindert ist, gezielte und diskriminierende Zwangsmaßnahmen wie Zölle, Steuern oder Subventionen anzuordnen, kann dies nicht vermeiden. Trotz aller unvermeidlichen Versuche, diese Gegenleistungen für gewährte Unterstützungen als Befriedigung gerechter Ansprüche zu verkleiden, ist dieser moralische Vorwand doch kaum ernst zu nehmen. Die Übereinstimmung einer Mehrheit darüber, wie der Gewinn aus der Beraubung einer widersprechenden Minderheit zu verteilen ist, kann kaum einen Anspruch auf moralische Gutheißung des Vorgehens machen – selbst wenn sie das Zauberwort »soziale Gerechtigkeit« zur Rechtfertigung verwendet. *Was tatsächlich geschieht, ist, daß eine durch die bestehenden Einrichtungen geschaffene politische Notwendigkeit inpraktikable oder sogar destruktive moralische Vorstellungen schafft.*

Übereinstimmung über die Teilung der Beute, die eine Mehrheit durch Überwältigung einer Minderheit gewonnen hat, oder darüber, wieviel letzterer weggenommen werden soll, ist nicht Demokratie oder zumindest nicht ein Ideal der Demokratie, das sich moralisch rechtfertigen läßt. Demokratie ist an sich nicht Egalitarismus, aber unbeschränkte Demokratie artet notwendig zum Egalitarismus aus.

Als Beweis für die grundsätzliche Unmoralität allen Egalitarismus sei hier nur darauf hingewiesen, daß alle unsere moralischen Anschauungen auf der verschiedenen Wertschätzung beruhen, die wir verschiedenen Personen je nach der Art und Weise ihres Verhaltens entgegenbringen. Während Gleichheit vor dem Gesetz – die Behandlung aller Bürger durch die Regierung nach den gleichen Regeln – mir als eine wesentliche Voraussetzung der persönlichen Freiheit erscheint, betrachte ich jene verschiedene Behandlung der verschiedenen Menschen, die notwendig wäre, um sie materiell in die gleiche Lage zu versetzen, nicht nur als unvereinbar mit persönlicher Freiheit, sondern als in hohem Maße unmoralisch. Die unbeschränkte Demokratie bewegt sich aber in dieser Richtung.

6

Ich möchte noch einmal betonen, daß es nicht die Demokratie als solche ist, sondern nur die unbeschränkte Demokratie, die mir nicht besser erscheint als irgendeine andere Form unbeschränkter Gewalt. Der fatale Irrtum, der dazu führte, daß der gewählten Repräsentativversammlung unbeschränkte Gewalt verliehen wurde, war der Aberglaube, daß eine höchste Gewalt ihrer Natur nach unbeschränkt sein muß, weil jede Beschränkung eine höhere Gewalt voraussetzt, was mit der Idee einer höchsten Gewalt unvereinbar ist. Dies ist jedoch ein Mißverständnis, das sich von den totalitär-positivistischen Vorstellungen von Francis Bacon und Thomas Hobbes sowie dem Konstruktivismus des Cartesischen Rationalismus herleitet, aber glücklicherweise in der angelsächsischen Tradition lange Zeit durch das tiefere Verständnis des Common Law von Edward Coke, Mathew Hale und den Old Whigs abgewehrt wurde.

In dieser Hinsicht waren die frühen Denker oft weiser als die modernen Konstruktivisten. Eine höchste Gewalt braucht keine unbeschränkte Gewalt zu sein, sondern kann ihre Autorität gerade ihrer Bindung an allgemeine Regeln verdanken, die die öffentliche Meinung gutheißt. Der Richter-König früherer Gesellschaften wurde nicht gewählt, damit, was immer er entschied, Recht sein sollte, sondern weil – und so lange als – seine Entscheidungen allgemein als gerecht empfunden wurden. Er war nicht die Quelle, sondern bloß der Interpret eines Rechtes, das auf weit verbreiteter Meinung beruhte, aber zu

Maßnahmen nur führen konnte, wenn die anerkannte Autorität es aussprach. Aber wenn auch nur seine höchste Autorität Maßnahmen anordnen konnte, so reichte sie doch nur so weit, als die Grundsätze, nach denen er handelte, von der öffentlichen Meinung gutgeheißen wurden. Die einzige und höchste Gewalt, die berechtigt ist, Entscheidungen über allgemeine Maßnahmen zu treffen, kann daher wohl eine beschränkte Gewalt sein – beschränkt auf Entscheidungen, die sich auf allgemeine Regeln gründen, die die öffentliche Meinung gutheißt.

Das Geheimnis einer anständigen Regierung ist daher, daß die höchste Gewalt eine beschränkte Gewalt ist – eine Gewalt, die Regeln aufstellen kann, die jede andere Gewalt beschränken und die gewisse Arten von Handlungen der privaten Bürger verbieten, aber ihnen nichts befehlen kann. Alle Gewalt ruht hier auf einer Bindung an Regeln, die die Unterworfenen anerkennen; und es ist eben diese allgemeine Anerkennung derselben Regeln (und die Vertreibung derer, die sie nicht befolgen), die eine friedliche Gesellschaft möglich macht.

Es ist daher nicht notwendig, daß die gewählte höchste Körperschaft irgendeine andere Gewalt besitzt als die, allgemeine Rechtsregeln zu erlassen; oder daß es irgendeine andere Zwangsgewalt über den privaten Bürger geben muß als die, die ihn anhält, Regeln des gerechten Verhaltens zu befolgen; noch auch, daß nicht alle anderen Zweige der Regierungsgewalt, einschließlich der gewählten Regierungsversammlung, nicht durch die von der gesetzgebenden Versammlung erlassenen Gesetze beschränkt und gebunden sind. Erst das würde eine wirkliche Regierung unter dem Gesetz sichern.

7

Wie ich schon angedeutet habe, scheint mir die Lösung des Problems in einer Teilung der Aufgaben zwischen einer auf echte Gesetzgebung beschränkten und einer Regierungs-Versammlung zu liegen. Es würde jedoch wenig ändern, wenn beide Versammlungen im wesentlichen den Charakter der bestehenden hätten und nur mit verschiedenen Aufgaben betraut wären. Zwei solche Versammlungen mit der gleichen Zusammensetzung würden unvermeidlich im Einvernehmen handeln und so ziemlich dieselben Ergebnisse hervorbringen wie das bestehende System. Außerdem sind der Charakter, das Verfahren und die Zusammensetzung der bestehenden Versammlungen so vollkommen von ihrer vorherrschenden Regierungsaufgabe bestimmt, daß sie zu echter Gesetzgebung wenig geeignet sind.

Es ist bedeutsam, daß in dieser Hinsicht die Theoretiker des Repräsentativsystems im 18. Jahrhundert fast einmütig in ihrer Verurteilung einer Organisation der gesetzgebenden Versammlung nach Parteien waren. Die vorherrschende Befassung mit Regierungsaufgaben machte aber überall eine solche Organisation der Parlamente unvermeidlich. Eine Regierung braucht, um ihre Aufgaben erfolgreich zu erfüllen, die Unterstützung einer auf ein Aktionsprogramm festgelegten Mehrheit; und wenn der Bürger eine Wahl haben soll, muß es eine ähnlich organisierte Opposition geben, die bereit ist, die Regierung zu übernehmen.

Für die eigentlichen Regierungsaufgaben sind die bestehenden Versammlungen tatsächlich sehr geeignet und könnten als Regierungsversammlungen zweckmäßig in der gleichen Form fortbestehen, sofern ihre Gewalt über den privaten Bürger durch von einer anderen Versammlung niedergelegte Gesetze beschränkt würde, die sie selbst nicht ändern kann. Ihre Aufgabe wäre im wesentlichen, die Mittel zu verwalten, die der Regierung für materielle und personelle Zwecke zur Verfügung stehen, um mit ihnen der Bürgerschaft bestimmte Dienste zu leisten. Sie würde auch den Gesamtbetrag der jährlich zur Finanzierung dieser Leistungen aufzubringenden Mittel bestimmen. Aber die Entscheidung über den Anteil, den jeder Bürger zu dieser Gesamtsumme beizutragen hat, wäre durch ein echtes Gesetz und daher von der gesetzgebenden Versammlung zu bestimmen. Man kann sich kaum eine heilsame Aufsicht über die Ausgaben vorstellen als in einem solchen System, in dem jedes Mitglied der Regierungsversammlung wüßte, daß zu jeder von ihm befürworteten Ausgabe es selbst sowie seine Wähler nach einem Schlüssel beizutragen hätten, den es nicht ändern kann! Das entscheidende Problem wird damit die Zusammensetzung der gesetzgebenden Versammlung. Es handelt sich darum, sie zu einer echten Vertretung der herrschenden *Meinung* und unabhängig von jedem Druck von Sonderinteressen zu machen. Sie wäre natürlich auf die Erlassung echter Gesetze (im materiellen Sinne des Wortes) beschränkt, so daß jede von ihr ausgehende spezifische Anordnung unwirksam wäre. Ihre Autorität würde eben darauf beruhen, daß sie sich auf allgemeine Regeln festlegt. Die Verfassung würde die Kriterien zu bestimmen haben, die solche Regeln aufweisen müssen, um gültige Gesetze zu werden, wie z.B. Anwendbarkeit auf eine unbekannte Anzahl künftiger Fälle, Einheitlichkeit, Allgemeinheit etc. Ein Verfassungsgerichtshof würde nach und nach diese Definition zu verfeinern und alle Kompetenzkonflikte zwischen den zwei Versammlungen zu entscheiden haben.

Eine solche Beschränkung auf den Erlaß echter Gesetze würde aber kaum genügen, um eine Kollusion zwischen der gesetzgebenden und einer in der gleichen Weise organisierten Regierungsversammlung zu verhindern, wenn die gesetzgebende Versammlung die letztere jeweils mit den Gesetzen versorgt, die sie gerade für ihre augenblicklichen Zwecke benötigt, so daß das Ergebnis sich von der bestehenden Situation nur wenig unterschiede. Die gesetzgebende Versammlung sollte eine Körperschaft sein, die die öffentliche *Meinung* und nicht Sonderinteressen vertritt. Sie sollte daher aus Personen bestehen, die nach Betrauung mit dieser Aufgabe von jeder Unterstützung durch bestimmte Gruppen unabhängig sind – Männer und Frauen, die die Probleme in langer Sicht betrachten und nicht von den schwankenden Moden und Leidenschaften einer wandelbaren Masse abhängig sind.

8

Eine solche Einstellung scheint vor allem Unabhängigkeit von Parteien und damit auch Unabhängigkeit von dem Wunsch nach Wiedergewähltwerden vorauszusetzen. Aus diesem Grunde stelle ich mir als Legislative eine Versammlung von reifen Menschen vor, die, nachdem sie sich im normalen Erwerbsleben Erfahrung und Ruf erworben haben, auf eine einzige lange Periode von, sagen wir fünfzehn Jahren, gewählt würden. Um zu gewährleisten, daß sie genügend Erfahrung und Ansehen – und wohl auch die eingefleischte Gewohnheit harter Arbeit – erworben haben, würde ich das Wahlalter verhältnismäßig hoch ansetzen, etwa mit 45 Jahren und ihnen nach Ende ihres Mandats mit 60 Jahren noch für weitere 10 Jahre eine ehrenvolle bezahlte Stellung, etwa als Laienrichter oder dergleichen, zusichern. Angenommen, daß alle mit 45 Jahren gewählt würden, wäre das durchschnittliche Alter der Mitglieder der gesetzgebenden Versammlung mit weniger als 53 Jahren immer noch geringer als das der vergleichbaren bestehenden Versammlungen.

Die Mitglieder dieser gesetzgebenden Versammlung würden (außer bei der ersten Wahl) natürlich nicht alle zum gleichen Zeitpunkt gewählt, sondern jedes Jahr würde ein Fünfzehntel der Mitglieder, deren Periode abgelaufen ist, durch neugewählte Fünfundvierzigjährige ersetzt werden. Ich würde empfehlen, daß diese jedes Jahr von ihren Altersgenossen gewählt werden, so daß jeder Bürger nur einmal in seinem Leben, in seinem 45. Jahr, für einen seiner Altersgenossen als Mitglied der gesetzgebenden Versammlung zu stimmen hätte. Dies scheint mir nicht nur die alte Erfahrung im Militär und ähnlichen Organisationen empfehlenswert zu machen, daß die Altersgenossen im allgemeinen das beste Urteil über die Fähigkeiten von ihresgleichen haben, sondern auch, weil dies wahrscheinlich bald zur Bildung von Jahrgangs-Clubs an den verschiedenen Orten führen würde, die die Grundlage für eine (wahrscheinlich indirekte) Wahl aufgrund persönlicher Kenntnis der Kandidaten legen könnte.

Nachdem es bei dieser Wahl keine Parteien gäbe, wäre auch kein Anlaß für ein Proporzsystem oder dergleichen. Die Jahrgangskollegen würden die Auszeichnung als eine Art Preis an die angesehensten Mitglieder des Jahrganges verleihen. Aber auf die Einzelheiten der faszinierenden Möglichkeiten, die dieses System eröffnet, kann ich in diesem Vortrag nicht weiter eingehen.

Das wichtigste ist, daß eine Autorität, weil sie auf echte Gesetzgebung beschränkt wäre, nicht die Macht hätte, einzelnen Gruppen besondere Vorteile zu gewähren oder besondere Lasten aufzuerlegen, auch nicht dem Druck von Sonderinteressen ausgesetzt wäre. Echte Gesetze sind allgemeine Regeln, die auf unbekannte Personen in einer unbekannten Anzahl künftiger Fälle anzuwenden sind. Selbst ein Gesetz, das zugunsten oder zu Lasten bestimmter offener Gruppen diskriminieren würde, aber seiner allgemeinen Form halber von der Verfassung zugelassen wäre, würde nicht lange seinen Zweck erreichen, weil es zu einer entsprechenden Vermehrung oder Verminderung der Zahl der Betroffenen führen würde. Solche echte Gesetzgebung könnte daher nicht durch jene organisierte Erpressung beeinflußt werden, der jener gewaltige Apparat von Koalitionen organisierter Interessen dient, der heute eine Meta-Regierung bildet und die Wirtschaftspolitik dominiert.

9

Ich glaube nicht, daß erfahrene Politiker meine Beschreibung des bestehenden Systems sehr falsch finden werden, wenn sie auch wahrscheinlich als unvermeidlich und sogar wohltätig ansehen mögen, was mir als vermeidbar und schädlich erscheint. Sie sollten sich aber durch meine Beschreibung des bestehenden Systems als institutionalisierte Erpressung und Bestechung nicht verletzt fühlen, denn es sind ja wir, die Einrichtungen erhalten, die sie zwingen, so zu handeln, auch wenn sie Gutes wirken wollen. Ja in gewissem Sinn ist das Feilschen, das ich beschrieben habe, wahrscheinlich sogar in jeder demokratischen *Regierung* unvermeidlich.

Was mir so überaus bedenklich scheint, ist, daß das bestehende System dies in die höchste Instanz trägt, die die Spielregeln festlegen sollte, die die Macht der Regierung beschränken. Das Unglück ist nicht, daß solche Dinge geschehen – sie können in der Lokalverwaltung wahrscheinlich nie ganz vermieden werden –, sondern, daß sie in der höchsten Körperschaft stattfinden, die uns das Gesetz gibt und gegen alle Unterdrückung und Willkür schützen soll.

Eine weitere und sehr wünschenswerte Folge einer wirklichen Trennung der Gesetzgebung von der Regierung wäre, daß sie die sich ständig beschleunigende Zentralisierung und Konzentrierung der Gewalt verhindern würde. Sie ist heute eine notwendige Folge des Umstandes, daß die Vereinigung der gesetzgebenden und der Regierungs-Gewalt in der gleichen Versammlung dieser eine Macht verleiht, die in einer freien Gesellschaft niemand besitzen sollte. Selbstverständlich werden immer mehr Aufgaben jener Instanz zugeschoben, die sich jeweils die besonderen Vollmachten erteilen kann, die sie zur leichteren Bewältigung ihrer momentanen Aufgaben haben möchte. Wenn die Gewalt der Zentral*regierung* nicht größer wäre als die der regionalen oder lokalen Behörden, würden nur jene Angelegenheiten, bei denen die nationale Regelung allen Vorteil böte, ihr übertragen, aber vieles, das heute zentral behandelt wird, den lokalen Behörden überlassen.

Wenn einmal allgemein verstanden wird, daß eine Regierung unter dem Gesetz und unbeschränkte Vollmachten der Vertreter der Mehrheit unvereinbar sind, und alle Zwangsmaßnahmen der Regierung gleichermaßen allgemeinen Regeln unterworfen werden müssen, brauchte nicht viel mehr als die auswärtigen Angelegenheiten einer nationalen *Regierung* übertragen zu werden, wenn auch eine zentrale *Gesetzgebung* weiter wünschenswert bliebe; regionale oder lokale Körperschaften, eingeschränkt durch die gleichen einheitlichen Gesetze bezüglich der Art und Weise, in der sie die Mittel auftreiben können, würden sich zu kommerziell geführten Einrichtungen entwickeln, die im Wettbewerb um Einwohner stehen würden, die ihrerseits durch Wanderung für jene Körperschaft stimmen würden, die ihnen die größten Vorteile zum geringsten Preis bieten würde.

Auf diese Weise könnten wir immer noch die Demokratie erhalten und die Tendenz zu jenem Zustand bremsen, der als »totalitäre Demokratie« bezeichnet wird und der vielen heute schon als unvermeidlich erscheint.

Mein Vorschlag mag Ihnen zunächst als völlig utopisch und nicht praktikabel erscheinen, und ich will zugeben, daß in absehbarer Zeit kein Land, das einen einigermaßen befriedigend funktionierenden Regierungsapparat hat, bereit sein wird, damit zu experimentieren. Aber ich glaube, sobald irgendein Land den Vorschlag verwirklichte, würde die vernünftigere Regierung und besser funktionierende Wirtschaft ihm einen solchen Vorsprung vor anderen demokratisch regierten Ländern sichern, daß es bald Nachahmer fände. Der Plan bietet daher eine große Chance für jedes Land, in dem aus anderen Gründen eine Revision der Verfassung unvermeidlich ist. Vor allem bietet er uns aber eine Alternative für den Fall, daß die gegenwärtige Form der Demokratie endgültig versagt.

Die Entthronung der Politik*

Es ist eine Selbstverständlichkeit, die aber nicht genügend beachtet wird, daß je mehr Staat, desto mehr wird von der Politik bestimmt. Und das bedeutet, zumindest in einer Demokratie, nicht mehr ideale Ziele, sondern politische Notwendigkeiten – einen institutionellen Zwang des Mechanismus, Dinge zu tun, die nicht die Majorität will, sondern eine Majorität schaffen. Die Planwirtschaftler, ob Politiker oder Bürokraten, sind natürlich alle mehr oder weniger Diktatoraspiranten, die überzeugt sind, daß alles gut gehen wird, wenn sie es nur nach ihrem Willen einrichten können. Für unvoraussagbare Einzelentscheidungen eines demokratischen Gremiums ist im Plan kein Platz.

Es handelt sich hier nicht um ein im engeren Sinn aktuelles, sondern um ein im zeitgenössischen Staat permanentes Problem, das sich ständig weiter verschärft. Es hat mich seit vielen Jahren beschäftigt. Das Grundthema lautet, daß die Vielregiererei, die immer beängstigendere Formen annimmt, eine unbeabsichtigte Folge des bestehenden Systems unbeschränkter Demokratie ist, daß es gewissermaßen der besonderen Form, die wir demokratischen Regierungen gegeben haben, inhärent ist und daß wir dieses explosive Wachstum nur verhindern und, wie es schon dringend notwendig ist, wieder rückgängig machen könnten, wenn wir unsere Institutionen in entscheidender Weise ändern. Auch das wird nicht genügen, wenn nicht weiter die Einsicht durchdringt, daß wir eine Lösung unserer wirklichen Probleme nicht von einer totalen Umgestaltung unserer Wirtschaftsordnung, sondern nur von einer schrittweisen Verbesserung des rechtlichen Rahmenwerkes erwarten dürfen mit dem Ziel, die Marktwirtschaft besser funktionieren zu machen. Solange ein Teil der gewählten Mitglieder der gesetzgebenden Repräsentativversammlung ihre Aufgabe darin sieht, die Marktwirtschaft unwirksam zu machen oder zu zerstören, kann das resultierende Zwittersystem natürlich nicht befriedigend funktionieren. Es bleibt

---

* Erstveröffentlichung in: Frei, Daniel (Hrsg.), *Überforderte Demokratie?*, Zürich: Schulthess Polygraphischer Verlag 1978, 17–30.

ein mehr oder weniger zufälliges Nebenprodukt des Konflikts zwischen zwei unvereinbaren Konzeptionen, das niemandes Ideale befriedigt.

Um Mißverständnisse zu vermeiden, möchte ich gleich klar machen, was ich mit »beschränkter Demokratie« meine. Ich meine damit natürlich *nicht,* daß demokratische Entscheidung auf einen *Teil* der Staatstätigkeiten beschränkt werden soll. Was ich meine, ist, daß *alle* Regierungstätigkeit, auch wenn die Entscheidungen demokratisch getroffen werden, durch allgemeine, im einzelnen Fall nicht abänderbare Regeln gebunden ist und insbesondere die höchste Gewalt, die Gesetzgebung, auf den Erlaß allgemeiner, abstrakter Verhaltensregeln beschränkt ist und darüber hinaus keinerlei Zwangsmaßnahmen in besonderen Fällen anordnen kann.

Die innenpoltischen Entscheidungen – und nur über diese will ich zunächst sprechen – werden heute in den demokratischen Ländern zweifellos in einer Weise getroffen, die sehr verschieden von der ist, die sich die Vorkämpfer der repräsentativen Demokratie in der ersten Hälfte des vorigen Jahrhunderts vorgestellt hatten. Sie gleicht in vieler Hinsicht mehr den damals gern verspotteten Gemeinderatsdiskussionen als jenen Erörterungen hoher Politik, von denen man sich (wahrscheinlich zu Unrecht) vorstellte, daß sie sich in den Kabinetten abspielten. Ich spreche dabei natürlich nicht von der Schweiz, von der ich wenig weiß und wo vielleicht die jahrhundertealte Demokratie gerade auch auf unterster Ebene die Bürger die notwendigen Grenzen demokratischer Macht verstehen gelehrt hat.

Die Politik braucht nicht so wichtig zu sein, wie es heute für uns alle ist. Es ist dies eine Folge der Einbeziehung von mehr und mehr Angelegenheiten in die Aufgaben der Regierung, und dies seinerseits ist wieder nicht das Ergebnis einer bewußten Willensentscheidung von irgend jemandem, sondern die Wirkung eines unpersönlichen Mechanismus, den in dem bestehenden politischen Apparat niemand mehr zügeln kann. Die Politik ist dadurch zu etwas geworden, was sie gewiß nicht sein muß und in der liberalen Ära des 19. Jahrhunderts auf nationaler Ebene zumindest nicht in dem Maße war. Die, die sie treiben, wissen wahrscheinlich noch gar nicht, wie schlecht ihr Ruf als Gruppe ist und in welcher Gefahr sich daher die bestehenden demokratischen Einrichtungen vielfach schon befinden.

Ein System, in dem etwas »politisch notwendig« werden kann, wenn immer es von einer kleinen Gruppe gewünscht wird, muß zu einer Hypertrophie der Regierungstätigkeit führen. Dieses Ergebnis ist keineswegs ein Beweis, daß es von der Mehrheit gewollt wurde, sondern das Resultat einer Fehlkonstruktion der Maschinerie, die nun ihren eigenen Gesetzen folgt und nur immer größer werden will. Wahrscheinlich sind heute schon bald die Hälfte des Regierungsapparates und seiner Tätigkeit dieser vermehrenden Tendenz der unbeschränkten Demokratie zuzuschreiben. Die *Frankfurter Allgemeine Zeitung* kommentierte unlängst (24. Januar 1978): »Allein vom 24. Dezember bis zum 30. Dezember 1977 wurden in der ›stillen Zeit‹ 49 Gesetze und Verordnungen verkündet, zusammen 414 Druckseiten. Das Bundesgesetzblatt überschreitet alljährlich den Umfang von 3000 Druckseiten. Die Menge ist natürlich der Qualität abträglich. Man wird in der deutschen Rechtsgeschichte wohl kaum Perioden finden, in denen so geflickschustert wurde wie heute.« Ist es irgendwo viel besser? In den Vereinigten Staaten hat jüngst eine Zeitschrift die Zahl der »federal regulators« mit 63444 angegeben und die Kosten auf 130 Milliarden Dollar im Jahr geschätzt!

Wir sind noch nicht *ganz* an dem Punkt, an dem mehr Menschen damit befaßt sind, das produzierte Einkommen umzuverteilen, als es zu produzieren, aber nicht mehr sehr weit davon. Dürfen wir uns wundern, wenn mehr und mehr Leute die, die mit Umverteilen beschäftigt sind, als Schmarotzer betrachten? Wir wissen, daß in den westeuropäischen Ländern der Staat schon vielfach gegen die Hälfte, manchmal sogar darüber, aller wirtschaftlichen, für die dabei Beschäftigten ein Einkommen bringenden Tätigkeiten beherrscht. Daß diese Tätigkeit einen gleich großen Beitrag zum Sozialprodukt leistet, hat wohl noch kaum jemand ernstlich behauptet. Ich will dabei nicht weiter auf die tragikomische Tatsache eingehen, daß in den statistischen Messungen des Sozialproduktes alle diese bürokratischen Leistungen nach ihren Kosten, d. h. nach den gezahlten Gehältern, eingesetzt werden, daher unsere Bewertung des Sozialproduktes auf der Hypothese beruht, daß alle diese Leistungen den Betrag ihrer Kosten zum Sozialprodukt beitragen.

Aber es gibt so viele andere Gründe, die mich an der Echtheit des statistisch ausgewiesenen »Wachstums« zweifeln machen, daß ich auf diese »Kleinigkeit« nicht zu viel Gewicht legen will. Wir könnten so ja unser statistisches Wachstum allein dadurch gewaltig beschleunigen, daß wir noch viel mehr Beamte zu noch viel höheren Gehältern einstellten. Ich weiß nicht, wie man einen echten zahlenmäßigen Vergleich zwischen der Größe des Aufwandes und dem Wert der Leistungen anstellen könnte – daß wir tatsächlich nicht in der Lage sind, das zu tun, und in den Statistiken die Leistungen sogar nach ihren Kosten eingesetzt werden, ist sicher ein Grund, warum *diesem* Wachstum noch nicht Einhalt getan wurde. Ein Betrieb, in dem die *Leitung* bald so viel kostet als die Leistung wert ist, würde schnell verschwinden. Wer im Ergebnis daraus Gewinn zieht, ist ebenso schwer zu sagen. Für die Gesellschaft als Ganzes ist es jedenfalls ein Verlust – Kosten, die nicht in den Entscheidungen berücksichtigt werden.

Was vom Staat beherrscht wird, muß von der Politik beherrscht werden – in einer Demokratie mehr als in anderen Regierungsformen. Sobald der Gegenstand der Politik ein Tauziehen um materielle Vorteile einzelner Gruppen wird, ist eine anständige Regierung unmöglich. Denn dafür gibt es keine moralischen Regeln. Der Versuch, Regeln der sozialen Gerechtigkeit zu finden, ist kläglich gescheitert und mußte scheitern – aus Gründen, die schon Immanuel Kant sah und klar aussprach, als er schrieb: »Wohlfahrt aber hat kein Prinzip, weder für den, der sie empfängt, noch für den, der sie austeilt (der eine setzt sie hierin, der andere darin); weil es darin auf das *Materiale* des Willens ankommt, welches empirisch und so einer allgemeinen Regel unfähig ist.« (*Der Streit der Fakultäten* I/6 Anm. 2.)

Daß der Staat einerseits ein Rahmenwerk von Regeln bietet, innerhalb dessen sich die spontane Ordnung bilden kann, die wir die »Gesellschaft« nennen, und dann auch innerhalb dieses Rahmenwerks mit den Mitteln, die er durch Steuern auftreiben kann, aber ohne Monopol, zur Befriedigung von Kollektivbefürfnissen gewisse Dienste leistet, ist gewiß Voraussetzung allen zivilisierten Lebens. Als Schiedsrichter, der dafür sorgt, daß die Regeln des Spiels des Marktes eingehalten werden, ist der Staat gewiß unentbehrlich. Und diese Regeln zu verbessern, ist gewiß eine legitime Aufgabe der Politik. Gewiß ist es auch vorteilhaft, daß der Staatsapparat uns manche Dienste leistet, die uns zurzeit niemand anderer bietet – wenn es auch kaum zu rechtfertigen ist, wenn er in irgendeinem Fall ein Monopol in Anspruch nimmt. Aber jede andere Befriedigung von Interessen unter Zwangsanwendung und mit Steuermitteln ist im Grunde ein Mißbrauch einer Macht, die wir ihm für die früher genannten Zwecke geben müssen. Darüber, daß die Unzahl von Subventionen, Wettbewerbsbeschränkungen, Preisvorschriften usw. in ihrer Gesamtheit gemeinschädlich, irrational und willkürlich sind, kann wohl kein Zweifel bestehen. Die Befürworter der einzelnen Eingriffe werden natürlich jeweils die ihren verteidigen, denn sie mußten ja ihre Kollegen überzeugen, zu glauben, daß sie nützlich sind – und dauernd offen zynisch sein können nur wenige.

Aber von der *Notwendigkeit*, ständig als Vertreter der besonderen Interessen ihrer Gruppe von Wählern handeln zu müssen, können wir unsere Volksvertreter nur befreien, wenn wir ihnen die Macht nehmen, dies zu tun. Das wäre der Fall, wenn sie nur *entweder* als Gesetzgeber für alle gleich geltende Verhaltensregeln erlassen *oder* als Mitglieder einer Regierungsversammlung innerhalb der von jenen Gesetzen gezogenen Schranken allen Bürgern gleichermaßen zur Verfügung stehenden Dienstleistungen organisieren könnten. Niemand kann zu etwas gezwungen werden, was er nicht kann, und der Zwang zur Begünstigung wird erst aufhören, wenn auch der Gesetzgeber niemanden begünstigen *kann*.

Einem Land echte Gesetze geben zu können, bedeutet nicht, Gewalt über seine individuellen Bürger zu haben: Die besondere Natur dieser Spielregeln ist nicht so entscheidend wichtig, und man kann unter den meisten Spielregeln erträglich leben, so lange sie für alle, einschließlich der Regierung, gleich gelten. Aber nach Zweckmäßigkeitsüberlegungen bestimmte autoritäre Eingriffe machen das Leben nicht nur unvoraussagbar, sondern sind auch, einmal zugelassen, nicht mehr begrenzbar. Natürlich *muß* eine Regierung, die berechtigt ist, sich für solche Zwecke große Mittel zu beschaffen, überall dort einspringen, wo es schlecht geht und Arbeitsplätze in Gefahr sind. Meist verhindert sie damit aber nur jene tiefgreifenden Änderungen, die zur Anpassung an geänderte Umstände oder zum Auswechseln einer Leitung, die versagt hat, erforderlich sind. Diese von politischen Gesichtspunkten geleitete wirtschaftliche Feuerwehr hat langfristig wohl meist nur Schaden angerichtet, wenn sie auch zunächst Schmerzen lindert. Was geschieht und was besonders die Regierungen tun, ist nicht mehr, was allgemein als vernünftig angesehen oder was von allen Mitgliedern einer Mehrheit gewünscht wird, sondern was »politisch notwendig« ist – was mit den ersten beiden Dingen wenig zu tun hat.

Die politische Maschine bringt Entscheidungen hervor, die uns als vermeintliche Kompromisse als »echt demokratisch« schmackhaft gemacht werden sollen, aber nichts leisten, als Konflikte zwischen Gewalten zu schlichten, die niemand besitzen sollte. Wie absurd das alles im Grunde ist, wird einem klar, wenn man beobachtet, wie das Unternehmertum sich gezwungen sieht, seine fähigsten Köpfe nicht mehr mit den wichtigsten und schwierigsten Unternehmungsaufgaben zu betrauen, sondern sie zur Vertretung ihrer Interessen gegenüber dem Staat und anderen politischen Organisationen zu verwenden.

Ich glaube, daß überhaupt nurmehr jemand, der sein Leben lang außerhalb der Politik gestanden hat, diese charakteristischen Züge der modernen Demokratie noch sieht, denn für jeden, der mitten drinnen steht, sind sie so selbstverständlich geworden, daß er sie gar nicht mehr bemerkt – und er wird wahrscheinlich auch sagen, daß nur jemand, der die Wirklichkeit der Politik so wenig kennt wie ich, solche Reformen für möglich halten kann, wie ich sie im Bereich der Verfassung demokratischer Staaten für notwendig halte.

Die Schweiz ist aber wahrscheinlich das einzige Land, in dem ich für meinen etwas radikalen Freiheitsbegriff auf Verständnis hoffen kann und wo eine Schule von Verfassungsrechtlern wie Zaccaria Giacometti, Walther Burckhardt, Hans Nawiasky, Hans Huber und C. du Pasquier mir vorgearbeitet haben. Ich sollte vielleicht überhaupt um Verzeihung dafür bitten, daß ich es wage, Schweizern Ratschläge über Demokratie zu geben. Aber gerade weil ich anderswo gesehen habe, wohin eine unbeschränkte Demokratie führen kann, erlaube ich mir, die Gefahren gewisser Züge dieses Systems vorzuführen, die gewiß nicht ganz unbekannt sind. Worauf mein Argument hinausläuft ist, daß ein Staat freier Menschen sich gewisse Dinge, die an sich wünschenswert sein können, aus prinzipiellen Gründen versagen muß, daß dies aber eine demokratisch gewählte Repräsentativversammlung mit unbeschränkter Gewalt nicht kann. Was er sich vor allem versagen muß, ist die sogenannte »soziale« oder »Verteilungsgerechtigkeit« anzustreben. Die ist mit einer Gesellschaft freier Menschen unvereinbar.

Demokratische Politik kann nur anständig sein, wenn es unmöglich ist, gewisse Dinge überhaupt vom Staat zu verlangen; und das einzige Prinzip, das dies gewährleisten kann, ist, daß die Regierung oder die Gesetzgebung niemandem Vorteile, Rechte oder Schutz gewähren darf, die nicht unter denselben formalen Bedingungen automatisch allen anderen Bürgern auch zustehen. Der Abgeordnete muß außerstande sein, Verlangen nach Sondervorteilen zu unterstützen, denn wenn er es *kann*, *muß* er es in vielen Fällen versprechen, um überhaupt Abgeordneter zu werden.

Was wir ein für allemal verbieten müssen, ist jeder diskretionäre Gebrauch der Zwangsgewalt der Gesetzgebung für Maßnahmen der Wirtschaftspolitik. Wir brauchen dazu keinen langen, und wie Zaccaria Giacometti gezeigt hat, doch immer unvollständigen Katalog von Freiheitsrechten – eine einzige Verfassungsbestimmung würde sie alle und mehr umfassen. Es würde genügen festzulegen: Zwang darf nur ausgeübt werden in Durchsetzung »genereller abstrakter Vorschriften, die für eine unbestimmte Vielheit von Menschen gelten und die eine unbestimmte Vielheit von Tatbeständen regeln ohne Rücksicht auf einen bestimmten Einzelfall oder eine bestimmte Person« (Giacometti) und Behörden dürfen nur berechtigt sein bei Gefahr im Verzuge (infolge von »Acts of God or the King's enemy«, wie die Engländer sagen) und gegen vollen Ersatz allen dabei Privaten zugefügten Schadens spezifische »Eingriffe« vorzunehmen. Keine Behörde hätte das Recht, bestimmten Personen oder Gruppen im gemeinen Interesse Opfer aufzuerlegen. Die Kosten müßte in solchem Fall die Gemeinschaft tragen.

Das Problem entsteht dadurch, daß heute der gewählte Volksvertreter Mitglied eines Gremiums ist, das einzelnen Gruppen Sondervorteile zusichern kann. Indem wir aber dem Gesetzgeber erlauben, unter dem Namen von Gesetzen einzelnen Gruppen Sondervorteile zu gewähren, haben wir einen höchst eigenwilligen Apparat geschaffen, dessen Gesamterzeugnis niemand wünscht oder auf einige Zeit voraussehen kann – die Politiker *können* ja meist ihre Prinzipien nicht befolgen, so sehr sie auch an sie glauben mögen. Die größenwahnsinnige Illusion, daß der menschliche Geist die soziale Entwicklung dirigieren könne, ist eben Unsinn. Wir verlocken damit nur viele gutgesinnte Menschen, ihren Verstand und ihre Energie mit nutzlosen und sogar schädlichen Bemühungen zu vergeuden, indem wir ihnen die Macht geben, Privaten das Tun von bestimmten Dingen vorzuschreiben oder zu verbieten.

Wie wohltätig wäre doch ein Regierungsapparat, der sich auf das beschränkte, was im Interesse *aller* Bürger liegt, verglichen mit der selbstvermehrenden und alles verzehrenden Krebsgeschwulst, zu der er sich langsam auswächst. Das war die Vorstellung der klassischen Verfassungstheoretiker, die die

Gesetzgebung auf Erlaß von Gesetzen in dem angeführten materiellen Sinn des Wortes beschränken wollten.

Die gängige Phrase von der »Massendemokratie« geht an den wirklichen Problemen vorbei. Natürlich muß und soll in der Demokratie die Meinung der großen Zahlen entscheiden. Aber wir könnten dankbar sein, wenn sich die Zwangsgewalt des Staates auf die Dinge beschränkte, über die die Mehrheit der großen Massen übereinstimmt. Es ist jedoch einfach nicht richtig, daß die Majorität über die meisten Maßnahmen entscheidet. Was entscheidet, sind die Gruppen und Grüppchen, die von den organisierten Parteien gewonnen werden müssen, um ihnen eine Majorität zu geben. Über die Mehrzahl dieser Maßnahmen gibt es keine Ansicht der Majorität. Sie haben mit dem Gemeinwohl oder dem öffentlichen Interesse nichts zu tun – nur mit dem Interesse der Politiker und der durch die Maßnahme Begünstigten.

Ich will, wie immer bei der Erörterung dieser Probleme, wieder nachdrücklich betonen, daß nicht die Politiker an dieser Situation schuld sind, sondern unsere Institutionen, die sie in eine Lage versetzen, in der sie nicht anders handeln können. Ich behaupte auch nicht, daß sie, im Gegensatz zu einem großen Teil des Beamtenapparates, den sie schaffen, unnötig sind – nur daß, wenn sie weniger täten, ihr Wirken wohltätiger wäre. Sie würden dann vielleicht sogar Zeit finden, über ihre wichtigen Aufgaben wirklich nachzudenken. Interessenbefürwortung ist natürlich an sich nichts Schlechtes, sondern etwas, was mit dem besten Gewissen und sogar dem Gefühl, Gutes zu tun, getan werden kann. Es hängt ganz von den bestehenden Einrichtungen und herrschenden Anschauungen ab, wie weit diese Bemühungen getrieben werden können, ohne gemeinschädlich zu werden. Aber wenn einmal ein beträchtlicher Teil der geschulten Bevölkerung die Vertretung spezieller Interessen zu ihrer Lebensaufgabe und Quelle ihres Unterhalts macht, wird die Sache offenbar bedenklich.

Niemand kann sagen, welcher Teil der intelligenten Bemühungen eines modernen Volkes nicht mehr auf die Vergrößerung, sondern auf eine Änderung der Verteilung des Sozialprodukts gerichtet ist. Aber er ist jedenfalls bedeutend. Der einzelne Volksvertreter muß sogar zur Wahrnehmung der Interessen seiner Mandatäre alle Mittel verwenden, die ihm zur Verfügung stehen. Wir dürfen und können nicht erwarten, daß er oder die Majorität der gesetzgebenden Versammlung, sich im Gesamtinteresse Beschränkungen auferlegt, wenn ihre Autorität und Stellung auf der Gutheißung ihres Handelns durch kleine Gruppen beruht, die bei der Wahl das Zünglein an der Waage sind. Wir können es nur durch ihm auferlegte Beschränkungen für ihn unmöglich machen, solchem Verlangen nachzugeben. Wir haben tatsächlich unter dem Vorwand der Demokratie eine politische Ordnung geschaffen, in der es viel mehr von der Macht der Gewaltausübenden abhängt, was jeder bekommt, als je seit der Beseitigung des Absolutismus.

Politische Macht ist daher auch in manchen demokratischen Ländern ge-
winnbringender geworden als produktive Leistung. Und der Anteil der Bevölkerung, der davon lebt, daß er die anderen regiert oder verwaltet, steigt immer
schneller. Die Hauptschwäche der unbeschränkten Demokratie ist ihre Unfähigkeit, Verlangen von Einzelgruppen, die ein Teil der die Regierung stützen-
den Majorität nach Sondervorteilen stellt, abzuweisen. Ein Autokrat kann zugunsten einer ihm berücksichtigenswert erscheinenden Gruppe Ausnahmen
gewähren, ohne durch ein solches Präzedenz notwendig in eine Flut von ähnlichen Maßnahmen getrieben zu werden. Eine allmächtige demokratische
Mehrheitsregierung *muß* tun, was sie kann, um solche Einzelwünsche zu befriedigen. Das Gemeinwohl wird aber nicht durch die Befriedigung der *Summe*
der Wünsche der einzelnen Bürger, sondern nur durch die Befriedigung solcher
Wünsche erreicht, die nicht auf Kosten anderer gehen.

Die unaufhörliche Erweiterung der Staatstätigkeit erfolgt nicht, weil die
Masse oder die Majorität es will, sondern weil sich die Majorität aus vielen
Gruppen zusammensetzt, die durch Befriedigung ihrer Sonderwünsche in der
Majorität gehalten werden müssen. Wenn die höchste Autorität, die von der
Stütze einer Majorität abhängt, nicht auf den Erlaß von Regeln beschränkt ist,
die gleichermaßen für alle gelten, kann sie einen ständigen Stimmenkauf durch
immer neue zusätzliche Maßnahmen zugunsten spezieller Gruppen nicht vermeiden. Der Wähler kann nicht zwischen einzelnen Speisen, sondern nur zwischen langen Menus wählen, und wenn er auch nicht alle Posten schlucken
muß, muß er doch für alle zahlen. Das Bemühen um den Gewinn von Stimmen
richtet sich heute meist nicht mehr darauf, mehr Wähler zu veranlassen, dieselbe bestimmte Regierungsmaßnahme zu unterstützen, sondern einzelne Gruppen durch das Versprechen besonderer Vorteile für sie zu überreden, der sie-
genden Partei praktisch unbeschränkte Vollmachten zu erteilen. Es ist, als ob
man einen Schatzmeister wählte, der dann nach seinem Gutdünken die (möglichst von anderen aufgetriebenen) Mittel verteilt, auf das Versprechen hin, daß
man einen befriedigenden Anteil davon bekommt.

Daß alle Interessengruppen, die sich zu diesem Zweck zusammenschließen
(und eine Majorität bilden), um jedem einzelnen von ihnen Sondervorteile zusichern zu können, die mit dem Gemeinwohl wahrhaftig nichts zu tun haben
und meist sogar mit ihm in Widerspruch stehen, ist zwar offensichtlich, aber
nicht allgemein als notwendige Folge einer unbeschränkten »souveränen« Legislative erkannt.

Hier wäre nun, wenn mehr Raum zur Verfügung stünde, zu beschreiben,
wie ich mir die Entwicklung der regionalen und lokalen Regierungen vorstelle,
wenn sie, unter einem Recht, das sie nicht ändern können, und ohne alle er-
messensmäßige Zwangsgewalt ganz auf sich selbst gestellt wären. Ich würde
hoffen, daß sich diese mehr und mehr in kommerzielle Korporationen ent-

wickeln würden, die miteinander um Einwohner konkurrieren, indem sie ihnen für möglichst geringe Kosten gute Dienstleistungen anböten. Auf diese Weise ließe sich wenigstens auf dieser Ebene jene wirtschaftliche Kalkulation wieder einführen, deren Unmöglichkeit im Bereich des unbeschränkten Zwanges der Gesetzgebung der Grund für das unbeschränkte Wachstum der Zentralregierungen ist.

Ich glaube, daß nationenweite oder gar internationale Macht nur dann und insofern auf die Dauer geduldet werden wird, wenn sie streng auf die Erzwingung allgemeiner, abstrakter Verhaltensregeln beschränkt ist, das heißt, daß sie auch nicht die Gewalt internationaler oder interregionaler Einkommensumverteilung besitzen darf. Das Eigenartige an der fortschreitenden und nun zunehmend Unwillen erweckenden Zentralisierung ist, daß sie gerade dadurch herbeigeführt wurde, daß meist allein die zentralen Regierungen eine unbeschränkte, Gesetzgebung genannte Macht haben, die sie in die Lage versetzen, unter dem Namen »Gesetz« im wesentlichen willkürliche, diskriminierende Maßnahmen anzuordnen, und daß deshalb alle Wünsche, die nur durch eine Diskriminierung zu erfüllen waren und zu denen die unter dem Gesetz stehenden Behörden der unteren Stufen nicht berechtigt sind, zu ihnen hinaufgeschoben wurden. Es ist kein Wunder, daß, obwohl natürlich jede Einzelgruppe ihre Sondervorteile erhalten wollte, im Gesamtergebnis die Macht der Zentralregierungen als immer drückender empfunden wurde bis, wie es ein angesehener englischer Politiker, Reginald Maudling, richtig beschrieben hat, »die allgemeine Revolte gegen die Autorität der Zentralregierungen, die wir in so vielen westlichen Demokratien beobachten«, ausbrach (Reginald Maudling in *The Times* 31. Januar 1978).

Was auf der höchsten Ebene allein bestehen oder doch zumindest allein Zwangsgewalt haben sollte, scheint mir ausschließlich eine Autorität zu sein, die durch allgemeine Verhaltensregeln Handlungen effektiv verbieten kann, die die andern schädigen – oder kurz gesagt, nur »Nein« sagen, aber nichts positiv anordnen kann. Es will mir scheinen, als ob die Welt diesbezüglich, in ihrem Bemühen, eine internationale Autorität zu errichten, genau verkehrt vorginge: Anstatt die Anerkennung allgemeiner Regeln anzustreben, werden Dutzende von Sonderbehörden mit Ermessensvollmachten geschaffen.

Mir scheinen die neuerdings in so vielen Ländern auftauchenden regionalistischen Bestrebungen nicht so sehr ein Wiederaufleben des alten Nationalismus, als eine sehr berechtigte Reaktion gegen die übermäßige Einmischung der Zentralregierungen in die lokalen Angelegenheiten zu sein. Diese fortschreitende Zentralisierung war in weitem Maße eine Folge der Neigung aller Planer, wenn ihre Pläne sich im Kleinen als unzweckmäßig erwiesen hatten, sie auf immer höherem Niveau neuerlich versuchen zu wollen. Aber vor allem verlockte, besonders in Ländern, in denen die regionale Gesetzgebungsgewalt nicht so weit reicht wie die der Kantone in der Schweiz, daß im wesentlichen die Zentralregierung alle Anordnungen in Form von »Gesetzen« erlassen konnte, die die Anwendung der Zwangsgewalt des Staates im Dienste besonderer, bestimmten Zwecken dienender und diskriminierender Maßnahmen möglich machten. Aber wenn auch der zentralen Gesetzgebung diese »positive« Gewalt genommen und sie im wesentlichen darauf beschränkt würde, auch gegenüber den Lokalbehörden, »Nein« zu sagen, so fiele diese Ursache der fortschreitenden Zentralisierung weg.

Wozu unbeschränkte Demokratien fähig sind, führen uns zur Zeit in schandbarer Weise die Vereinten Nationen vor, in denen die Herren Idi Amin und Gadhafi als vollberechtigte Mitglieder sitzen und über alte Kulturen wie Chile und Südafrika Ächtungsurteile aussprechen. Man kann die gegenwärtige innere Politik dieser Länder verurteilen und doch über die Art, in der sie behandelt werden, empört sein. Einer Nation, um deren Unterstützung der Westen nicht mit Rußland oder China konkurriert, darf man offenbar alles antun, um ein paar zweifelhaften Freunden einen Gefallen zu erweisen.

Es wird heute allgemein als berechtigt angesehen, in Verfassungen Bestimmungen aufzunehmen, die ein Abgleiten in andere Formen des Totalitarismus verhindern sollen. Es scheint mir ebenso wichtig und berechtigt, in Verfassungen Vorkehrungen einzubauen, die ein Abgleiten in den Sozialismus verhindern. Die alten Kreter haben vor etwa 2500 Jahren genau das getan. Wie der Historiker Strabo uns erzählt, war, weil der Gesetzgeber die Freiheit für das höchste Gut des Staates hielt, ihre wichtigste Bestimmung allein aus diesem Grunde, die, daß »Eigentum ausdrücklich jenen gehören sollte, die es erwerben, wogegen im Zustand der Sklaverei alles den Herrschern und nicht den Beherrschten gehört«.

Der Alptraum, mit dem Alexis de Tocqueville vor bald 150 Jahren, gegen Ende des zweiten Bandes seiner *Demokratie in Amerika*, die Art von Despotismus beschreibt, den die demokratischen Nationen zu fürchten haben, droht sich zu verwirklichen. Wenn die Sozialisten ehrlich glauben, daß, wie es der portugiesische Ministerpräsident Soares ausgesprochen hat, die Demokratie ein höherer Wert ist als Sozialismus, dann müssen sie eben auf ihren Sozialismus verzichten. Denn wenn auch die heute bestehende Form der Demokratie zum Sozialismus treibt, so sind sie im Ergebnis doch unvereinbar.

Politik unter diesen Bedingungen führt uns in einen Abgrund. Es ist hohe Zeit, daß wir ihre Flügel beschneiden und Vorkehrungen treffen, die den gemeinen Mann in die Lage versetzen, »Nein« zu sagen. Die schweizerische Einrichtung der Volksabstimmung hat viel dazu beigetragen, sie vor den schlimmsten Auswüchsen der sogenannten repräsentativen Demokratie zu schützen. Aber wenn die Schweizer ein freies Volk bleiben wollen, müssen wohl auch sie in der Einschränkung der Regierungsmacht noch weiter gehen, als sie schon gegangen sind.

Die Demokratie kann sich nur als beschränkte Demokratie erhalten. Eine unbeschränkte Demokratie zerstört sich notwendig selbst, und die einzige Beschränkung, die mit Demokratie vereinbar ist, ist die Beschränkung aller Zwangsgewalt auf die Durchsetzung allgemeiner, für alle gleichen Regeln. Das bedeutet aber, daß alle Eingriffe in den Markt zur Korrektur der Einkommensverteilung unmöglich werden. Alles, was eine solche Regierung tun kann, ist, außerhalb des Marktes Aushilfe für jene zu bieten, die im Markte fehlschlagen.

Freiheit, Gleichheit und Gerechtigkeit

Gleichheit und Gerechtigkeit[*]

Die Ideale des Sozialismus sind viel tiefer in unser modernes Denken eingedrungen, als eine bloße Analyse der sozialistischen Programme auf den ersten Blick erkennen läßt. Die Erscheinung, daß es *Sozialisten in allen Parteien* gibt, daß alle politischen Gruppen mehr oder weniger zur Verbreitung eines »schleichenden Sozialmus« beitragen, macht die Gefahr einer kalten Realisierung der kollektivistischen Ideen um so akuter und bedrohlicher.

Ging es im Buche *Der Weg zur Knechtschaft* darum, die letzten politischen Konsequenzen einer sozialistischen Umgestaltung der Wirtschaft darzutun, so sind diesmal die *geistigen Wurzeln* der modernen kollektivistischen Ära zu erforschen. Dies führt uns mitten in die nicht leichte rechts- und moralphilosophische Problematik des Verhältnisses zwischen *Gleichheit* und *Gerechtigkeit*. Diese Begriffe – sofern man sie so betrachtet, wie sie sich heute weitgehend ins allgemeine Bewußtsein eingeprägt haben – stehen im *Widerspruch* zueinander. Die geistigen Wurzeln der sich heute in Wirtschaft und Politik abspielenden kollektivistischen Entwicklung sind in einer langsamen *Umformung des Gleichheitsideals* zu sehen. »Vom ursprünglichen Begriff der Gleichheit als Bestandteil des Gerechtigkeitsbegriffes ist nach und nach eine ganz andere Vorstellung von der Gleichheit entstanden, die mit der ersten nicht nur nichts zu tun hat, sondern mit ihr in sehr weitem Maße unvereinbar ist.« Dies hat dazu geführt, daß man mehr und mehr einer schrankenlosen Ausdehnung der Staatsgewalt nachgab, daß die Grenzen zwischen den verschiedenen Stufen von Regierungstätigkeiten verschwunden sind und daß alle Prinzipien diskreditiert wurden, die einer weiteren Ausdehnung der Staatsmacht Schranken gezogen haben. Da aber heute die einzelnen Staatsmaßnahmen nicht mehr grundsätzlich, sondern nur noch im Hinblick auf die Erzielung eines bestimmten Zwecks beurteilt werden, sind alle Schranken gegen die Erweiterung der Staatsgewalt gefallen. Infolgedessen sind wir bereits heute bei einer Ordnung angelangt, die sich von der streng totalitären nur noch graduell unterscheidet.

---

[*] Auszug aus einem Vortrag, gehalten vor der Zürcher Volkswirtschaftlichen Gesellschaft, Zürich 1951.

Weniger im Rückzug von einem vorübergehend extremen Liberalismus und weniger im Auftreten eines verschieden gestuften Interventionismus, sondern vielmehr im *Verlust der Prinzipien echter Gesetzgebung* liegen die Ursachen der heute wirksamen kulturzerstörenden Kräfte. Der spezifische Sinn, den Cicero dem Gesetz gab – »Wir dienen dem Gesetz, damit wir frei sein können« –, die Lehren Montesquieus (Trennung der Gewalten) und Rousseaus (Volonté générale) sind leider weit entfernt von der heutigen Gesetzesauffassung. Während der alte klassische Gesetzesbegriff der liberalen Staatsphilosophie streng durch die Generalität, Dauer und Definität des Gesetzes charakterisiert war, ist heute nur noch eine fließende Grenze zu den rein zweckbestimmten Gesetzesmaßnahmen festzustellen. Der rechtsstaatliche Gesetzesgedanke ist aber der vollkommenste Ausdruck des politischen Ideals des Liberalismus gewesen – eines Liberalismus, der mit diesem Prinzip des Rechtsstaates steht und fällt.

Seit ungefähr 1870 ist jedoch das *rechtsstaatliche Ideal* mehr und mehr *unterhöhlt* worden. Als abstrakt, unerwünscht und unpraktisch empfunden, stand es immer mehr im Feuer moderner Kritiker, und der echte Gesetzesbegriff ist dem der bloßen Legalität, »einer bloßen Gesetzmäßigkeit, der Rechtsstaatstätigkeit«, gewichen. Dem Rechtsstaat wurde der *Wohlfahrtsstaat* entgegengestellt, wobei man – ob man es wollte oder nicht – unter diesem Titel den eigentlichen *Polizeistaat* wieder hat aufleben lassen.

Wie erklärt sich diese plötzliche Umkehr einer großen Tendenz? Woher kam es, daß die Ideale, die Cicero und Montesquieu entwickelten, für die in den Revolutionen gefochten wurde und für die Menschen gestorben sind, wieder diskreditiert wurden? Warum tauchte, beginnend mit Hegel und Marx, jene *Opposition gegen die bloß formale Gleichheit* auf, an deren Stelle eine *materielle Gleichheit* verlangt wurde?

Natürlich konnte die gleiche Behandlung ungleich veranlagter und begabter Menschen im Rechtsstaat nichts anderes als ungleiche Resultate hervorrufen. Will man aber Menschen, die ungleich sind, in die gleiche materielle Lage versetzen, so würde dies erfordern, daß man die Menschen ungleich behandelt und daß man dem *Staat* einen *zusätzlichen Tätigkeitsbereich* überträgt – einen *Tätigkeitsbereich,* der praktisch keine Grenze mehr kennt und dazu führen müßte, daß schlechthin das ganze menschliche Leben von der Zentralgewalt aus dirigiert würde. Dadurch, daß man im allgemeinen jedoch nicht eine absolute Gleichheit, sondern nur eine Verminderung der Ungleichheit anstrebt, wird die Aufgabe für den Staat nicht leichter, sondern noch schwieriger. Nur solange sich der Staat auf die *echte Gesetzgebung* beschränkt, kann er wirklich *unparteiisch* sein und, ohne Ansehen der Person, unter gleichen Bedingungen und nach den gleichen objektiven Regeln, entscheiden. Und das ist es schließlich, was man letzten Endes als *Gerechtigkeit* bezeichnet.

Die einzige echte Gleichheit, die Gleichheit vor dem Gesetz, die lange Zeit verwirklicht war, ist zerstört worden durch das »Ideal« der materiellen Gleichheit. Die Durchführung dieser materiellen Gleichheit müßte aber einem *willkürlichen Zuteilungssystem* nach Maßgabe der Ansichten der herrschenden Schichten gleichkommen. Leider haben wir aufgehört, an der Verbesserung der echten rechtsstaatlichen Spielregeln zu arbeiten, weil die direkte Zuteilung – verbunden allerdings mit Verwaltungswillkür, Gruppenprivilegierung, Diskriminierung, Totalitarismus – scheinbar ein einfacheres Verfahren ist, das jedoch unseren Gerechtigkeitsvorstellungen widerspricht.

Wirtschaftsgeschichte und Politik[*]

Von jeher hat zwischen politischer Überzeugung und den Ansichten über geschichtliche Ereignisse eine enge Wechselbeziehung bestanden. Die Erfahrungen der Vergangenheit sind die Grundlage, auf der sich im wesentlichen unsere Ansichten darüber aufbauen, ob diese oder jene Politik und Institution erwünscht ist, während auf der anderen Seite unsere politischen Meinungen von heute unvermeidlich unsere Deutung des Vergangenen beeinflussen und färben. Auch wenn die Ansicht zu pessimistisch ist, daß die Menschheit überhaupt nichts aus der Geschichte lernt, so kann man doch daran zweifeln, ob sie immer die Wahrheit aus ihr erkennt. Während auf der einen Seite die Ereignisse der Vergangenheit die Quelle bilden, aus der das Menschengeschlecht seine Erfahrungen schöpft, werden andererseits seine Meinungen nicht durch die objektiven Tatsachen bestimmt, sondern durch die schriftlichen Quellen und Interpretationen, die ihm zugänglich sind. Es wird wohl kaum jemand bestreiten, daß unsere Vorstellungen über das Gut und Böse verschiedener Institutionen weitgehend durch die Auswirkungen in der Vergangenheit bestimmt werden, die wir ihnen zuschreiben. Es gibt kaum ein politisches Ideal oder Konzept, das nicht Anschauungen über eine ganze Reihe geschichtlicher Ereignisse einschließt, und umgekehrt dienen nur wenige historische Erinnerungen nicht als Symbol für irgendein politisches Ziel. Die geschichtlichen Vorstellungen, die uns in der Gegenwart leiten, stimmen jedoch nicht immer mit den geschichtlichen Tatsachen überein; manchmal sind sie sogar weniger Ursache als vielmehr Ergebnis politischer Überzeugungen. Geschichtsmythen haben vielleicht in der Meinungsbildung eine fast ebenso große Rolle gespielt wie geschichtliche Tatsachen. Doch können wir kaum hoffen, aus den Erfahrungen unserer Vergangenheit Nutzen zu ziehen, wenn die Tatbestände, von denen wir unsere Schlußfolgerungen ableiten, nicht mit der Wirklichkeit übereinstimmen.

---

[*] Erstveröffentlichung: Titel »History and Politics«, – Einleitung zu Hayek, F. A. (Hrsg.), *Capitalism and the Historians*, Essays *by T. S. Ashton, L. M. Hacker, W. H. Hutt and B. de Jouvenel*, London u.a.: Routledge und Kegan Paul, 1954.

Wahrscheinlich beeinflussen daher die Geschichtsschreiber die öffentliche Meinung unmittelbarer und umfassender als die politischen Theoretiker, die neue Ideen lancieren. Anscheinend dringen sogar solche neuen Ideen für gewöhnlich nicht in ihrer abstrakten Form in weitere Kreise, sondern vielmehr durch die Deutungen bestimmter Geschehnisse. Der direkten Macht über die öffentliche Meinung steht der Historiker in dieser Hinsicht mindestens um einen Schritt näher als der Theoretiker. Und lange bevor der professionelle Historiker zur Feder greift, hat meist schon die tägliche Auseinandersetzung über Ereignisse der jüngsten Vergangenheit ein ganz bestimmtes Bild von diesen Geschehnissen geschaffen, vielleicht auch mehrere verschiedene Bilder, die nun auf die zeitgenössische Diskussion ebensosehr einwirken wie irgendeine Meinungsverschiedenheit über Wert oder Unwert neuer Theorien.

Dieser grundlegende Einfluß landläufiger Geschichtsauffassungen auf die politische Meinungsbildung wird heute vielleicht weniger verstanden, als dies früher der Fall war. Ein Grund hierfür ist wahrscheinlich darin zu sehen, daß viele moderne Historiker das Bestreben haben, rein wissenschaftlich und gänzlich frei von jedem politischen Vorurteil zu bleiben. Selbstverständlich kann nicht in Frage gestellt werden, daß hierin eine strenge Pflicht für den Wissenschaftler besteht, soweit historische Forschungsarbeit geleistet wird, d.h. Tatsachen als solche ermittelt werden. Es gibt in der Tat keinen legitimen Grund dafür, weshalb Historiker verschiedener politischer Überzeugung dann, wenn es um Tatsachen geht, nicht übereinstimmen sollten. Aber schon am Anfang der Untersuchung, wenn man entscheiden muß, welche Fragen überhaupt wert sind, gestellt zu werden, müssen individuelle Werturteile mit hineinspielen. Und es ist auch mehr als zweifelhaft, ob eine zusammenhängende Geschichte einer Periode oder einer Reihe von Ereignissen überhaupt geschrieben werden könnte, ohne die Tatsachen in der Weise zu interpretieren, daß man nicht etwa nur Theorien über die Verknüpfung sozialer Prozesse auf sie anwendet, sondern sie auch im Lichte bestimmter Werte betrachtet – mehr als zweifelhaft bleibt wenigstens, ob Geschichte dieser Art lesenswert wäre. Geschichtsschreibung ist nicht nur – zum Unterschied von der historischen Forschung – mindestens ebensosehr eine Kunst wie eine Wissenschaft; sondern darüber hinaus gilt: Wer versucht, Geschichte zu schreiben, und dabei vergißt, daß ihm eine Deutung im Lichte letzter Werte als Aufgabe gestellt ist, dem wird lediglich eine Selbsttäuschung gelingen, und er wird seinen unbewußten Vorurteilen zum Opfer fallen.

Vielleicht gibt es kein besseres Beispiel für die Art, in der mehr als ein Jahrhundert lang das ganze politische Ethos einer Nation und für kürzere Zeit sogar das der meisten Nationen der westlichen Welt durch die Schriften einer Gruppe von Historikern geprägt wurde, als den Einfluß, den die englische »Whig-Geschichtsdeutung« gehabt hat. Wahrscheinlich kann man ohne Übertreibung sagen, daß auf jeden, der aus erster Hand die Werke der politischen Philosophen kannte, die die liberale Tradition begründet hatten, fünfzig oder hundert Menschen kamen, die sie aus Schriften von Männern wie Hallam und Macaulay oder Grote und Lord Acton in sich aufnahmen. Bezeichnenderweise kam jener moderne englische Historiker, der mehr als jeder andere diese liberale Tradition in Mißkredit zu bringen suchte, später so weit zu schreiben, daß »die Leute, die vielleicht in irregeleitetem jugendlichen Fanatismus jene Whig-Interpretation auslöschen wollen ... sich nur bemühen, einen Raum leer zu fegen, der nach menschlichem Ermessen nicht lange leer bleiben kann. Sie öffnen die Türen für sieben Teufel, die gerade deshalb schlimmer sein müssen als ihr Vorgänger, weil sie Neulinge sind«[1]. Und wenn er auch noch immer die These vertritt, daß die »Whig history« eine »falsche« Geschichtsschreibung gewesen sei, so betont er doch, daß sie »einer unserer Aktivposten war« und daß »sie heilsam auf die englische Politik gewirkt hat«[2].

Ob in irgendeinem relevanten Sinne die »Whig history« wirklich falsche Geschichtsschreibung war, ist ein Punkt, über den das letzte Wort wahrscheinlich bisher noch nicht gesprochen worden ist, den wir aber hier nicht diskutieren können. Ihre wohltätige Wirkung, die darin bestand, die wesentlich liberale Atmosphäre des neunzehnten Jahrhunderts zu schaffen, steht außer Zweifel und war gewiß nicht auf irgendeine falsche Darstellung von Tatsachen zurückzuführen. Sie war hauptsächlich politische Geschichtsschreibung und die Grundtatsachen, auf denen sie aufbaute, waren über jeden Zweifel erhaben. Sie darf nicht in jeder Hinsicht mit modernen Maßstäben historischer Forschung gemessen werden, aber sie gab zweifellos den Generationen, die in ihrem Geist aufwuchsen, einen wahren Sinn für den Wert der politischen Freiheit, die ihre Vorfahren für sie errungen hatten, und sie diente ihnen auch als Richtschnur, dieses Errungene zu bewahren.

Die Whig-Geschichtsschreibung ist mit dem Niedergang des Liberalismus aus der Mode gekommen. Es ist aber mehr als zweifelhaft, ob die Geschichtsschreibung deshalb, weil sie heute wissenschaftlicher zu sein beansprucht, auch wirklich ein zuverlässiger und glaubwürdigerer Führer auf den Gebieten geworden ist, wo sie sich am stärksten auf die politische Meinungsbildung ausgewirkt hat. Die politische Geschichtsschreibung hat in der Tat viel von dem Einfluß und der fesselnden Kraft verloren, die sie im neunzehnten Jahrhundert besaß; und es ist fraglich, ob irgendein historisches Werk unserer Tage in Verbreitung oder unmittelbarer Wirksamkeit etwa mit Macaulays *History of England* verglichen werden kann. Das Ausmaß, in dem unsere heutigen politi-

---

[1] Butterfield, H., *The Englishman and his History* (Cambridge: Cambridge University Press, 1944), 3.
[2] Ebenda, 7.

schen Ansichten durch Geschichtsdogmen gefärbt werden, hat sich jedoch gewiß nicht verringert. Da das Interesse sich von den verfassungsrechtlichen Problemen auf das soziale und wirtschaftliche Gebiet verlagert hat, treten auch die Geschichtsdogmen, die als treibende Kräfte wirken, heute zumeist in Form von Anschauungen über Wirtschaftsgeschichte auf. Wahrscheinlich ist es berechtigt zu sagen, daß es eine sozialistische Geschichtsinterpretation war, die das politische Denken während der letzten zwei oder drei Generationen beherrscht hat, und daß diese hauptsächlich eine eigentümliche Ansicht über die Wirtschaftsgeschichte darstellt. Das Bemerkenswerte an dieser Geschichtsdeutung ist, daß die meisten der Behauptungen, denen sie den Rang von »Tatsachen, die jeder kennt«, gegeben hat, sich längst als Fiktionen erwiesen haben; und doch werden, außerhalb des Kreises professioneller Wirtschaftshistoriker, noch immer diese »Tatsachen« fast allgemein als die Grundlage akzeptiert, auf der sich das Urteil über die bestehende Wirtschaftsordnung aufbaut.

Wenn man ihnen erzählen würde, daß ihre politischen Überzeugungen durch besondere Ansichten über Wirtschaftsgeschichte bestimmt worden sind, dann würden die meisten Leute antworten, daß sie sich niemals für solche Dinge interessiert und nie ein Buch darüber gelesen hätten. Dies heißt jedoch nicht, daß sie nicht wie die übrigen Menschen als erwiesene Tatsachen viele von den Legenden hinnehmen, die irgendwann einmal von Autoren wirtschaftsgeschichtlicher Schriften in Umlauf gesetzt worden sind. Auch wenn der Historiker auf dem indirekten und verschlungenen Wege, auf dem neue politische Ideen die breite Öffentlichkeit erreichen, eine Schlüsselstellung einnimmt, so wirkt selbst er in der Hauptsache erst dadurch, daß seine Gedanken auf vielen weiteren Stationen geistig umgeschlagen werden. Erst nachdem mehrere Phasen durchlaufen sind, wird das Bild, das er zeichnet, zum allgemeinen geistigen Besitz; über Roman und Zeitung, durch Kino und politische Reden, und endlich durch die Schule und im täglichen Gespräch eignet sich der Durchschnittsmensch seine Vorstellungen von Geschichte an. Aber selbst Leute, die nie ein Buch lesen und wahrscheinlich die Namen der Historiker noch nie gehört haben, von deren Ansichten sie beeinflußt sind, kommen endlich dahin, die Vergangenheit durch deren Brille zu sehen. Auf diese Weise sind alle möglichen Dogmen zu Bestandteilen des politischen Katechismus unserer Zeit geworden, zum Beispiel bestimmte Vorstellungen über die Entwicklung und die Wirkungen der Gewerkschaften, über das angeblich progressive Anwachsen des Monopolismus, über die absichtliche Vernichtung von Warenvorräten als Folge des Wettbewerbs (in Wirklichkeit ein Ereignis, das jedesmal, wenn es eintrat, auf die Monopole, und zwar gewöhnlich ein staatlich organisiertes Monopol zurückzuführen war), über die Unterdrückung wohltätiger Erfindungen, über die Ursachen und Wirkungen des »Imperialismus« und schließlich über die Rolle der Rüstungsindustrie im besonderen oder der »Kapitalisten« im all-

gemeinen bei der Anstiftung von Kriegen. Die meisten Zeitgenossen wären
wohl sehr überrascht, zu erfahren, daß ihre Meinungen über diese Dinge zum
größten Teil nicht auf erhärteten Tatsachen beruhen, sondern bloße Mythen
sind, die aus politischen Motiven heraus lanciert und dann in guter Absicht von
Leuten verbreitet worden sind, in deren allgemeines Denkschema sie hinein-
paßten. Mehrere Bücher von der Art des hier vorgelegten wären erforderlich,
um zu zeigen, wie das meiste von dem, was über diese Probleme nicht nur Radikale, sondern auch viele Konservative glauben, nicht Geschichte, sondern nur
politische Legende ist. Wir müssen uns an dieser Stelle darauf beschränken, den
Leser bezüglich dieser Fragen auf einige Werke hinzuweisen, bei denen er sich
über die wichtigeren der aufgezählten Fragen informieren kann[3].

Es gibt jedoch einen Mythos ersten Ranges, der mehr als jeder andere dazu
beigetragen hat, das Wirtschaftssystem in Verruf zu bringen, dem wir unsere
heutige Zivilisation verdanken. Es handelt sich um die Legende, daß sich die
Lage der arbeitenden Klassen infolge des Aufstiegs des »Kapitalismus« (bzw.
des »Manufaktur«- oder »Industrie-Systems«) verschlechtert habe. Wer hat
noch nicht von den »Schrecken des Frühkapitalismus« gehört und den Eindruck gewonnen, daß das Aufkommen dieses Systems unsagbar neues Elend
über weite Schichten gebracht habe, die bis dahin leidlich zufrieden waren und
auskömmlich lebten? Wir dürfen mit Recht ein System für verderblich halten,
dem der Makel anhaftet, auch nur für eine gewisse Zeit die Lage der ärmsten
und zahlreichsten Bevölkerungsschicht verschlechtert zu haben. Die weitverbreitete emotionale Abneigung gegen den »Kapitalismus« ist eng mit diesem
Glauben verknüpft, daß das unbestreitbare Anwachsen des Reichtums – herbeigeführt durch die Wettbewerbsordnung – um den Preis eines gesenkten Le-
bensstandards der schwächsten Gesellschaftsschichten erkauft worden sei.

Daß sich dies so verhält, wurde in der Tat einst weit und breit von den Wirtschaftshistorikern gelehrt. Eine sorgfältigere Prüfung der Tatbestände hat jedoch zu einer gründlichen Revision dieser Lehrmeinung geführt. Nachdem
aber nun diese Kontroverse entschieden ist, behauptet sich gleichwohl noch ei-

---

[3] Vergl. Dorothy, G. M., »The Combination Laws Reconsidered«, *Economic History* (supplement to the *Economic Journal*), I (May, 1927), 214–228; Hutt, W. H., *The
Theory of Collective Bargaining* (London: P. S. King & Son, 1930) und *The Economists
and the Public* (London: J. Cape, 1936); Robbins, L. C., *The Economic Basis of Class
Conflict* (London: Macmillan & Co., 1939) und *The Economic Causes of War* (London:
J. Cape, 1939); Sulzbach, W., »Capitalistic Warmongers: A Modern Superstition«, *Pub-
lic Policy Pamphlets*, No. 35 (Chicago: University of Chicago Press, 1942); Stigler, G. J.,
»Competition in the United States«, in *Five Lectures on Economic Problems* (London
and New York: Longmans, Green & Co., 1949); Nutter, G. Warren, *The Extent of En-
terprise Monopoly in the United States, 1899 bis 1939* (Chicago: University of Chicago
Press, 1951); siehe ferner über die meisten dieser Probleme die Schriften von Ludwig von
Mises, besonders seine *Gemeinwirtschaft* (Jena: Gustav Fischer, 1922).

ne Generation später die alte Vorstellung im allgemeinen Glauben weiter fort. Wie diese Lehrmeinung jemals entstehen und warum sie noch so lange Zeit nach ihrer Widerlegung für die öffentliche Meinung bestimmend bleiben konnte, sind zwei Fragen, die ernsthafte Untersuchungen verdienen.

Dieser Auffassung begegnet man häufig nicht nur in der politischen Literatur, die gegen den Kapitalismus gerichtet ist, sondern sogar in Werken, die im ganzen der politischen Tradition des neunzehnten Jahrhunderts wohlwollend gegenüberstehen. Ein gutes Beispiel bietet der folgende Absatz aus Ruggieros mit Recht geschätzter *Geschichte des europäischen Liberalismus*:

»So war es gerade die Periode des intensivsten industriellen Aufstieges, in der sich die Lebensbedingungen des Arbeiters verschlechterten. Die Arbeitszeit wurde ins Ungemessene verlängert; die Beschäftigung von Frauen und Kindern in den Fabriken drückte die Löhne herab: der scharfe Wettbewerb unter den Arbeitern selbst, die nicht länger an ihre Kirchspiele gebunden waren, sondern frei wandern und sich dort ansammeln konnten, wo die Nachfrage nach ihnen am größten war, verbilligte die Arbeit noch weiter, die sie auf dem Markt anboten: zahlreiche und häufig wiederkehrende industrielle Krisen – unvermeidlich in einer Periode des Wachstums, wenn Bevölkerung und Verbrauch noch nicht stabilisiert sind –, ließen die Schar der Arbeitslosen, die Reservearmee des Hungers, von Zeit zu Zeit anschwellen.«[4]

Für eine solche Behauptung gab es eigentlich sogar vor einem Vierteljahrhundert, als sie aufgestellt wurde, kaum eine Entschuldigung. Ein Jahr, nachdem sie zum ersten Male publiziert worden war, beklagte sich mit Recht einer der hervorragendsten Kenner der modernen Wirtschaftsgeschichte, Sir John Chapham:

»Die Legende, daß alles bis zu einem nicht genau bestimmten Zeitpunkt zwischen der Abfassung der People's Charter und der Great Exhibition für den Arbeiter immer schlechter wurde, stirbt nur schwer. Die Tatsache, daß nach dem Preissturz der Jahre 1820–21 die Kaufkraft der Löhne im allgemeinen – natürlich nicht der Lohn jedes einzelnen – entscheidend höher war als kurz vor den Revolutionskriegen und den Feldzügen gegen Napoleon, paßt so wenig in die Überlieferung hinein, daß sie sehr selten erwähnt

---

[4] Ruggiero, G. de, *Storia del liberalismo europeo* (Bari, 1925), ins Englische übersetzt von R. G. Collingwood (London: Oxford University Press, 1927), 47, besonders p. 85. Es ist interessant, daß Ruggiero die von ihm angeführten Tatbestände hauptsächlich von einem anderen als liberal geltenden Historiker herzuleiten scheint, nämlich von Elie Halévy, wenn auch Halévy sie niemals in so grober Form dargestellt hat.

wird, wobei die Sozialhistoriker die Arbeiten der Lohn- und Preisstatistiker ständig außer acht lassen.«[5]

Um die allgemeine öffentliche Meinung ist es heute kaum besser bestellt, wenn auch selbst die Mehrheit derjenigen Gelehrten die Tatsachen anerkennen mußte, die für die Verbreitung der gegenteiligen Ansicht in erster Linie verantwortlich waren. Wenige Autoren haben wohl mehr zur Entstehung des Glaubens beigetragen, daß im frühen neunzehnten Jahrhundert die Lage der arbeitenden Klasse sich ganz besonders verschlechtert habe, als Mr. und Mrs. J. H. Hammond; ihre Bücher werden häufig als Belege hierfür zitiert. Aber gegen Ende ihres Lebens gaben sie offen zu, daß

>die Statistiker uns berichten, sie könnten nach Auswertung der ihnen verfügbaren Daten feststellen, daß die Einkommen gestiegen waren und daß die meisten Männer und Frauen zu der Zeit, als sich diese Unzufriedenheit laut und aktiv bemerkbar machte, weniger arm gewesen sind als vorher im herbstlichen Schweigen des alternden achtzehnten Jahrhunderts. Das Beweismaterial ist natürlich dürftig und seine Auswertung nicht gerade einfach, aber diese Feststellung trifft wahrscheinlich im ganzen und großen zu.«[6]

Dies konnte jedoch kaum mehr etwas an der allgemeinen Wirkung ändern, die ihre Schriften auf die öffentliche Meinung ausgeübt hatten. In einer der jüngsten kompetenten Studien über die Geschichte der politischen Tradition des Westens können wir zum Beispiel noch immer lesen:

>... aber wie alle die großen gesellschaftlichen Experimente so war auch die Erfindung des Arbeitsmarktes kostspielig. Aus ihr ergab sich in erster Linie ein schneller und drastischer Abstieg des materiellen Lebensstandards der arbeitenden Schichten.«[7]

Ich wollte gerade in der Niederschrift dieser Abhandlung fortfahren, um zu sagen, daß diese Anschauung noch immer fast ausschließlich in der Populärliteratur vertreten wird, als mir das neueste Buch von Bertrand Russel zu Gesicht kam, in welchem er, gleichsam um meine These zu bestätigen, leichthin behauptet:

>Die industrielle Umwälzung rief in England wie auch in Amerika unbeschreibliches Elend hervor. Meiner Ansicht nach kann kaum jemand, der

---

[5] Chapham, J. H., *An Economic History of Modern Britain* (Cambridge, 1926), I, 7.
[6] Hammond, J. L. und B., *The Bleak Age* (1934) (rev. ed., London: Pelican Books, 1947), 15.
[7] Watkins, F., *The Political Tradition of the West* (Cambridge, Mass.: Harvard University Press 1948), 213.

sich mit der Wirtschaftsgeschichte befaßt, daran zweifeln, daß das durchschnittliche Wohlbefinden in England im frühen neunzehnten Jahrhundert niedriger war als hundert Jahre zuvor; und dies war fast ausschließlich auf die wissenschaftliche Technik zurückzuführen.«[8]

Dem intelligenten Laien kann man es kaum verübeln, wenn er annimmt, daß eine so kategorische Äußerung eines Autors von diesem Rang auch wahr sein muß. Wenn ein Bertrand Russel so etwas glaubt, dann dürfen wir nicht überrascht sein, daß die Versionen der Wirtschaftsgeschichte, die heute in Hunderttausenden von Taschenausgaben verbreitet werden, meist von der Art sind, die diesen alten Mythos weiter ausstreuen. Es gehört auch noch immer zu den seltenen Ausnahmen, wenn wir einmal einen historischen Roman über die Periode finden, der auf das dramatische Moment verzichtet, das die Geschichte von der plötzlichen Verelendung großer Arbeitergruppen vermittelt.

Der wahre Sachverhalt – nämlich der langsame und unregelmäßige Aufstieg der arbeitenden Klasse, der sich nach unserer heutigen Kenntnis damals vollzogen hat, – ist natürlich für den Laien recht wenig sensationell und interessant. Denn das ist ja nichts anderes als der normale Zustand, den er zu erwarten gelernt hat; und es kommt ihm kaum der Gedanke, daß dieser Fortschritt keineswegs unausweichlich ist, daß ihm vielmehr Jahrhunderte vorausgingen, in denen die Position der Ärmsten ziemlich unverändert blieb, und daß wir erst durch die Erfahrungen mehrerer Generationen so weit gekommen sind, mit einem ständigen Fortschritt zum Besseren zu rechnen – durch Erfahrungen mit demselben System, das der Laie noch immer als die Ursache des Elends der Armen ansieht.

Diskussionen um die Folgen der aufkommenden modernen Industrie für die arbeitenden Klassen beschäftigen sich fast immer mit den englischen Verhältnissen in der ersten Hälfte des neunzehnten Jahrhunderts; doch der große Umbruch, auf den sie sich beziehen, hatte schon viel früher begonnen, er besaß zu jener Zeit bereits eine erhebliche Vorgeschichte und erstreckte sich außerdem weit über die Grenzen Englands hinaus. Die Freiheit der wirtschaftlichen Betätigung, die sich in England als so günstig für die schnelle Zunahme des Wohlstandes erwiesen hatte, war wahrscheinlich zunächst nur ein fast zufälliges Nebenprodukt der Beschränkungen, die die Revolution des siebzehnten Jahrhunderts den Regierungsgewalten auferlegt hatte; und erst nachdem man ihre heilsamen Auswirkungen allgemein erkannt hatte, unternahmen es nachträglich die Nationalökonomen, den Zusammenhang zu erklären und für die Beseitigung auch der letzten Schranken einzutreten, die der Handelsfreiheit noch gesetzt waren. Es ist deswegen in vieler Hinsicht irreführend, wenn man

---

[8] Russel, B., *The Impact of Science on Society* (New York: Columbia University Press, 1951), 19–20.

von »Kapitalismus« in einer Weise spricht, als habe es sich um ein neues und ganz anderes System gehandelt, das plötzlich gegen Ende des achtzehnten Jahrhunderts entstanden wäre; wir verwenden diese Bezeichnung hier, weil sie am bekanntesten ist, tun das aber nur sehr widerstrebend, weil der Begriff mit seinen modernen Nebenbedeutungen ja selbst weitgehend eine Schöpfung jener sozialistischen Ausdeutung der Wirtschaftsgeschichte ist, mit der wir uns hier auseinandersetzen. Der Ausdruck ist dann besonders irreführend, wenn er wie so oft mit der Vorstellung vom Anwachsen des besitzlosen Proletariats verbunden wird, das durch eine heimtückische Entwicklung seines rechtmäßigen Eigentums an den Produktionsmitteln beraubt worden sei.

Die wahre Geschichte vom Zusammenhang zwischen Kapitalismus und anwachsendem Proletariat ist ungefähr das Gegenteil dessen, was durch diese Theorien von der Expropriation der Massen suggeriert wird. Die Wahrheit ist, daß während des größten Zeitraums der Geschichte für die meisten Menschen der Besitz der Produktionsmittel wesentliche Voraussetzung dafür war, daß sie sich am Leben erhalten, oder wenigstens dafür, daß sie eine Familie gründen konnten. Die Zahl derer, die sich durch Arbeit für andere über Wasser halten konnten, ohne selbst die dafür erforderliche Ausrüstung zu besitzen, war auf einen Bruchteil der Bevölkerung beschränkt. Die Menge an Ackerland und Gerät, das von Generation zu Generation vererbt wurde, begrenzte die Gesamtzahl derjenigen, die am Leben bleiben konnten. Wer jene nicht besaß, für den bedeutete das in den meisten Fällen den Hungertod oder zum mindesten die Unmöglichkeit der Fortpflanzung. Es bestand wenig Anreiz und kaum eine Möglichkeit für eine Generation, die zusätzlichen Produktionsmittel anzusammeln, die eine größere Bevölkerungszahl der nächsten Generation hätten am Leben erhalten können, solange die Beschäftigung zusätzlicher Arbeitskräfte in der Hauptsache nur in den begrenzten Fällen einen Vorteil brachte, in denen eine weitere Arbeitsteilung die Arbeit des Eigentümers der Produktionsmittel ertragreicher machen konnte. Erst als die Verwendung von Maschinen größere Gewinne brachte und dadurch Mittel und Möglichkeiten für ihre Investition geschaffen waren, war in wachsendem Maße die Möglichkeit gegeben, daß der in der Vergangenheit ständig wiederkehrende Bevölkerungsüberschuß – bisher zu frühem Tode verurteilt – jetzt am Leben blieb. Bevölkerungsziffern, die viele Jahrhunderte lang praktisch konstant geblieben waren, begannen nun außergewöhnlich schnell zu steigen. Das Proletariat, das der Kapitalismus sozusagen »geschaffen« hat, war demnach nicht ein Teil der Bevölkerung, der ohne ihn vorhanden gewesen wäre und der durch ihn auf einen niedrigeren Lebensstandard herabgedrückt worden ist; vielmehr handelte es sich dabei um einen Bevölkerungszuwachs, der erst durch die neuen Beschäftigungsmöglichkeiten heranwachsen konnte, die der Kapitalismus eröffnete. Soweit es zutrifft, daß die Kapitalvermehrung das Auftreten des Proletariats möglich machte, gilt das in dem Sinne, daß das Kapital die Produktivität der Arbeit steigerte, infolgedessen eine viel größere Zahl von solchen Menschen, denen ihre Eltern nicht die nötigen Produktionsmittel mitgegeben hatten, sich allein durch ihre Arbeit ernähren konnte; aber das Kapital mußte zuerst einmal beschafft werden, bevor diejenigen überhaupt am Leben erhalten werden konnten, die später ein Recht auf einen Anteil am Kapitaleigentum beanspruchten. Wenn es auch gewiß nicht aus Gründen der Barmherzigkeit geschah, so geschah es doch zum ersten Male in der Geschichte, daß eine Gruppe von Menschen ihr eigenes Interesse darin fand, ihre Einnahmen in großem Umfang in neuen Produktionsmitteln anzulegen, die von Leuten bedient werden sollten, deren Lebensunterhalt ohne sie nicht hätte produziert werden können.

Die Statistiken legen beredtes Zeugnis davon ab, wie sich der Aufstieg der modernen Industrie in einer Zunahme der Bevölkerung ausgewirkt hat. Daß dies an sich schon die allgemeine Ansicht über die schädlichen Folgen des aufkommenden Fabriksystems für die breiten Massen weitgehend widerlegt, soll uns jetzt nicht beschäftigen. Wir brauchen auch die Tatsache nur zu erwähnen, daß der Lebensstandard der ärmsten Randschicht der Bevölkerung nicht wesentlich verbessert werden konnte – wie sehr auch die durchschnittliche Lebenshaltung ansteigen mochte –, solange diese Zunahme der Arbeiter, die ein gegebenes Produktivitätsniveau erreichten, einen Bevölkerungszuwachs hervorbrachte, der den Fortschritt der Produktion wieder in vollem Umfang aufwog. Entscheidend ist vielmehr an dieser Stelle, daß dieser Anstieg der Bevölkerungszahl, zumal bei der Fabrikarbeiterbevölkerung, in England mindestens schon zwei oder drei Menschenalter vor der Zeit eingetreten war, in der sich angeblich die Lage der Arbeiter ernsthaft verschlechtert hat.

Die Zeit, auf die sich diese Behauptung bezieht, ist zugleich die Periode, in der zum ersten Male die Frage nach der Lage der arbeitenden Klasse die Aufmerksamkeit der Öffentlichkeit erregte. Und die Meinungen einiger der damals lebenden Zeitgenossen sind in der Tat die Hauptquellen für die heute herrschenden Ansichten. Unsere erste Frage muß daher lauten: wie kam es dazu, daß ein solcher Eindruck – im Widerspruch zu den Tatsachen – bei den Menschen jener Zeit verbreitet sein konnte?

Ein Hauptgrund lag offensichtlich darin, daß man sich immer mehr gewisser Zustände bewußt wurde, die vorher unbemerkt geblieben waren. Gerade die erreichte Steigerung von Reichtum und Wohlstand veränderte auch die Maßstäbe und hob die Ansprüche. Was seit altersher als normaler und unvermeidlicher Zustand oder gar als Fortschritt gegenüber der Vergangenheit gegolten hatte, erschien nun den Betrachtern als unvereinbar mit den Möglichkeiten, die das neue Zeitalter zu eröffnen schien. Wirtschaftliche Not wurde nun viel deutlicher wahrgenommen und erschien zugleich weniger gerechtfertigt, weil ja der allgemeine Wohlstand schneller zunahm als je zuvor. Aber dies beweist natürlich

nicht, daß die Leute, deren Schicksal Unwillen und Empörung hervorzurufen
begann, jetzt schlechter daran waren als ihre Väter und Großväter. Während es
in jeder Weise erwiesen ist, daß es großes Elend gab, ist kein Beweis dafür vorhanden, daß dieses Elend größer oder auch nur ebenso groß gewesen ist wie in
der vorangegangenen Zeit. Die Anhäufungen langer Reihen billiger Industriear-
beiterhäuser waren wahrscheinlich häßlicher als die pittoresken Hütten, in denen ein Teil der Landarbeiter oder der Heimarbeiter gelebt hatte; und sie wirkten gewiß alarmierender auf den Grundbesitzer oder auf den städtischen Patri-
zier als die früher weit über das Land verbreitete Armut. Aber für diejenigen, die
vom Lande in die Stadt gezogen waren, bedeutete der neue Zustand eine Verbesserung; und selbst wenn das schnelle Anwachsen der Industriezentren auch
sanitäre Probleme mit sich brachte, deren Beherrschung die Menschen erst langsam und mühselig erlernen mußten, lassen doch die Statistiken kaum Zweifel
darüber, daß sogar der allgemeine Gesundheitszustand im ganzen eher vorteilhaft als nachteilig beeinflußt wurde[9].

Um den Übergang von einer optimistischen zu einer pessimistischen Ansicht über die Auswirkungen der Industrialisierung zu erklären, ist jedoch dieses Erwachen des sozialen Gewissens wahrscheinlich weniger wichtig als vielmehr die Tatsache, daß dieser Meinungsumschwung offenbar nicht in den Fa-
brikdistrikten, wo man das Geschehen aus erster Hand kannte, sondern in der
politischen Diskussion der englischen Metropole eingesetzt hat, die etwas ab-
seits von der neuen Entwicklung lag und wenig Anteil an ihr hatte. Es ist offenkundig, daß der Glaube an die »schrecklichen« Zustände, wie sie unter der
Fabrikbevölkerung in den Midlands und im Norden Englands herrschen sollten, in den dreißiger und vierziger Jahren des neunzehnten Jahrhunderts bei
den oberen Schichten Londons und des Südens weithin vertreten war. Er lie-
ferte eines der Hauptargumente, mit denen die Grundbesitzerklasse zum Ge-
genschlag gegen die Fabrikbesitzer ausholte, um deren Agitation gegen die
Korngesetze und für den Freihandel zu bekämpfen. Und diese Argumente der
konservativen Presse waren es, von denen die radikalen Intellektuellen jener
Tage, ohne viel aus erster Hand über die Industriegebiete zu wissen, die Anschauungen ableiteten, die einmal als die allgemein verwendeten Waffen der politischen Propaganda dienen sollten.

Diese Situation, auf die noch ein großer Teil der heutigen Vorstellungen
über die Auswirkungen der Industrialisierung auf die Arbeiterklasse zurückgeführt werden kann, wird vorzüglich durch einen Brief illustriert, den eine Da-
me der Londoner Gesellschaft, Mrs. Cooke Taylor, um das Jahr 1843 nach
ihrem ersten Besuch in einigen Industriebezirken von Lancashire geschrieben

---

[9] Vgl. Buer, M. C., *Health, Wealth and Population in the Early Days of the Industrial Revolution* (London: G. Routledge & Sons, 1926).

hat. Ihr Bericht über die Verhältnisse, die sie vorfand, wird durch einige Bemerkungen über den allgemeinen Stand der Ansichten in London eingeleitet:

»Ich brauche Sie nicht an die Behauptungen zu erinnern, die in den Zeitungen über die Notlage der Arbeiter und die Tyrannei ihrer Vorgesetzten aufgestellt werden, denn sie hatten einen solchen Eindruck auf mich gemacht, daß ich mich nur widerwillig dazu bereit fand, meine Reise nach Lancashire anzutreten; diese Entstellungen sind in der Tat außerordentlich verbreitet, und die Leute schenken ihnen Glauben, ohne zu wissen, warum und weshalb. Um ein Beispiel zu nennen: gerade kurz vor meiner Abreise war ich zu einem großen Dinner im Westen der Stadt eingeladen und saß neben einem Herrn, der als ein sehr kluger und einsichtiger Mann gilt. Im Laufe der Unterhaltung kam ich auf meine bevorstehende Reise nach Lancashire zu sprechen. Da starrte er mich an und fragte, was in aller Welt ich denn dort wolle? Ebensobald könne er auf die Idee kommen, nach St. Giles' zu gehen; das sei ja eine scheußliche Gegend – übersät mit Fabriken; die Menschen dort hätten vor Hunger, Unterdrückung und Überarbeitung fast schon ihre Menschengestalt verloren; und die Fabrikbesitzer seien eine aufgeblasene und verwöhnte Rasse, die sich am Lebensmark der Leute mäste. Ich gab zur Antwort, daß solche Zustände ja schrecklich seien, und fragte meinen Gesprächspartner, in welcher Gegend er denn solches Elend gesehen habe. Er erwiderte, gesehen habe er es niemals, aber man habe ihm erzählt, daß es vorhanden sei; und er für sein Teil sei nie in den Industriegebieten gewesen und denke auch nicht daran, jemals dorthin zu reisen. Dieser Herr gehörte zu der zahlreichen Gruppe von Leuten, die Berichte verbreiten, ohne sich je die Mühe zu machen, sie daraufhin zu prüfen, ob sie wahr sind oder nicht.«[10]

Mrs. Cooke Taylors eingehende Beschreibung der zufriedenstellenden Zustände, die sie zu ihrer Überraschung antraf, schließt mit der Bemerkung:

»Jetzt, nachdem ich die Fabrikbevölkerung bei ihrer Arbeit, in ihren Siedlungen und in ihren Schulen gesehen habe, weiß ich ganz und gar nicht, wie ich mir den Sturm der Entrüstung erklären soll, den man gegen sie entfesselt hat. Diese Leute sind besser gekleidet, besser genährt und auch besser geleitet als viele andere Gruppen von Arbeitern.«[11]

---

[10] Dieser Brief wird zitiert bei »Reuben«, *A Brief History of the Rise and Progress of the Anti-Corn-Law League* (London, [1845]). Mrs. Cooke Taylor, die anscheinend die Gattin des radikalen Dr. Cooke Taylor gewesen ist, hatte die Fabrik von Henry Asworth in Turton bei Bolton besucht, die in einem damals noch ländlichen Bezirke lag, der deshalb wahrscheinlich anziehender war als einige der städtischen Industriebezirke.

[11] Ebenda.

Aber auch wenn eine Partei zu jener Zeit die später von den Historikern über-
nommene Ansicht selbst laut verkündet hat, bleibt noch zu klären, weshalb
gerade der Standpunkt dieser *einen* zeitgenössischen Partei, und zwar nicht der
der Radikalen oder Liberalen sondern der der Tories, zur fast unbestrittenen
Lehrmeinung der Wirtschaftshistoriker der zweiten Hälfte des Jahrhunderts
werden konnte. Des Rätsels Lösung scheint darin zu liegen, daß das erwa-
chende Interesse für Wirtschaftsgeschichte selbst eng mit dem Interesse am
Sozialismus verknüpft war und daß ein großer Teil der Männer, die sich dem
Studium der Wirtschaftsgeschichte widmeten, dem Sozialismus zuneigte.
Nicht allein der große Antrieb, der von Karl Marx' »materialistischer
Geschichtsauffassung« ausging, förderte unzweifelhaft das Studium der Wirtschaftsgeschichte; vielmehr vertraten praktisch alle sozialistische Schulen eine
Geschichtsphilosophie, die darauf abzielte, den relativen Charakter der verschiedenen ökonomischen Institutionen aufzuzeigen und das zwangsläufige
Aufeinanderfolgen verschiedener Wirtschaftssysteme im Zeitablauf nachzuweisen. Sie alle suchten zu beweisen, daß das von ihnen angegriffene System
des Privateigentums an den Produktionsmitteln eine Entartungsform eines
früheren und natürlicheren Systems von Gemeineigentum gewesen sei; die
theoretischen Vorurteile, von denen sie sich leiten ließen, erforderten es, daß
der Aufstieg des Kapitalismus zum Schaden der arbeitenden Klassen vor sich
gegangen sein müsse, und deshalb überrascht es nicht, daß sie fanden, wonach
sie suchten.

Ganz abgesehen von denjenigen, die die Beschäftigung mit der Wirtschaftsgeschichte bewußt zu einem Werkzeug politischer Agitation gemacht haben –
wie es in vielen Fällen von Marx und Engels bis zu Werner Sombart und Sidney und Beatrice Webb zutrifft –, lieferten auch viele Wissenschaftler, die ehrlich glaubten, ohne Vorurteil zu den Tatsachen vorzudringen, kaum weniger
einseitige Ergebnisse. Das war zum Teil darauf zurückzuführen, daß sie sich
der Methode der »Historischen Schule« zuwandten, die an sich schon als Auflehnung gegen die theoretische Analyse der klassischen Nationalökonomie
proklamiert worden war, weil diese so häufig über die populären Vorschläge
zur Behebung alltäglicher Beschwerden ein unbequemes Verdammungsurteil
gesprochen hatte[12]. Es ist kein Zufall, daß die größte und einflußreichste Gruppe unter den Wirtschaftshistorikern in den sechzig Jahren vor dem Ersten

---

[12] Nur um die allgemeine Einstellung dieser Schule zu zeigen, sei eine charakteristische Äußerung eines ihrer bekanntesten Vertreter, Adolf Held, zitiert. Nach seiner Darstellung war es Ricardo, »unter dessen Hand die rechtgläubige Nationalökonomie zu einer gefügigen Dienerin der ausschließenden Interessen des mobilen Capitals wurde«,
und seine Rententheorie war »einfach von dem Haß des Geldcapitalisten gegen den
Grundbesitzerstand dictiert«.(*Zwei Bücher zur sozialen Geschichte Englands*, Leipzig:
Duncker & Humblot, 1881, 176.)

Weltkriege, die Deutsche Historische Schule, sich auch stolz »Kathedersozialisten« nannte, oder daß ihre geistigen Erben, die amerikanischen »Institutionalisten«, in ihren Neigungen meist Sozialisten waren. Die ganze Atmosphäre dieser Schulen war so beschaffen, daß es für einen jungen Wissenschaftler einer außergewöhnlichen geistigen Unabhängigkeit bedurft hätte, um nicht dem Druck der akademischen Lehrmeinung zu erliegen. Kein Vorwurf war gefürchteter oder vernichtender für eine akademische Karriere als der, ein »Apologet« des kapitalistischen Systems zu sein; und selbst wenn es ein Wissenschaftler wagte, der herrschenden Lehre in einem bestimmten Punkte zu widersprechen, mußte er sich sorgfältig gegen einen solchen Vorwurf schützen, indem er in den allgemeinen Chor der Verdammung des kapitalistischen Systems mit einstimmte[13]. Es wurde als Beweis echt wissenschaftlichen Geistes angesehen, wenn man die bestehende Wirtschaftsordnung nur als »historische Phase« behandelte und aus den »Gesetzen der geschichtlichen Entwicklung« das Emporkommen eines besseren zukünftigen Systems vorherzusagen vermochte.

Manche Entstellung der Tatsachen durch die früheren Wirtschaftshistoriker war tatsächlich unmittelbar auf ein ursprüngliches Bemühen zurückzuführen, diese Tatsachen ohne jede vorgefaßte theoretische Konzeption zu betrachten. Wer sich vorstellt, man könne die Kausalzusammenhänge irgendwelcher Ereignisse verfolgen, ohne eine Theorie anzuwenden, und wer erwartet, eine solche Theorie werde sich automatisch aus der Anhäufung einer genügenden Anzahl von Tatbeständen ergeben, gibt sich jedoch einer reinen Illusion hin. Die gesellschaftlichen Vorgänge sind so komplex, daß man sie ohne die analytischen Werkzeuge, wie sie eine systematische Theorie liefert, fast mit Sicherheit falsch deutet; und wer die bewußte Anwendung eines deutlich umrissenen und geprüften logischen Argumentes umgeht, fällt gewöhnlich nur den Populärmeinungen seiner Zeit zum Opfer. Der »gesunde Menschenverstand« ist ein unzuverlässiger Führer auf diesem Gebiet, und scheinbar »einleuchtende« Erklärungen sind häufig nicht mehr als Produkte allgemein akzeptierten Aberglaubens. Es mag ohne weiteres verständlich erscheinen, daß die Einführung von Maschinen eine allgemeine Schrumpfung der Nachfrage nach Arbeit bewirken müsse. Aber bemüht man sich ernsthaft, das Problem zu durchdenken, dann kommt man zu dem Ergebnis, daß dieser Glaube auf einem logischen Irrtum beruht, – das man nämlich eine Folge der angenommenen Datenänderung überbetont und dafür andere Wirkungen außer acht gelassen hat. Obendrein rechtfertigen die Tatsachen diesen Glauben keineswegs. Und

---

[13] Eine gute Darstellung der allgemeinen politischen Atmosphäre, wie sie unter den Nationalökonomen der Deutschen Historischen Schule vorherrschte, findet sich bei Ludwig Pohle, *Die gegenwärtige Krise in der deutschen Volkswirtschaftslehre* (Leipzig, 1911).

trotzdem wird jeder, der ihm anhängt, höchstwahrscheinlich etwas finden, was ihm als überzeugender Beweis erscheint. Es ist leicht genug, im frühen neunzehnten Jahrhundert Beispiele äußerster Armut zu finden und den Schluß zu ziehen, daß dies auf die Einführung von Maschinen zurückzuführen sei, ohne daß man die Frage stellt, ob vorher die Verhältnisse um einen Deut besser oder ob sie vielleicht sogar schlechter gewesen sind. Man kann auch der Meinung sein, daß bei einer Produktionssteigerung früher oder später ein Teil des Produkts unverkäuflich werden muß, und man kann eine sich dann einstellende Absatzkrise als Bestätigung für seine Erwartungen buchen, obwohl es eine ganze Reihe viel plausiblerer Erklärungen hierfür gibt als allgemeine »Überproduktion« oder »Unterkonsumtion«.

Ohne Zweifel sind viele dieser Fehldeutungen in gutem Glauben vorgebracht worden; und es besteht kein Grund, die Motive mancher dieser Leute nicht zu achten, die das Elend der Armen in den schwärzesten Farben malten, um das Gewissen der Öffentlichkeit wachzurütteln. Dieser Art von Agitation, die Widerwillige dazu zwang, unangenehmen Tatsachen ins Auge zu sehen, verdanken wir einige der schönsten und großzügigsten Maßnahmen der Sozialpolitik – von der Abschaffung der Sklaverei bis zur Aufhebung der Steuern auf eingeführte Lebensmittel und bis zur Beseitigung vieler eingefleischter Monopole und Mißbräuche. Und wir haben allen Grund, uns daran zu erinnern, in welchem Elend sich die Mehrheit der Bevölkerung noch vor nicht weniger als hundert oder hundertundfünfzig Jahren befand. Aber wir dürfen es nicht zulassen, daß noch lange nachher die Tatsachen – sei es auch nur aus humanitärem Eifer – entstellt werden und auf diese Weise unser Urteil über die Verdienste eines Systems getrübt wird, das zum ersten Male in der Geschichte den Menschen das Gefühl gab, ein solches Elend lasse sich vermeiden. Ohne Zweifel haben durch die Unternehmungsfreiheit viele Leute ihre privilegierte Stellung verloren und sind der Macht beraubt worden, sich durch Unterdrückung der Konkurrenz ein bequemes Einkommen zu sichern. Auch aus verschiedenen anderen Gründen mögen manche Leute die Entwicklung des modernen Industrialismus beklagen; denn er hat ohne Zweifel gewisse ästhetische und moralische Werte gefährdet, denen die privilegierten Oberklassen große Bedeutug beimaßen. Mancher mag es sogar für fraglich halten, ob der außerordentlich starke Bevölkerungszuwachs, oder besser gesagt der Rückgang der Säuglingssterblichkeit, überhaupt ein Segen war. Aber wenn und soweit man die Auswirkung auf den Lebensstandard der breiten Masse der Arbeiterschaft zum Maßstab nimmt, kann es kaum zweifelhaft sein, daß die Industrialisierung eine allgemeine Aufwärtsbewegung zur Folge hatte.

Diese Tatsache mußte solange auf ihre wissenschaftliche Anerkennung warten, bis eine Generation von Wirtschaftshistorikern herangewachsen war, die sich nicht länger als Gegner der Nationalökonomie betrachteten, darauf bedacht, den Wirtschaftswissenschaftlern Irrtümer nachzuweisen, sondern die selbst ausgebildete Nationalökonomen waren, die sich dem Studium der wirtschaftlichen Entwicklung zuwandten. Doch die Ergebnisse, die diese moderne wirtschaftshistorische Forschung zum großen Teil schon vor einer Generation erarbeitet hat, haben außerhalb der Fachkreise noch immer wenig Anklang gefunden. Der Prozeß, durch den die Ergebnisse der Forschung schließlich zum geistigen Allgemeingut werden, hat sich in diesem Falle sogar als über das Gewohnte hinaus langsam erwiesen[14]. Die neuen Ergebnisse waren in diesem Falle nicht so beschaffen, daß sie von den Intellektuellen – weil sie gut zu ihren allgemeinen Vorurteilen paßten – begierig aufgegriffen wurden, sondern sie widersprachen im Gegenteil der allgemeinen Vorstellungswelt der Intellektuellen. Wenn wir jedoch die Bedeutung irriger Ansichten für die politische Meinungsbildung richtig eingeschätzt haben, dann ist es höchste Zeit, daß die Wahrheit endlich die Legende verdrängt, von der die öffentliche Meinung so lange beherrscht wurde.

Die Erkenntnis, daß die Arbeiterklasse als ganzes einen Vorteil vom Aufstieg der modernen Industrie gehabt hat, ist natürlich mit der Tatsache vollkommen vereinbar, daß einige Individuen oder Gruppen in dieser wie in anderen Klassen für eine gewisse Zeit unter den Folgen dieser Industrialisierung zu leiden hatten. Die neue Ordnung bedingte einen schnelleren Wechsel der Verhältnisse, und der rasch zunehmende Wohlstand war zum großen Teil die Folge der vergrößerten Anpassungsgeschwindigkeit an Datenänderungen, wie sie durch die neue Wirtschaftsordnung möglich gemacht wurde. Auf den Gebieten, wo die Beweglichkeit eines in hohem Grade wettbewerblich organisierten Marktes wirksam wurde, bot der erweiterte Spielraum der Möglichkeiten einen mehr als angemessenen Ausgleich für die geringere Sicherheit einzelner wirtschaftlicher Tätigkeiten. Die Ausbreitung der neuen Ordnung vollzog sich allerdings langsam und ungleichmäßig. Es blieben – und zwar bis zum heutigen Tage – wirtschaftliche Sackgassen übrig, die zwar mit ihren Produkten den Launen der Märkte ausgesetzt waren, auf der anderen Seite jedoch von den wirtschaftlichen Hauptströmen zu sehr abgeschnitten waren, um die Chancen wahrnehmen zu können, die der Markt an anderer Stelle eröffnete. Allgemein bekannt sind die verschiedenen Beispiele für den Abstieg alter Handwerkszweige, die durch einen mechanischen Arbeitsprozeß verdrängt wurden (der überall zitierte klassische Fall ist das Schicksal der Handweber). Aber selbst hierbei ist es mehr als zweifelhaft, ob die Summe der verursachten Leiden mit dem Elend verglichen werden kann, das eine Reihe schlechter Ernten in ir-

---

[14] Hierzu vgl. Hayek, F. A., »The Intellectuals and Socialism«, *University of Chicago Law Review* 16, No. 3, Spring 1949 417–433. (Deutsche Übersetzung: »Die Intellektuellen und der Sozialismus«, Hayek, *Schriften*, A7, d. Hrsg.)

gendeiner Gegend hervorrufen konnte, bevor der Kapitalismus die Beweglichkeit von Gütern und Kapital beträchtlich erhöht hatte. Das Unglück, das eine
kleine Gruppe inmitten einer aufblühenden Gesellschaft trifft, wird wahrscheinlich mehr als Ungerechtigkeit und Vorwurf empfunden als die allgemeine Not früherer Zeiten, die man als unabänderliches Schicksal angesehen hatte.

Um die wahren Ursachen der Mißstände zu verstehen und darüber hinaus
den Weg zu finden, auf dem sie soweit wie möglich behoben werden können,
bedarf es zunächst einer besseren Einsicht in die Funktion des marktwirtschaftlichen Systems, als sie die meisten der früheren Historiker besaßen. Vieles, was man dem kapitalistischen System in die Schuhe geschoben hat, geht in
Wahrheit auf Reste oder Wiederbelebungen vorkapitalistischer Formen
zurück: auf monopolistische Elemente, die entweder unmittelbar das Ergebnis
verfehlter staatlicher Eingriffe waren oder durch mangelhaftes Verständnis
dafür ermöglicht wurden, daß eine reibungslos arbeitende Wettbewerbsordnung ohne ein entsprechendes gesetzliches Rahmenwerk nicht auskommen
kann. Wir sind schon auf einige Erscheinungen und Tendenzen eingegangen,
die gewöhnlich dem Kapitalismus zur Last gelegt werden, die aber in Wahrheit
darauf zurückzuführen sind, daß man seinen Grundmechanismus nicht in
Tätigkeit treten läßt; und die Sonderfrage, warum und bis zu welchem Grade
seine wohltuende Funktion durch den Monopolismus gestört worden ist, stellt
ein zu großes Problem dar, als daß an dieser Stelle mehr darüber gesagt werden
könnte.

Was ist und was heißt »sozial«?[*]

Außerhalb der Fachphilologie und der Logik gibt es wahrscheinlich nicht viele Fälle, in denen es zu rechtfertigen ist, einen ganzen Aufsatz der Bedeutung eines einzigen Wortes zu widmen. Manchmal aber liegt in so einem kleinen Wort nicht nur ein wichtiges Stück Ideengeschichte und Geschichte menschlichen Irrtums beschlossen, sondern übt es auch heute noch eine irrationale Macht aus, die wir erst durch Analyse seiner Bedeutung erkennen. Ich weiß nicht, ob es ein besseres Beispiel eines solchen wenig verstandenen Einflusses eines bloßen Wortes gibt als die Rolle, die das Wörtchen »sozial« in allen Erörterungen politischer Probleme in den letzten hundert Jahren gespielt hat und noch spielt. Es ist uns so vertraut und selbstverständlich, daß wir uns der Problematik seiner Bedeutung kaum bewußt sind. Wir haben es so lange als die natürliche Bezeichnung guten Handelns und Denkens angenommen, daß es fast wie ein Sakrileg wirkt, auch nur zu fragen, was denn dieses Wort, das so viele Menschen als Leitstern ihres Lebens betrachten, eigentlich bedeutet. Ich vermute, daß auch die meisten von Ihnen ein Gefühl hierher geführt hat, daß Sie zwar nicht ganz genau wissen, was »sozial« eigentlich heißt, aber doch wenig Zweifel haben, daß es einen Leitstern bezeichnet, der alle guten Menschen in ihren Handlungen führen soll, und daß Sie darum hoffen, ich werde Ihnen sagen, was es wirklich heißt. Ich werde Sie da enttäuschen müssen: denn das hauptsächliche Ergebnis, zu dem eine sorgfältige Prüfung des Begriffes führt, ist die Entdeckung, daß selbst ein Wort, das sich als so ungeheuer machtvoll erwiesen hat, gleichzeitig unglaublich inhaltsleer sein kann und keine wirkliche Antwort auf unsere Fragen bietet.

Ich bin im allgmeinen kein besonderer Freund des neuen Sports der Semantik, der in dem Zerpflücken der Bedeutung vertrauter Wörter eine besondere Genugtuung findet. Es handelt sich auch nicht darum, den Spieß einmal umzudrehen und eine Technik, die bisher fast ausschließlich gegen die traditio-

---

[*] Erstveröffentlichung in: Hunold, A. (Hrsg.), *Masse und Demokratie*, Erlenbach-Zürich: Eugen Rentsch Verlag 1957, 71–84.

nellen Werte einer freien Gesellschaft gerichtet wurde, auch einmal auf die Begriffe der radikalen Reformer anzuwenden. Ich sehe aber in der Vieldeutigkeit und dem lässigen Gebrauch des Wortes »sozial« eine wirkliche Gefahr für jedes klare Denken, jede Möglichkeit vernünftiger Diskussion vieler unserer ernstesten Probleme. Es ist zwar keine sehr angenehme, aber es gibt kaum eine wichtigere Aufgabe, als den goldenen Nebel zu zerstreuen, mit dem so ein »gutes« Wort alle Erörterungen innenpolitischer Probleme verschleiern kann. Die Tatsache, daß es nun seit drei oder vier Generationen beinahe das Kennzeichen guter Menschen war, daß sie das Wort ständig gebrauchten, kann nichts daran ändern, daß es bald das Kennzeichen denkender Menschen wird werden müssen, daß sie es vermeiden.

Vielleicht soll ich Ihnen an dieser Stelle erklären, was bei mir ein altes Unbehagen über den Gebrauch des Wortes »sozial« schließlich zur offenen Gegnerschaft angefacht hat und es mir als wirkliche Gefahr erscheinen ließ. Es war das Erlebnis, daß nicht nur meine Freunde in Deutschland es für angezeigt und wünschenswert hielten, den Begriff der Marktwirtschaft als »soziale Marktwirtschaft« zu qualifizieren, sondern daß sogar das Grundgesetz der Bundesrepublik an Stelle des klaren, alten Begriffes des Rechtsstaates den neuen und nebelhaften Begriff des »sozialen Rechtsstaates« gesetzt hat. Ich weiß nicht, ob irgend jemand wirklich erklären kann, was in diesen Zusammenhängen mit jenem schmückenden Beiwort gemeint war. Es hat mir jedenfalls viel zu denken gegeben und wird, im zweiten Fall, der künftigen Rechtsprechung recht harte Nüsse zum Knacken geben. Das Ergebnis meines Nachdenkens war jedenfalls, daß »sozial« ein Beiwort geworden ist, das jeden Begriff, mit dem man es verbindet, seiner klaren Bedeutung beraubt und zu einem unbeschränkt dehnbaren Kautschukwort macht, dessen Implikationen immer fortgedeutet werden können, wenn sie einem nicht passen, und dessen Verwendung meist nur dazu dient, den Mangel an wirklicher Übereinstimmung zwischen Menschen zu verdecken, die sich scheinbar auf eine Formel einigen. Es scheint mir in weitem Maße die Folge eines solchen Bemühens, politische Schlagworte so einzukleiden, daß sie allen verschiedenen Geschmäckern behagen, dem »soziale Marktwirtschaft« und »sozialer Rechtsstaat« ihre Entstehung verdanken. In einer solchen Situation, in der wir alle ein Wort verwenden, das nur verdunkelt und nicht aufhellt, das eine Antwort vortäuscht, wo wir tatsächlich keine haben und, noch schlimmer, nur zu oft bloß als Camouflage von Wünschen verwendet wird, die mit gemeinsamen Interessen gewiß nichts zu tun haben, ist es offenbar hoch an der Zeit für eine radikale Operation, die uns von dem verwirrenden Einfluß einer solchen magischen Beschwörungsformel befreit.

Nichts bringt uns die Rolle, die der Begriff des »Sozialen« in unserem Denken spielt, besser zum Bewußtsein als die bezeichnende Tatsache, daß das Wort »sozial« im Lauf der letzten Jahrzehnte in allen mir bekannten Sprachen immer mehr an Stelle des Wortes »moralisch« oder einfach »gut« getreten ist. Es wirft ein interessantes Licht auf die ganze Situation, wenn wir fragen, was es denn eigentlich bedeutet, wenn wir von »sozialem« Fühlen oder Handeln sprechen, wo unsere Großeltern oder Urgroßeltern einfach gesagt hätten, daß ein Mensch gut ist oder sich ethisch verhält. Einstmalig war ein Mensch gut, wenn er den Gesetzen der Moral gehorchte, oder ein Patriot, wenn er den Gesetzen seines Landes getreu handelte. Was war die neue Forderung, die das erwachte »soziale Gewissen« an uns stellte, die zu einer Unterscheidung zwischen »bloßer« Moralität und »sozialer Gesinnung« führte?

Zweifellos war es in erster Linie ein lobenswertes Verlangen, daß wir weiter denken sollen, als wir es gewöhnlich tun, daß wir uns in unserem Handeln und unseren Entscheidungen der Lage und der Probleme *aller* Mitglieder unserer Gesellschaft bewußt sein sollen. Um aber ganz zu verstehen, was damit gemeint war, müssen wir uns in die Situation zurückversetzen, in der die »soziale Frage« zuerst der Gegenstand öffentlicher Diskussion wurde. In der Mitte des vorigen Jahrhunderts war das im allgemeinen eine Situation, in der sowohl die politische Diskussion wie politische Entscheidungen auf eine kleine Oberschicht beschränkt waren und guter Grund dafür bestand, diese Oberschicht daran zu erinnern, daß sie die Verantwortlichkeit für das Schicksal des »zahlreichsten und ärmsten« Teiles der Bevölkerung trug, die selbst wenig oder keinen Anteil an der Regierung hatte. Es war damals, als die kultivierte Welt entdeckte, daß es eine »Unterwelt« gab, die sie »heben« zu müssen glaubte, wenn sie nicht von ihr verschlungen werden wollte, vor der Zeit der modernen Demokratie und des allgemeinen Wahlrechts, daß »sozial« den Sinn von Fürsorge für jene erhielt, die ihre eigenen Interessen nicht wahrnehmen konnten – ein Sinn, der in einer Zeit, in der diese Masse die politische Macht innehat, ein wenig anachronistisch geworden ist.

Parallel mit dieser Aufforderung zur Befassung mit Problemen, die bis dahin gar nicht in den Gesichtskreis vieler Menschen getreten waren, ging jedoch noch ein anderer, wenn auch verwandter Gedankengang, in dem sich das Verlangen nach »sozialem« Denken und Handeln von den Forderungen traditioneller Sittlichkeit unterschied. Während die traditionellen sittlichen Regeln auf die unmittelbare, ihm bekannte Situation Bezug nehmen, in der sich ein Mensch befindet, und als abstrakte, allgemeine Normen ihm die Pflicht auferlegen, gewisse Dinge zu tun oder zu unterlassen, und Geltung beanspruchen, ohne Rücksicht darauf, was die Folgen der Handlung im bestimmten Falle sind (daß zum Beispiel Lügen oder Betrügen zu unterlassen sind, ob nun daraus jemandem Schaden erwächst oder nicht), enthält das Verlangen nach »sozialem« Verhalten die Forderung, daß wir bewußt auch sehr entfernte Folgen unseres Handelns in Betracht ziehen und auf Grund der Erkenntnis dieser besonderen Folgen unseres Tuns entscheiden sollen. Hier unterscheidet sich das Verlangen

nach »sozialem« Verhalten entscheidend von den traditionellen Vorschriften
der Moral und des Rechts, die grundsätzlich nur erwarten, daß ein Mensch jene Folgen eines Handelns in Betracht zieht, die ihm in gewöhnlichen Umständen erkennbar sind; und es führt natürlich sehr leicht dazu, daß es als wünschenswert betrachtet wird, daß ihm in jedem einzelnen Fall von jemandem,
der besseres Wissen und tiefere Einsicht besitzt, gesagt wird, was er tun soll
oder darf. Diese ganze Vorstellung von sozialem Verhalten ist daher aufs engste verwandt mit dem Wunsch nach einer umfassenden Einsicht in alles soziale
Geschehen und einer darauf gegründeten bewußten Ordnung allen Handelns
nach einem einheitlichen, durchdachten Plan. Diese Vorstellung vom Sozialen
impliziert hier den Wunsch, alles individuelle Handeln bestimmten »sozialen«
Zielen, Aufgaben »der« Gesellschaft, unterzuordnen, die dem einzelnen bekannt oder unbekannt sein mögen, die aber jedenfalls nicht erfüllt werden,
wenn er nur, innerhalb der überkommenen Regeln der Sittlichkeit und des
Rechtes, seine eigenen Zwecke verfolgt.

Schon vor vierzig Jahren hat der Kölner Soziologe Leopold von Wiese auf
diese eigenartige Rolle des Begriffes des Sozialen hingewiesen. In einer im Jahre 1917 erschienenen Schrift[1] bemerkte er: »Man muß das ›soziale Zeitalter‹, die
letzten Jahrzehnte vor dem Krieg, als junger Mann erlebt haben, um zu wissen,
wie stark die Neigung war, die soziale Sphäre zu einem Ersatz der religiösen zu
machen. Es gab in dieser Zeit ein dramatisches Kapitel: die sozialen Pastoren.
Auch die Philosophen verfielen dem Banne. Ein besonders redseliger unter ihnen schrieb ein dickes Buch: ›*Die soziale Frage im Lichte der Philosophie*‹ …
Indessen umgab man im modernen Europa, besonders in Deutschland, die ›soziale Arbeit‹ mit einem Strahlenkranze. Richtig eingeschätzt, wird der relative
Wert aller Sozialpolitik und Wohlfahrtspflege groß genug erscheinen; jedoch
sollte man seine Grenzen klar erkennen. ›Sozial zu sein ist nicht dasselbe wie
gut oder vor Gott gerecht sein.‹«

Daß dieser Gebrauch des Wortes »sozial« im Gegensatz zu bloß »moralisch« tatsächlich eine Wandlung seines ursprünglichen Sinnes, beinahe ins Gegenteil, in sich schließt, wird uns erst bewußt, wenn wir in die Zeit der Entdeckung des Gesellschaftsbegriffes oder doch zumindest seiner Einführung in
die deutsche wissenschaftliche Diskussion vor etwa hundert Jahren zurückge-
hen und uns fragen, was damals mit ihm ausgedrückt werden sollte. Er wurde
natürlich eingeführt, um im Gegensatz zur bewußten Organisation des Staates
jene Ordnung menschlicher Beziehungen zu beschreiben, die spontan gewach-
sen war. Wir sprechen heute noch in diesem ursprünglichen Sinn von sozialen
Kräften oder sozialen Gebilden, wie der Sprache, der Sitte oder dem gewachsenen zum Unterschied vom bewußt geschaffenen Recht, um zum Ausdruck zu

---

[1] Wiese, L. v., *Der Liberalismus in Vergangenheit und Zukunft*, Berlin 1917, 115.

bringen, daß sie nicht die Schöpfung individuellen Willens, sondern das unvorhergesehene Ergebnis des Ineinanderspiels des Handelns vieler Individuen und Generationen sind. Das in diesem Sinn wahrhaft Soziale ist seiner Natur nach anonymen Ursprungs und nicht rational, nicht das Ergebnis logischen Ausdenkens, sondern das Resultat eines überindividuellen Entwicklungs- und Auswahlprozesses, zu dem zwar die Individuen ihre Beiträge machen, dessen Bestimmungsstücke aber von keinem einzelnen Verstand gemeistert werden. Es war die Erkenntnis, daß es in diesem Sinn vom zielbewußten Wollen der Menschen unabhängige Ordnungskräfte gibt, daß das Zusammenspiel ihrer Bemühungen Gebilde hervorbringt, die den Bestrebungen der einzelnen nützen, ohne zu diesem Zweck erfunden worden zu sein, die zur Einführung des Begriffes der Gesellschaft im Gegensatz zu dem des mit Absicht geschaffenen und geleiteten Staates geführt haben.

Wie leicht und schnell sich der Sinn des Wortes änderte oder sogar in sein Gegenteil verwandelte, wird offenbar, wenn wir betrachten, was er in dem vielgebrauchten Zusammenhang »gesellschaftliche« oder »soziale« Ordnung bedeutet. Hier *kann* er noch ausschließlich im Sinne einer *von* der Gesellschaft spontan gebildeten Ordnung gebraucht sein. Meist bedeutet das Wort »sozial« in diesem Zusammenhang aber schon nicht mehr als irgendeine Ordnung *der* Gesellschaft, wenn nicht sogar vorzüglich oder ausschließlich die einzige Art von Ordnung, die sich viele Menschen überhaupt vorstellen können, nämlich eine der Gesellschaft sozusagen von außen aufgedrängte Ordnung. Wie wenige verstehen heute Ortega y Gassets Einsicht, daß »Ordnung nicht etwas der Gesellschaft von außen Aufgezwungenes, sondern ein in ihrem Innern sich bildendes Gleichgewicht ist«!

Die wesentliche Unterscheidung wird völlig verwischt, wenn wir nicht nur die aus dem freien Handeln der Einzelmenschen in der Gesellschaft resultierenden Ordnungskräfte, sondern alles, was mit der Gesellschaft irgendwie zusammenhängt, als gesellschaftlich oder sozial bezeichnen. Es gibt dann bald nichts im menschlichen Leben, das nicht in irgendeinem Sinne »sozial« wäre, und das Wort wird praktisch inhaltslos. Es ist an der Zeit, diese verschiedenen Bedeutungen des Wortes »sozial« ausdrücklich zu konfrontieren. Halten wir zunächst fest an der Bedeutung »der Gesellschaft eigenartig« oder »aus dem spezifisch gesellschaftlichen Prozeß hervorgehend«, dem Sinn, in dem wir von sozialen Gebilden und sozialen Kräften sprechen. Es ist dies ein Sinn, für den wir das Wort dringend brauchen und den ich gerne als den wahren Sinn ansehen möchte, für den wir es reservieren sollten. Er ist offenbar ganz verschieden von dem Sinn, in dem wir von sozialer Gesinnung, sozialem Gewissen, sozialer Verantwortlichkeit, sozialer Tätigkeit, sozialer Fürsorge, sozialer Politik, sozialer Gesetzgebung oder gar sozialer Gerechtigkeit sprechen, oder dem Sinn, in dem wir die Ausdrücke soziale Versicherung, soziales Recht oder soziale Kontrolle gebrauchen. Eine der merkwürdigsten, wenn auch vertrautesten Wortverbindungen dieser Art ist übrigens »soziale Demokratie« – denn welche Ziele einer Demokratie sollen nicht sozial sein, und warum? Aber das nur nebenbei. Der wichtige Punkt ist, daß in allen diesen Wortverbindungen wenig Beziehung auf den spezifischen Charakter der gesellschaftlichen Kräfte übriggeblieben und insbesondere der Gegensatz zwischen dem spontan Gewachsenen und der bewußten Organisation des Staates ganz verschwunden ist. Soweit sozial hier nicht einfach gemeinsam heißt, soll das Wort offenbar entweder auf das »Interesse der Gesellschaft« oder den »Willen der Gesellschaft«, das heißt wohl: der Majorität, und manchmal wohl auch auf eine »Verpflichtung der Gesellschaft« als solcher gegenüber den relativ Benachteiligten hinweisen. Ich will hier nicht die Frage aufwerfen, warum in diesem Zusammenhang dem unbestimmten Wort »Gesellschaft« vor der konkreten Bezeichnung Volk, Nation oder Staatsbürger der Vorzug gegeben wird, obwohl es sich doch offenbar um letztere handelt. Was mir wichtig ist, ist, daß in allen diesen Verwendungen das Wort »sozial« bekannte gemeinsame Ziele des Handelns *voraussetzt*, sie aber *nicht bezeichnet*. Es wird einfach angenommen, daß »Gesellschaft« konkrete, allen bekannte und von allen anerkannte Aufgaben hat und daß »die Gesellschaft« die Bemühungen der einzelnen auf die Erfüllung dieser Aufgaben richten soll. Die »Gesellschaft« wird daher in doppelter Hinsicht personifiziert: zunächst als ein denkendes Kollektivum, das Zwecke unabhängig von denen der Individuen hat, und dann durch Identifikation mit den Ansichten über diese sozialen Zwecke seitens bestimmter Individuen, die für sich tiefere Einsicht oder stärkeren moralischen Sinn in Anspruch nehmen. Oft genug beansprucht dann einfach der Sprecher, daß seine Ansichten oder seine Interessen »sozial« sind, während die des Gegners als »antisozial« abgetan werden.

Ich brauche jetzt vielleicht nicht weiter zu betonen, daß, wo »sozial« im Sinne von »den Interessen der Gesellschaft dienend« verwendet wird, es zwar ein Problem aufwirft, aber an sich noch keine Antwort gibt. Es setzt anerkannte Werte voraus, denen die Gesellschaft dienen soll, aber beschreibt sie nicht. Gegen eine solche Verwendung des Wortes sozial wäre an sich noch wenig einzuwenden. Tatsächlich ist es jedoch in mehrfacher Weise nicht nur in Konkurrenz mit den bestehenden ethischen Werten getreten, sondern hat sogar deren Ansehen und Einfluß untergraben. Es will mir sogar immer mehr scheinen, als ob die Ersetzung des Begriffes des Moralischen durch das Schwammwort des Sozialen zu einer der Hauptursachen des allgemeinen Verfalles des Sinnes für das Moralische geworden wäre.

Der *erste* große Gegensatz, auf den ich schon angespielt habe, beruht darauf, daß die Forderungen der Moral abstrakte, generelle Regeln sind, die wir befolgen sollen, ohne Rücksicht darauf, was im einzelnen Fall von ihrer Befolgung abhängt, und oft ohne daß wir überhaupt wissen, warum es wünschenswert ist, daß wir uns so und nicht anders verhalten. Sie sind nie »erfunden« worden, und niemandem ist noch eine rationelle Begründung eines bestehenden Systems der Moral gelungen. Sie sind in meinem Sinn echt soziale Gebilde, das Resultat eines Wachstums-, Entwicklungs- und Ausleseprozesses, in dem die Resultate von Erfahrungen niedergelegt sind, die wir nicht kennen. Sie sind zur Herrschaft gekommen, weil sich die Gruppen, unter denen sie galten, besser bewährten als andere. Ihr Anspruch auf Befolgung beruht nicht auf der Einsicht des einzelnen in die Folgen ihrer Übertretung, sondern sie schließen eine Anerkennung der fundamentalen Tatsache in sich, daß wir die meisten dieser konkreten Folgen nicht kennen können und unser Handeln für unsere Mitmenschen nur voraussehbar wird, wenn es durch Regeln geleitet ist, die auf den allgemeinen Charakter der Umstände, unter denen es sich vollzieht, Bezug nehmen. Gerade gegen diese Natur *aller* Regeln der Moral und des Rechts revoltiert aber jener falsche Rationalismus, in dem auch der Begriff des »sozialen« Interesses seinen Ursprung hat. Er will sich von nichts leiten lassen, das er nicht voll versteht, will im einzelnen und besondern Falle auf Grund der Einsicht in alle Folgen entscheiden dürfen, was zweckmäßig ist; er will nicht Regeln gehorchen, sondern bestimmte konkrete Ziele verfolgen. Damit wendet sich diese Auffassung aber gegen die Grundlagen aller Moral, denn eine Übereinstimmung über die Wichtigkeit bestimmter Ziele ist nur auf Grund gemeinsam anerkannter allgemeiner Regeln möglich, die selbst nicht rational ableitbar sind. Das Verlangen nach »sozialem« Verhalten zerstört damit, indem es den Respekt vor den Regeln der »bloßen« Moral untergräbt, seine eigenen Grundlagen.

Diese Abhängigkeit der Vorstellung vom Sozialen von Moralregeln, die sie nicht ausdrücklich anerkennt oder sogar mißachtet, zeigt sich am klarsten darin, daß sie stets zu einer Ausdehnung des Gerechtigkeitsbegriffes über den Bereich hinausführt, auf den er anwendbar ist[2]. Die Forderung nach einer gerechten und gleichmäßigen Verteilung der weltlichen Güter ist heute eine der hauptsächlichsten »sozialen« Forderungen geworden. Aber Gerechtigkeit setzt eine Entlöhnung nach Verdienst voraus, und Verdienst kann nicht nach Erfolg, sondern nur nach dem Grade der Befolgung bestimmter Regeln bemessen werden. Eine Belohnung nach Verdienst setzt also voraus, daß wir alle Umstände kennen, unter denen eine Leistung vollbracht wurde. In einer freien Gesellschaft lassen wir aber den einzelnen über das Wie und Was seiner Tätigkeit gerade deshalb frei entscheiden, weil wir jene Umstände nicht alle kennen können. Wir müssen darum in einer freien Gesellschaft nicht nach Verdienst, son-

---

[2] Der Mißbrauch, der mit dem Wort »sozial« gerade in diesem Zusammenhang getrieben wird, scheint endlich auch anderweitig Proteste auszulösen, und es war eine große Genugtuung, wenige Tage nach diesem Vortrag in einer Buchbesprechung von Charles Curran in *The Spectator,* London, vom 6. Juli 1956 (S. 8) den Satz zu lesen: »Social Justice is a semantic fraud from the same stable as People's Democracy.«

dern nach dem Wert der Leistung entlöhnen, der mit Verdienst oft sehr wenig zu tun hat. Der Gerechtigkeitsbegriff kann hier nur soweit Anwendung finden, als dieses Prinzip, Entlöhnung nach Wert der Leistung und nicht nach Verdienst, allgemein angewandt wird. Das Verlangen nach mehr, nach Entlöhnung nach Verdienst, ist ein Verlangen nach etwas, was in einer freien Gesellschaft unmöglich ist, weil wir alle die Umstände, die Verdienst bestimmen, nicht kennen oder isolieren können. Der Versuch einer teilweisen Durchsetzung des Gerechtigkeitsideals in der Entlöhnung kann aber nur zu allgemeiner Ungerechtigkeit führen, das heißt dazu, daß verschiedene Menschen nach verschiedenen Prinzipien entlöhnt werden. Und so ein Mißbrauch des Gerechtigkeitsbegriffs kann nur zu einer Zerstörung des Gerechtigkeitssinnes führen.

Tatsächlich liegen die Dinge hier noch schlimmer. Da uns in Fragen der Verteilung ein Maß der Gerechtigkeit notwendig fehlt, schleichen sich in die Entscheidung unvermeidlich und unversehens andere und weniger edle Gefühle ein. Daß auf diesem Gebiet der Begriff des Sozialen nur zu häufig ein Deckmäntelchen für den Neid geworden ist, daß damit ein Gefühl, das J. S. Mill mit weit größerem Recht als die antisozialste aller Leidenschaften bezeichnet hat[3], in der beschönigenden Form einer moralischen Forderung auftreten konnte, ist eine der schlimmsten Folgen, die wir dem gedankenlosen Gebrauch des Wortes »sozial« verdanken.

Der *dritte* Punkt, in dem die Vorherrschaft des Ideals des »Sozialen« sich antimoralisch ausgewirkt hat, ist die Zerstörung des Gefühles individueller Verantwortlichkeit, zu der es geführt hat. Ursprünglich sollte wohl der Appell an das Soziale eine Ausdehnung der individuellen Verantwortlichkeit nach sich ziehen. Aber die Vermischung zwischen den weiteren Zielen, die sich der Einzelmensch stellen sollte, dem In-Betracht-Ziehen der gesellschaftlichen Folgen und dem gesellschaftlichen im Sinne von kollektivem Handeln, und zwischen einer moralischen Verpflichtung des einzelnen und dem Anspruch des einzelnen an die »Gesellschaft«, hat langsam das Gefühl individueller Verantwortlichkeit untergraben, das die Grundlage aller Moral bildet. Es haben hier alle möglichen geistigen Bewegungen mitgewirkt, auf die ich nicht einzeln eingehen kann und die, wie die »Sozialpsychologie«, bezeichnenderweise vielfach auch unter der Flagge des Sozialen segeln. Tatsächlich scheint mir kaum ein Zweifel möglich, daß diese ganze Entwicklung, die den Bereich der Verantwortung des einzelnen immer unbestimmter gemacht, ihn einerseits der Verantwortung um seine unmittelbare Umgebung in hohem Maße enthoben, andererseits ihm eine unklare und unbestimmte Verantwortung für nicht deutlich sichtbare Dinge auferlegt hat, das Verantwortungsgefühl der Menschen im ganzen sehr verringert hat. Ohne neue klare Pflichten aufzuerlegen, die der einzelne durch seine

---

[3] Mill, J. S., *On Liberty,* 1859, 10.

persönlichen Bemühungen erfüllen kann, hat sie die Grenzen aller Verantwortlichkeit verwischt und vor allem als Einladung gewirkt, Forderungen zu stellen
oder auf Kosten anderer Gutes zu tun.

Mit ihrer Betonung konkreter Ziele und von Zweckmäßigkeitsüberlegungen hat, *viertens,* diese »soziale Bewegung« die sehr notwendige Entwicklung
echter Prinzipien politischer Ethik mehr verhindert als gefördert. Alle Moral
und Gerechtigkeit beruht nun einmal auf der Anwendung allgemeiner, abstrakter Prinzipien auf konkrete Fälle, und der Satz, daß der besondere Zweck
die Mittel heilige, ist mit Recht seit jeher als die Leugnung aller Moral angesehen worden. Aber die Forderung, »soziale« Überlegungen in Betracht zu ziehen, heißt heute oft tatsächlich nicht viel anderes als gerade dies. Gegenüber
den echten Produkten sozialen Wachstums, wie Moral und Recht, wird für den
augenblicklichen Willen der Gesellschaft in Anspruch genommen, daß er sie im
Dienste der unmittelbaren Ziele, die er sich gesetzt hat, vernachlässigen darf.

Ich habe leider keine Zeit, darauf einzugehen, warum die Regeln politischer
Moral, wie alle Regeln der Moral, ihrer Natur nach langfristige und schon darum nicht nach ihren Wirkungen im Einzelfall beurteilbare Regeln sein müssen.
Noch wichtiger für uns ist, daß sie nur als Ergebnis einer langen, freien Entwicklung entstehen und Einfluß erlangen können. Nur wenn stets die Befolgung eines Prinzips als wichtiger angesehen wird als der Einzelerfolg, und nur
wenn wir wissen, daß die Anwendung von Zwang allein durch allgemeine Regeln und nicht durch konkrete Ziele zu rechtfertigen ist, dürfen wir hoffen, daß
solche allgemeine Regeln politischer Moral nach und nach allgemeine Anerkennung finden werden. Eine »soziale« Ethik muß aus Regeln bestehen, die das
kollektive Handeln binden, und mir scheint, wir sind heute weiter von ihrer
Anerkennung entfernt, als wir es schon waren.

Denn es *gab* eine Zeit, in der das Rechtsbewußtsein auch dem Gebrauch des
Zwanges durch die Gesellschaft für ihre Zwecke moralische Grenzen auferlegte. Das Ideal der persönlichen Freiheit war eine, und zwar die wichtigste solcher Regeln der Moral politischen Handelns, die sich einmal allgemeiner Anerkennung erfreuten. Gerade gegen dieses Ideal hat sich aber die unter der Devise des Sozialen gehende Bewegung immer mehr gewendet. Die Ideale der
Freiheit, der Unabhängigkeit, der Selbstverantwortlichkeit und des Respektes
vor der Persönlichkeit sind alle unter der Herrschaft des »Sozialen« zurückge-
drängt worden. In Wirklichkeit besteht aber der Dienst an der Gesellschaft, am
Gewachsenen im Gegensatz zur Organisation, und die Förderung der schöpfe-
rischen Kräfte des gesellschaftlichen Prozesses gerade in der Pflege der spontanen Kräfte der Freiheit. Was wir unter der Devise des Sozialen erlebt haben,
war eine Entwicklung vom freiwilligen Dienst an der Gesellschaft zum Verlangen nach einer Beherrschung der Gesellschaft, von der Forderung einer Unterwerfung des Staates unter die freien Kräfte der Gesellschaft zu einer Forderung

der Unterwerfung der Gesellschaft unter den Staat. Wenn der menschliche Geist der Gesellschaft eine vorher ausgedachte Struktur aufzwingt, wenn unsere Vernunft für sich allein das Recht in Anspruch nimmt, schöpferisch zu wirken, und daher nur vorgesehene Resultate zuläßt, dürfen wir uns nicht wundern, wenn die Gesellschaft aufhört, schöpferisch zu wirken. Wir sollten uns insbesondere nicht wundern, daß eine von einem materiellen Gleichheitsideal geleitete Politik eine zwar immer mehr organisierte, aber immer weniger gegliederte Massengesellschaft produziert. Echter Dienst am Sozialen ist nicht Herrschaft oder Führung, besteht nicht einmal im gemeinsamen Streben nach gleichen Zwecken, sondern in den Beiträgen, die wir zu einem Prozeß leisten, der größer ist, als wir selbst sind, aus dem stets Neues, Unvorhergesehenes herauswächst und der sich nur in Freiheit auswirken kann. In letzter Linie ist die Ablehnung des Ideals des »Sozialen« darum notwendig geworden, weil es das Ideal derer geworden ist, die im Grunde das Bestehen einer wirklichen Gesellschaft leugnen, deren Sehnsucht nach dem Konstruierten und von einem Verstand Dirigierten steht. In diesem Sinn scheint mit viel von dem, was sich heute als sozial gibt, in dem tiefern und echtern Sinne des Wortes ausgesprochen antisozial zu sein.

Freiheit und Unabhängigkeit[*]

Das numerische Anwachsen der beruflich Abhängigen

Die Ideale und Grundsätze der Freiheit entstammen einer Gesellschaft, die in vieler Hinsicht von der gegenwärtigen verschieden war. Es war eine Gesellschaft, in der ein viel größerer Teil der Menschen, insbesondere jener, die auf die öffentliche Meinung Einfluß hatten, in ihrem Lebenserwerb unabhängig waren[1]. Wie weit haben jene Grundsätze noch unter Verhältnissen Geltung, in denen die meisten unter uns als Angestellte großer Organisationen arbeiten und auf Anweisung anderer Mittel verwenden, die sich nicht selbst besitzen? Sind insbesondere die Möglichkeiten, die sich den Unabhängigen bieten, die heute einen so viel kleineren und weniger einflußreichen Teil der Gesellschaft bilden, aus diesem Grunde weniger wichtig geworden, oder stellen sie nicht immer noch ein unersetzliches Element einer freien Gesellschaft dar, ohne die diese nicht richtig funktionieren kann?

Bevor wir uns diesen Hauptfragen zuwenden, müssen wir uns von einem Aberglauben befreien, der, wenn er auch in seiner gröbsten Form nur von Marxisten geteilt wird, doch so großen Einfluß gewonnen hat, daß er die herr-

---

[*] Erstveröffentlichung in: *Schweizer Monatshefte* 39, 1959, 89–103.

[1] Vgl. Mills, C. W., *White Collar*, New York 1951, 63: »In the early nineteenth century, although there are no exact figures, probably four fifth of the occupied population were self-employed entreprises; by 1870, only about one third, and in 1940, only about one fifth were still in this old middle class.« Siehe auch ebdt. S. 65 bezüglich des Umfanges, in dem diese Entwicklung hauptsächlich der Verminderung der landwirtschaftlichen Bevölkerung zuzuschreiben ist – ein Umstand, der die politische Bedeutung der Entwicklung nicht ändert. – In dem Versuch, diese zunächst auf Englisch niedergelegten Gedanken auf Deutsch darzustellen, wird mir bewußt, wie sehr die deutsche Diskussion durch den Mangel eines genauen Equivalents für das Englische »employed« behindert ist. »Beschäftigt« entspricht dem Englischen »occupied« und schließt die »Selbständigerwerbenden« ein. Die Notwendigkeit von »Arbeitern und Angestellten« oder »Lohn- und Gehaltsempfängern« zu sprechen, die sich nur als die »Unselbständigerwerbenden« zusammenfassen lassen, hat die Aufmerksamkeit davon abgelenkt, wie sehr es sich da doch um eine immer mehr den Charakter unserer Gesellschaft bestimmende Gruppe handelt.

schenden Ansichten ernstlich verwirrt. Es ist dies das Märchen, daß die Erscheinung eines besitzlosen Proletariats das Ergebnis eines Enteignungsprozesses sei, in dessen Lauf die Massen jenes Besitzes beraubt wurden, der sie früher in die Lage versetzte, ihren Lebensunterhalt unabhängig zu erwerben. Die wirkliche Entwicklung war ganz anders. Bis zur Entstehung des modernen Kapitalismus konnten die meisten nur dann eine Familie gründen und Kinder heranziehen, wenn ihre Eltern ihnen Haus und Boden und die zur Produktion erforderlichen Werkzeuge hinterließen. Es wurde erst dann für die ständig wachsende Zahl derer, die von ihren Eltern nicht mit Boden und Werkzeugen ausgestattet worden waren, möglich, sich zu erhalten und zu vermehren, als es für die Wohlhabenden möglich und gewinnbringend wurde, ihr Kapital so anzulegen, daß es vielen Beschäftigung gab. Wenn gesagt werden kann, daß »der Kapitalismus das Proletariat geschaffen hat«, so hat er das getan, indem er zahllosen Menschen die Möglichkeit gegeben hat, sich zu erhalten und fortzupflanzen, die ohne das in der Produktion investierte Kapital niemals jenen ungeheuren Bevölkerungszuwachs gebildet hätten. In der westlichen Welt schafft dieser Vorgang heute natürlich nicht mehr ein Proletariat im alten Sinne des Wortes; aber er ist die Ursache jenes Anwachsens einer Mehrheit von Beschäftigten, die in vieler Hinsicht dem, was die treibenden Kräfte einer freien Gesellschaft darstellt, fremd und sogar feindselig gegenüberstehen.

Die zusätzliche Bevölkerung, die während der letzten zweihundert Jahre herangewachsen ist, besteht zum großen Teil aus abhängigen, städtischen und industriellen Arbeitern. Und wenn auch die technische Entwicklung zweifellos dazu beigetragen hat, die Entstehung gewaltiger Unternehmen zu fördern, und insbesondere auch geholfen hat, die große neue Klasse der Büroarbeiter zu bilden, so hat doch zweifellos die Natur des Arbeitsangebots, die wachsende Zahl der Besitzlosen, die ihre Dienste anboten, ihrerseits die Entwicklung der Großunternehmen gefördert.

Die politische Bedeutung dieser Entwicklung ist dadurch besonders groß geworden, daß gerade zu der Zeit, als die Zahl der Abhängigen und Besitzlosen am schnellsten zunahm, diese auch das Wahlrecht erhielten, von dem sie bis dahin zum großen Teil ausgeschlossen gewesen waren. Das Ergebnis ist, daß heute wahrscheinlich in allen Ländern des Westens die vorherrschenden politischen Ansichten durch den Umstand bestimmt sind, daß die Wähler in der großen Mehrheit Arbeiter oder Angestellte anderer Menschen sind. Die Tatsache, daß vor allem ihre Ansichten die Politik bestimmen, bringt es mit sich, daß die staatliche Politik diese abhängigen Stellungen immer mehr und die Position der Unabhängigen immer weniger anziehend gestaltet. Daß die Arbeiter und Angestellten ihre politische Macht in dieser Weise verwenden, ist nur natürlich. Die große Frage ist, ob es auf lange Sicht in ihrem eigenen Interesse liegt, wenn sich auf diese Weise die ganze Gesellschaft langsam in eine einzige, auf dem Anstellungsverhältnis aufgebaute Hierarchie verwandelt. Wenn die von den Arbeitern und Angestellten gebildete Mehrheit nicht selbst zu der Einsicht gelangt, daß es in ihrem Interesse ist, ein beträchtliches Element Unabhängiger zu erhalten, so ist eine solche hierarchische Ordnung der Gesellschaft das fast unausbleibliche Ergebnis. Dies würde jedoch die Freiheit aller in einer ganz anderen Weise beeinträchtigen, als es das Anstellungsverhältnis an sich tut, so lange der einzelne die Wahl zwischen einer Vielzahl von Arbeitgebern hat.

Die Voraussetzung der Freiheit der Angestellten

Die Probleme entstehen insbesondere daraus, daß viele Verwendungen der Freiheit für den Unselbständigen wenig bedeutungsvoll sind und es für ihn nicht leicht ist, zu sehen, daß seine Freiheit davon abhängt, daß andere Entscheidungen treffen können, die in seiner ganzen Lebensweise keine Rolle spielen. Da er lebt, ohne je von solchen Gelegenheiten Gebrauch zu machen, sieht er nicht ein, warum andere sie haben sollen, und betrachtet es nur als recht und billig, wenn Handlungsweisen beschränkt werden, die für ihn ohnedies nicht in Betracht kommen. So kommt es, daß die Freiheit heute ernstlich von der Neigung der Mehrheit bedroht ist, ihre Werte und Ansichten den übrigen aufzuzwingen und viele Ausübungen der Freiheit zu beschränken, die für den Unabhängigen wesentlich sind, wenn er seine Aufgabe erfüllen soll. Diese Einstellung schließt insbesondere eine ganz andere Ansicht über Verdienst und angemessene Entlöhnung in sich als sie der Unabhängige hat. Dürfen wir hoffen, daß die Masse der Abhängigen überzeugt werden kann, im Interesse der Erhaltung des allgemeinen Charakters einer freien Gesellschaft und daher auch in ihrem eigenen langfristigen Interesse die Bedingungen aufrecht zu erhalten, unter denen einige wenige Stellungen erreichen, die jenen unerreichbar oder zumindest nicht der Mühe und des Risikos wert scheinen, das das Streben nach ihnen verlangt?

Wenn im Leben des Unselbständigen viele Verwendungen der Freiheit wenig relevant erscheinen, so bedeutet das natürlich nicht, daß sie nicht frei sind. Jede Wahl einer Lebensweise oder eines Berufes schließt die Tatsache in sich, daß gewisse Möglichkeiten für den, der die Wahl getroffen hat, ihre Wichtigkeit verlieren. Viele Menschen wählen eine unselbständige Stellung, weil ihnen diese besser Gelegenheit für die Art zu leben bietet, die sie sich wünschen, als irgendeine ihnen zugängliche selbständige Tätigkeit. Selbst unter jenen, die nicht die größere Sicherheit und das Fehlen von Risiken und Verantwortlichkeit der unselbständigen Stellung vorziehen, ist der entscheidende Umstand oft nicht, daß Selbständigkeit unerreichbar ist, sondern daß die unselbständigen Erwerbe ihnen eine befriedigendere Tätigkeit und ein größeres Einkommen versprechen als sie etwa als unabhängige Gewerbetreibende haben würden.

Freiheit besagt nicht, daß wir alles so haben können, wie wir es wünschen. Die Wahl eines Berufes muß immer bedeuten, daß wir zwischen Kombinationen von Vorteilen und Nachteilen wählen müssen und für die Vorteile, deretwegen wir ihn wählen, auch die Nachteile in Kauf nehmen müssen. Wer es vorzieht, seine Arbeitskraft für ein regelmäßiges Einkommen zu verkaufen, muß sich während der Arbeitszeit Aufgaben widmen, die für ihn von anderen bestimmt werden. Die Befolgung von Instruktionen anderer ist für den Angestellten das Mittel, seine eigenen Ziele zu erreichen. So sehr ihm die Tätigkeit auch manchmal widerstreben mag, so ist er doch nicht unfrei in dem Sinn, daß ihn jemand zwingt. Seine Stellung aufzugeben, mag oft ein so großes Risiko oder Opfer bedeuten, daß er in ihr verbleiben wird, obwohl er sie haßt. Das trifft jedoch ebenso für fast alle anderen Berufe zu, auf die sich jemand festgelegt hat – gewiß für viele selbständige Erwerbsarten.

Der wesentliche Umstand ist, daß in einer Wettbewerbswirtschaft, außer in Zeiten schwerer Arbeitslosigkeit, der einzelne nicht auf die Gnade eines bestimmten Arbeitgebers angewiesen ist. Unser Recht kennt keinen unwiderruflichen Verkauf der Arbeitskraft eines Menschen und erzwingt im allgemeinen nicht einmal Verträge für bestimmte Leistungen. Niemand kann gezwungen werden, unter einem bestimmten Vorgesetzten zu arbeiten, und in einer normal funktionierenden Wettbewerbswirschaft werden alternative Verdienstmöglichkeiten bereitstehen, freilich oft nur weniger einträglicher Art[2].

Wie sehr die Freiheit des Unselbständigen jedoch davon abhängt, daß es eine Vielzahl unabhängiger Arbeitgeber gibt, sieht man am besten, wenn wir uns ihre Lage beim Vorhandensein nur eines Arbeitgebers vorstellen (der dann natürlich mit dem Staat identisch wäre) und wenn Verdingung gegen Lohn oder Gehalt die einzige erlaubte Form des Lebensunterhaltes wäre. Dies wäre die Situation, die eine konsequente Durchführung sozialistischer Prinzipien schaffen müßte, so sehr dies auch durch eine Delegierung der Entscheidung an nominell unbhängige öffentliche Unternehmungen und dergleichen verschleiert würde. Ob der in letzter Linie doch einheitliche Arbeitgeber seine Macht nun direkt oder nur indirekt ausübt, jedenfalls würde er unbeschränkte Zwangsgewalt über den einzelnen ausüben.

---

[2] Selbst jene, die wegen ihres Alters oder des besonderen Charakters ihrer Fähigkeiten nicht ernstlich an einen Stellungswechsel denken können, sind dadurch geschützt, daß der Arbeitgeber Arbeitsbedingungen beibehalten muß, die es ihm ermöglichen, in Konkurrenz mit anderen den erforderlichen Ersatz für ausfallende Arbeitskräfte zu finden.

Die ethischen Anschauungen der Angestellten

Die Freiheit aller Unselbständigen hängt daher vom Vorhandensein einer einigermaßen zahlreichen Gruppe von Menschen ab, die sich in einer ganz anderen Lage befinden. In einer Demokratie, in der die ersteren die Mehrheit bilden, hängt es jedoch von ihren Anschauungen ab, ob eine solche Gruppe bestehen und ihre Aufgaben erfüllen kann. Die Politik wird im allgemeinen von den Vorstellungen beherrscht werden, die die große Mehrheit als Glieder hierarchisch organisierter Gruppen bildet, ohne viel Einblick in die Probleme zu bekommen, welche die Beziehungen zwischen diesen Organisationen aufwerfen. Die Grundsätze und Standards, die sich in einer solchen Mehrheit heranbilden und die dazu beitragen mögen, sie in ihren Stellungen zu nützlichen Mitgliedern der Gesellschaft zu machen, sind jedoch nicht Standards, nach denen die ganze Gesellschaft geführt werden kann, wenn sie frei bleiben soll.

Es ist unvermeidlich, daß die Interessen und Wertungen der Unselbständigen sich in vieler Hinsicht von denen jener Personen unterscheiden, die auf eigene Verantwortung und eigenes Risiko über die Verwendung großer Mittel entscheiden. Jemand, der auf Anweisung für eine feste Entlöhnung arbeitet, mag ebenso gewissenhaft, fleißig und intelligent sein wie jemand, der ständig seine Aufgaben selbst zu wählen hat; aber er kann kaum ebenso erfindungsreich, unternehmungslustig oder ebenso bereit sein, Risiken auf sich zu nehmen, einfach weil er in seiner Tätigkeit diese Gaben nicht ausüben kann[3]. Handlungen, die nicht vorgeschrieben werden können oder nicht konventionell sind, werden im allgemeinen nicht von ihm erwartet. Er kann nicht über die ihm gestellte Aufgabe hinausgehen, sobald er fühlt, daß er etwas besser besorgen könnte, als es tatsächlich getan wird. Eine zugewiesene Aufgabe ist notwendigerweise eine beschränkte Aufgabe; sie ist auf einen bestimmten Bereich und durch eine gegebene Arbeitsteilung eingeengt.

Die Wirkungen der Unselbständigkeit auf die persönliche Einstellung sind jedoch keineswegs auf Initiative und Erfindungsgeist u. dgl. beschränkt. Sie zeigen sich besonders in den Anschauungen des Angestellten über Recht und

---

[3] Vgl. die interessante Diskussion dieser Probleme in Bieri, E., »Kritische Gedanken zum Wohlfahrtsstaat«, *Schweizer Monatshefte,* 35. Jg., Februar 1956, insb. 575: »Die Zahl der *Unselbständigerwerbenden* hat stark zugenommen, sowohl absolut wie prozentual zu den Beschäftigten. Nun ist das Gefühl der Verantwortung für sich und die Zukunft bei den Selbständigerwerbenden aus naheliegenden Gründen lebhafter entwickelt; sie müssen auf lange Sicht planen und haben auch die Möglichkeit, durch Geschick und Initiative für schlechtere Zeiten vorzusorgen. Die Unselbständigerwerbenden hingegen, die in regelmäßigen Abständen ihren Lohn erhalten, haben ein anderes, statisches Lebensgefühl; sie planen selten auf lange Sicht und erschrecken bei der geringsten Schwankung. Ihr Sinnen und Trachten ist auf *Stabilität und Sicherheit* gerichtet.«

Unrecht, in seinen Ansichten über die Grundsätze und die Art und Weise, nach der Verdienst und Wert beurteilt und belohnt werden sollen. Der Angestellte ist wenig vertraut mit den Aufgaben jener, welche über die Verwendung großer Werte entscheiden und sich ständig mit den Problemen neuer Kombinationen befassen; auch nicht mit der Einstellung und Lebensweise, welche die Notwendigkeit immer neuer Entscheidungen über die Verwendung von Kapital und Einkommen erzeugen. Für den Selbständigen gibt es keine scharfe Unterscheidung zwischen seinem privaten und seinem Berufsleben, wie sie der kennt, der einen Teil seiner Zeit für ein festes Einkommen verkauft hat. Während es die Aufgabe des Unselbständigen ist, sich während seiner Arbeitszeit einem vorhandenen Rahmen anzupassen, muß der Unabhängige ständig seine ganze Lebensweise den Umständen anpassen und immerfort Lösungen für neue Probleme erfinden oder improvisieren. Insbesondere was er als Einkommen betrachten darf und welcher Lebensstandard am meisten zum Erfolg beitragen wird, sind Probleme, die für den Selbständigen in einem ganz anderen Lichte erscheinen als für den Angestellten.

Die größte Verschiedenheit zeigt sich jedoch in den Anschauungen der beiden Gruppen über die Gerechtigkeit der Entlöhnung verschiedener Leistungen. Wo der einzelne nach Instruktionen und als Teil einer Organisation arbeitet, ist es immer schwierig, den spezifischen Wert seiner Leistung abzuschätzen. Wie weit er die Regeln und Instruktionen getreu befolgt und wie gut er sich in die ganze Situation eingefügt hat, muß nach dem Urteil anderer Individuen entschieden werden. In vielen Fällen kann er nicht nach dem Wert seines individuellen Produktes entlöhnt werden, sondern danach, wie andere sein Verdienst einschätzen. Nichts ist wichtiger für die Erhaltung der Zufriedenheit innerhalb einer großen Organisation, als daß die relative Entlöhnung der verschiedenen Mitglieder als gerecht empfunden wird, daß sie bekannten und verständlichen Regeln entspricht und jemand dafür verantwortlich ist, daß jeder bekommt, was seine Genossen als sein Recht ansehen[4]. Innerhalb einer Hierarchie von Angestellten ist darum eine Entlöhnung entsprechend dem, was andere für richtig halten, ebenso notwendig wie sie mit einer Position unvereinbar ist, in der der einzelne ständig zu entscheiden hat, wie er seine Arbeitskraft am besten verwendet.

---

[4] Siehe in diesem Zusammenhang Hayek, F. A., »Gleichheit, Wert und Verdienst«, *Ordo* X, 1958, (eine spätere Fassung ist abgedruckt als Kap. VI in: Hayek, F. A., *Die Verfassung der Freiheit*, Hayek, *Schriften*, B3, d. Hrsg.) und Hayek, F. A., »Verantwortlichkeit und Freiheit« (Abdruck in diesem Band, Hayek, *Schriften*, A5, als Kap. 18, d. Hrsg.), die mit dem gegenwärtigen Aufsatz einen Teil einer umfassenden Darstellung des Problembereiches bilden.

Der Einfluß der Angestellten auf Politik und Gesetzgebung

Wenn eine Mehrheit Nichtselbständiger Gesetzgebung und Politik bestimmt, so folgt daraus, daß die Bedingungen immer mehr dem Standard dieser Gruppen angepaßt und zugleich für den Selbständigen weniger vorteilhaft gemacht werden. Die Lage der ersteren wird dadurch immer anziehender und ihre Zahl wird sich noch schneller vermehren, so wie die Position des Selbständigen weniger verlockend wird. Es ist gar nicht unwahrscheinlich, daß die Vorteile des Großbetriebes über den Kleinbetrieb zum Teil das Ergebnis einer Politik sind, die eine Anstellung für viele verlockend erscheinen läßt, die früher einmal nach Unabhängigkeit gestrebt hätten. Der angestellte Manager oder Direktor hat heute, verglichen mit dem Unabhängigen, in so vieler Hinsicht Vorteile, sowohl in bezug auf Sicherheit wie auf Prestige, daß dies wohl einen der Umstände bilden mag, die das große gegenüber dem kleinen Unternehmen begünstigen.

Jedenfalls kann wenig Zweifel darüber bestehen, daß Beschäftigung durch andere heute nicht nur die tatsächliche, sondern auch die bevorzugte Stellung für die Mehrheit der Bevölkerung geworden ist, eine Stellung, die sie als die normale und richtige empfinden und die ihnen gibt, was sie vor allem wollen: ein festes und einigermaßen gesichertes Einkommen, das sie ganz für ihre laufenden Bedürfnisse verwenden können und das ungefähr mit ihren Bedürfnissen variiert, d.h. ein mehr oder weniger automatisches Ansteigen und schließlich eine Alterspension sichert. Da dies bedeutet, daß sie nicht nur gegen manche der Risiken und Verantwortungen des wirtschaftlichen Lebens geschützt sind und wirtschaftliche Einbußen, wenn sie als Folge eines Verfalls oder Fehlschlages des Unternehmens eintreten, so offensichtlich die Schuld anderer sind, so ist es auch nur natürlich, daß sie den Wunsch fühlen, es möge eine höhere Schutzgewalt über jene wirtschaftlichen Entscheidungen wachen, die sie nicht verstehen, aber von denen ihr Lebensunterhalt abhängt.

Die Vorstellung sozialer Gerechtigkeit, die sich bildet wo diese Klasse vorherrscht, und die Ansichten darüber, was vom einzelnen erwartet werden kann und welche öffentlichen Dienste und welche Erziehung er braucht, werden ihren Bedürfnissen angepaßt. Dies gilt nicht nur für die Maßnahmen des Staates, sondern in weitem Maße auch für die Institutionen, die sich entwickeln, und sogar die geschäftlichen Usancen, die sich herausbilden. (Ein Ratenkauf ist heute oft schon leichter für den Angestellten als den Selbständigen.) Die Besteuerung gründet sich auf einen Einkommensbegriff, der im wesentlichen der des Angestellten ist. Die paternalistischen Vorkehrungen der Sozialversicherung sind fast ausschließlich auf seine Bedürfnisse zugeschnitten. Und alles was im Leben des Unselbständigen kein normales oder notwendiges Element bildet, alles was den Besitz oder die Verwendung von Kapital als wesentliche Voraussetzung des individuellen Erwerbes betrifft, wird immer mehr als das Sonderinteresse einer privilegierten Gruppe betrachtet, die ungestraft benachteiligt werden kann.

Diese Entwicklung wird weiter beschleunigt, wenn die öffentlichen Angestellten die zahlreichste und einflußreichste Gruppe unter den Unselbständigen werden und die besonderen Vorrechte, die sie besitzen, bald auch von allen anderen verlangt werden. Privilegien wie Unkündbarkeit und automatisches Avancement, die dem Beamten nicht in seinem Interesse, sondern im Interesse der Öffentlichkeit zugestanden wurden, werden bald von anderen Gruppen beansprucht. Dabei trifft es für die öffentliche Bürokratie in noch höherem Maße als für die anderen Angestellten zu, daß der spezifische Wert der Leistungen des einzelnen gewöhnlich nicht festgestellt werden kann und er daher nach der Beurteilung seines Verdienstes und nicht nach erkennbaren Resultaten seiner Leistung entlöhnt werden muß. Diese Standards tendieren, sich zu verbreiten, nicht zuletzt dank dem Einfluß, den die Beamten auf die Abfassung von Gesetzen und die Führung der neuen Institutionen haben, die den Bedürfnissen der Unselbständigen dienen. Insbesondere die Sozialversicherungsbürokratie ist in vielen Ländern Europas ein wichtiger politischer Faktor geworden, der nicht nur als Instrument, sondern auch als Schöpfer neuer Ansichten über Bedarf und Verdienst immer mehr das öffentliche Leben beherrscht.

Eine einzige Hierarchie von Angestellten bedeutet das Ende der Freiheit

Das Bestehen einer Vielheit von Beschäftigungsmöglichkeiten setzt das Vorhandensein einer entsprechenden Zahl Unabhängiger voraus, die in dem fortgesetzten Prozeß der Neubildung und Umdirigierung jener Organisationen die Initiative ergreifen. Es mag vielleicht zunächst scheinen, als ob diese Rolle auch eine Vielzahl durch angestellte Direktoren geführte Gesellschaften erfüllen könnten und daher Besitzer großer Vermögen nicht notwendig wären. Aber so sehr das auch eine zureichende Methode für den Betrieb bereits vorhandener Unternehmen sein mag, so muß es doch als sehr zweifelhaft erscheinen, daß Wettbewerb erhalten und eine Verknöcherung der ganzen Struktur vermieden werden könnte ohne jenes ständige Auftauchen neuer Unternehmen, für deren Entwicklung der kapitalbesitzende Einzelne, der Risiken tragen kann, immer noch unersetzlich ist. Diese Überlegenheit der individuellen über die kollektive Leitung ist jedoch keineswegs auf neue Unternehmen beschränkt. So ausreichend auch in der großen Mehrzahl der Fälle die kollektive Leitung eines Direktoriums sein mag, kann doch wenig Zweifel darüber bestehen, daß ungewöhnliche Erfolge eines Unternehmens meist einer Einzelperson zu danken sind, die gewöhnlich ihre Stellung nie erreicht hätte ohne die Unabhängigkeit und den Einfluß, die der Besitz großer Mittel verleiht. So sehr die modernen

Organisationsformen der Unternehmen auch die klare Unterscheidung zwischen Eigentümer und Angestellten verwischt haben mag, so setzt doch das ganze System selbständiger Unternehmungen, die gesonderte Brennpunkte bilden, die sowohl den Arbeitsuchenden wie den Konsumenten eine Wahl bieten und es daher unmöglich machen, daß irgend eine dieser Organisationen Zwangsgewalt ausüben kann, in letzter Linie Privateigentum und individuelle Entscheidung über die Verwendung von Mitteln voraus[5].

Die Bedeutung dieser unabhängigen Zentren wird heutzutage mehr verschleiert als vermindert durch die Tatsache, daß innerhalb der meisten im Gange befindlichen Unternehmen die Leitung oft in Händen von Männern liegt, die zumindest der Form nach, aber oft auch tatsächlich Angestellte sind, während der selbständige Eigentümer die seltene Ausnahme geworden ist. Aber so sehr auch die Führung eines bereits im Gange befindlichen Unternehmens angestellten Leitern anvertraut werden kann, die nicht einmal einen Anteil am Kapital zu haben brauchen, liegt doch die Schaffung neuer Gesellschaften und die Reorganisation alter, somit die Entscheidung über die ganze Struktur der wirtschaftlichen Organisation in letzter Linie notwendig in den Händen großer individueller Kapitaleigentümer.

Die Rolle des Unabhängigen

Die Bedeutung des privaten Eigentümers beträchtlicher Mittel beruht jedoch keineswegs ausschließlich auf der Tatsache, daß seine Existenz hier die notwendige Voraussetzung für die Erhaltung einer Wettbewerbswirtschaft ist. Die Rolle des »man of independent means« ist in einer freien Gesellschaft noch wichtiger, wenn er nicht die Anlage seines Kapitals zur Erzielung eines materiellen Ertrages als seine Hauptaufgabe betrachtet, sondern es Zwecken widmet, die keinen finanziellen Gewinn bringen. Gerade dort, wo der Marktmechanismus gewisse Werte nicht ausreichend berücksichtigt, hat der unabhängige wohlhabende Mann seine wichtigste Rolle zu erfüllen[6].

---

[5] Vgl. die Diskussion in Barnard, C. I., *The Function of the Executive,* Harvard University Press 1948.

[6] Ich verfüge leider nicht über die Beredsamkeit, mit der ich einmal den verstorbenen Lord Keynes die unerläßliche Rolle preisen hörte, die der Mann, dem ein Vermögen eine unabhängige Position gibt, in jeder florierenden Gesellschaft spielen muß. Diese Beredsamkeit war für mich etwas überraschend im Munde des Mannes, der das Schlagwort von der »Euthanasie des Rentiers« geprägt hatte. Ich wäre weniger überrascht gewesen, wenn ich gewußt hätte, wie stark Keynes selbst empfunden hatte, daß die Stellung, die er anstrebte, die Grundlage eines unabhängigen Einkommens erforderte und wie erfolgreich er diese Grundlage geschaffen hatte. Wie uns sein Biograph erzählt, war er im Alter von 36 Jahren »determined not to relapse into salaried drudgery. He must be finan-

So sehr der Marktmechanismus auch als die beste Methode angesehen werden muß, um jene Güter und Dienstleistungen bereitzustellen, die an den Nutznießer verkauft werden können, so gibt es doch viele wünschenswerte Dinge, bei denen diese Voraussetzung nicht zutrifft. Die Nationalökonomen haben diese Fälle oft entweder einfach vernachlässigt, als ob nur jene Leistungen, für die ein Preis erhoben werden kann, als nützlich zu betrachten wären, oder die Ausnahmen nur erwähnt, um zu fordern, daß der Staat da einspringen müsse, wo der Markt versagt. So sehr das Bestehen einer solchen Situation aber auch oft ein legitimes Argument für staatliche Tätigkeit bieten mag, so läßt sich damit keineswegs rechtfertigen, daß der Staat allein in der Lage sein soll, solche Dienste zu leisten. Gerade die Einsicht, daß es wichtige Bedürfnisse gibt, die der Markt nicht befriedigt, sollte es uns klar machen, daß der Staat nicht allein die Macht haben soll, Dinge zu tun, die sich nicht bezahlt machen, und daß es wünschenswert ist, daß er nicht das Monopol solcher Leistungen hat, sondern es viele Zentren gibt, die sich mit solchen Aufgaben befassen können.

Die Initiative von Individuen und Gruppen, die in der Lage sind, ihre Ansichten und Ideale mit beträchtlichen eigenen Mitteln zu fördern, ist besonders wesentlich im Bereich der kulturellen Werte, in Kunst, Erziehung und Wissenschaft, der Erhaltung von Naturschönheiten und historischen Denkmälern und ganz besonders, wo es sich darum handelt, neue Ideen im Bereich der Politik, Moral oder Religion zu vertreten. Wenn die Anschauungen von Minderheiten Aussicht haben sollen, von der Mehrheit angenommen zu werden, so ist es notwendig, daß nicht nur Menschen, die bereits von der Mehrheit hochgeschätzt werden, sie wirksam vertreten können, sondern daß typische Vertreter aller Ansichten und Meinungen in der Lage sind, ihre Mittel und ihre Energie Idealen zu widmen, die noch nicht von der Mehrheit geteilt werden.

Wenn wir keine bessere Methode wüßten, das Bestehen einer solchen Gruppe unabhängiger Persönlichkeiten zu sichern, so wäre viel dafür zu sagen, durch das Los je einen Mann von jedem Tausend der Bevölkerung auszuwählen und ihn mit einem ausreichenden Vermögen auszustatten, das ihn in die Lage versetzen würde, sich welcher immer von ihm gewählten Aufgabe zu widmen. So lange auf diese Weise die meisten Anschauungen und Geschmacksrichtun-

---

cially independent. He felt he had that in him which would justify such independence. He had many things to tell the nation. And he wanted a sufficiency«. Er widmete sich daher der Spekulation und brachte es in zwölf Jahren zu einem Vermögen von einer halben Millionen Pfund. (Harrod, R. F., *The Life of John Meynard Keynes,* London 1951, 297). Es hätte mich darum nicht überraschen sollen, daß er, als ich das Thema aufwarf, mit einem langen Loblied auf die Funktion antwortete, die der gebildete »man of independent means« in der Entwicklung der Kultur gespielt hat, und ich bedaure nur, daß er seine Argumentation mit all den reichen Beispielen, die er aufzählte, nie veröffentlicht hat.

gen vertreten wären und allen Interessen, deren Verfolgung vielleicht ein wohl-
tätiges Ergebnis bringen könnte, eine Chance gegeben würde, so wäre das
wahrscheinlich den Aufwand wert, selbst wenn von diesem Bruchteil der Bevölkerung wieder nur ein Tausendstel die Gelegenheit in einer Weise benützen
würde, die im Rückblick nützlich erscheinen würde. Die Auswahl solcher Personen, die in unserer Gesellschaft als Erben ihrer Eltern eine solche Gruppe bilden, hat zumindest den Vorteil, daß (selbst wenn wir die Wahrscheinlichkeit er-
erbter Fähigkeit vernachlässigen) jene, denen diese besondere Gelegenheit geboten wird, meist dafür erzogen sein werden und, da sie in einer Umgebung
aufgewachsen sind, in der die materiellen Vorteile des Wohlstandes als selbstverständlich hingenommen werden, diese für sie nicht mehr die Hauptquelle
der Befriedigung bilden. Die gröberen Genüsse, die für den Neureichen oft eine solche Anziehung haben, haben für jene, die Wohlstand erbten, gewöhnlich
ihren Glanz verloren. Wenn es richtig ist, daß es vorteilhaft ist, wenn sich der
gesellschaftliche Aufstieg manchmal über mehrere Generationen erstreckt und
daß wenigstens einige Menschen sich nicht Aufgaben widmen müssen, für die
andere sie zu entlöhnen bereit sind, dann ist die Vererbung von Vermögen
wahrscheinlich immer noch die beste Methode der Auswahl.

Was in der Erörterung dieser Probleme gewöhnlich übersehen wird, ist, daß
alles Handeln nach Kollektiventscheidungen notwendig auf jene Bereiche beschränkt ist, in denen bereits gemeinsame Überzeugungen bestehen und wo es
sich nur mehr darum handelt, zwischen allgemein bekannten Möglichkeiten zu
wählen und nicht darum, neue zu entdecken. Es ist absurd zu glauben, daß die
Mehrheit entscheiden kann, worauf die öffentliche Meinung gelenkt werden
soll, und gewiß sollten weder Staat noch die schon bestehenden organisierten
Gruppen allein die Möglichkeit haben, in dieser Richtung zu arbeiten. Aber
wenn Individuen die Möglichkeit haben sollen, erfolgreich auf die Entwicklung
der Meinungen Einfluß zu üben, so erfordert dies, daß sie entweder selbst über
die notwendigen Mittel verfügen oder zumindest die Unterstützung anderer
Individuen gewinnen können, bei denen dies zutrifft. Wo das nicht möglich ist,
besteht wenig Aussicht, daß die Ansicht, die heute nur eine kleine Minderheit
vertritt, einmal die Ansicht der Mehrheit werden wird. Wie wenig Führung wir
im Bereich der Werte seitens der großen Mehrheit erwarten dürfen, zeigt sich
deutlich im Bereich der schönen Künste, in der der moderne Staat gewiß nicht
die Rolle des Mäzens oder selbst der Fürsten der Vergangenheit ersetzt. In noch
höherem Maße trifft dies jedoch auf alle jene philanthropischen und idealistischen Bewegungen zu, die in der Vergangenheit die ethischen Werte der großen
Mehrheit langsam geändert haben.

Wir können hier nicht die lange Liste aller jener Bemühungen um ideale
Ziele geben, in denen einsame Pioniere ihr Leben und ihre Mittel aufwendeten,
um das Gewissen der Öffentlichkeit aufzurütteln, und durch die es ihnen

schließlich gelang, die Abschaffung der Sklaverei, die Reform des Strafrechts, der Gefängnisse und Irrenhäuser, die Verhinderung von Mißhandlung und Ausnützung von Kindern zu erzielen. Auf all diesen und vielen anderen Gebieten waren es zuerst wenige Idealisten, deren Bemühungen es schließlich gelang, die Gleichgültigkeit und Indifferenz der großen Mehrheit zu überwinden.

Das Ethos der wohlhabenden Klasse

Eine erfolgreiche Erfüllung dieser Aufgaben der Wohlhabenden setzt jedoch voraus, daß das Ethos der Gesellschaft es nicht als die ausschließliche Aufgabe der Besitzenden ansieht, ihr Vermögen produktiv zu verwenden und es zu vermehren, und die wohlhabende Klasse nicht ausschließlich aus Personen besteht, deren beherrschendes Interesse die gewinnbringende Verwendung ihrer Mittel ist; sie verlangt, mit anderen Worten, Toleranz für das Bestehen von müßigen Reichen – müßig nicht in dem Sinn, daß sie nichts Nützliches tun, sondern nur insofern, als ihre Bemühungen nicht vorwiegend auf Gelderwerb gerichtet sind. Der Umstand, daß die große Mehrzahl sich ihren Unterhalt erwerben muß, macht es nicht weniger wünschenswert, daß es auch Menschen gibt, die nicht gezwungen sind, Leistungen zu bieten, die ihre Mitmenschen bereits schätzen. Es wäre sicher anstößig, wenn zu diesem Zweck willkürlich einer Gruppe etwas weggenommen würde, um es anderen zu geben. Es würde auch nicht den Zweck erfüllen, wenn die Mehrheit eine solche Position als besonderes Privileg solchen Menschen gewährte, deren Ziele sie bereits gutheißt. Damit würde nur ein neues Anstellungsverhältnis oder vielleicht eine neue Form der Belohnung von anerkanntem Verdienst geschaffen, aber nicht eine Gelegenheit, Ziele zu verfolgen, die noch nicht allgemein als wünschenswert angesehen werden.

Ich habe nur Bewunderung für die Tradition, die Müßiggang verurteilt, wo er Mangel einer zweckgerichteten Beschäftigung bedeutet. Aber die Tatsache, daß einer sein Einkommen nicht selbst verdient, muß nicht Müßigkeit bedeuten; es besteht auch wenig Grund, eine Beschäftigung, die keinen materiellen Ertrag bringt, nicht als ebenso ehrenhaft anzusehen. Die Tatsache, daß der Markt die meisten unserer Bedürfnisse befriedigt und zugleich den meisten Menschen Gelegenheit bietet, sich ihren Unterhalt zu verdienen, sollte nicht heißen, daß niemand sich Aufgaben widmen darf, die keinen pekuniären Ertrag bringen, oder daß nur die Mehrheit oder nur organisierte Gruppen sich solchen Aufgaben widmen dürfen. Die Tatsache, daß nur wenige solche Möglichkeiten haben können, ändert nichts daran, daß es wünschenswert ist, daß manche sie haben.

Es mag anderseits bezweifelt werden, ob eine wohlhabende Schicht, deren Anschauungen es verlangen, daß zumindest alle ihre männlichen Mitglieder sich dem Gelderwerb widmen, ihre Existenz voll rechtfertigt. So wichtig auch das Bestehen unabhängiger Eigentümer für die wirtschaftliche Ordnung einer freien Gesellschaft ist, so ist es wahrscheinlich doch noch wichtiger im Bereiche des Geistes und der Anschauungen, des Geschmacks und des Glaubens. Eine Gesellschaft, in der alle intellektuellen, moralischen und künstlerischen Führer Angestellte sind, insbesondere wo sie alle vom Staat beschäftigt werden, ermangelt eines für eine freie Entwicklung wesentlichen Elementes. Die Entwicklung während der letzten Jahrzehnte hat uns aber einem solchen Zustand immer näher gebracht. Wenn auch die unabhängigen Schriftsteller und Künstler und die freien Berufe des Arztes und Rechtsanwalts noch eine gewisse Zahl unabhängiger Persönlichkeiten stellen, die im Prozeß der Meinungsbildung führen können, so ist heute doch schon die große Mehrheit derer, die diese Führungsrolle spielen sollten, die Gelehrten und Wissenschaftler, in abhängigen Stellungen und in den meisten Ländern in der Besoldung des Staates. Wie sehr sich in dieser Hinsicht die Verhältnisse gegenüber dem neunzehnten Jahrhundert geändert haben wird klar, wenn wir uns erinnern, welche Rolle im öffentlichen Leben damals unabhängige Gelehrte wie Darwin[7] oder Macaulay, Tocqueville oder Schliemann spielten und wie damals selbst schärfste Kritiker der bestehenden Gesellschaftsordnung, wie Karl Marx, dank der Unterstützung reicher Freunde ihr ganzes Leben der Ausarbeitung und Verbreitung von Lehren widmen konnten, die die große Mehrheit ihrer Zeitgenossen verabscheute.

Das fast völlige Verschwinden dieser Klasse hat eine Situation geschaffen, in der praktisch alle Wohlhabenden ausschließlich im Wirtschaftsleben tätig sind und daher die Klasse der Reichen in ihrer eigenen Mitte keine intellektuellen Führer hat und darum oft jeder klaren und vertretbaren Lebensanschauung ermangelt. Eine wohlhabende Klasse, deren Mitglieder zum Teil keinem Erwerb nachgehen, wird immer eine überdurchschnittliche Anzahl von Gelehrten und Staatsmännern, Schriftstellern und Künstlern produzieren. In der Vergangenheit hatte der Umstand, daß die Reichen in ihrem eigenen Kreise, unter Männern, die ihren Lebensstil teilten, solche Persönlichkeiten fanden, zur Folge, daß diese Oberschichten aktiv an der geistigen Entwicklung und den Diskussionen teilnahmen, welche die öffentliche Meinung formten. Der Mangel eines solchen Einflusses der amerikanischen Oberschicht, die jedem europäischen Beobachter so auffällt, ist wahrscheinlich im hohen Maß dem Umstand zuzuschreiben, daß hier die herrschenden Anschauungen das Entstehen einer sol-

---

[7] Darwin selbst war sich der Wichtigkeit seiner unabhängigen Position sehr bewußt. In Darwin, C., *The Descent of Man* (Modern Library Edition, 522) führt er aus: »The presence of a body of well-instructed men, who have not to labor for their daily bread, is important to a degree which cannot be overestimated; as all highly intellectual work is carried on by them, and on such work material progress of all kinds mainly depends, not to mention other and higher advantages.«

chen »leisured class«, einer Gruppe, die ihren Wohlstand nicht ausschließlich wieder wirtschaftlichen Zwecken zuwendet, verhindert hat [8]. Aber auch in Europa liegen die Dinge nicht mehr viel anders, seitdem die vereinte Wirkung von Besteuerung und Inflation die alten kulturellen Eliten innerhalb der besitzenden Klasse zerstört und die Entstehung neuer verhindert hat.

Führung im Bereich der nicht materiellen Werte

Es ist gewiß nicht zu leugnen, daß eine solche müßige Klasse immer mehr bonvivants als Gelehrte und Staatsmänner hervorbringen und der Aufwand der ersteren auf die große Masse herausfordernd wirken wird. Eine gewisse Verschwendung ist jedoch unvermeidlich überall der Preis der Freiheit. Es kann kaum behauptet werden, daß selbst der Aufwand der müßigsten der müßigen Reichen nach irgend einem moralischen Maß als verwerflicher bezeichnet werden kann, als der normale Aufwand der amerikanischen Massen dem ägyptischen Fellachen oder dem chinesischen Kuli erscheinen muß. Größenmäßig betrachtet ist jedenfalls die Verschwendung der Reichen gegenüber derjenigen, welche die ähnlichen und gleich »unnötigen« Vergnügungen der Massen verursachen, ganz unbeträchtlich. Es ist ausschließlich ihre größere Auffälligkeit und Unvertrautheit, welche die Verschwendungen der Reichen so besonders verwerflich erscheinen läßt.

Anderseits sollten wir aber auch zugeben, daß selbst in jenen Fällen, in denen der Aufwand einer kleinen Zahl besonders zur Kritik herausfordert, solches Experimentieren mit neuen Lebensformen manchmal dem allgemeinen Nutzen dienen mag. Daß das Leben auf einem neuen Niveau von Möglichkeiten zunächst zu viel zwecklosem Herumprobieren und geschmackloser Schaustellung Anlaß gibt, ist an sich nicht verwunderlich. Aber so sehr die Behauptung auch zunächst Spott herausfordern mag, so scheint es mir doch unbestreitbar, daß auch der erfolgreiche Gebrauch von Muße seine Wegbereiter braucht und wir viele der heute verbreiteten Vergnügungen und Zeitvertreibe Menschen verdanken, die ihre ganze Zeit der Kunst zu leben widmen konnten, und ein Großteil der Spiele und Sportgeräte, die später den Massen vertraut wurden, die Schöpfung von »playboys« waren.

---

[8] Über die wichtige Rolle, die in Amerika reiche Männer in der Verbreitung radikaler Ideen gespielt haben, siehe Friedman, M., »Capitalism and Freedom«, in *Essays on Individuality,* hg. Morley, F., University of Pennsylvania Press, 1958. Vgl. auch Mises, L. von, *The Anti-Capitalist Mentality,* New York 1956, und Hayek, F. A., »The Intellectuals and Socialism«, *The University of Chicago Law Review* 16, No. 3, Spring 1949, 417–433 (Deutsche Übersetzung: »Die Intellektuellen und der Sozialismus«, Hayek, *Schriften,* A7, d. Hrsg.).

Es ist erstaunlich, in welchem Maße in dieser Hinsicht unsere Einschätzung der Nützlichkeit verschiedener Betätigungen bereits durch die Vorherrschaft der Geldrechnung entstellt und oft gerade Menschen, die ständig den Materialismus unserer Zivilisation beklagen, gleichzeitig nichts als nützlich anerkennen wollen, für das andere Menschen nicht zu zahlen bereit sind. Ist es wirklich so klar, daß der Berufsgolf- oder Tennisspieler ein nützlicheres Mitglied der Gesellschaft ist als jene reichen Amateure, die ihre ganze Zeit der Vervollkommnung dieser Spiele widmeten? Oder daß der angestellte Beamte einer öffentlichen Galerie ein nützlicheres Mitglied der Gesellschaft ist als der private Sammler? Bevor der Leser diese Fragen voreilig beantwortet, möchte ich ihm zu bedenken geben, daß es wahrscheinlich nie Berufssportler oder öffentliche Galerien gegeben hätte, wenn nicht vorher Liebhaber sich diesen Aufgaben gewidmet hätten. Sollten wir nicht hoffen, daß andere neue Interessen in der Zukunft ebenso dem spielerischen Trieb jener wenigen entspringen werden, die sich durch ein kurzes menschliches Leben ihm hingeben können? Daß die Kunst zu leben und die Entwicklung aller nichtmateriellen Werte in hohem Maße jenen zu danken ist, die nicht mit materiellen Sorgen belastet waren, ist schließlich nur natürlich[9].

Es ist die große Tragödie unserer Zeit, daß die Massen glauben, ihren hohen Lebensstandard dem Umstand zu verdanken, den Reichen etwas weggenommen zu haben, und daß die Erhaltung oder Entstehung einer wohlhabenden Klasse ihnen etwas nehmen werde, das sonst ihnen zukommen würde und auf das sie einen Anspruch haben. Tatsächlich besteht kein Grund anzunehmen, daß der Wohlstand, den in einer fortschreitenden Gesellschaft die wenigen genießen, überhaupt bestehen würde, wenn er nicht jenen zugute käme. Es ist nicht etwas, was den übrigen vorenthalten oder weggenommen wird. Es ist das Auftauchen neuer Lebensformen, in die eine Vorhut langsam eintritt. Gewiß sind jene, denen es vergönnt ist, Möglichkeiten auszuprobieren, die erst den Kindern oder Enkeln der übrigen zugute kommen werden, meist nicht besonders verdienstvolle Menschen, sondern solche, die der Zufall in ihre beneidete Position gestellt hat. Das ist jedoch die unvermeidliche Folge eines Entwicklungsprozesses, der stets über das hinausgeht, was irgend jemand voraussehen konnte. Indem wir die wenigen verhindern, gewisse Vorteile vor den übrigen zu genießen, werden wir oft verhindern, daß sie den letzteren überhaupt zugute kommen. Wo der Neid die Entwicklung noch ungewöhnlicher Lebensformen unmöglich macht, kann das auf lange Sicht nur einen materiellen und geistigen

---

[9] Das Studium der Entwicklung englischer Wohngewohnheiten hat den angesehenen dänischen Architekten und Städteplaner Rasmussen, S. E. (*London, The Unique City*, London und New York 1937, 294) zu der Bemerkung veranlaßt: »In English culture idleness has been the source of all good.«

Verlust für alle zur Folge haben. Es ist nicht möglich, die unerfreulichen Manifestationen individuellen Erfolges zu unterdrücken, ohne zugleich auch die Kräfte zu zerstören, denen wir den Fortschritt verdanken. Auch wenn man den Widerwillen gegen den schlechten Geschmack, die Schaustellung und Verschwendung vieler Emporkömmlinge teilt, so muß man doch zugeben, daß jeder Versuch, all das zu verhindern, was uns mißfällt, wahrscheinlich mehr Schaden als Nutzen stiften würde. Eine Gesellschaft, in der die Mehrheit alles verhindern kann, was ihr nicht gefällt, würde bald stagnieren, wenn nicht verfallen.

Verantwortlichkeit und Freiheit*

Es muß zweifelhaft erscheinen, ob sich Demokratie in einer Gesellschaft erhalten könnte, die die Menschen behandelt und nicht verurteilt, die nur Irrtum und nicht Sünde anerkennt. Menschen, die frei und gleich sein wollen, müssen als verantwortlich und nicht als Patienten angesehen werden.

F. D. Wormuth**

1

Freiheit bedeutet nicht nur, daß der Mensch die Gelegenheit und die Last der Wahl hat. Sie bedeutet auch, daß er die Folgen seiner Handlungen erleiden und Lob und Tadel für sie ertragen muß. Freiheit und Verantwortung sind untrennbar. Eine freie Gesellschaft kann nicht funktionieren oder sich auch nur erhalten, wenn ihre Mitglieder es nicht als richtig betrachten, daß der einzelne jene Stellung einnimmt, die seine Bemühungen schaffen, und sie als Folge seiner Handlungen ansehen. Obwohl sie dem Individuum nur Chancen bieten kann und das Ergebnis immer von zahllosen Zufälligkeiten abhängig sein wird, so lenkt sie doch seine Aufmerksamkeit nachdrücklich auf jene Umstände, die der einzelne in seiner Kontrolle hat, so, als ob sie die einzig relevanten wären. Da ihm Gegelenheit geboten wird, von allen möglichen Umständen Gebrauch zu machen, die oft nur er kennt, und da in der Regel niemand anderer wissen kann, ob er den besten Gebrauch von ihnen gemacht hat, so gilt im allgemeinen die Vermutung, daß das Ergebnis seiner Bemühungen ihm zuzuschreiben ist, solange wenigstens, als das Gegenteil nicht ganz offensichtlich ist.

Dieser Glaube an die persönliche Verantwortlichkeit, der in allen Gesellschaften bestand, die persönliche Freiheit kannten, hat in neuerer Zeit zusam-

---

* Erstveröffentlichung in: Hunold, Albert (Hrsg.), *Erziehung zur Freiheit*, Erlenbach-Zürich: Eugen Rentsch Verlag 1959, 147–170.
** Das dem Aufsatz voranstehende Motto ist entnommen aus F. D. Wormuth, *The Origins of Modern Constitutionalism*, New York 1949, 212.

men mit der Schätzung der Freiheit selbst eine starke Einbuße erfahren. Verantwortlichkeit ist ein unpopulärer Begriff geworden, ein Wort, das der erfahrene Redner oder Schriftsteller vermeidet, weil er weiß, daß es bei einer Generation, die allem Moralisieren abhold ist, nur Langeweile, wenn nicht gar Animosität hervorruft. Menschen, die glauben, gelernt zu haben, daß nur Umstände, über die sie keine Macht hatten, ihre Stellung im Leben und sogar ihre eigenen Handlungen bestimmt haben, begegnen dem Wort oft mit ausgesprochener Feindseligkeit. Diese Leugnung der Verantwortlichkeit ist jedoch meist die Folge einer Furcht vor Verantwortlichkeit, einer Furcht, die notwendig auch eine Furcht vor der Freiheit einschließt[1]. Weil die Möglichkeit, sich sein eigenes Leben aufzubauen, eine nie aufhörende Aufgabe ist und eine Disziplin erfordert, die der Mensch sich selbst auferlegen muß, fürchten sich zweifellos viele Menschen vor der Freiheit.

2

Der gleichzeitige Verfall der Schätzung der Freiheit und der persönlichen Verantwortlichkeit ist in hohem Maße das Ergebnis eines Mißverständnisses der Ergebnisse der modernen Wissenschaft. Die früheren Vorstellungen waren eng verbunden mit dem Glauben an die »Freiheit des Willens«, einen Begriff, der zwar nie eine klare Bedeutung hatte, aber dem die moderne Naturwissenschaft seine Grundlagen entzogen zu haben schien. Die wachsende Überzeugung, daß alle Naturerscheinungen völlig durch die vorhergegangenen Ereignisse bestimmt und erkennbaren Gesetzen unterworfen sind und daß der Mensch selbst als Teil der Natur betrachtet werden muß, führten zu der Schlußfolgerung, daß das Handeln und das Denken des Menschen auch als notwendig durch die äußeren Umstände bestimmt angesehen werden müssen. Die Idee eines allgemeinen Determinismus, die die Naturwissenschaft des neunzehnten Jahrhunderts beherrschte[2], wurde so auf das Verhalten der Menschen ange-

---

[1] Diese alte Wahrheit ist von G. Bernard Shaw konzise ausgedrückt worden (*Man and Superman: Maxims for Revolutionaries,* London 1903, 229): »Liberty means responsibility. That is why most man dread it.« Das Problem ist besonders eingehend in Dostojewskijs Romanen behandelt (besonders in der Großinquisitor-Episode der *Brüder Karamasov*) und es scheint mir nicht, daß die moderne psychoanalytische und existentialistische Literatur über das Problem Wesentliches zu seinen Einsichten hinzugefügt hat. Vgl. jedoch E. Fromm, *Escape from Freedom,* New York 1941 (in der Englischen Ausgabe unter dem Titel *The Fear of Freedom*); M. Grene, *Dreadful Freedom,* University of Chicago Press 1948, und O. Veit, *Die Flucht vor der Freiheit,* Frankfurt a.M. 1947.

[2] Eine sorgfältige Analyse des ganzen Problemkreises des Determinismus findet sich nun in Popper, K. R., *The Logic of Scientific Discovery,* »Postscript: After *Twenty Years*«, London 1959. Vgl. auch meinen Aufsatz Hayek, F. A., »Degrees of Explana-

wendet und schien keinen Raum für eine Spontaneität menschlichen Handelns zu lassen. Natürlich mußte zugegeben werden, daß wir nur guten Grund haben anzunehmen, daß das menschliche Handeln auch durch die allgemeinen Naturgesetze bestimmt würde, aber tatsächlich nicht in der Lage sind, zu sagen, wie es im Einzelfall durch konkrete Umstände bestimmt wird, außer vielleicht in seltenen Ausnahmefällen. Aber die Anerkennung, daß zumindest im Prinzip der menschliche Verstand als denselben Naturgesetzen unterworfen angesehen werden muß wie die materiellen Vorgänge, schien die individuelle Persönlichkeit der Rolle zu berauben, auf die sich die Vorstellung von Freiheit und Verantwortlichkeit gründete.

Die Geschichte der letzten Generationen bietet uns zahlreiche Beispiele dafür, wie dieses deterministische Bild der Welt die Grundlagen des Glaubens an moralische und politische Freiheit erschüttert hat. Die heute unter den wissenschaftlich Gebildeten verbreitete Ansicht ist wohl die eines neueren populärwissenschaftlichen Buches, in dem der Verfasser bemerkt, daß »freedom is a very troublesome concept for the scientist to discuss, partly because he is not convinced that, in the last analysis, there is such a thing«[3]. Die Physiker haben wohl in neuester Zeit, es scheint manchmal mit einer gewissen Erleichterung, das Prinzip des universellen Determinismus aufgegeben. Aber es ist keineswegs klar, daß seine Ersetzung durch die Vorstellung von einer bloß statistischen Regelmäßigkeit der Welt für das Rätsel der Willensfreiheit irgend eine Bedeutung hat. Tatsächlich folgen die Schwierigkeiten bezüglich der Freiwilligkeit des Handelns und der Verantwortlichkeit keineswegs notwendig dem Glauben, daß alles menschliche Handeln kausal bestimmt ist, sondern sind das Ergebnis einer Konfusion, und die Behauptung, daß der Wille »frei« ist, hat so wenig Sinn wie ihre Verneinung[4]. Es handelt sich um ein Scheinproblem, einen reinen

---

tion«, *The British Journal for the Philosophy of Science,* 6, 1955, 209–225, der, ohne das Problem ausdrücklich zu erwähnen, sich doch hauptsächlich mit ihm befaßt.

[3] Waddington, C. H., *The Scientific Attitude,* Pelican Books, London 1941, 110.

[4] Dies wurde schon klar von John Locke erkannt; Vgl. *Essay on Human Understanding* II, 31: »The question whether a man's will be free or not is altogether improper«. Siehe auch schon Hobbes, T., *Leviathan,* XXI. Im übrigen vergleiche: Gomperz, H., *Das Problem der Willensfreiheit,* Jena 1907; Schlick, M., *Fragen der Ethik,* Wien 1930; Kap. VII; Broad, C. D., *Determinism, Indeterminism and Libertarianism,* Cambridge 1934; Hare, R. M., *The Language of Morals,* Oxford 1952; Hart, H. L. A., »The Ascription of Responsibility and Rights«, *Proceedings of the Aristotelian Society 1940/41,* wiederabgedruckt in *Logic and Language,* hg. A. Flew (First Series), Oxford 1951; Nowell-Smith, P. H., *Free Will and Moral Responsibility, MIND* LVII, 1948, und desselben *Ethics,* Pelican Books, London 1954; Mabbot, J. D., »Free Will and Punishment« in *Contemporary British Philosophy,* hg. H. D. Lewis, London 1956; Campbell, C. A., *Is Free Will a Pseudo-Problem? MIND* 1951; »Determinism and Freedom in the Modern Age«, hg. S. Hook, New York University Press 1958; und Kelsen, H., *Causality and Imputation, Ethics* XXI, 1950.

Wortstreit, in dem die Gegner selten klar machten, was denn eigentlich eine Bejahung oder Verneinung ihrer Behauptungen in sich schließen würde. Nicht nur beraubt die Leugnung der Willensfreiheit das Wort »frei« seiner gewöhnlichen Bedeutung, in der es Handeln nach dem eigenen Willen statt nach dem Willen eines andern heißt, und würde daher, um sinnvoll zu sein, eine andere Definition von »frei« verlangen, die kaum je geboten wird[5], sondern die Behauptung, daß »Freiheit« in irgend einem relevanten Sinn ausschließt, daß »freie« Handlungen notwendig durch irgendwelche Umstände bestimmt sind, erweist sich bei näherer Betrachtung als völlig unbegründet.

Die bestehende Verwirrung zeigt sich am besten, wenn wir die Schlußfolgerungen betrachten, die die streitenden Parteien gewöhnlich von ihren Voraussetzungen ziehen. Die Behauptung der Deterministen ist meist, daß die Tatsache, daß die Handlungen der Menschen völlig durch materielle Umstände bestimmt sind, es unberechtigt macht, sie zur Verantwortung zu ziehen oder ihr Handeln zu loben oder zu tadeln. Die Voluntaristen anderseits behaupten, daß, weil es noch einen Faktor gibt, der außerhalb des Kausalzusammenhanges steht, dieser Faktor der Träger der Verantwortlichkeit und der legitime Gegenstand von Lob und Tadel ist. Es kann kaum ein Zweifel bestehen, daß in ihren praktischen Schlußfolgerungen die Voluntaristen mehr Recht haben und daß die Deterministen einfach einer Konfusion unterliegen. Das Eigenartige an der ganzen Diskussion ist jedoch, daß in keinem der beiden Fälle die Schlußfolgerungen wirklich aus den vorgegebenen Annahmen folgen. Wie oft gezeigt worden ist, setzt vielmehr der Begriff der Verantwortlichkeit eine deterministische Interpretation voraus[6], während nur die Konstruktion eines metaphysischen »Ichs«, das außerhalb allen Kausalzusammenhangs steht und daher von Lob und Tadel nicht beeinflußt werden kann, eine Leugnung der Verantwortlichkeit rechtfertigen würde.

---

5 Vgl. auch die Erörterung dieses Problems in Hayek, F. A., *The Sensory Order*, London und Chicago 1952, Paragraphen 8.93–8.94.

6 So paradox diese Behauptung auch immer noch klingen mag, so geht sie doch nicht nur auf David Hume, sondern sogar auf Aristoteles zurück. Hume (*Treatise on Human Nature*, II, ii, Abschn. I, in der Ausgabe von T. H. Green und T. H. Groose Bd. II, 192) sagt ausdrücklich: »'Tis only upon the principle of necessity that a person acquires any merit or demerit from his actions, however common opinion may incline to the contrary«. Über Aristoteles siehe Simon, Y., *Traité du libre arbitre*, Liège 1951, und das von diesem zitierte Werk von G. F. Heman, *Des Aristoteles Lehre von der Freiheit des menschlichen Willens*, Leipzig 1887. Neuere Diskussionen des Problems finden sich in R. E. Hobert, »Free Will as Involving Determinism«, *MIND* XLIII, 1934; und Foot, P., »Free Will as Involving Determinism«, *Philosophical Review*, 1957.

3

Es ist natürlich möglich, das Phantom eines Automaten heraufzubeschwören, der auf die Ereignisse seiner Umgebung unausbleiblich in derselben voraussagbaren Weise reagiert. Das betrifft jedoch keine Stellungnahme, die je selbst von den extremsten Gegnern des freien Willens vertreten worden ist. Ihre Behauptung ist, daß das Verhalten eines Menschen in jedem gegebenen Augenblick, seine Reaktion auf jede beliebige Gruppe von Ereignissen, durch die gemeinsamen Wirkungen seiner ererbten Anlagen und aller seiner angesammelten Erfahrung bestimmt wird, wobei jede neue Erfahrung im Lichte früherer persönlicher Erfahrungen verwertet wird, in einem kumulativen Prozeß, der in jedem Fall eine einzigartige und unterschiedliche Persönlichkeit schafft. Diese Persönlichkeit wirkt wie ein Filter, durch den die äußeren Ereignisse hindurchgehen müssen, um ein Verhalten zu bestimmen, das wir nur in Ausnahmefällen mit Gewißheit voraussagen können. Die charakteristische Behauptung des Deterministen ist, daß diese angesammelten Wirkungen der Erbmasse und früherer Erfahrung die Gesamtheit der individuellen Persönlichkeit darstellen und daß es darüber hinaus kein anderes »Ich« oder »Selbst« gibt, das nicht von äußeren oder materiellen Faktoren beeinflußt werden kann. Dies bedeutet, daß alle jene Faktoren, deren Einfluß manchmal von den Gegnern der Willensfreiheit bestritten wird, wie Belehrung, Überredung und Kritik oder die Erwartung von Lob und Tadel, zu den wichtigsten Faktoren gehören, die die Persönlichkeit und durch sie das Handeln des Individuums bestimmen. Gerade weil es kein besonderes »Ich« gibt, das außerhalb des Kausalzusammenhanges steht, gibt es auch keinen Willen, den wir nicht vernünftigerweise durch Lohn oder Strafe zu beeinflussen versuchen können[7].

Die Tatsache, daß wir oft das Verhalten von Menschen durch Beispiel, Überredung oder unser Urteil beeinflussen können, ist wahrscheinlich nie ernstlich geleugnet worden. Die einzige Frage, die vernünftigerweise gestellt werden kann, ist nicht, ob diese Mittel eines gesellschaftlichen Druckes je wirksam sind, sondern nur in welchem Ausmaß eine bestimmte Person in gegebe-

---

[7] Von einem extrem deterministischen Standpunkt wird manchmal geleugnet, daß das Wort »Wille« überhaupt einen bestimmten Sinn hat (was zu seiner völligen Verbannung aus gewissen Formen über-wissenschaftlicher Psychologie geführt hat), oder daß es so etwas wie freiwilliges Handeln gibt. Aber selbst jene, die diese Stellung einnehmen, können nicht umhin, zwischen Handlungen zu unterscheiden, die vernünftige Überlegungen oder Überredung beeinflussen können, und jenen, bei denen das nicht der Fall ist. Das ist jedoch das einzig Relevante. Die Vertreter jener Auffassung müßten sogar zugeben, was nicht viel weniger als eine reductio ad absurdum ihres Standpunktes ist, daß es von großer Wichtigkeit für das Handeln eines Menschen ist, ob er selbst an seine Fähigkeit glaubt, Pläne zu machen und sie auszuführen. Das ist aber das, was wir gewöhnlich meinen, wenn wir davon sprechen, daß sein Wille frei oder unfrei ist.

nen Umständen durch solche Faktoren beeinflußt werden wird – wie weit es wahrscheinlich ist, daß das Handeln eines Menschen durch das Wissen, daß eine bestimmte Handlung seine Schätzung durch die Mitmenschen beeinflussen wird, oder daß er Lohn oder Strafe dafür erwarten muß, in der gewünschten Richtung beeinflußt werden wird.

Genau gesprochen, ist der oft gebrauchte Ausdruck, daß »ein Mensch nichts dafür kann, daß er so ist, wie er eben ist«, einfach Unsinn; denn der ganze Zweck, zu dem wir ihn für sein Verhalten verantwortlich machen, ist, ihn anders zu machen als er ist oder sein könnte. Wenn wir sagen, daß jemand für die Folgen seiner Handlungen verantwortlich ist, so ist das keine Aussage über Tatsachen oder über einen Kausalzusammenhang. Die Aussage wäre natürlich nicht berechtigt, wenn nichts, das die in Frage stehende Person getan oder unterlassen haben »könnte«, auf das Ergebnis einen Einfluß haben könnte. Aber Worte wie »könnte« oder »sollte«, die wir in diesem Zusammenhang gebrauchen, heißen nicht, daß im Moment der Entscheidung etwas anderes vorging, als in der gegebenen Situation die notwendige Folge von Kausalgesetzen war. Es ist eine Aussage, die den Zweck hat, diese Person und die Menschen im allgemeinen anders handeln zu machen, als sie täten, wenn sie nicht an den Inhalt jener Aussage glaubten. Wir halten einen Menschen für verantwortlich, nicht um damit zu sagen, daß er, so wie er tatsächlich war, anders hätte handeln können, sondern um ihn anders zu machen. Wenn ich durch eine Nachlässigkeit oder Vergeßlichkeit, »die ich nicht vermeiden konnte«, jemanden geschädigt habe, so befreit mich das nicht von der Verantwortung, sondern ist ein Anlaß, mir die Notwendigkeit stärker einzuprägen, daß solche Folgen eintreten können.

Die einzigen Fragen, die wir daher legitimerweise stellen können, sind, ob der Mensch, den wir für eine bestimmte Handlung verantwortlich halten, von der Art ist, die normalen Motiven zugänglich ist (das heißt, ob er das ist, was wir einen verantwortungsfähigen Menschen nennen) und ob in den gegebenen Umständen von einem solchen Menschen zu erwarten ist, daß er von den Überlegungen und Ansichten beeinflußt wird, von denen wir wünschen, daß er sie in Betracht zieht. So wie dies bei den meisten Problemen dieser Art der Fall ist, werden wir tatsächlich meist so wenig über die Umstände des besonderen Falles wissen, daß wir nicht mehr sagen können, als daß es wahrscheinlich ist, daß die Erwartung, daß sie für die Folgen ihres Handelns in bestimmten Umständen verantwortlich gehalten werden, im großen und ganzen Menschen in solchen Umständen veranlassen wird, in der gewünschten Weise zu handeln. Das Problem ist im allgemeinen nicht, ob bei einer konkreten Handlung bestimmte Motive wirksam waren, sondern wie wir es am wahrscheinlichsten machen können, daß gewisse Erwägungen meist wirksam auf die Entscheidung der Individuen Einfluß nehmen. Das erfordert, daß wir im einzelnen Falle loben oder tadeln ohne Rücksicht darauf, ob tatsächlich im gegebenen Falle die Erwartung solchen Lobes oder Tadels die Entscheidung hätte beeinflussen können. Wenn wir auch die Wirkung im einzelnen Falle nie mit Sicherheit kennen, so glauben wir doch, daß im allgemeinen das Wissen, daß ein Mensch verantwortlich gemacht werden wird, sein Handeln in einer erwünschten Weise leiten wird. In diesem Sinne ist das Zuschreiben von Verantwortung nicht eine Behauptung über Tatsachen. Es beruht vielmehr auf einer Konvention, die den Zweck hat, die Menschen dazu zu bringen, gewissen Regeln zu folgen. Ob eine bestimmte Konvention dieser Art ihren Zweck erfüllt oder nicht, mag immer Zweifeln unterliegen. Wir wissen selten mehr, als daß die Erfahrung zu zeigen scheint, daß eine bestimmte Konvention dieser Art im großen und ganzen entweder wirksam oder nicht wirksam ist.

Verantwortung ist heute in erster Linie ein juristischer Begriff, weil das Recht klare Kennzeichen verlangt, die uns zu entscheiden erlauben, wann sich jemand durch seine Handlungen verpflichtet oder strafbar macht. Der Begriff ist jedoch kaum weniger wichtig im Bereich der Moral, wo er die Grundlage unserer Vorstellung von den moralischen Pflichten des Individuums bildet. Seine Anwendung geht sogar weit über das Gebiet hinaus, das wir gewöhnlich als das der Moral betrachten. Unsere ganze Einstellung gegenüber dem Funktionieren unserer Gesellschaftsordnung, unsere Anerkennung oder Verurteilung der Art und Weise, in der die relative Position der verschiedenen Individuen in ihr bestimmt wird, ist aufs engste mit unserer Vorstellung von Verantwortlichkeit verbunden. Die Bedeutung des Begriffes erstreckt sich weit über das Gebiet hinaus, in dem wir organisierten Zwang anwenden, und ist vielleicht sogar dort am wichtigsten, wo er die Entscheidung des Individuums leitet, bezüglich derer wir ihm Freiheit geben. In einer freien Gesellschaft ist es wahrscheinlich noch wichtiger als in anderen, daß die Menschen von einem Verantwortungsgefühl geleitet werden, das sich nicht auf die Pflichten beschränkt, die ihnen das Gesetz auferlegt, und daß die communis opinio es für richtig hält, daß die einzelnen für den Erfolg oder Mißerfolg ihrer Bemühungen verantwortlich betrachtet werden. Wo wir den Menschen erlauben, nach ihren eigenen Entscheidungen zu handeln, müssen wir es auch gutheißen, daß sie die Folgen ihres Handelns tragen.

4

Die Rechtfertigung des Zuschreibens von Verantwortung ruht daher auf den Wirkungen, von denen wir glauen, daß sie das Handeln der Menschen beeinflussen. Ihr Zweck ist, die Menschen zu lehren, welche Folgen sie in ähnlichen künftigen Entscheidungen in Betracht ziehen sollen. Aber wenn wir es dem einzelnen überlassen, selbst über sein Handeln zu entscheiden, weil er im allgemeinen die besonderen Umstände, unter denen er handelt, am besten kennt, so haben wir doch auch ein Interesse daran, diese Umstände so zu gestalten, daß er sein Wissen möglichst erfolgreich verwenden kann. Wenn wir den Menschen Freiheit geben, weil wir sie als vernünftige Wesen betrachten, so müssen wir es auch ihrer Mühe wert machen, vernünftig zu handeln, indem wir sie die Folgen ihrer Entscheidung tragen lassen. Das bedeutet nicht, daß wir annehmen, daß jeder Mensch seinen Vorteil immer richtig erkennt; es bedeutet nur, daß wir nie gewiß sein können, wer dies besser beurteilen kann, und daß wir Bedingungen schaffen wollen, unter denen der weitestgehende Gebrauch von den Fähigkeiten aller Köpfe gemacht wird, die irgend etwas zu dem Bemühen beitragen können, unsere Umgebung menschlichen Zielen dienstbar zu machen.

Das Zuschreiben von Verantwortlichkeit setzt also die Fähigkeit rationalen Handelns voraus und zielt darauf hin, das Handeln der Menschen rationaler zu machen, als es sonst wäre. Es setzt voraus, daß sie ein Minimum von Lernfähigkeit und Voraussicht besitzen und fähig sind, sich durch ihr Wissen von den Folgen ihres Handelns leiten zu lassen. Es ist kein wirklicher Einwand, wenn gesagt wird, daß tatsächlich die Vernunft nur eine geringe Rolle im menschlichen Handeln spielt; denn der Zweck der Konvention ist, von diesem bißchen Vernunft möglichst viel Gebrauch zu machen. Rationalität kann in diesem Zusammenhang nicht mehr heißen als ein gewisses Maß von Zusammenhang und Konsequenz im Handeln des Menschen, einen gewissen Einfluß des Wissens und der Einsichten, die er erworben hat, auf sein Handeln in einem späteren Zeitpunkt und unter anderen Umständen.

Die Komplementarität von Freiheit und Verantwortlichkeit bedeutet, daß nur dem Freiheit gewährt werden kann, dem wir auch Verantwortung auferlegen können. Die Forderung nach Freiheit gilt daher nicht für Kinder oder Geisteskranke. Sie setzt voraus, daß der Mensch fähig ist, zu lernen und sein Handeln von dem erworbenen Wissen leiten zu lassen, und kann nicht auf jene Anwendung finden, die noch nicht genug gelernt haben oder unfähig sind, zu lernen. Jemand, dessen Handeln ausschließlich durch unveränderliche Impulse bestimmt wird, die ihn keinerlei Wissen über die Folgen seines Handelns beherrschen lehren, oder ein echter Schizophreniker können in diesem Sinn nicht verantwortlich gemacht werden, weil das Wissen, daß sie für verantwortlich gehalten werden, ihr Handeln nicht ändern kann. Dasselbe gilt für Menschen, die unter wirklich unüberwindbaren Trieben leiden, Kleptomanen oder Gewohnheitstrinker, bei denen sich gezeigt hat, daß sie normalen Motiven unzugänglich sind. Solange aber Grund besteht, anzunehmen, daß das Bewußtsein, daß ein Mensch verantwortlich gemacht werden wird, sein Handeln beeinflussen wird, muß er als verantwortlich behandelt werden, gleichgültig ob dies im besonderen Fall tatsächlich die erwünschte Wirkung haben wird oder nicht. Das Zuschreiben von Verantwortung beruht nicht auf unserer Kenntnis der Umstände des besonderen Falles, sondern auf der auf die allgemeine Erfahrung gegründeten Erwartung, daß es in der Mehrheit der Fälle dazu führen wird, daß die Menschen rationeller und achtsamer handeln werden. Es ist ein Instrument, das die Gesellschaft entwickelt hat, um sich mit der Unmöglichkeit, in andere Menschen hineinzuschauen, auseinanderzusetzen und, ohne Zwang anzuwenden, es für die Menschen so verlockend wie möglich zu machen, vernünftig und bedachtsam zu handeln.

Wir können uns hier nicht auf eine Erörterung der besonderen Probleme einlassen, die jene betreffen, die nicht für verantwortlich gehalten werden können und auf die das Argument für Freiheit daher nicht oder nicht zur Gänze Anwendung finden kann. Der entscheidende Punkt ist, daß ein freies und verantwortliches Mitglied der Gesellschaft zu sein einen besonderen Status darstellt, der sowohl Lasten wie auch Rechte nach sich zieht, und daß, wenn Freiheit ihren Zweck erfüllen soll, dieser Status nicht von dem Ermessen irgend einer Person abhängen, sondern automatisch allen jenen zukommen muß, die gewisse, objektiv feststellbare Bedingungen erfüllen (wie zum Beispiel ein gewisses Alter) und die Annahme, daß sie das vorausgesetzte Minimum von Fähigkeiten besitzen, nicht offensichtlich und unbestreitbar widerlegen lassen. In unseren persönlichen Beziehungen mögen der Übergang von Verantwortlichkeit zur Mündelschaft graduell und unbestimmt sein und jene leichteren Formen des Zwanges, in die sich der Staat nicht einmischen soll, den Graden der Verantwortlichkeit angepaßt werden. Aber im öffentlichen Leben muß, wenn Freiheit bestehen soll, die Unterscheidung scharf und eindeutig nach allgemeinen und unpersönlichen Regeln gezogen werden. Wenn es sich darum handelt, ob jemand sein eigener Herr oder dem Willen eines anderen unterworfen ist, muß er entweder als verantwortlich oder als unverantwortlich betrachtet werden, entweder das Recht haben oder es nicht haben, in einer Weise zu handeln, die für andere unverständlich, unvoraussagbar oder unwillkommen ist. Die Tatsache, daß wir nicht allen menschlichen Wesen volle Freiheit gewähren können, darf nicht bedeuten, daß die Freiheit von allen durch den individuellen Verhältnissen angepaßte Vorschreibungen eingeschränkt werden darf. Die individualisierende Behandlung des Jugendgerichts oder der Nervenheilanstalt ist das Zeichen der Unfreiheit. So sehr wir auch in den intimen Beziehungen des privaten Lebens unser Verhalten der Persönlichkeit des Partners anpassen mögen – unsere Freiheit als Bürger verlangt, daß wir im öffentlichen Leben, und soweit es sich um die Zwangsgewalt des Staates handelt, als Typen und nicht als einzigartige Individuen behandelt werden, so als ob wir normalen Motivationen zugänglich wären, ob dies nun im gegebenen Fall tatsächlich zutrifft oder nicht.

5

Das Ideal, daß dem Menschen erlaubt sein soll, seine eigenen Ziele zu verfolgen, wird oft mit der Vorstellung verwechselt, daß er dann ausschließlich seinen egoistischen Zielen dienen wird oder sogar soll[8]. Die Freiheit, seine eigenen Ziele zu verfolgen, ist jedoch für den altruistischen Menschen nicht weniger wichtig, in dessen Wertskala die Bedürfnisse anderer Menschen eine sehr hohe Stelle einnehmen, als für den ärgsten Egoisten. Es ist zweifellos ein Element der Natur der meisten Menschen und vielleicht sogar die wichtigste Bedingung ihres Glücks, daß sie die Wohlfahrt anderer Menschen zu ihrer Hauptaufgabe machen. Dies ist jedenfalls ein Teil der Wahl, die uns allen offen steht, und oft die Entscheidung, die allgemein von uns erwartet wird. Das wichtigste Objekt, für das uns die allgemeine Meinung die Verantwortung auferlegt, ist natürlich das Wohl unserer Familie. Aber wir zeigen auch unsere Wertschätzung anderer Menschen darin, daß wir sie zu unseren Freunden und ihre Ziele zu den unseren machen. Die freie Wahl unserer Genossen und allgemein jener Personen, deren Bedürfnisse von Wichtigkeit für uns sind, ist ein wesentlicher Teil der Freiheit und der moralischen Grundlagen einer freien Gesellschaft.

Der Begriff des Altruismus als solcher bietet jedoch keine brauchbare Regel für unser Handeln. Niemand kann in wirksamer Weise sich um die Bedürfnisse anderer Leute im allgemeinen bemühen. Die Verantwortung, die wir auf uns nehmen, muß immer besonderer Art sein, sich auf Menschen beziehen, deren konkrete Umstände wir kennen und mit denen uns entweder unsere Wahl oder die Umstände in Beziehung gebracht haben. Es gehört zu den grundlegenden Rechten und Pflichten des freien Menschen, daß er entscheidet, welcher Menschen Bedürfnisse ihm als die wichtigsten erscheinen.

Die Anerkennung, daß jeder Mensch seine eigene Wertordnung hat, die wir achten müssen, auch wenn wir sie nicht gutheißen, ist ein wesentlicher Teil der Schätzung der individuellen Persönlichkeit und der Würde des Menschen. Wie hoch wir einen andern Menschen schätzen, wird notwendig von seinen Werten abhängen. Der Glaube an persönliche Freiheit bedeutet aber, daß wir uns nicht das Recht anmaßen, zu entscheiden, welche anderen Werte er verfolgen darf, solange er nicht in die ebenso geschützte Freiheitssphäre anderer eingreift.

Eine Gesellschaft, die nicht anerkennt, daß jeder einzelne seine eigenen Werte hat, die er anstreben darf, kann keinen Respekt für die Würde der Person und keine wirkliche Freiheit kennen. Aber der einzelne wird in einer solchen Gesellschaft auch nach der Art und Weise geschätzt werden, in der er sei-

---

[8] Vgl. Carver, T. N., *Essays in Social Justice,* Harvard University Press 1922, und Hayek, F. A., »Wahrer und falscher Individualismus« (Abdruck in diesem Band, Hayek, *Schriften,* A5, d. Hrsg.)

ne Freiheit benützt. Moralische Urteile verlören jeden Sinn, wenn es keine
Freiheit gäbe. In den Worten des Dichters John Milton: »If every action which
is good or evil in a man of ripe years were under pittance and prescription and
compulsion, what were virtue but a name, what praise woulde be due to well-
doing, what gramercy to be sober, just, or continent[9]?« Es ist richtig, daß die
Freiheit uns die Gelegenheit bietet, gut zu handeln, aber nur in demselben Sinn,
in dem sie uns auch die Möglichkeit bietet, schlecht zu handeln. Manche Philosophen sind von der Einsicht, daß eine freie Gesellschaft nur dann befriedigend funktionieren kann, wenn ihre Mitglieder wenigstens in einem gewissen
Maße von gemeinsamen Vorstellungen über das geleitet werden, was sie tun
sollen, dazu geführt worden, Freiheit als Handeln nach Moralregeln zu definieren. Dies ist jedoch ein Begriff der Freiheit, der zur Leugnung jener Freiheit
führen muß, mit der wir hier befaßt sind. Die Freiheit des Handelns, die die
Voraussetzung alles moralischen Verdienstes ist, schließt notwendig die Freiheit ein, Unrecht zu tun: wir loben und tadeln nur, wo der Mensch wählen
kann, wo das Befolgen einer Regel nicht erzwungen, sondern nur seinem moralischen Sinn eingeprägt wird.

Die Tatsache, daß der Bereich der individuellen Freiheit auch der Bereich
der individuellen Verantwortlichkeit ist, bedeutet jedoch nicht, daß wir bestimmten anderen Personen über unser Handeln Rechenschaft geben müssen.
Wir müssen mit Tadel oder Lob rechnen, wenn wir tun, was andere für un-
richtig halten. Der Grund, weshalb wir wollen, daß sich die Menschen allein für
ihr Handeln verantwortlich fühlen, ist, daß dies ihre Aufmerksamkeit auf jene
Umstände lenkt, die von ihrem Handeln abhängen. Was wir damit vor allem erreichen wollen, ist, daß sie in ihren Bemühungen den größtmöglichen Gebrauch von ihren Kenntnissen und Fähigkeiten machen.

6

Die Last der Wahl, die die Freiheit uns auferlegt, die Verantwortung für das eigene Schicksal, die der einzelne in einer freien Gesellschaft trägt, ist in der modernen Welt eine der Hauptursachen der Unzufriedenheit geworden. In einem
viel höheren Maße, als dies je zuvor der Fall war, hängt der Erfolg eines Menschen nicht von den Fähigkeiten ab, die er an sich besitzt, sondern davon, daß
von diesen Fähigkeiten der richtige Gebrauch gemacht wird. Unter einfacheren

---

[9] Milton, J., *Areopagitica*, Everyman Ed., London 1907, 18. Die Vorstellung, daß alles moralische Verdienst Freiheit voraussetzt, ist natürlich sehr alt und wurde besonders
von den Scholastikern und später wieder von den deutschen Klassikern, namentlich
Friedrich Schiller, immer wieder hervorgehoben.

Verhältnissen, bei weniger Spezialisierung in einer nicht so komplexen Organisation der Gesellschaft und solange fast jedermann von den meisten der vorhandenen Gelegenheiten wissen konnte, war es ein viel weniger schweres Problem, für seine Begabungen die richtige Verwendung zu finden. So wie die Ausdehnung und Komplexität der Gesellschaft zunehmen, wird die Entlohnung, die ein Mensch erwarten kann, in immer höherem Maße abhängig, nicht von dem Geschick und der Fähigkeit, die er an sich besitzt, sondern davon, daß sie richtig verwendet werden. Sowohl die Schwierigkeit, die richtige Verwendung für die eigenen Fähigkeiten zu finden, wie der Unterschied zwischen der Entlohnung von Menschen, die dasselbe technische Geschick oder dieselbe Begabung besitzen, je nachdem sie eine geeignete Verwendung für ihre Begabungen gefunden haben, werden immer größer.

Es gibt vielleicht keinen bittereren Kummer als die Kränkung, die aus dem Gefühl springt, daß man etwas Wirkliches leisten könnte, aber keine Möglichkeit hat, seine Gaben zu bewähren. Daß in einer freien Gesellschaft niemand die Pflicht hat, danach zu sehen, daß die Talente jedes Menschen richtig verwendet werden, daß niemand einen Anspruch darauf hat, daß seine besonderen Gaben benützt werden und daß sie, wenn er nicht selbst eine Verwendung dafür findet, wahrscheinlich unbenützt bleiben, ist wahrscheinlich der schwerste Vorwurf, der gegen eine freie Gesellschaft gerichtet werden kann, und die Quelle der bittersten Enttäuschungen. Die Überzeugung, daß man potentielle Fähigkeiten besitzt, führt leicht zu dem Verlangen, daß es jemandes Pflicht sein sollte, dafür zu sorgen, daß sie auch verwendet werden.

Die Notwendigkeit, für sich selbst einen Bereich nützlicher Arbeit, einen geeigneten Erwerb, zu finden, ist wahrscheinlich die härteste Disziplin, die eine freie Gesellschaft uns auferlegt, und die Quelle der tiefsten Erbitterung derer, denen es nicht gelingt, die Aufgabe zu lösen. Sie ist jedoch untrennbar von der Freiheit, da niemand einem Menschen garantieren kann, daß seine Gaben angemessen benützt werden, wenn er nicht die Macht hat, andere zu zwingen, sie zu nutzen. Nur indem wir anderen die Wahl nehmen, von wem sie bedient werden oder wessen Fähigkeiten sie benutzen wollen, könnten wir irgend jemandem zusichern, daß seine Talente in der Weise gebraucht werden, wie er es für richtig hält. Es gehört zum Wesen einer freien Gesellschaft, daß in ihr nicht Fähigkeit als solche, sondern nur erfolgreiche Verwandlung dieser Fähigkeiten in konkrete Dienstleistungen, die andere mit gleichem Wert zu vergelten bereit sind, den Wert oder die Entlöhnung des einzelnen bestimmen. Der Hauptzweck der Freiheit ist dabei, sowohl die Gelegenheit als den Anreiz zu bieten in der Suche nach der besten Verwendung des Könnens, das der einzelne besitzt. Die einzigartigen Qualitäten des Individuums in dieser Hinsicht sind in der Regel nicht sein generelles, sondern sein konkretes Wissen, die Kenntnis von besonderen Umständen und Bedingungen, die nahezu jedermann besitzt. Viel mehr als unter einfacheren Verhältnissen ist es heute nicht Fähigkeiten im allgemeinen, sondern die Art, wie ein Mensch sie zu verwenden weiß, die seine Stellung in der Gesellschaft bestimmen.

7

Es ist nicht zu bestreiten, daß in dieser Hinsicht die Folgen des freien Marktes oft in Widerspruch mit ethischen Anschauungen kommen, die ein Überbleibsel einer früheren Gesellschaftsform sind. Wenn auch für die Gesellschaft als solche die Kunst, seine Fähigkeiten gut zu verwerten und die besten Verwendungen für seine Begabungen zu entdecken, vielleicht die allernützlichste ist, so wird doch Findigkeit dieser Art nicht immer hoch geschätzt und ein Vorteil, den jemand durch erfolgreichere Ausnützung konkreter Umstände gewinnt, oft sogar als nicht ganz fair betrachtet. In vielen Gesellschaften wird es von einer »aristokratischen« Tradition, die aus den Zeiten einer hierarchischen Organisation mit zugewiesenen Pflichten und Aufgaben stammt (und vielfach von Menschen entwickelt wurde, deren Privilegien sie von der Notwendigkeit befreit hatten, den andern zu bieten, was sie verlangten), als vornehmer betrachtet, zu warten, bis die Gaben, die jemand besitzt, von anderen entdeckt werden, während nur religiöse oder völkische Minderheiten diese Art von Findigkeit entwickelt und sich dadurch unpopulär gemacht haben. Nichtsdestoweniger ist es sicher der größte Beitrag, den ein Individuum gewöhnlich zur Wohlfahrt seiner Genossen machen kann, wenn es bessere Verwendungen von Dingen oder seinen eigenen Fähigkeiten findet, und eine freie Gesellschaft prosperiert gewöhnlich deshalb so viel mehr als eine unfreie, weil sie für diese Bemühungen am meisten Gelegenheit bietet und die Unternehmerbegabung (wo es sich darum handelt, die beste Verwendung für unsere Fähigkeiten zu finden, sind wir alle Unternehmer!) so viel höher entlohnt, während jene, die es andern überlassen, die Verwendung ihrer Fähigkeiten zu bestimmen, mit einer geringeren Entlohnung zufrieden sein müssen.

Wir müssen uns bewußt sein, daß wir die Menschen nicht für eine freie Gesellschaft erziehen, wenn wir Spezialisten heranziehen, die erwarten, daß sie »verwendet« werden, aber unfähig sind, selbst die geeignete Verwendung zu finden, und es als die Aufgabe von jemand anderem betrachten, dafür zu sorgen, daß von ihrem Können und Geschick der richtige Gebrauch gemacht wird. Wie fähig auch ein Mensch in einer bestimmten Beziehung sein mag, der Wert seiner Leistungen wird in einer freien Gesellschaft doch verhältnismäßig gering sein, wenn er nicht auch die Gabe besitzt, diese Fähigkeiten jenen zur Kenntnis zu bringen, die den besten Gebrauch davon machen können. Wenn es auch unseren Gerechtigkeitssinn verletzen mag, wenn wir finden, daß von zwei

Menschen mit den gleichen Fachkenntnissen der eine außerordentlich erfolgreich und der andere ein Mißerfolg ist, so müssen wir doch erkennen, daß in einer freien Gesellschaft es die Ausnützung besonderer Gelegenheiten ist, die die Nützlichkeit eines Menschen bestimmt und unsere Erziehung und Wertungen diesem Umstand anpassen. In einer freien Gesellschaft werden wir nicht für unsere Kunstfertigkeit oder unser Geschick an sich entlohnt, sondern dafür, daß wir sie richtig verwenden, und das muß so sein, so lange es uns gestattet ist, uns unseren Betätigungsbereich selbst zu suchen und er uns nicht zugewiesen wird. Daß es fast nie möglich ist, festzustellen, wieviel an dem individuellen Erfolg größerem Wissen, größerer Fähigkeit oder größeren Bemühungen zuzuschreiben und wieviel davon das Ergebnis von glücklichen Zufällen ist, die dem einen, aber nicht dem andern geholfen haben, ändert nichts an der Wichtigkeit, es für die Menschen der Mühe wert zu machen, die richtige Wahl zu treffen.

Wie wenig diese grundlegende Tatsache verstanden wird, zeigt sich in solchen Behauptungen, die man nicht nur von Sozialisten hört, wie, daß »every child has a natural right, as citizen, not merely to life, liberty, and the pursuit of happiness, but to that position in the social scale to which his talents entitle him«[10]. In einer freien Gesellschaft geben keinerlei Talente irgend ein »Anrecht« auf eine bestimmte Stellung – das würde voraussetzen, daß irgend jemand das Recht und die Macht hat, jedermann nach eigenem Urteil an einen bestimmten Platz zu stellen. Eine freie Gesellschaft kann nicht mehr bieten als die Gelegenheit, nach einer geeigneten Stelle zu suchen, mit all den Risiken und Ungewißheiten, die ein solches Suchen nach einem Markt für die eigenen Fähigkeiten in sich schließt. Es ist nicht zu leugnen, daß in dieser Hinsicht Freiheit den einzelnen unter einen Druck setzt, den er oft haßt. Es ist jedoch eine Illusion, wenn jemand glaubt, daß irgend eine andere Gesellschaftsform keinen derartigen Druck ausüben würde: Die Alternative zu dem Druck der Verantwortlichkeit für das eigene Schicksal ist der viel schlimmere Druck von Befehlen, denen der einzelne gehorchen muß.

Es wird oft behauptet, daß nur die Erfolgreichen daran glauben, daß sie allein für ihr eigenes Schicksal verantwortlich sind. Das mag wohl richtig sein, aber nicht, wie meist gemeint wird, weil solche Menschen als Ergebnis ihres Erfolges zu diesem Glauben geführt werden. Alle meine Erfahrung hat mich gelehrt, daß der Zusammenhang der umgekehrte ist und daß Menschen meist erfolgreich sind, weil sie diesen Glauben haben und sowohl ihre Erfolge wie auch ihre Mißerfolge ihren eigenen Bemühungen zuschreiben. Aber auch wenn dieser Glaube, daß alles, was ein Mensch erreicht hat, ausschließlich seinen Bemühungen, seinem Geschick und seiner Intelligenz zuzuschreiben ist, meist auf einer Selbsttäuschung beruht, so hat er doch gewöhnlich eine wunderbare

---

[10] Crosman, C. A. R., *The Future of Socialism*, London 1956, 208.

Wirkung auf die Energie und Umsicht eines solchen Menschen. So unerträglich und verletzend auch oft der selbstgefällige Stolz des Erfolgreichen sein mag, so ist er doch wahrscheinlich eine der wichtigsten Hilfen des Erfolges, während umgekehrt, je mehr jemand geneigt ist, die Schuld an seinen Mißerfolgen jemand anderem oder den Umständen zuzuschreiben, er nicht nur desto unzufriedener, sondern auch desto untüchtiger und erfolgloser wird.

8

Die Schwächung des Verantwortungsgefühls in der Gegenwart ist jedoch nicht nur eine Folge der Tendenz, den Menschen von der Verantwortung für sein eigenes Handeln zu entlasten, sondern ebensosehr eines Bestrebens, den Bereich auszudehnen, für den er sich verantwortlich halten soll. Da wir den Menschen Verantwortung zuschreiben, um ihr Handeln zu beeinflussen, so dürfen wir ihnen auch die Verantwortung nur für jene Folgen ihres Handelns zuschreiben, von denen wir annehmen können, daß sie sie normalerweise voraussehen und in Betracht ziehen können. Um wirksam zu sein, muß die Verantwortung sowohl klar und bestimmt als auch den emotionellen und intellektuellen Fähigkeiten der Menschen angepaßt sein. Zu hoch gespannte Anforderungen müssen langsam den Verantwortungssinn schwächen und neben der Leugnung aller Verantwortlichkeit hat wahrscheinlich die Ausdehung ihres Bereiches am meisten zum Verfall des Verantwortungsgefühls beigetragen. Das Verantwortungsgefühl leidet nicht weniger, wenn gelehrt wird, daß der Mensch für alles verantwortlich ist, was auf der Welt vorgeht, als wenn ihm gesagt wird, daß er für nichts verantwortlich ist. Freiheit verlangt, daß der einzelne nur als für das verantwortlich angesehen wird, was er beurteilen kann, daß er in seinen Handlungen nichts in Betracht ziehen muß, was außerhalb seines Horizontes liegt, und insbesondere, daß er nur für seine eigenen Handlungen (oder die seiner Fürsorge anvertrauten Personen) verantwortlich ist, aber nicht für die von andern, die ebenso frei sind.

Wirksame Verantwortung muß individuelle Verantwortung sein. In einer freien Gesellschaft kann es keine kollektive Verantwortung der Mitglieder einer Gruppe als solcher geben, solange sie sich nicht durch gemeinsames Handeln jeder individuell und gesondert verantwortlich gemacht haben. Eine gemeinsame oder geteilte Verantwortung mag für den einzelnen die Notwendigkeit schaffen, zu Übereinstimmung mit andern zu kommen, und damit seine eigenen Möglichkeiten beschränken. Aber wenn die Verantwortung für bestimmte Dinge einer Mehrzahl von Menschen auferlegt wird, ohne ihnen zugleich auch die Verpflichtung zu gemeinsamem und einverständlichem Handeln aufzuerlegen, so bedeutet das gewöhnlich, daß niemand wirklich die Verantwortung auf sich nimmt. So wie das Eigentum aller in Wirklichkeit niemandes Eigentum ist, so ist auch die Verantwortlichkeit aller meist niemandes Verantwortlichkeit[11].

Es ist nicht zu leugnen, daß die moderne Entwicklung, insbesondere die Entstehung der Großstadt, in weitem Maß jenes Gefühl der Verantwortung für die unmittelbare Umgebung zerstört hat, aus dem in der Vergangenheit viele wohltätige gemeinsame Bemühungen entsprangen. Das Leben in der anonymen Masse der großen Industriestadt bietet wenig von den Voraussetzungen wirksamer Verantwortlichkeit: es ist kaum möglich für den einzelnen, die Probleme klar zu sehen oder sie ohne übermäßige Inanspruchnahme seiner Einbildungskraft zu den seinen zu machen, oder zu erkennen, warum gerade er sich um ihre Lösung bemühen soll. Der einzelne ist nicht mehr in erster Linie Mitglied einer kleinen Gemeinschaft, deren Schicksal ihm vor allem am Herzen liegt und die er genau kennt. So sehr das einerseits seine Unabhängigkeit vergrößert hat, so hat es ihn doch auch jenes Sicherheitsgefühls beraubt, das ihm die persönlichen Beziehungen und das freundschaftliche Interesse der Nachbarn gaben. Die immer stärker werdende Forderung nach Sicherheit und Schutz von seiten der unpersönlichen Gewalt des Staates ist zweifellos in großem Maße ein Ergebnis des Verschwindens jener engeren Interessengemeinschaften und des Gefühls einer Isolierung des einzelnen, der nicht mehr auf das persönliche Interesse und die Hilfe der lokalen Gruppe zählen kann[12].

So sehr wir es aber auch bedauern mögen, daß jene engen Interessengemeinschaften langsam verschwinden und durch ein weiteres Netz von beschränkten, unpersönlichen und vorübergehenden Beziehungen ersetzt werden, so können wir doch nicht erwarten, daß das Gefühl der Verantwortung für das Bekannte und Vertraute durch ähnliche Gefühle für das Entfernte, Unbeschränkte und nur theoretisch Gewußte ersetzt werden kann. Wir können nicht in der gleichen Weise über das Schicksal der Tausende und Millionen von Unglücklichen empfinden, von deren Existenz in der Welt wir theoretisch wissen, wie uns das Schicksal des vertrauten Nachbarn beschäftigt, dem wir auch meist zu helfen wissen, wenn Hilfe erforderlich ist. So sehr uns auch Berichte über entferntes Elend bewegen mögen, das theoretische Wissen von der Zahl leidender Menschen kann nicht unser tägliches Handeln bestimmen. Wenn unsere Bemühungen nützlich und erfolgreich sein sollen, so müssen sie den Fähigkeiten unseres Verstandes und unseres Mitgefühls angepaßt sein. Ständig an die

---

[11] Vgl. auch die Bemerkung von Huizinga, J., *Incertitudes,* Paris 1939, 216: »Dans chaque groupe collectif une partie du jugement de l'individu est absorbée avec une partie de sa responsabilité par le mot d'ordre collectif. Le sentiment d'être tous ensemble responsables de tout, accroît dans le monde actuel le danger de l'irresponsabilité absolue de l'action des masses.«

[12] Vgl. Riesman, D., *The Lonely Crowd,* Yale University Press 1950.

»soziale« Verantwortung gegenüber allen Unglücklichen in unserem Ort, unserem Land oder der Welt erinnert zu werden, kann nur die Wirkung haben, alle unsere Gefühle abzustumpfen und die Unterscheidung zwischen den Verantwortlichkeiten, die uns eine Verpflichtung auferlegen, und den Problemen, bezüglich derer wir nichts tun können, zu verwischen. Wirksame Verantwortlichkeit setzt voraus, daß der einzelne auf Grund seines Wissens über die Wichtigkeit der verschiedenen Aufgaben entscheiden und seine eigenen Moralprinzipien auf Umstände, die er kennt, anwenden kann, und wo seine Bemühungen, Übel zu mindern, freiwillig und nicht erzwungen sind.

Das moralische Element in der Unternehmerwirtschaft[*]

Wirtschaftliche Tätigkeit liefert die materiellen Mittel für alle unsere Zwecke. Gleichzeitig richten sich unsere individuellen Anstrengungen größtenteils darauf, Mittel für die Zwecke anderer zu liefern, damit diese ihrerseits uns die Mittel für unsere Zwecke bereitstellen. Nur weil wir in der Wahl unserer Mittel frei sind, sind wir auch in der Wahl unserer Ziele frei.

Wirtschaftsfreiheit ist also eine unerläßliche Bedingung aller anderen Freiheit und die Unternehmerwirtschaft sowohl notwendige Bedingung als auch Folge der persönlichen Freiheit. Deshalb werde ich mich bei der Erörterung des »moralischen Elements in der Unternehmerwirtschaft« nicht auf die Probleme des Wirtschaftslebens beschränken, sondern allgemein die Beziehungen zwischen Freiheit und Moral betrachten.

Unter Freiheit verstehe ich in diesem Zusammenhang entsprechend der großen angelsächsischen Tradition Unabhängigkeit vom unumschränkten Willen eines anderen. Dies ist die klassische Vorstellung von Freiheit unter dem Gesetz, ein Zustand, in dem Zwang auf einen Menschen nur dann ausgeübt werden kann, wenn die allgemeinen, für alle in gleicher Weise geltenden Rechtsregeln Zwang verlangen, niemals aber dann, wenn die Ermessensentscheidung einer Verwaltungsbehörde ihn verlangt.

Die Beziehung zwischen dieser Freiheit und moralischen Werten ist wechselseitig und vielschichtig. Ich werde mich daher darauf beschränken müssen, die springenden Punkte gleichsam im Telegrammstil hervorzuheben.

Einerseits hat man schon vor langer Zeit entdeckt, daß Moral und moralische Werte nur in einem freiheitlichen Umfeld gedeihen und daß im allgemeinen moralische Maßstäbe von Personen und Klassen nur dort hoch sind, wo diese seit langem Freiheit genießen – und daß sie in einem Verhältnis zum Ausmaß der besessenen Freiheit stehen. Es ist auch eine alte Erkenntnis, daß eine freie Gesellschaft nur dort gut funktionieren wird, wo freies Handeln von star-

---

[*] Ansprache an den »66th Congress of American Industry« der National Association of Manufacturers, New York, 6. Dezember 1961.

ken Moralvorstellungen geleitet ist, und daß wir daher alle die Vorteile der Freiheit nur dort genießen werden, wo die Freiheit bereits wohlbegründet ist. Hinzufügen will ich, daß Freiheit, wenn sie gut funktionieren soll, nicht nur hohe moralische Maßstäbe verlangt, sondern moralische Maßstäbe besonderer Art, und daß sich in einer freien Gesellschaft auch moralische Maßstäbe herausbilden können, die, wenn sie allgemein werden, die Freiheit und mit ihr die Grundlage aller moralischen Werte zerstören werden.

Bevor ich mich diesem Punkt zuwende, der nicht allgemein verstanden wird, muß ich kurz auf die zwei alten Wahrheiten eingehen, die zwar bekannt sein sollten, aber oft vergessen werden. Daß Freiheit als Mutterboden für das Gedeihen moralischer Werte nötig ist – keineswegs nur ein Wert unter vielen, sondern die Quelle aller Werte –, ist beinahe selbstverständlich. Erst dort, wo der einzelne eine Wahl und die dazugehörige Verantwortung hat, hat er Gelegenheit, bestehende Werte zu bestätigen, zu ihrem weiteren Gedeihen beizutragen und sich moralisches Verdienst zu erwerben. Gehorsam hat nur dort moralischen Wert, wo er eine Frage der Wahl und nicht eine des Zwanges ist. An der Reihenfolge, in der wir unsere verschiedenen Ziele anordnen, zeigt sich unser Moralsinn; und bei der Anwendung der allgemeinen Moralregeln auf Einzelsituationen ist jeder einzelne beständig gefordert, die allgemeinen Grundsätze auszulegen und anzuwenden und dabei spezifische Werte zu schaffen.

Ich habe hier nicht die Zeit, herauszuarbeiten, wie es deshalb dazu kam, daß freie Gesellschaften nicht nur im allgemeinen gesetzesfürchtige Gesellschaften waren, sondern in der Neuzeit auch Ausgangspunkt aller großen humanitären Bewegungen mit dem Ziel aktiver Hilfe für die Schwachen, Kranken und Unterdrückten. Hingegen entwickelten unfreie Gesellschaften ebenso regelmäßig eine Mißachtung des Rechts, Gefühllosigkeit gegenüber Leiden, ja sogar Sympathie für den Übeltäter.

Ich muß mich der Kehrseite der Medaille zuwenden. Es sollte auch auf der Hand liegen, daß die Ergebnisse der Freiheit von den Werten abhängen müssen, denen freie Einzelmenschen nachstreben. Es wäre unmöglich zu behaupten, daß eine freie Gesellschaft immer und notwendigerweise Werte entwickelt, die wir billigen würden, oder auch nur, wie wir sehen werden, daß sie Werte erhält, die mit der Erhaltung der Freiheit vereinbar sind. Alles, was wir sagen können, ist, daß die Werte, die wir haben, das Ergebnis von Freiheit sind, daß insbesondere die christlichen Werte sich in Gestalt von Menschen durchsetzen mußten, die staatlichem Zwang erfolgreich Widerstand leisteten, und daß wir dem Wunsch, nach unseren eigenen moralischen Überzeugungen leben zu können, die modernen Sicherungen individueller Freiheit verdanken. Vielleicht können wir noch hinzufügen, daß nur Gesellschaften, die moralische Werte ähnlich unseren eigenen haben, als freie Gesellschaften überlebt haben, während in anderen die Freiheit untergegangen ist.

All das sind gute Gründe, warum es höchst wichtig ist, daß eine freie Gesellschaft auf starken moralischen Überzeugungen beruht, und warum wir, wenn wir Freiheit und Moral erhalten wollen, alles in unserer Macht Stehende tun sollten, um die entsprechenden moralischen Überzeugungen zu verbreiten. Mir geht es hier aber vor allem um die Irrmeinung, Menschen müßten zuerst gut sein, bevor man ihnen Freiheit gewähren könne.

Es ist richtig, daß eine freie Gesellschaft ohne moralische Grundlage für den, der in ihr leben sollte, eine sehr unangenehme Gesellschaft wäre. Aber sie wäre immer noch besser als eine Gesellschaft, die unfrei und unmoralisch ist; und sie bietet zumindest die Hoffnung auf ein allmähliches Entstehen moralischer Überzeugungen, die eine unfreie Gesellschaft verhindert. Ich fürchte, in diesem Punkt bin ich ganz und gar anderer Meinung als John Stuart Mill, der behauptete, solange die Menschen nicht die Fähigkeit erworben hätten, sich durch Überzeugung oder Überredung zu ihrer eigenen Besserung leiten zu lassen, gebe es »für sie nichts anderes als stillschweigenden Gehorsam gegenüber einem Akbar oder Karl dem Großen, wenn sie das Glück haben, einen solchen zu finden«. Ich glaube, diesbezüglich gab T. B. Macaulay der viel größeren Weisheit einer älteren Tradition Ausdruck, als er schrieb: »viele Politiker unserer Zeit pflegen als Selbstverständlichkeit zu behaupten, daß kein Volk frei sein soll, bis es zum Gebrauch seiner Freiheit fähig ist. Die Maxime paßt für den Dummkopf in der alten Geschichte, der beschloß, solange nicht ins Wasser zu gehen, bis er schwimmen gelernt hatte. Wenn die Menschen auf die Freiheit warten sollen, bis sie weise und gut werden, können sie wahrlich für immer warten«.

Doch jetzt muß ich mich von der bloßen Bestätigung alter Weisheiten kritischeren Fragen zuwenden. Ich habe gesagt, daß die Freiheit, um gut zu funktionieren, nicht bloß das Vorhandensein starker moralischer Überzeugungen voraussetzt, sondern auch die Geltung ganz bestimmter Moralvorstellungen. Damit meine ich nicht, daß in einem gewissen Maß Nützlichkeitserwägungen dazu beitragen werden, Moralvorstellungen im einzelnen zu verändern. Ich meine auch nicht, daß – um mit Edwin Cannan zu sprechen – »von den zwei Prinzipien Billigkeit und Wirtschaftlichkeit die Billigkeit letztlich das schwächere ist. ... das Urteil der Menschen darüber, was billig ist, ändert sich leicht, und ... einer der Faktoren, die seine Änderung bewirken, ist die von den Menschen immer wieder einmal gemachte Entdeckung, daß das, was in einer bestimmten Frage als durchaus gerecht und billig galt, unwirtschaftlich geworden oder vielleicht schon immer gewesen ist«.

Auch dies ist richtig und wichtig, selbst wenn es nicht jeder als Empfehlung auffassen mag. Mir geht es aber um einige allgemeinere Vorstellungen, die mir als wesentliche Voraussetzung einer freien Gesellschaft erscheinen, ohne die sie nicht überleben kann. Für die zwei entscheidenden halte ich den Glauben an persönliche Verantwortlichkeit und die Billigung einer Einrichtung als gerecht, mittels derer materielle Entgelte dem Wert angepaßt werden, den die spezifischen Leistungen eines Menschen für seine Mitmenschen haben, und nicht der Wertschätzung, die er als Person seiner moralischen Verdienste wegen genießt.

Ich muß mich zum ersten Punkt kurz fassen – was mir sehr schwer fällt. Moderne Entwicklungen sind hier ein Teil der Geschichte der Zerstörung moralischer Werte durch wissenschaftlichen Irrtum, womit ich mich in letzter Zeit hauptsächlich befaßt habe – und das, woran ein Wissenschaftler im Augenblick arbeitet, erscheint ihm leicht als das wichtigste Thema von der Welt. Doch ich werde versuchen, das, was hierher gehört, in sehr wenigen Worten zu sagen.

Freie Gesellschaften sind immer Gesellschaften mit einem starken Glauben an persönliche Verantwortlichkeit gewesen. Sie lassen den einzelnen nach seinem Wissen und Gewissen handeln und sehen in den erzielten Ergebnissen das, was ihm gebührt. Ihr Ziel war, es für die Leute lohnend zu machen, rational und verständig zu handeln, und sie zu überzeugen, daß es hauptsächlich von ihnen abhing, was sie erreichen würden. Die letztgenannte Vorstellung trifft zweifellos nicht ganz zu, aber fraglos wirkte sie sich in erstaunlicher Weise auf die Entwicklung von Initiative und Umsicht aus.

Aufgrund einer merkwürdigen Verwirrung meint man inzwischen, dieser Glaube an persönliche Verantwortung sei widerlegt durch die zunehmende Erkenntnis der Art und Weise, wie Ereignisse im allgemeinen und menschliche Handlungen im besonderen von gewissen Klassen von Ursachen bestimmt werden. Es ist wahrscheinlich richtig, daß wir in steigendem Maße Einsicht in die Arten von Umständen gewinnen, die menschliches Handeln beeinflussen – aber nicht mehr. Wir können sicherlich nicht sagen, daß eine bestimmte bewußte Handlung eines Menschen das notwendige Ergebnis bestimmter spezifizierbarer Umstände sei – und seine spezifische Individualität, wie sie durch seine ganze Entwicklung entstanden ist, außer Acht lassen. Unser generisches Wissen darüber, wie sich menschliches Handeln beeinflussen läßt, gebrauchen wir, um Lob und Tadel auszuteilen – und das tun wir, um Leute zu einem wünschenswerten Verhalten zu bewegen. Auf diesem eingeschränkten Determinismus – soweit unser Wissen ihn tatsächlich begründet – beruht der Glaube an die Verantwortlichkeit, während nur ein Glaube an ein metaphysisches Selbst, das außerhalb des Ursache-Wirkungs-Zusammenhanges steht, die Behauptung rechtfertigen konnte, es sei nutzlos, den einzelnen für sein Handeln verantwortlich zu machen.

Aber so grob der Trugschluß, der der entgegengesetzten und angeblich wissenschaftlichen Ansicht zugrundeliegt, auch ist, er hat sich ganz gründlich bei der Zerstörung des Hauptinstruments ausgewirkt, das die Gesellschaft zur Sicherung anständigen Verhaltens entwickelt hat – nämlich des Meinungsdrucks, der die Leute die Spielregeln einhalten ließ. Und er endete in jenem »Mythos der Geisteskrankheit«, den ein hochangesehener Psychiater, T. S. Szasz, vor kurzem in einem gleichnamigen Buch (*The Myth of Mental Illness*) zu Recht heftig kritisiert hat. Noch haben wir wahrscheinlich nicht herausgefunden, wie man am besten die Leute lehrt, nach Regeln zu leben, die das Leben in der Gesellschaft für sie und ihre Mitmenschen nicht zu unangenehm machen. Doch bei unserem gegenwärtigen Wissensstand bin ich sicher, daß wir niemals eine erfolgreiche freie Gesellschaft ohne jenen Druck von Lob und Tadel werden schaffen können, der den einzelnen für sein Verhalten verantwortlich sein und ihn die Folgen selbst eines unschuldigen Irrtums tragen läßt.

Aber wenn es für eine freie Gesellschaft auch unabdingbar ist, daß die Wertschätzung eines Menschen durch seine Mitmenschen davon abhängt, wie weit sein Lebenswandel den Anforderungen von Moralgrundsätzen entspricht, so ist es doch ebenso unabdingbar, daß der materielle Lohn nicht durch das Urteil seiner Mitmenschen über sein moralisches Verdienst bestimmt sein sollte, sondern durch den Wert, den sie den spezifischen Leistungen, die er für sie erbringt, beimessen. Das bringt mich zu meinem zweiten Hauptpunkt: zur Vorstellung von sozialer Gerechtigkeit, die herrschen müsse, wenn eine freie Gesellschaft erhalten bleiben soll. Das ist der Hauptpunkt, in dem die Verfechter einer freien Gesellschaft und die Befürworter eines kollektivistischen Systems entgegengesetzter Meinung sind. Während aber die Befürworter der sozialistischen Vorstellung von Verteilungsgerechtigkeit sich zu diesem Punkt gewöhnlich sehr offen äußern, sind die Verteidiger der Freiheit unnötig zurückhaltend, wenn sie die Folgerungen aus ihrem Ideal geradeheraus formulieren sollen.

Die Tatsachen sind schlicht und einfach folgende: Wir wollen für den einzelnen Freiheit, weil er nur dann, wenn er über sein Tun entscheiden kann, auch seine einzigartige Kombination von Kenntnissen, Fertigkeiten und Fähigkeiten, die niemand anderer ganz zu ermessen vermag, vollständig einsetzen kann. Um es dem einzelnen zu ermöglichen, seine Möglichkeiten auszuschöpfen, müssen wir ihm auch gestatten, nach seinen Einschätzungen der verschiedenen Chancen und Wahrscheinlichkeiten zu handeln. Da wir nicht wissen, was er weiß, können wir nicht entscheiden, ob seine Entscheidungen gerechtfertigt waren; ebensowenig können wir wissen, ob sein Erfolg oder Mißerfolg auf seine Anstrengungen und Voraussicht oder auf einen glücklichen Zufall zurückgeht. Mit anderen Worten: Wir müssen auf Ergebnisse schauen, nicht auf Absichten oder Motive, und können ihn nur dann nach seinem eigenen Wissen handeln lassen, wenn wir ihm auch gestatten, das zu behalten, was seine Mitmenschen ihm für seine Leistungen zu bezahlen bereit sind, ohne Rücksicht darauf, ob wir dieses Entgelt dem moralischen Verdienst, das er sich erworben hat, oder der Wertschätzung, die wir für seine Person empfinden, angemessen erachten.

Solche Entlohnung entsprechend dem Wert der Leistungen eines Menschen ist unvermeidlicherweise oft ganz verschieden von unserer Einschätzung seines moralischen Verdienstes. Das ist meines Erachtens die Hauptursache der Unzufriedenheit mit einer freien Unternehmerwirtschaft und der Forderung nach »Verteilungsgerechtigkeit«. Es ist weder ehrlich noch wirkungsvoll, abzustreiten, daß es solch eine Diskrepanz zwischen dem moralischen Verdienst und Ansehen, das sich einer durch sein Handeln erwerben kann, und, auf der anderen Seite, dem Wert der Leistungen geben kann, für die wir ihn bezahlen. Wir nehmen einen völlig falschen Standpunkt ein, wenn wir versuchen, über diese Tatsache hinwegzusehen oder sie zu verbergen. Das haben wir auch gar nicht nötig.

Es erscheint mir als einer der großen Vorteile einer freien Gesellschaft, daß materielle Belohnung nicht davon abhängt, ob die Mehrzahl unserer Mitmenschen uns persönlich mag oder schätzt. Das heißt, solange wir uns an die anerkannten Regeln halten, kann moralischer Druck auf uns nur durch die Achtung derjenigen ausgeübt werden, die wir selbst achten, und nicht durch die Zuteilung materieller Belohnung von Seiten einer gesellschaftlichen Instanz. Es ist von grundlegender Bedeutung für eine freie Gesellschaft, daß wir nicht dafür materiell entlohnt werden, was andere uns zu tun befehlen, sondern dafür, daß wir anderen das geben, was sie wünschen. Unser Verhalten sollte sicherlich von unserem Streben nach ihrer Achtung geleitet sein. Aber frei sind wir, weil der Erfolg unserer täglichen Anstrengungen nicht davon abhängt, ob bestimmte Leute uns oder unsere Grundsätze oder unsere Religion oder unsere Manieren mögen, und weil wir entscheiden können, ob das materielle Entgelt, das andere uns für unsere Leistungen zu zahlen bereit sind, es für uns lohnend macht, diese zu erbringen.

Wir wissen selten, ob eine glänzende Idee, die jemandem plötzlich einfällt und die für seine Mitmenschen vielleicht von großem Vorteil ist, das Ergebnis jahrelanger Bemühungen und Vorarbeiten ist oder eine plötzliche Eingebung, die durch ein zufälliges Zusammentreffen von Wissen und äußeren Umständen bewirkt wurde. Was wir aber wissen, ist, daß dort, wo es sich in einem gegebenen Fall um Erstgenanntes handelte, es nicht der Mühe wert gewesen wäre, das Risiko zu tragen, wenn der Erfinder nicht auch den Ertrag hätte einheimsen dürfen. Und da wir den einen Fall nicht vom anderen zu unterscheiden vermögen, müssen wir einem Menschen auch dann erlauben, den Gewinn zu behalten, wenn sein Erfolg Glückssache ist.

Ich will nicht leugnen, sondern vielmehr unterstreichen, daß in unserer Gesellschaft persönliche Wertschätzung und materieller Erfolg viel zu eng verbunden sind. Wir sollten uns viel deutlicher bewußt sein, daß allein die Tatsache, daß ein Mensch unseres Erachtens Anspruch auf ein hohes materielles Entgelt hat, ihm nicht notwendigerweise Anspruch auf hohe Achtung verleiht. Und obwohl es in diesem Punkt oft Verwechslungen gibt, heißt das nicht, daß diese Verwechslung ein notwendiges Ergebnis der freien Unternehmerwirtschaft wäre – oder daß im allgemeinen die freie Unternehmerwirtschaft materialistischer wäre als andere Gesellschaftsordnungen. Im Gegenteil, und das bringt mich zum letzten Punkt, an dem mir liegt, mir scheint sie es in vieler Hinsicht erheblich weniger zu sein.

Tatsächlich hat die freie Unternehmerwirtschaft die einzige Art von Gesellschaft entstehen lassen, die, während sie uns reichlich materielle Mittel liefert, es dem einzelnen überläßt, zwischen materiellem und nicht-materiellem Entgelt zu wählen. Die Verwechslung, von der ich sprach – zwischen dem Wert, den die Leistungen eines Menschen für seine Mitmenschen haben, und der Wertschätzung, die er aus moralischen Gründen verdient –, kann die Gesellschaft einer freien Unternehmerwirtschaft durchaus materialistisch machen. Aber das ist sicherlich nicht dadurch zu verhindern, daß man die Kontrolle über alle materiellen Mittel unter einer einzigen Leitung zusammenfaßt, die Verteilung materieller Güter zur Hauptaufgabe aller gemeinsamen Anstrengungen macht und somit Politik und Wirtschaft unentwirrbar vermischt.

Es ist für die Gesellschaft einer freien Unternehmerwirtschaft zumindest möglich, in dieser Hinsicht eine pluralistische Gesellschaft zu sein, die nicht eine einzige Rangordnung kennt, sondern viele verschiedene Prinzipien, nach denen sich Wertschätzung richten kann und in der materieller Erfolg weder der einzige Beweis individuellen Verdienstes ist noch als sicherer Nachweis hierfür angesehen wird. Es mag schon sein, daß in Zeiten sehr rasch wachsenden Wohlstandes, in denen viele zum ersten Mal die Annehmlichkeiten des Wohlstands genießen, für eine Weile ein Interesse an materieller Verbesserung vorherrschend wird. Bis zum jüngsten europäischen Aufschwung pflegten viele Angehörige der wohlhabenderen Schichten dort jene ökonomisch aktiveren Perioden als materialistisch zu verurteilen, denen sie den materiellen Komfort verdankten, der es ihnen leicht gemacht hatte, sich anderen Dingen zu widmen.

Im allgemeinen sind Perioden großer kultureller und künstlerischer Kreativität den Perioden der raschesten Wohlstandssteigerung eher gefolgt als mit ihnen zusammengefallen. Meines Erachtens zeigt das nicht, daß eine freie Gesellschaft von materiellen Fragen beherrscht sein muß, sondern, daß bei Freiheit die moralische Atmosphäre im weitesten Sinne, also die Wertvorstellungen der Leute, die hauptsächliche Ausrichtung ihrer Tätigkeiten bestimmen werden. Wenn sich das Gefühl einstellt, daß andere Dinge wichtiger geworden sind als der materielle Fortschritt, können sich einzelne wie auch Gemeinschaften diesen zuwenden. Gewiß nicht durch das Bestreben, eine Entsprechung zwischen Belohnung und jeglichem Verdienst herzustellen, sondern nur durch das ehrliche Eingeständnis, daß es andere und oft wichtigere Ziele als materiellen Erfolg gibt, können wir uns dagegen absichern, zu materialistisch zu werden.

Es ist sicherlich ungerecht, ein System deshalb als materialistischer zu ta-

deln, weil es dem einzelnen die Entscheidung überläßt, ob er materiellen Gewinn anderen Arten, sich hervorzutun, vorzieht, statt ihm dies vorzuschreiben.
Freilich ist es wenig verdienstvoll, idealistisch zu sein, wenn man die Beschaffung der materiellen Mittel, die für die idealistischen Ziele nötig sind, einem anderen überläßt. Nur dort, wo einer selbst beschließen kann, ein materielles Opfer für ein nicht-materielles Ziel zu bringen, verdient er Achtung. Der Wunsch,
dieser Entscheidung und jeder Notwendigkeit eines persönlichen Opfers enthoben zu sein, scheint mir keinesfalls sonderlich idealistisch.

Ich muß sagen, daß ich die Atmosphäre des hochentwickelten Wohlfahrtsstaates in jeder Hinsicht materialistischer finde als die einer freien Unternehmerwirtschaft. Wenn die letztgenannte dem einzelnen viel mehr Raum läßt, um
seinen Mitmenschen durch die Verfolgung rein materialistischer Ziele zu dienen, so gibt sie ihm auch Gelegenheit, jedes andere Ziel, das er für wichtiger
hält, zu verfolgen. Man sollte jedoch bedenken, daß der reine Idealismus eines
Zieles immer fragwürdig ist, wenn die materiellen Mittel für seine Erreichung
von anderen geschaffen wurden.

Abschließend will ich für einen Augenblick zu dem Punkt zurückkehren,
von dem ich ausging. Wenn wir die freie Unternehmerwirtschaft verteidigen,
müssen wir immer daran denken, daß sie es nur mit Mitteln zu tun hat. Was wir
aus unserer Freiheit machen, hängt von uns ab. Wir dürfen Effizienz bei der
Beschaffung von Mitteln nicht verwechseln mit den Zwecken, denen diese dienen. Eine Gesellschaft, die keinen anderen Maßstab als den der Effizienz hat,
wird diese Effizienz freilich verschwenden. Wenn die Menschen frei ihre Talente anwenden können sollen, um uns mit den Mitteln, die wir brauchen, zu
versorgen, so müssen wir sie entsprechend dem Wert, den diese Mittel für uns
haben, entlohnen. Nichtsdestotrotz sollten wir sie nur entsprechend dem Gebrauch, den sie von den ihnen verfügbaren Mitteln machen, achten.

Wir sollten auf alle Fälle dazu ermuntert werden, unseren Mitmenschen
nützlich zu sein, aber das sollten wir nicht mit der Wichtigkeit der Ziele verwechseln, denen die Menschen letztlich dienen. Es gereicht dem System der
freien Unternehmerwirtschaft zur Ehre, daß es in ihm zumindest möglich ist,
daß jeder einzelne, während er seinen Mitmenschen dient, das für seine eigenen
Zwecke tun kann. Doch das System selbst ist nur ein Mittel, und seine unend-
lichen Möglichkeiten müssen im Dienst von Zielen genützt werden, die für sich
stehen.

Bibliographisches Nachwort

Die in diesen Band aufgenommenen Beiträge behandeln Fragen der ideenmäßigen und institutionellen Grundlagen einer freiheitlichen Gesellschaftsordnung. Die Aufsätze, die ursprünglich in den Jahren zwischen 1945 und 1978 veröffentlicht wurden, sind für diese Ausgabe lediglich zur Korrektur von Schreibfehlern und zur Glättung kleinerer sprachlicher Unebenheiten überarbeitet worden. Die als Kapitel 10 und 19 aufgenommenen, bislang nicht in deutscher Fassung vorliegenden Arbeiten sind für diese Ausgabe von Frau Dr. Monika Streissler übersetzt worden. Die Beiträge dieses Bandes sind in drei Themengruppen eingeteilt und innerhalb der Themengruppen nach dem Jahr der Entstehung bzw. der Erstveröffentlichung geordnet.

Im folgenden sind die bibliographischen Angaben zu den einzelnen Beiträgen aufgeführt, in der Reihenfolge, in der sie in diesem Band enthalten sind. Die vollständigen Angaben zu den abgekürzt genannten früheren Sammlungen finden sich am Ende dieser Liste.

1. Wahrer und falscher Individualismus
   The Twelfth Finlay Lecture, gehalten am University College Dublin 17. Dezember 1945.– Erstveröffentlichung: Hayek, F. A., *Individualism: True and False*, Dublin u. a. O.: Hodges, Figgis & Co. Ltd., 1946. – Abdruck in: Hayek, *Individualism*, 1948, 1–32. – Deutsche Erstveröffentlichung in: Hayek, *Individualismus*, 1952, 9–48. – Übersetzt von Helene Hayek.

2. Die Überlieferung der Ideale der Wirtschaftsfreiheit
   Erstveröffentlichung in: *Schweizer Monatshefte* 31, Nr. 6, September 1951, 333–338. – Englische Übersetzung »The Ideals of Economic Freedom: A Liberal Inheritance« in: *The Owl* (London), 1951, 7–12. – Abdruck unter dem Titel »A Rebirth of Liberalism«, in: The Freeman 2, 28. Juli 1952, 729–731. – Überarbeitete und Ludwig von Mises zu seinem 70. Geburtstag gewidmete Fassung von »The Ideals of Economic Freedom: A Liberal Inheritance« in: Hayek, *Studies*, 1967, 195–200.

3. Entstehung und Verfall des Rechtsstaatsideales
   Erstveröffentlichung in: Hunold, Albert (Hrsg.), *Wirtschaft ohne Wunder*, Erlenbach-Zürich: Eugen Rentsch Verlag, 1953, 33–65. (Volkswirtschaftliche Studien für das Schweizerische Institut für Auslandsforschung)

4. Die Ursachen der ständigen Gefährdung der Freiheit
Erstveröffentlichung in: *Ordo – Jahrbuch für die Ordnung von Wirtschaft und Gesellschaft* 12, 1961, 103–109.

5. Grundsätze einer liberalen Gesellschaftsordnung
Referat für die Tagung der Mont Pèlerin Society, Tokyo, 5.–10. September 1966. – Erstveröffentlichung: »The Principles of a Liberal Social Order«, in: *Il Politico* 31, Nr. 4, 1966, 601–618. – Deutsche Erstveröffentlichung in: *Ordo – Jahrbuch für die Ordnung von Wirtschaft und Gesellschaft* 18, 1967, 11–33. – Abdruck in: Hayek, *Freiburger Studien*, 1969, 108–125. – Übersetzt von Eva v. Malchus.

6. Liberalismus
Verfaßt 1973 auf Englisch als Artikel für die italienische *Enciclopedia del Novecento*. – Erstveröffentlichung in italienischer Übersetzung in: *Enciclopedia del Novecento*, Band 3, 1978. – Erstveröffentlichung der englischen Fassung unter dem Titel »Liberalism« in: Hayek, *New Studies*, 1978, 119–151. – Deutsche Erstveröffentlichung: Hayek, F. A. v., *Liberalismus*, Tübingen: Mohr Siebeck, 1979 (Vorträge und Aufsätze / Walter Eucken Institut, 72). – Abdruck in: Hayek, *Anmaßung*, 1996, 216–248. – Aus dem Englischen übersetzt von Eva v. Malchus.

7. Die Anschauungen der Mehrheit und die zeitgenössische Demokratie
Vortrag, gehalten an der Universität Saarbrücken, 22. Juni 1964. – Erstveröffentlichung in: *Ordo – Jahrbuch für die Ordnung von Wirtschaft und Gesellschaft* 15/16, 1965, 19–41. – Abdruck in: Hayek, *Freiburger Studien*, 1969, 56–74. – Spätere Fassung als Kapitel 12 »Majority Opinion and Contemporary Democracy«, und Kapitel 13 »The Division of Democratic Powers«, in: *Hayek, Law, Legislation and Liberty*, Vol. 3: *The Political Order of a Free People*, London: Routledge 1979, 1–38. – Deutsche Übersetzung der späteren Fassung in: Hayek, *Schriften*, B4.

8. Die Verfassung eines freien Staates
Referat für die Tagung der Mont Pèlerin Society, Vichy, September 1967. – Erstveröffentlichung: »The Constitution of a Liberal State«, in: *Il Politico* 32, Nr. 1, 1967, 455–461. – Abdruck in: Hayek, *New Studies,* 1978, 98–104. – Deutsche Erstveröffentlichung in: *Ordo – Jahrbuch für die Ordnung von Wirtschaft und Gesellschaft* 19, 1968, 3–11. – Abdruck in: Hayek, *Freiburger Studien*, 1969, 199–205. – Übersetzt von Dieter Schaffmeister.

9. Die Sprachverwirrung im politischen Denken
Erstveröffentlichung als: Hayek, F. A., *The Confusion of Language in Political Thought, with some Suggestions for Remedying*, London: Institute of Economic Affairs, 1968. (Occasional Papers, 20) – Abdruck in: Hayek, New Studies, 178, 71–97. – Deutsche Erstveröffentlichung in: Hayek: *Freiburger Studien*, 1969, 206–231. – Aus dem Englischen übersetzt von Eva v. Malchus.

10. Wirtschaftsfreiheit und repräsentative Demokratie

The Fourth Wincott Memorial Lecture, gehalten vor der Royal Society of Arts, London, 21. Oktober 1973. – Erstveröffentlichung als: Hayek, F. A., *Economic Freedom and Representative Government*, London: Institute of Economic Affairs, 1973 (Occasional Papers, 39). – Abdruck in: Hayek, *New Studies*, 1978, 105–118. – Für diese Ausgabe übersetzt von Monika Streissler.

11. Die Erhaltung des liberalen Gedankengutes

Vortrag, gehalten vor dem Schweizerischen Institut für Auslandsforschung, Zürich, Wintersemester 1973/74. Erstveröffentlichung in: Lutz, Friedrich A. (Hrsg.), *Der Streit um die Gesellschaftsordnung*, Zürich: Schulthess Polygraphischer Verlag, 1975, 23–39. – Abdruck in: Hayek, *Anmaßung*, 1996, 249–261.

12. Wohin zielt die Demokratie?

Vortrag, gehalten vor dem Institute of Public Affairs, Sydney, New South Wales, Australien, 8. Oktober 1976. – Erstveröffentlichung: »Whither Democracy?«, in: Hayek, *New Studies*, 1978, 152–162. – Deutsche Erstveröffentlichung in: Hayek, *Drei Vorlesungen*, 1977, 7–22. – Abdruck in: Hayek, *Anmaßung*, 1996, 204–215. – Übersetzt vom Verfasser.

13. Die Entthronung der Politik

Erstveröffentlichung in: Frei, Daniel (Hrsg.), *Überforderte Demokratie?*, Zürich: Schulthess Polygraphischer Verlag, 1978, 17–30. (Sozialwissenschaftliche Studien des Schweizerischen Instituts für Auslandsforschung, N.F., 7). – Spätere Fassung als Kapitel 18 »The Containment of Power and the Dethronement of Politics« in: Hayek, *Law, Legislation, and Liberty, Vol. 3: The Political Order of a Free People*, London: Routledge 1979, 128–152. – Deutsche Übersetzung der späteren Fassung in: Hayek, *Schriften*, B4.

14. Gleichheit und Gerechtigkeit

Auszug aus einem Vortrag, gehalten vor der Zürcher Volkswirtschaftlichen Gesellschaft, Zürich 1951. – Erstveröffentlichung in: *25. Jahresbericht der Zürcher Volkswirtschaftlichen Gesellschaft*, Zürich, 1950/1951, 65–67. – Vorabbericht in: *Neue Zürcher Zeitung*, 18. März 1951, Nr. 597, Blatt 6, 21.

15. Wirtschaftsgeschichte und Politik

Erstveröffentlichung: »History and Politics« Einleitung zu dem Buch: Hayek, F. A. (Hrsg.), *Capitalism and the Historians, Essays by T. S. Ashton, L. M. Hacker, W. H. Hutt and B. de Jouvenel*, London u. a.: Routledge & Kegan Paul 1954 – Abdruck in: Hayek: *Studies*, 1967, 201–215. – Deutsche Erstveröffentlichung in: *Ordo – Jahrbuch für die Ordnung von Wirtschaft und Gesellschaft* 7,1955, 3–22. – Vom Verfasser durchgesehene Übersetzung von Hans Willgerodt.

16. Was ist und was heißt »sozial«?

Erstveröffentlichung in: Hunold, Albert (Hrsg.), *Masse und Demokratie*, Erlenbach-Zürich: Eugen Rentsch Verlag, 1957, 71–84. Nicht autorisierte Übersetzung ins Englische unter dem Titel: »What is ›Social‹? – What does it Mean?«, in: Hunold, Albert (Hrsg.), *Freedom and Serfdom*, Dordrecht: D. Reidel Publishing Company, 1961, 107–118. – Vom Verfasser überarbeitete Fassung dieser Übersetzung abgedruckt in: Hayek, *Studies*, 1967, 237–247.

17. Freiheit und Unabhängigkeit

Erstveröffentlichung in: *Schweizer Monatshefte* 39, 1959, 89–103.

18. Verantwortlichkeit und Freiheit

Erstveröffentlichung in: Hunold, Albert (Hrsg.): *Erziehung zur Freiheit*, Erlenbach-Zürich: Eugen Rentsch Verlag 1959, 147–170.

19. Das moralische Element in der Unternehmenswirtschaft

Ansprache an den »66th Congress of American Industry« der National Association of Manufacturers, New York, 6. Dezember 1961. – Erstveröffentlichung: »The Moral Element in Free Enterprise« in: The National Association of Manufacturers (Hrsg.), *The Spiritual and Moral Significance of Free Enterprise*, New York 1962. – Abdruck in: Hayek: *Studies*, 1967, 229–236. – Für diese Ausgabe übersetzt von Monika Streissler.

Abgekürzt genannte frühere Sammlungen

Hayek, *Individualism*, 1948
Hayek, F. A., *Individualism and Economic Order*, Chicago: University of Chicago Press 1948. – Gateway edition. Chicago: Henry Regnery 1972. – Midway reprint. Chicago und London 1980.

Hayek, *Individualismus*, 1952
Hayek, F.A., *Individualismus und wirtschaftliche Ordnung* [Originaltitel: *Individualism and Economic Order*], übersetzt von [Helene] Hayek, Erlenbach-Zürich: E. Rentsch 1952. – 2., erw. Aufl., fotomechanischer Nachdruck der 1. Aufl.1952, mit einem bibliographischen Anhang von Kurt R. Leube. Salzburg: Neugebauer 1976.

Hayek, *Studies*, 1967
Hayek, F.A., *Studies in Philosophy, Politics and Economics*, Chicago: University of Chicago Press 1967.

Hayek, *Freiburger Studien*, 1969
Hayek, F. A. v., *Freiburger Studien: Gesammelte Aufsätze*, Tübingen: Mohr Siebeck 1969. (Wirtschaftswissenschaftliche und wirtschaftsrechtliche Untersuchungen / Walter Eucken Institut, 5). – 2. Aufl., fotomechanischer Nachdruck der 1. Aufl. 1969. Tübingen: Mohr Siebeck 1994.

Hayek, *Drei Vorlesungen*, 1977
Hayek, F. A. v., *Drei Vorlesungen über Demokratie, Gerechtigkeit und Sozialismus*, Tübingen: Mohr Siebeck 1977. (Vorträge und Aufsätze / Walter Eucken Institut, 63).

Hayek, *New Studies*, 1978
Hayek, F.A., *New Studies in Philosophy, Politics, Economics and the History of Ideas*, Chicago: University of Chicago Press 1978.

Hayek, *Anmaßung*, 1996
Hayek,F. A. v., *Die Anmaßung von Wissen: Neue Freiburger Studien*, hrsg. von Wolfgang Kerber. Tübingen: Mohr Siebeck 1996. (Wirtschaftswissenschaftliche und wirtschaftsrechtliche Untersuchungen / Walter Eucken Institut, 32).

Namenregister*

Acton, Lord John 6, 20, 28, 29, 30, 31, 69, 236
Allen, C.K. 52
Amin, Idi 226
Aristoteles 41f., 91f., 127, 170, 172, 280
Ashton, T.S. 234
Asquith, H.H. 98
Austin, J. 48

Bacon, Francis 138, 211
Barnard, C. I. 269
Barthélemy, J. 50
Bastiat, Frédéric 95
Baudeau 7
Benham, F.C. 34
Benn, A.W. 13
Bentham, Jeremy 71, 94, 102, 153
Bernard, Claude 153
Bernatzki, Edmund 57
Bieri, E. 265
Bismarck, Otto von 96
Bisset, R. 6
Blum, Léon 58
Böhm, Franz 78, 119
Bonar, J. 12
Bouillier, F. 10
Brandt, R.B. 159
Bright, John 97
Broad, C.D. 279
Bryson, Gladys 14
Buer, M.C. 242
Bullock, Alan L.C. 118
Burckhardt, Walther 221
Burke, Edmund 6–8, 15, 24, 32, 46, 69, 93
Burnet, Gilbert 92
Butterfield, H. 44, 236

Campbell, C.A. 279
Campbell-Bannerman, H. 98
Cannan, Edwin 11, 34, 296
Cannon, Walter B. 153
Carr, E.H. 124
Carver, T.N. 286
Chapham, John 239
Cicero 42, 91, 232
Cobden, Richard 97
Coke, Edward 44, 211
Collingwood, R.G. 239
Comte, Auguste 10
Condorcet, Jean-Antoine de 49f., 69, 94
Constant, Benjamin 50, 69, 94
Cooke Taylor 242, 245
Cournot, A.A. 152
Cranston, Maurice W. 118
Croce, Benedetto 100, 117
Crosman, C.A.R. 290
Cumming, Robert D. 119
Curran, Charles, 257

Darmstaedter, F. 59
Darwin, Charles 273
Demosthenes 41f., 125
Dérathé, Robert 162
Descartes, René 10–12, 89
Dibelius, W. 26
Dicey, Albert Venn 52, 55
Diez del Corral y Pedruzo, Luis 117
Director, Aaron 36
Dorothy, G.M. 238
Douglas, Roy I. 119
Dunn, W.C. 6

Ehrenberg, V. 40f.

---

* Zusammengestellt von Monika Vanberg.

Engels, Friedrich 246
Erhard, Ludwig 99, 192
Eucken(-Erdsiek), Edith 63
Eucken, Walter 37, 118, 192

Faguet, Emil 95
Ferguson, Adam 6, 8
Feuer, Lewis S. 118
Finer, Herman 61
Fleiner, F. 52
Flew, A. 279
Florio, John 40
Foot, P. 280
France, Anatole 58
Francis, Philip 46
Frank, Jerome 61
Frederici, Frederico, 117
Frei, Daniel 217
Freund, P.A. 159
Friedman, Milton 36, 118, 274
Friedman, W. 61
Fromm, Erich 278

Gadhafi, Moamar al 226
Gadoffre, Gilbert 11
Garzoni, F. 55
Giacometti 221 f.
Girvetz, Harry K. 118
Gladstone, W.E. 69, 97
Gneist, Rudolf von 52
Goethe, Johann Wolfgang von 26
Goldscheid, R. 15
Gomperz, Heinrich 279
Grampp, William D. 118
Green, T. H. 98, 162, 280
Gregor, Mary 156
Gregory, Theodore 34
Grene, M. 278
Grifò, G. 118
Groose, T.H. 280
Grose, H. 162
Grote 236
Guesde 58
Guizot, F.P.G. 94
Gwyn, B. 143

Haberler, Gottfried von 35
Hacker, L.M. 234
Hale, Mathew 211

Halévy, Élie 14, 116, 239
Hallam 236
Haller, William 162
Hallowell, John H. 117
Hamer, David A. 119
Hammond, J.H. 240
Hardin, G. 153
Hare, R.M. 279
Harrington, J. 42, 45, 148, 169
Harrod, R.F. 270
Hart, H.L.A. 279
Hartz, Louis 118
Hasbach, W. 128
Hayek, Friedrich A. von 5, 12, 17, 35, 63,
  118, 141, 145, 150f., 234, 266, 280
Hegel, G.W.F. 98, 128, 162, 232
Held, Adolf 246
Heller, H. 56
Heman, G.F. 280
Herodot 41
Hirzl, R. 40
Hitler 36, 60f., 78
Hobbes, Thomas 39, 42, 45, 89, 211, 279
Hobert, R.E. 280
Holland 42
Hollar, Wenceslas 162
Hook, S. 279
Huber, Hans 158, 221
Huizinga, J. 292
Humboldt, Wilhelm von 26, 69, 95, 98
Hume, David 6, 14, 45f., 53, 75, 93, 102f.,
  156, 162, 191, 280
Hunold, Albert 39, 251, 266, 277
Hunton, Philip, 174
Hutt, William H. 34, 234, 238

Janet, P. 10
Jaurès 58
Jellinek, Walter 53
Jennings, Ivor 60f.
Jouvenel, Bertrand de 50, 234
Justinian 43

Kant, Immanuel 42, 51, 69, 75, 77, 95,
  101f., 127, 156, 220
Kaye, F.B. 11
Keeton, G.W. 60
Kelsen, Hans 279
Keynes, John Meynard 269

Klimowsky, E. 49
Knight, Frank H. 36
Konstantin 42
Konwitz, M.R. 40

Laboulaye, E. 96
Lamennais 51
Larsen, J.A.O. 40
Laski, Harold J. 60, 117
Laslett, P. 174
Lerner, A.P. 8, 20
Lewis, H.D. 279
Leyden, W. von 164
Liddell, H.G. 170
Lipp, Theodor 156
Lippmann, Walter 117
Livius 40, 42, 91
Locke, John 6, 19, 45, 76f., 92, 102, 106, 146, 149, 164, 176, 181, 196, 206, 279
Lowell, A.B. 56
Lübtow, Ulrich von 118
Lucas, John R. 119

Mabbot, J.D. 279
Macaulay, Thomas B. 69, 93, 236, 273, 296
Machlup, Fritz 35
Macpherson, Crawford B. 118
Madison, James 69
Malebranche 12
Mandeville, Bernard 6, 8, 10f.
Marc Aurel 91
Marshall, John 69
Martin, Kingsley B. 117
Marx , Karl 232, 246, 273
Maudling, Reginald 225
Maxwell, Clerk 153
Mayer-Maly, Theo, 118
McCallum, R.B. 174
McIlwain, Charles H. 117, 139
Meinecke, Friedrich 45, 46
Menger, Anton 57
Menger, Carl 6
Michel, H. 10
Mill, John Stuart 13, 26, 28f., 96, 98, 174, 258, 296
Mills, C.W. 261
Milton, John 287
Mises, Ludwig von 35, 37, 117, 238, 274

Montesquieu, Charles de Secondat 14, 42, 48f., 51, 93, 146, 232
Mordly 6
Morley, F. 274
Müller-Armack, Alfred 192
Murphey, Dwight D. 119
Murphy, A.E. 40

Nawiasky, Hans 221
Nef, J.U. 43
Neill, Thomas P. 118
Nikias 40
Nowell-Smith, P.H. 279
Nutter, G. Warren 238

Oakeshott, Michael 72, 168
Ortega y Gasset, José 255
Osborn, A.M. 7

Paish, F.W. 34
Paley, William 46–48, 132
Palmerston 97
Pasquier, C. du 221
Plant, Arnold 34
Platon 40f.
Pohle, Ludwig 247
Pohlenz, Max, 118, 165
Polanyi, Michael 118,
Pollock, Frederick 56
Popper, Karl R. 8, 117, 278
Pribram, Karl 8
Price, W.H. 45
Pringsheim, F. 43

Quesnay 13f.

Radbruch, Gustav 52, 59f.
Rashdall, Hastings 166
Rasmussen, S.E. 275
Raven, C.E. 8
Rehfeldt, B. 146
Ricardo, David 246
Rieckher, J. 177
Riesman, David 292
Robbins, Lionel C. 34, 118, 170, 238
Robson, W.A. 61
Roepke, Wilhelm 37, 117
Rolfes, Eugen 172
Rosenthal, Jerome 12

Rotteck, Carl von 96
Rousseau, Jean-Jacques 7, 10, 12, 49, 51, 69, 89, 144, 162, 232
Rugiero, Guido de 116, 239
Runciman, W.G. 176
Russel, Bertrand 240f.
Rüstow, Alexander, 117

Sabine, George H. 117
Saint Simon, Henry de 24
Schapiro, Jacob S. 118
Schatz, Albert 7f., 10f.
Schieder, Theodor, 118
Schiller, Friedrich 67, 69, 95f., 287
Schlick, Moritz 279
Schliemann, Heinrich 273
Schmitt, Carl 78, 131
Schnabel, Franz 51, 116
Schumpeter, Joseph A. 100, 124, 152, 180, 195
Schuyler, R.L. 8
Scott, R. 170
Scotts, W.L. 14
Seldon, Arthur 178
Seliger, M. 119
Shakespeare, William 166
Shaw, Bernard 278
Shock, Maurice 118
Sidney, Algernon 92
Sieghart, M. 51
Simon, Y. 280
Simons, Henry C. 36
Smith, Adam 6–8, 11, 13, 69, 71, 89, 93, 102–104, 153
Soares 226
Sokrates 125
Solari, Paolo 118
Soltau, Roger H. 117
Sombart, Werner 246
Sorel, Albert 10
Southern, R.W. 91
Spencer, Herbert 13, 98
Spinoza, Baruch 89
Stein, Karl Freiherr vom 96

Stigler, George 36, 238
Strabo 226
Sulzbach, W. 238
Szasz, T.S. 298

Tacitus 42
Talmon, Jacob L. 118
Thoma, R. 57
Thomas von Aquin 92
Thomas, Richard H. 118
Thukydides 40f.
Thünen, H. 152
Tidow, D. 176
Toland, J. 169
Tocqueville, Alexis de 3, 6f., 17, 24, 28, 31, 39, 69, 94, 226, 273
Tucker, Josiah 6, 8, 102
Turgot 94

Veit, Otto 278
Vermeil, E. 27
Vico, Giambattista 11, 150
Vile, M.J.C. 143, 146, 172
Vincent, John 119
Voltaire, François 42, 69, 70, 89

Waddington, C.H. 279
Watkins, Frederick M. 117, 240
Webb, Beatrice 246
Webb, Sidney 246
Weber, Max 165
Webster, Daniel 69
Welcker, C.T. 51, 96
Wheeler, John H. 119
Wiener, Norbert 153
Wiese, Leopold von 252
Winckler, Carl von 156
Wincott, Harold 178
Wirszubski, Chaim 118
Wissowa, Pauli 40
Wollheim, R. 174
Wormuth, Francis D. 117, 277

Xenophon 124, 174, 177

Sachregister*

Abgeordnetenversammlung 181, 188
Absolutismus 88, 90 f., 138, 223
Allgemeiner Wille 49
Allgemeinwohl (auch Gemeinwohl) 9,
  14, 72, 147, 169, 223 f.
Altruismus 286
Anarchismus 18, 101
Angestellte 262–275
Anlagen (siehe Begabungen)
Anmaßung (des Wissens) 31
Anordnung (siehe auch Befehl) 11, 19, 21,
  48, 64, 71 f., 75, 79 f., 102, 108, 122,
  129, 152, 157, 168, 170, 206
Anpassung 22 f., 25, 84, 103 f., 151, 166
Antike, klassische 39–42, 75, 90 f.
Anti-Kartellgesetzgebung 113
Anti-Trustgesetzgebung 113
Arbeit 113, 242, 288
– Arbeitslosigkeit 98, 193, 221, 239, 264
– Arbeitsmarkt 239 f.
– Arbeitsteilung 11, 116, 242
– Nachfrage nach A. 239, 247
– Produktivität der A. 243
Arbeiter 85 ff., 239, 243, 245, 267–274
– Arbeiterbewegung 96, 98
– Arbeiterklasse (auch Arbeiterschaft)
  96, 238, 240 f., 244, 248 f.
– Lage der A. 243 ff., 262
Armut 240 ff., 248, 253
Aufklärungsphilosophie, französische 89,
  94
Autorität 108, 157, 160, 173, 176, 211 f.,
  225
Autoritarismus 70

Bedürfnisse 16, 19, 81 f., 108, 164, 167,
  174, 286
– Bedürfnisbefriedigung 14, 16, 82 f.
Befehl (siehe auch Anordnung) 4, 79, 144,
  157, 198, 201, 290
Begabung(en), individuelle (siehe auch
  Anlagen, Talente, Fähigkeiten) 17, 57,
  74, 101, 103 f., 108 f. 116, 171,
  287–291, 298
Benthamiten 6
Bevölkerungswachstum 242 f., 248, 262
Bildungen (auch Gesellschaftsbildungen)
  18
– spontane (soziale) 12, 104
Billigkeitsrecht 161
Bill of Rights 94
Bürokratie 99, 111, 191, 268
– bürokratische Leistungen 219

Calvinismus 92 f.
Cartesischer Rationalismus 6, 12, 14
Cartesische Schule 10
Chancengleichheit 108 f., 298
Chicago Schule 36
class, leisured 274
Common Law 44, 71, 75, 92, 102, 113,
  201, 211

Demarchie 149, 172–177
Demokratie 4, 29, 40, 59 f., 60, 66, 70, 79,
  110, 141, 172–177, 180, 195, 204,
  205–214, 217–227, 253, 265
– athenische 40, 124, 146
– beschränkte 29, 40, 176, 218, 227
– Massen- 223

* Zusammengestellt von Monika Vanberg.

314 *Sachregister*

– repräsentative 129, 140, 188, 218, 226
– soziale 255 f.
– Theorie der D. 143–149, 183, 196–204
– totalitäre 70, 124, 216
– unbeschränkte 41, 110, 140, 149, 176,
  206 ff., 211, 217, 221, 226 f.
– und Freiheit 31, 79
– und Gleichheit 29–31, 40, 44, 79
– und Mehrheit 123–141, 195 ff.
Demokratische Bewegung 110
Despotismus 28, 226
Determinismus 278 ff., 297
Dienstleistungen (des Staates) 111–113,
  130, 149, 184 f., 199, 213, 220
Diskriminierung 58, 86, 109, 174, 182 f.,
  195, 197, 210, 220, 225, 233, 268
Disposition (des Handelns) 165 ff.

Effizienz 301
EFTA 99
Egalitarismus 211
Egoismus (auch egoistische Interessen,
  Motive) 15 f., 286
Eigeninteresse (auch Eigenliebe) 9, 15 f.,
  22, 103
Eigentum 21, 45, 77, 226
– Eigentumsrecht 21, 186
Einkommen 83 f., 171
– Einkommenspolitik 86, 194
– Einkommensverteilung 187, 227
– Einkommensumverteilung 109, 112,
  184, 199, 219, 225
    – gerechte 79 f., 160, 183, 201
Einzelfallentscheidung 3, 20, 47, 64,
  135–138
Emotion 167
Enteignung 242
– Enteignungsprozeß 262
Entlohnung, gerechte (auch Entlöhnung)
  79, 287–289, 298
Entscheidung
– individuelle (siehe Handeln, individu-
  elles)
– kollektive (siehe Handeln, gemeinsa-
  mes)
Enzyklopädisten 6
Erfahrung 234, 241
Erfindungen 22, 237

Ermessen (auch Ermessensspielraum) 42,
  52–54, 56, 66, 75
– administratives 43, 45, 47, 54, 58, 294
– Ermessensvollmacht 99, 224 f.
Ethik 289
– politische 259
Ethos, politisches 235, 272
Evolution (auch Entwicklung) 31, 104,
  151–155
– Gesetze der E. 12
– konstitutionelle 46
– Evolutionsprozeß 11, 25, 158
EWG 99, 179, 192
Exekutive 106, 130, 132, 140
Expropriation 242

Fähigkeiten (siehe auch Begabungen, Ta-
  lente) 16 f., 19, 63, 287–289
Föderalismus 28
Fortschritt 115, 126, 241, 243, 275
Französische Revolution 50, 69, 89, 93
Freidenkertum 95
Freihandel 97, 192, 244
– Freihandelsbewegung 95
Freiheit 23, 39, 42, 44, 48, 55, 79, 87, 89,
  94, 101 f., 182, 187, 197, 236, 260,
  261–274
– als Organisationsprinzip von Gesellschaft 13 f., 23, 30, 63 f., 259 f., 287
– bürgerliche 62
– der „Guten und Weisen" 13 f., 296
– Gefährdung der F. 63–68, 183, 295
– Geistesfreiheit 114–116
– konstitutionelle 29
– Kräfte der F. 13 f., 259
– persönliche (individuelle) 40, 55,
  63–68, 70 ff., 88, 90, 95, 100, 158, 178,
  183, 185, 195, 207, 211, 259, 287, 294
– und Gleichheit 231–233
– und ihre moralischen Grundlagen
  294–301
– und Unabhängigkeit 261–276
– und Verantwortung 277–293
– unter dem Gesetz 19, 40, 42, 45, 66,
  69, 91 f., 100 ff., 106, 294
– Zweck der F. 64 f., 68, 295 f.
– Freiheitsbewegung 66 f.
– Freiheitsideal 39, 42, 66 f., 90, 95 f.
– Freiheitsprinzip 30, 64–66

– Freiheitsrechte 222
Friede 87, 97, 126

GATT 99, 179, 192
Gemeineigentum 292
Gemeinwohl (siehe Allgemeinwohl)
Gerechtigkeit 87, 92, 105, 124, 182
– distributive (auch soziale) 76, 79 f., 98, 107, 159 f., 169, 172, 183, 187, 195, 201 f., 221 f., 267, 298
– einer Regel 59, 77, 84, 107, 160
– kommutative 107, 159
– Regeln der G. 59, 76, 232
– soziale (wirtschaftliche) 58, 76, 79–82, 84, 107, 145, 159 f., 170, 251–260
– und Gleichheit 231–233
– verteilende 23, 201, 257, 298 f.
– Gerechtigkeitsbegriff 30, 71, 75, 80, 196, 232, 257 f.
– Gerechtigkeitsideal 30, 76, 80
– Gerechtigkeitsregel 75
– Gerechtigkeitssinn 289
Geschichtsdogmen 237
Geschichtsinterpretation (-auffassung) 234
– materialistische 246
– sozialistische 237, 242
Gesellschaft 255 f.
– liberale, freie (auch individualistische) 17, 22–24, 27, 57, 63, 67 f., 72, 78, 82, 130, 140, 144, 159, 185, 215, 252, 257 f., 261, 286, 287–293, 294 f.
– Große 72, 137 f.
– komplexe 25
– Offene 72, 77, 155, 163, 168 f.
– organisierte 28
– totalitäre, (zentral geplante) 5, 78
– Wille der G. 144, 256
– Gesellschaftsordnung
  – nomokratische 72
  – teleokratische 72
– Gesellschaftstheorie
  – individualistische 8
  – kollektivistische 8
– Gesellschaftsvertrag 12
Gesetz 14, 46 f., 50, 92, 102, 122, 128, 172 f., 177, 182, 185–191, 197
– Allgemeinheit der G. 54, 185, 187

– Allgemeinheit, Gleichheit, Gewißheit der G. 56, 58, 60, 101 f., 105, 213, 232
– der geschichtlichen Entwicklung 247
– Gleichheit der G. 40, 42, 49 f., 55
– Gleichheit vor dem (auch equality before the law) 40–42, 57, 91, 110, 233
– Herrschaft des G. (auch government of, by, under the law; auch Regierung mittels Gesetz) 19, 30, 39–43, 46, 71, 88, 131, 144–149, 175, 188, 197, 207, 212, 232
– im materiellen Sinne 106, 197, 200 f., 206, 208, 213, 223
Gesetzgeber 45, 47 f., 55, 61, 75, 92, 110, 158 f., 165, 183, 185
– weiser 11
Gesetzgebung 75, 129, 141, 158, 172, 174 f., 182, 182, 208, 212
– Prinzipien der 40, 48, 113 f., 143–149, 181 f., 202, 214 f., 232
– regionale 225
– Gesetzgebungsgewalt 45, 107, 173
– Gesetzgebungskörperschaft (siehe auch Körperschaft, gesetzgebende) 62, 128, 202
Gewalt
– beschränkte 212
– höchste 138, 172–174, 211 f.
– unbeschränkte 138, 173 f., 211
– Gewaltenteilung (-trennung) 46 f., 49, 58, 96, 105 f., 130 f., 143, 145–147, 159, 172 f., 175, 181 f., 185–190, 232
Gewerkschaften (auch Gewerkschaftswesen) 36, 113 f., 237
Gewohnheitsrecht 160 f., 186
Gleichheit
– der Gesetze (auch Allgemeinheit, Gewißheit der G.) 17, 21
– der Menschen 89, 231–233, 260
– formale 231–233
– materielle 231–233
– und Demokratie 29 ff., 231–233
– vor dem Gesetz 46, 91, 211
– Gleichheitsideal 231
Goldwährung 114
government of law, by law, under the law (siehe Herrschaft des Gesetzes)
Grenzkostenpreis 85
Grundgesetz der BRD 252

Grundrechte (auch Menschenrechte) 94, 105, 197
Gut, öffentliches 112

Handeln
- individuelles 14, 19, 20, 76, 101, 115, 136
- gemeinsames (kollektives) 29, 102, 123, 129, 271
- Ordnung des H. 164, 254
- rationales 284, 297
- regelgebundenes 164
- unter Unsicherheit 22
- wertrationales 165
- zweckgerichtetes 74, 152, 162
- zweckrationales 165
- Handelnsordnung 150–155, 164
- Handlungsfolgen 19f., 76, 163, 253f., 282–284, 298
- Handlungsfreiheit 115f.
- Handlungsziele 76, 101, 104, 115, 153, 164, 254, 301
Handelsbeschränkungen 86
Historische Schule 246f.
homo oeconomicus 13

Imperialismus 237
Individualismus 3, 5, 15, 18, 26, 30
- anti-rationalistischer 10, 12
- Cartesische Schule des 10f.
- deutscher 26f.
- echter 5–8, 12, 18, 23, 26–30
- englischer (des 18. Jhrdt's) 10
- Pseudoindividualismus 12, 18
- rationalistischer, falscher 6, 8, 11f., 14, 23, 25, 28, 30
- Theorie des I. 18ff.
- wahrer 10, 31
Industrialisierung 244, 248f.
Inflation 179f., 192
- offene 194
- und Marktwirtschaft 99, 114, 179f., 192–194
- zurückgestaute 180, 194
Institution (siehe auch soziale Bildungen) 14
- demokratische 131, 217, 223
- spontan gewachsene 23

- Theorie der Entstehung sozialer I. 12, 23, 92, 137f., 150ff.
Institutionalisten, amerikanische 247
Interesse(n)
- eigene 9, 14
- Einzel- 169
- egoistische 15
- Gruppen- 145, 188, 195, 233
- natürliche Harmonie der I. 14
- öffentliche (der Gesellschaft, der Allgemeinheit) 20, 53, 72, 132, 147, 169, 175f., 195, 222, 256
- organisierte 134f., 147, 173, 176, 182, 197
- private 173, 176
- soziales 257
- Interessengruppe 111, 133f., 180, 199
- Interessenvertretung 132, 141, 174
- Sonderinteresse 107, 111, 132, 135, 175, 181, 185–191, 195, 209, 213
Isonomia (Isonomie) 39–41, 91
Judikative 106

Kapital 243
Kapitalismus 5, 180, 237–239, 246–250, 262
- Frühkapitalismus 238
Katallaktik 73, 170–172
Katallaxie 73, 76, 80, 83, 169–172
Kategorischer Imperativ 77
Kathedersozialisten 247
Kenntnisse und Fähigkeiten (siehe Begabungen, Talente)
Knechtschaft 17, 31, 231
Körperschaft 137
- gesetzgebende 131f., 146, 159, 181, 186–191, 195, 202
- repräsentative 131f., 146, 159, 174f., 202
Kollektivbedürfnisse 184, 199, 220
Kollektivgut 149
Kollektivismus 6–8
Konkurrenz, vollkommene 83, 85f.
Konstitutionalismus, liberaler (freiheitlicher) 143, 173f.
Konsens (auch Übereinstimmung) 122, 127, 133, 138, 168, 196, 209f., 212
- über allgemeine Regeln 135–138

Kontrolle
- demokratische 111, 132
- staatliche 180
Konventionen (auch Traditionen) 23–25, 27, 283 f.
Korruption 209
Kosmos 151–155, 168 ff.
Kosten 171
Kybernetik 153 f.

Laissez-faire 18, 97
Legislative 102, 106, 110, 130, 146, 181
Leistung 81, 272, 289, 297–300
Liberalismus 4, 88
- alter 33, 46, 69
- des 19. Jahrhunderts 28, 47, 65, 69, 89 f., 184, 199
- deutscher 36–38, 95 f.
- englischer 28, 48, 69, 88–90, 95, 97, 100
- europäischer (kontinentaleuropäischer) 50, 69, 71, 88–90, 93, 95 f., 100, 110
- evolutorischer 70 f., 88, 90, 100
- Grundprinzipien des L. 71, 87, 97, 100, 105, 111, 113, 184–204, 231–233
- klassischer 46, 65, 90, 97, 109, 182, 199
- konstruktivistischer 69, 88–90, 93
- moderner (des 20. Jhrdt's) 34, 36, 38
- politischer 100
- süddeutscher 50
- Theorie des L. 35, 48, 51, 71, 192
- und Demokratie 110 f., 178–191
- und Freiheit 100–103
- und Gerechtigkeit 106–108
- und Gleichheit 108–110
- Verfall des L. 33, 56–62, 96, 98–100, 231–233, 236
- wirtschaftlicher 100, 115
Liberal Party 89 f., 94, 97 f.
Liberale
- des 19. Jahrhunderts 184
- des 20. Jahrhunderts 34–38
Liberale Bewegung 51, 88, 90, 92 f., 97, 116
- in Frankreich 94 f.
- neuliberale Bewegung 37
Liberale Schule 34

Liberale Theorie (des Rechts) 93, 103, 106 f., 113, 117
Lohn 288, 298
- gerechter 79, 158, 266
- Starrheit des L. 86 f.
- Lohnbestimmung 113, 288
- Lohnkontrolle 194
London School of Economics 34

Macht 29, 66, 111, 138
- begrenzte (beschränkte) 45, 106, 110, 154 f., 182, 189
- der Mehrheit 133–135, 205–214
- des Gesetzgebers 45, 106, 196
- politische 224–227
- unbegrenzte 135, 180–182
- Zähmung der M. 45, 138, 196, 205
Magna Charta 44
Majorität (siehe Mehrheit)
Majoritätsentscheidung (siehe Mehrheitsentscheidung)
Manufaktur (auch Industriesystem) 238, 243, 245
Markt 16, 22, 25, 64, 76, 79 f., 83, 116, 170 f., 184, 187, 199, 227
- Marktergebnis 80–82, 84
- Marktmechanismus 16, 64, 103, 113, 269 f.
- Marktordnung 72, 81, 85 f., 104, 170 f.
- Marktprozeß 82
- Marktteilnehmer 85
- Marktverhalten 86
- Marktwirtschaft 36, 80, 99, 179 f., 183, 193–195, 201, 217, 252
  - freie 178, 195
  - soziale 99, 192, 252
Marxisten 262
Massengesellschaft 28, 260
Mehrheit (auch Majorität) 29 f., 110, 123, 126 f., 131, 133, 172, 175, 181, 183, 195–201, 217–227, 265, 271–274
- Mehrheitsentscheidung (auch Majoritätsentscheidung) 29, 111, 123, 206, 217–227
- Gewalt der M. 69, 110, 122, 172, 174, 176, 180–182, 210 f.
- unbeschränkte Macht der M. 126, 133–135, 172, 176, 180–182, 209 ff., 224

Meinung, öffentliche 98, 110, 115, 138,
   162–168, 172f., 176, 188f., 203, 208,
   211ff., 235, 239f., 261, 271ff., 297
– Meinungsfreiheit 115f.
Menschenrechte (auch Grundrechte)
Minderheit (auch Minorität) 29f., 182,
   210f.
Mindesteinkommen 171f., 187
Minimalstaat 98
Mittel (der Regierung) 135, 148f., 184,
   190, 199, 213, 221
Modernismus 95
Monarchie 149
Monopol 44, 84f., 113, 184, 199, 220
Monopolismus 237
Moral (auch moralische Werte, morali-
   sches Urteil) 25, 65, 67, 74, 115, 254,
   256ff., 283, 294–301
– Moralphilosophie 46
– schottische 93
– Moralprinzipien 67, 97, 210f., 253, 293
– Moralregeln 51, 65, 123, 253, 257, 287,
   295
Mythos 234, 238, 241

Nationalismus 28, 90
Nationalökonomen
– klassische 12f., 93, 97, 241
– liberale 34–38, 93
Nationalökonomie
– klassische 6, 246
– des 19.Jahrhunderts 6
Naturrecht 75, 91f., 107
Neid 258, 275
Nomokratie 72, 168f.
Nomos 156–160, 169, 173

Öffentliches Recht (Verfassungs- und
   Verwaltungsrecht) 157–159
Opposition 188, 201, 213
Ordnung
– abstrakte 169
– der Handlungen (des Handelns) 78,
   103, 201
– des Marktes 72f., 170–172
– durch Befehl (durch bewußtes Planen)
   10
– Grundsätze sozialer O. 3f., 20, 27
– individualistische 10, 20–22, 27

– marktwirtschaftliche 72, 79f., 82, 113
– spontane 9, 28, 71ff., 75, 77, 79, 83, 93,
   103f., 108, 132, 151–155, 157f.,
   170–172
– totalitäre 80, 184ff., 254f.
– zweckunabhängige 72, 77
Organisation 80, 130, 132, 159, 169f.
– totalitäre 27f.
– zweckgerichtete (bewußte, planmäßige) 27f., 73, 75, 79, 108, 151- 155, 157,
   254
– Organisationsregeln 78f., 157, 159,
   173

Parlament 213
– englisches 44, 47, 60, 122, 132, 188,
   207
Partei 134, 141, 147, 175, 180, 187, 212,
   214
– Parteidisziplin 141, 148, 189
– Parteiprinzip 141
– Parteiprogramm 133
– Parteiwesen 129, 188, 202f.
Patentwesen 113
Philosophie 4, 39
– individualistische 26, 28
– politische 4
– schottische 14, 92f.
Plan 25, 136f., 217
– Planwirtschaft (dirigistische Wirt-
   schaft) 58f., 194, 217
Physiokraten 6, 9, 14
Politik 217–227, 234–250
– individualistische 21
Polizeistaat 232
Positivismus, juristischer 59
power, discretionary 21, 220, 222 (siehe
   auch Ermessen)
Präferenzen 171
Preis 83, 85, 154
– gerechter 79
– Grenzkostenpreis 85
– Steuerung durch P. 85, 114, 171, 194
– Preisanstieg 192f.
– Preiskontrolle 114, 194, 220
– Preismechanismus 9, 85, 114, 179, 193
– Preissystem 114
Privateigentum 14, 21, 34, 64, 74, 91, 103,
   107, 269

Privatrecht 78, 91, 102, 157–159, 186, 208
Privatrechtsgesellschaft 78
Privatsphäre (geschützter Bereich der In-
    dividuen) 45, 63f., 71, 74–77, 91, 102,
    156, 186, 201, 208
Privilegien (auch Sondervorteile) 43, 47,
    79, 82, 84, 108, 110, 137, 174, 187, 197,
    209, 222
Produktionsmittel 242, 262
Proletariat 242, 262
Protektionismus 96, 99
Prozeß, gesellschaftlicher (sozialer) 24f.

Rahmenwerk (von Regeln) 23, 187, 209,
    217, 220, 250
Ratio 162, 164
Rationalismus 6, 89
– Cartesischer 211
– evolutionärer 151
– falscher 257
– konstruktivistischer 69f., 150, 162f.,
    169, 211, 260
– kontinentaler 71
Rationalverhalten 10, 13, 284
Recht 159, 182, 254, 259
– englisches 49, 158
– kodifiziertes 160
– öffentliches 78
– privates 78
– römisches 42, 158
– Rechtsauffassung
    – liberale 105f., 146, 182
– Rechtsempfinden (auch Gerechtig-
    keitssinn) 161, 183, 198, 289
– Rechtsordnung 78
– liberale 76
– Rechtspositivismus 59, 75, 106f., 138,
    143, 157, 181f., 196, 198
– Rechtspositivisten 59
– Rechtsprechung 47
– Rechtssatz 200
– Rechtssicherheit 42, 47, 61
– Rechtsstaat 39, 48, 50–52, 55–57, 59f.,
    95f., 123f., 132, 182, 188, 197, 200,
    232, 252
    – formaler 74, 79
    – materieller 74
    – sozialer 252
– Rechtsstaatsideal 58, 200, 232

– Rechtsstaatsidee 53, 55, 60, 95f.
– Rechtsstaatsprinzip 43, 48, 53, 55, 58f.
– Rechtstheorie 75, 143
– des 19.Jahrhunderts 206
– liberale 93
Redistribution 85, 160
Regel 19f., 24, 72, 160f., 163, 168, 287,
    298
– allgemeine (abstrakte, universelle) 20,
    45, 47, 58, 64, 77, 87, 101, 106, 126ff.,
    130, 132, 135–138, 140, 144, 150f.,
    155, 173f., 183f., 185, 211f., 256f.
– artikulierte (un-) 160f.
– der Gerechtigkeit 76, 79, 125, 132, 220
– der Moral 24
– des Rechts 102
– Durchsetzung von R. 74, 105, 130,
    187, 190, 197
– gerechten Verhaltens 143–149,
    156–160, 166, 169, 173, 181f., 184,
    186–191, 197f., 200f., 207f., 212
– Gerechtigkeit einer Regel s.u. Gerech-
    tigkeit
– gesetzliche 104
– zweckunabhängige (formale) 74, 77,
    108, 156
Regierung 129f., 187–191, 208, 224f.
– durch Anordnung (Befehl) 19, 21, 27,
    64, 129
– mittels Gesetzen 129, 131, 148, 175,
    212
– repräsentative 173
– Regierungsgewalt, (un)beschränkte
    132, 181, 206–214
– Regierungstätigkeit 129
– Regierungsversammlung 187f., 190,
    208, 212f., 220 (siehe auch Versamm-
    lung, regierende)
Religion 4, 70, 92f., 97, 270, 295
Repräsentativsystem 129, 181, 203, 206,
    212
Repräsentativverfassung 196, 206
Repräsentativversammlung 208, 211, 221
Reziprozität 72f.
Richterrecht (Juristenrecht) 55, 146,
    158f., 186
rule of adjudication 47, 61, 71, 74f., 77,
    79, 93, 95, 159
rule of law 40, 43f., 47–49, 51, 58, 60f.,

71, 74f., 77, 79, 93, 95, 159, 200 (siehe auch Herrschaft des Gesetzes)
– und Mehrheit in der Demokratie 61

Saint-Simonisten 5
Schottische Moralphilosophie (siehe Moralphilosophie)
Schutzzölle 85
Selbständige 261–274
Senat der Weisen 148, 175, 189f., 214
Sonderinteresse (siehe Interesse, Privilegien)
Souveränität 137–139, 143f., 181, 210
Sozial
– Begriff des S. 251–260
– soziale Frage 253
– soziale Gesinnung 251–260
– soziales Interesse 257
– soziales Verhalten 252, 257
– Sozialphilosophie
  – der schottischen Philosophen 6
  – französische 48
– Sozialpolitik 248
– Sozialtheorie 152
– Sozialversicherung 112, 255, 267
Sozialisierung 43, 62
Sozialismus 3, 5f., 12, 17, 28, 30f., 59f., 69, 90, 98, 107, 170, 226, 246
– Kritik des S. 35, 231–233
Sozialisten 57, 60, 231, 247, 290
Spielregeln 215, 220, 233, 297
– rechtsstaatliche 108
Staat
– Agenda des St. 18, 22, 65, 98, 114, 126, 270
– Autorität des St. 158
– Beschränkung des St. 18, 70, 93f., 97, 111, 205–214, 231–233
– bewußt organisierter 23, 255
– demokratischer 143, 185
– totalitärer 27, 116, 232
– unbeschränkter 143, 231f.
– Zwangsgewalt des St. 18, 70, 103
– Zweck des St. 20, 54
– Staatsauffassung, rationalistische 12, 23
– Staatseingriff 62, 82, 116, 178, 222
– Staatsrecht (siehe auch unter Recht) 158

– Staatstätigkeit 84, 111, 136, 140, 146, 199, 217–227
Stammesgesellschaft 77, 155, 168f.
Steuer 111f., 146, 148, 199, 210, 220, 248
– Steuerhoheit 84, 184, 190
– Steuerprogression 85, 109f.
Strafrecht 78, 102, 157, 186, 208
Subventionen 210, 220

Tabu 166
Talente (siehe auch Fähigkeiten und Begabungen) 287f., 290, 301
Taxis 151–155, 159, 169f.
Teleokratie 168f.
Thesis 156–160
Totalitarismus 70, 110, 226, 233
Tradition 70, 141, 165, 240
– englische 71, 93f.
– kontinentale 94
– liberale 70, 184ff., 199, 236
Theorie, politische 42, 114, 152

Unabhängige (auch Selbständige) 262–274
Unabhängigkeit und Freiheit 261–274
Ungerechtigkeit 76
Ungleichheit (der Menschen) 17
Unselbständige 263–272
Unsichtbare Hand 9, 154
Unternehmen 267–269
Unternehmer 85, 289
– Unternehmertum 100, 221
– Unternehmerwirtschaft 294–301
Unterordnung 25
Unwissenheit 167
Urteil, moralisches 166, 287
Utilitarismus
– englischer 69
– konstruktivistischer 69, 71
– partikularistischer 166

Verantwortlichkeit, individuelle 19, 21f., 101, 258, 263, 291, 297
Verantwortung 261–274
– und Freiheit 277–293
– und Moral 294–301
Verdienst 108, 155, 201, 257
– Entlohnung nach V. 22, 81f., 105, 160, 169, 257f., 263, 266, 268, 297f.

– moralischer 81, 295, 297
Vereinigte Staaten 94, 113, 140, 219
Verfassung 94, 105, 110, 147, 172, 216
– Amerikanische 94, 146
– englische 48f.
– Schweizer 218, 221, 226
– Verfassungsgerichtshof 189, 191, 213
– Verfassungsgrundsätze 105, 143–149, 213, 221, 226
– Verfassungsstaat, liberaler 94, 143–149, 185
Verhaltensregeln 25, 76, 79, 103, 164f., 208
– abstrakte 74, 77, 159, 168
– allgemeine 71, 78, 100, 102f., 105, 110, 157, 159, 168, 208, 225
– Verhaltensregelmäßigkeiten 153f.
Vernunft (Verstand) 10, 17, 31f., 115, 151, 163f., 167, 255, 260, 284
– begrenzte 10, 31, 70
– Glauben in die Macht der V. 10, 12, 70
– planende 23, 25f., 67
Versammlung
– gesetzgebende 173, 175, 185–191, 208
– regierende 175, 185–191, 208
– repräsentative 79, 106, 110, 128, 132, 146f., 172f., 198, 208–210
Verteilung
– des Sozialprodukts 183f., 223
– gerechte 108, 201, 257, 298
Vertragsrecht 103, 107, 186
Vertretungskörperschaft 127ff., 130f., 140f., 182, 201
Verwaltung 54, 174
– der Mittel des Staates 140, 144
– Verwaltungsgericht 55
– Verwaltungsrecht 52, 55
– Verwaltungsstaat 53, 191
Volkswirtschaftslehre, klassische 9
Vollbeschäftigungspolitik 193
Volonté générale 232
Voluntaristen 280
Voluntas 162, 164

Wahl (Entscheidung), individuelle 14, 19, 22, 25, 64, 133, 170, 286f., 294f.
Wahlrecht, allgemeines 253, 262
Wahrheit 115, 234
Werte 162–168, 235, 256, 286, 295

– kulturelle 235, 270
– moralische 235, 294
Werturteil 235
Wettbewerb 85f., 111, 113, 171, 199
– als Entdeckungsverfahren 115f., 171
– vollkommener 86
– Wettbewerbsbeschränkung 85, 220
– Wettbewerbsmarkt 22
– Wettbewerbsordnung 114, 194, 238
– Wettbewerbsrecht 86
– Wettbewerbswirtschaft 5, 264, 269
Whigs 6, 44, 60, 88f., 92f., 102
– Old 69, 211
– Whig doctrine of the rule of law 44, 60
– Whig-Geschichtsdeutung 44, 235f.
– Whig-Liberalismus 181, 196
Wille 162–168
– der Mehrheit 122, 127, 172, 174, 177, 181f., 209
– des Gesetzgebers 75, 106f., 181
– (freie) des Volkes 29, 30, 138, 149, 208
– Freiheit des W. 278–281
– organisierter 23
Willkür (s. auch Ermessen) 96, 100, 102f., 182, 185, 233
Wirtschaft 169–172
– zentral gelenkte (dirigistische) 99, 179, 183, 194, 198, 201
– Wirtschaftsfreiheit 33–38, 294
– Wirtschaftsgeschichte 234–250
– Wirtschaftshistoriker 43, 234–250
– Wirtschaftsliberalismus 99, 192
– Wirtschaftsordnung, liberale 33, 199
– Wirtschaftspolitik 43, 83
– Wirtschaftssystem, liberales 36, 99, 184
– Wirtschaftswissenschaft 170
Wissen (siehe auch Kenntnisse und Fähigkeiten) 284, 298
– begrenztes (beschränktes) 15, 18, 31, 150
– verstreutes 17f., 31, 63, 83, 103f., 115, 150–155, 171
Wohl (auch Wohlstand) 170f., 220, 242f.
– Wohlfahrtsökonomie 82, 170
– Wohlfahrtsstaat 112, 232, 301
Wohlhabende 269–271, 272–275
Würde des Menschen 286

Zentralisation 27f., 215f., 225f.
Zentralregierung 225f.
Zentralverwaltungswirtschaft 198
Ziel (auch Zweck) 162–168
– der Gesellschaft 16, 72f., 80f.,
　151–155, 198
– egoistisches 286
– individuellen Handelns 18f., 72, 74,
　103f., 115f., 151–155, 186, 198, 254,
　294f.
– materialistisches 301
– Zielhierarchie 73f., 80, 108, 155, 160,
　169–171, 198, 259
Zivilisation 11, 26, 70, 150, 164, 238, 275

Zölle 113, 210
Zugang, freier 83
Zwang 64, 101–103, 106, 108, 122, 130,
　145, 182f., 187, 197, 208, 232, 264, 294
– Zwangsgesetze (-regeln) 105, 174
– Zwangsgewalt 18, 21f., 24, 47, 80, 85,
　87, 100, 122, 126, 168
– des Staates (der Regierung) 23f., 30,
　52, 54, 58, 63f., 66, 71, 74f., 100, 103,
　111, 149, 184f., 190, 198, 200,
　205–214, 220–227, 285
Zweck (siehe unter Ziel)
Zweikammersystem 141, 187f., 202

Zu den
Gesammelten Schriften in deutscher Sprache
von Friedrich A. von Hayek

Primäres Anliegen der *Gesammelten Schriften in deutscher Sprache* von Friedrich A. von Hayek ist es, Aufsätze und Bücher zusammenzustellen, die von ihm ursprünglich auf Deutsch verfaßt wurden oder in autorisierter Übersetzung vorliegen. Sofern dies besonders geboten erscheint, werden ergänzend bislang nicht in deutscher Fassung vorliegende Beiträge in Erstübersetzung aufgenommen. Eine Gesamtausgabe sämtlicher Schriften F.A. von Hayeks ist nicht geplant.

Friedrich A. von Hayeks *Gesammelte Schriften in deutscher Sprache* umfassen somit:

(a) die ursprünglich auf Deutsch verfaßten Schriften weitgehend vollständig;
(b) die ursprünglich auf Englisch verfaßten Schriften, soweit sie in von von Hayek autorisierten Übersetzungen vorliegen, weitgehend vollständig;
(c) auf Englisch verfaßte Schriften in einer Auswahl, soweit sie noch nicht ins Deutsche übertragen und für das Gesamtwerk von besonderer Bedeutung sind. Das ursprünglich in drei Bänden veröffentlichte Werk *Law, Legislation and Liberty* (1973, 1976, 1979) erscheint in neuer Übersetzung nunmehr in einem Band unter dem Titel *Recht, Gesetz und Freiheit.*

Jeder Band enthält ein Namen- und Sachregister und ein bibliographisches Nachwort, in dem die dem Abdruck zugrundeliegende Fassung, eventuelle Vorfassungen sowie deren Editions- und Übersetzungsgeschichte dargestellt sind.

Die geplanten Bände der
Gesammelten Schriften in deutscher Sprache
von Friedrich A. von Hayek

Abteilung A: Aufsätze

A 1   *Wirtschaftstheorie und Wissen. Aufsätze zur Erkenntnis- und Wissenschaftslehre*
       Herausgeber: Viktor Vanberg

A 2   *Sozialwissenschaftliche Denker. Aufsätze zur Ideengeschichte*
       Herausgeber: Alfred Bosch und Reinhold Veit

A 3   *Entnationalisierung des Geldes. Schriften zur Währungspolitik und Währungs-*
       ordnung
       Herausgeber: Alfred Bosch und Reinhold Veit

A 4   *Rechtsordnung und Handelnsordnung. Aufsätze zur Ordnungsökonomik*
       Herausgeber: Manfred E. Streit

A 5   *Grundsätze einer liberalen Gesellschaftsordnung. Aufsätze zur Politischen*
       Philosophie und Theorie
       Herausgeber: Viktor Vanberg (2002)

A 6   *Wirtschaft, Wissenschaft und Politik. Aufsätze zur Wirtschaftspolitik*
       Herausgeber: Viktor Vanberg (2001)

A 7   *Wissenschaft und Sozialismus. Aufsätze zur Sozialismuskritik*
       Herausgeber: Manfred E. Streit

A 8   *Preise und Produktion. Frühe Schriften zur Geldtheorie und Konjunkturtheorie*
       Herausgeber: Alfred Bosch und Reinhold Veit

Abteilung B: Bücher

B 1   *Der Weg zur Knechtschaft*
       Herausgeber: Manfred E. Streit

B 2   *Mißbrauch und Verfall der Vernunft*
       Herausgeber: Viktor Vanberg

B 3   *Die Verfassung der Freiheit*
       Herausgeber: Alfred Bosch und Reinhold Veit

B 4   *Recht, Gesetz und Freiheit*
       Herausgeber: Viktor Vanberg

Es ist beabsichtigt, die Abteilung B durch Erstübersetzungen von *The Sensory Order* und von *The Pure Theory of Capital* sowie durch *Die verhängnisvolle Anmaßung: Die Irrtümer des Sozialismus* zu erweitern.

Dieser Plan ist vorläufig. Änderungen in den Titeln und der Zahl der Bände bleiben vorbehalten.